华章经典·金融投资

交易心理分析2.0
从交易训练到流程设计

TRADING PSYCHOLOGY 2.0
From Best Practices to Best Processes

[美] 布雷特·N. 斯蒂恩博格 著　郑磊 刘子未 郑扬洋 译
BRETT N. STEENBARGER

机械工业出版社
CHINA MACHINE PRESS

图书在版编目（CIP）数据

交易心理分析 2.0：从交易训练到流程设计 /（美）布雷特·N. 斯蒂恩博格（Brett N. Steenbarger）著；郑磊，刘子未，郑扬洋译 . —北京：机械工业出版社，2019.8（2025.5 重印）

（华章经典·金融投资）

书名原文：Trading Psychology 2.0: From Best Practices to Best Processes

ISBN 978-7-111-63388-4

I. 交⋯ II. ① 布⋯ ② 郑⋯ ③ 刘⋯ ④ 郑⋯ III. 证券交易 – 市场心理学 IV. F830.91

中国版本图书馆 CIP 数据核字（2019）第 186157 号

北京市版权局著作权合同登记　图字：01-2019-1821 号。

Brett N. Steenbarger. Trading Psychology 2.0: From Best Practices to Best Processes.
ISBN 978-1-118-93681-8

Copyright © 2015 by Brett N. Steenbarger.

This translation published under license. Authorized translation from the English language edition, Published by John Wiley & Sons. Simplified Chinese translation copyright © 2019 by China Machine Press.

No part of this book may be reproduced or transmitted in any form or by any means, electronic or mechanical, including photocopying, recording or any information storage and retrieval system,without permission, in writing, from the publisher. Copies of this book sold without a Wiley sticker on the cover are unauthorized and illegal.

All rights reserved.

本书中文简体字版由 John Wiley & Sons 公司授权机械工业出版社在全球独家出版发行。

未经出版者书面许可，不得以任何方式抄袭、复制或节录本书中的任何部分。

本书封底贴有 John Wiley & Sons 公司防伪标签，无标签者不得销售。

交易心理分析 2.0：从交易训练到流程设计

出版发行：机械工业出版社（北京市西城区百万庄大街 22 号　邮政编码：100037）
责任编辑：黄姗姗　　　　　　　　　　　　　　责任校对：殷　虹
印　　刷：固安县铭成印刷有限公司　　　　　　版　　次：2025 年 5 月第 1 版第 5 次印刷
开　　本：170mm×230mm　1/16　　　　　　　印　　张：26.75
书　　号：ISBN 978-7-111-63388-4　　　　　　定　　价：99.00 元

客服电话：（010）88361066　68326294

版权所有·侵权必究
封底无防伪标均为盗版

**你若没有时间一次做对,
你怎么有时间再做一次呢?**

——约翰·伍登(John Wooden)

前 言

若想成功地掌握市场的走向，投资者的自制必不可少。

市场参与者习惯于把自制定义为**纪律**，即控制经常造成信息扭曲，并较易触发冲动行为的情绪。可以肯定的是，纪律在很多情况下都非常重要，不管是争取奥运会奖牌，开办企业，还是取得医学上的突破，都是如此。然而，即便纪律对于成功是必需的，仅有纪律也是不够的。纪律不能替代技能、天分和真知灼见。严格遵守平庸的计划只能得到平庸的业绩。这也是自动交易体系有时会失灵的原因。

我从20世纪70年代末就开始跟踪市场、进行交易。在过去的十年里，我一直在两家交易机构（芝加哥的Kingstree Trading和康涅狄格州格林尼治的Tudor Investment Corp.）从事全职的交易员教练工作，而且为多家交易机构提供咨询服务。通过我的博客TraderFeed和3本有关交易的图书，我和全球数千名交易员进行了交流。如果说这段经历中有什么令我印象深刻的，那就是控制情绪和冲动要比掌握市场走向更重要。实现持续的成功需要在以下几方面下大功夫：创造力、生产力、对变革的适应力以及心理状态。好消息是这些年的心理学研究和相关领域的进展已经将我们对于人类行为的理解推进到了一个更深的层面。不好的消息是基金管理业界的大部分人每天都要面对不断增加的信息和市场波动的挑战，很少有机会用到交易以外的知识。其结果是，我们埋头努力工作，却忘记了应该从根本上实现自我的提升。从日常活动的组织到业绩评估，我们很少会想到要去优化学习、独立思考和提高生产力。

因此不幸的趋势是，繁重的工作量让我们不得不去面对客观现实和理想自我之间的巨大反差：我们是什么样的人，我们希望成为什么样的人。本书尝试通过将成功交易分为四个基本过程的方式，来填补这个空缺。书中的内容主要是解决以下四个方面的问题。

A. 如何持续适应变化的市场环境？
B. 如何识别和打造自己独特的交易风格？
C. 如何打造创造性的过程并形成独到的市场观点？
D. 如何发展最佳实践，帮助你在工作中一直保持卓越？

最重要的是，本书谈论的是采取最佳做法——交易成功的精髓，并把它们融合成最优的投资流程。我的目标不是改变你，而是帮助你更好地遵循实现成功的方法。

不难看出，这本书是我前一本书的自然延伸。前一本书关注的是交易者所要面对的情绪问题，以及这些情绪给正常生活带来的困扰，在交易中引入了一个聚焦方案：识别成功背后的模式，坚持正确的做法。我的第二本书，采用了发展的视角来看待交易的成功，强调的是专业能力的发展，这是一个与技能、天分和挑战对应的持续的实践过程。这项工作之所以重要，是因为存在很多种交易形式，每一种都对应着独特的技能和学习过程。我后来发现，在交易员成长过程中出现的许多情绪问题，源于将一般学习过程运用在特定操作领域从而造成挫折和不理想的业绩。最后要说的是，我的新书 *The Daily Trading Coach* 里纳入了一套心理技巧和方法指南，可以帮助交易者应对业绩中常见的问题。那本书最重要的主题是交易心理学的基本目标是实现自我训练。通过成为最佳的自我观察者，可以体会最好和最差的做法，并用自我定力克服市场的干扰。

本书的与众不同之处在于：把成功的交易分解为 ABCD 四个过程，并讨论了经过检验的方法，以便在我们的个人和职业生涯中最大化地使用它们。本书的目标是把交易心理学通常关注的纪律、情绪控制以及交易计划，扩展到保持顶尖的业绩表现。最重要的是，本书致力于帮助交易者转向所谓大流程，即用稳健的方法让我们的交易适应不断变化的市场环境。

在金融市场找到一个"利器"还不够，因为新技术层出不穷，所以竞争优势难以长久保持。那些保持成功记录的人总在不断更新自己，以发现新的竞争优势，想要做到这一点，需要评估和挑战我们最基本的假设和实践的流程。好的交易者会成功，而伟大的交易者则是不断成功。放弃曾经行之有效的策略确属不易，但若要保持成功，则应回到学生时代的谦虚状态，一切重新开始，就像凤凰浴火重生。

关注业绩的部分原因在于我们任何人都不能完全掌握它。在舞蹈和高尔夫球方面，总会有提升和改善的空间；象棋选手、酿造大师、木匠和赛车团队总能想方设法提高他们的技术。这类活动属于不断完善的心理考验，推动我们更加接近自我管理。这种情况在交易方面体现得很明显，交易的游戏规则是在不断演化发展的。还有哪一个领域比交易领域需要更大限度的信念和冒险精神，也需要更大的灵活性和审慎性呢？为了适应变化，我们要拥抱变化，使自己成为变化之源。我们不能只满足于最好的方法，我们还需要最佳流程。现实和理想之间总会存在差距：我们是什么样的人，我们希望成为什么样的人。如果这本书可以成为弥合这个差距的桥梁，我就达到了目标。

当然，提升业绩之路绝不可能一蹴而就。生活是一项团队运动，成功主要来自你和团队成员的密切合作。我要感谢 Graham Capital, Tudor Investment Corp. 和 Kingstree Trading 以及 SMB Capital 的许多同仁；感谢 Wiley & Sons. 聪明智慧的编辑团队，感谢 Victor Niederhoffer, Spec Listers, Howard Lindzon 以及 StockTwits 的支持团队。如果没有众多聪明的交易员把最佳实践告诉我，以及鼓励我的案例研究工作，这本书就无法面世。和我之前出版的书一样，本书案例中涉及的交易者人名和机构名称都已做修改，以保护相关人员的隐私。但是我想尽可能多地公开向其中很多人表示感激之情。我最应感谢的是我的家庭，他们始终给我爱和支持，伴我度过金融市场的风云变幻。感谢 Debi，Steve，Laura，Devon 和 Macrae 以及他们的家庭。其中我最感激的是我的太太 Margie，是她而不是市场，才是我一生的挚爱，让我能够顺利闯过生意的起伏波折。最后，我要感谢我的博客 TraderFeed 的读者，谢谢你们的支持和对我的帮助。你们将在这本书里找到之前我在博文中提到的很多经验教训。

| 引 言 |

    学术界有一个非常好的传统就是文献回顾。文献回顾就是调查有关一个主题的已经出版了的研究成果，了解哪些是已经知道的，哪些仍在研究过程中。一个好的文献回顾是有选择的（涵盖了最重要的研究方法和值得借鉴的成果），这是综合性的，既要明确达成共识的领域，也要说明研究中存在的争议之处。如果不做这项工作，科学就会产生超出人们理解能力的过多数据。文献回顾在现象和解释之间搭起了一座桥梁。如果做得好，可以指明当前的研究方向，促进新的研究成果出现。

    尽管这本书中的内容来自实践而不是文献回顾，但是目标是相似的。我圈定了十几位顶级交易员，我曾经有十年时间是和他们在一起训练的。我问自己，是什么原因让他们变得如此出类拔萃。从表面上看，他们每个人都非常不同：有些人是从事电子期货的日内短线交易者，还有一些人是货币和固定收益市场的投资组合经理；有些人高度依赖量化方法，其他人则随意采用模式识别方法；一些人外向，一些人内向；有些人非常情绪化，很在意输赢，而另一些人则比较沉稳镇定。当我观察这些人的做法时，发现他们很多样化。当我研究他们为何那样做，即寻找支撑他们的决策和行为的原因时，发现了一些共同的特点。

- **适应能力**。最好的交易者是有较强的适应能力和灵活性的。他们对市场环境很敏感，会为适应情况变化而做出调整。通常他们会根据市场行为是否确认了他们的预期快速改变自己的风险敞口。或者更进一步，他们通过学习新技能、扩大交易空间和审视自己的分析，来适应变化的市场环境。他们成功的原因并不仅仅是因为他们拥有一种交易"优势"，而是他们发现了持续扩展其优势的方法。

- **创造力**。理想的交易机构都有一组能以互不相关的方式获得超高风险调整后回报的交易者。借助多元化的好处，它们可以获得一条相对平缓的权益曲线，而且可以更有效地利用资金。我打过交道的成功的交易机构中都不乏有创造力的交易者：他们对市场有独到的看法，有独创的点子，用新颖的方式表达观点，可以在一定的风险下，最大限度地扩大收益。实际上，我敢肯定地说，我还从未见过一个特别成功的交易者是没有自己独到的应对市场的方法的。我将这类交易者称作"点子工厂"，因为他们有一套找到其他人发现不了的机会的方法。

- **生产力**。我的经历证实了迪恩·凯斯·辛姆顿（Dean Keith Simonton）所说的：成绩最好的人会有更好的点子，这是因为他们产生了非常多的点子。他们的命中率并不一定特别高，但是他们击打得非常频繁，因而有很大机会打出好球，取得出色的成绩。他们知道自己的长处是处理信息和产生点子，而不是坚持某个点子不放弃，他们愿意放弃不太好的交易，追求真正卓越的交易机会。这种生产力显然会反映在每一天和每一周，他们确实比同事做得更多。他们安排自己的时间，为工作排好先后顺序，以便可以既高效（在单位时间里做更多事情）又有成效（做正确的事情）。我们普通交易者通常要浪费多少时间呢？茫然地盯着显示屏，浪费时间和那些没什么观点的人闲聊，阅读无关紧要的信息或糟糕的电邮、报告。成功的交易者无一例外都是工作狂，而不是徒有其表的家伙：他们亲自处理数据，擅长使用信息网络，他们懂得更高质量的信息会让他们得到更好的收益。

- **自我管理**。我能想到的像交易中随时都掺杂了风险和不确定性的情况不是很多。在很多行业的工作中，做得足够好就已经相当不错了，疏漏很少是无法挽回或致命的。在金融市场上，足够好只是大家期望得到的平均水平，还无法取得出类拔萃的结果。在市场下行时集中注意力、保持乐观和集中精力，并不容易做到。当沉浸在快速变化的市场中时，也不容易同时兼顾生活中的很多其他责任。成功的运动员知道只有在非常好的体能状态下，他们才能表现出最佳水平。对于交易者来说，这个条件包括认知和情绪两个方面。我认识的成功的交易者在生活中对自己的要求就像他们在市场上一样严格。他们找到的在做交易决策时保持理想状态的方法，通常就是把市场之外的生活安排得井井有条。

和交易员一起工作，深入了解他们每天的交易业绩和表现，让我有机会亲眼看到交易的成功。从多年的交易教练经历中，我得出的首要结论就是最佳实践——运用资金和管理风险的好方法，造就了出色的交易者。让交易者脱颖而出的是最佳过程：用细致的方式将最佳实践变成持久的习惯。适应能力、创造力、生产力和自我管理，这些不只是最好的交易者才拥有的优点，也是最好的交易者每天都在做的事情。

你所能做的最重要的检讨不是文献回顾，而是关注你自己。如果你把一个最佳交易者放在显微镜下观察，你可以得出自己的观点，而且很快就会发现，你最好是适应变化、进行创新、保持生产力以及管理好自己。对于我们来说，很难意识到，在某些时候、某些方面，我们已经是我们希望成为的交易者了，特别是在处境不好的时候。我们在生活中的任务，和在市场中一样，是去发现可以让我们变得最好的方法和过程。成为最好的自我，很少有别的挑战会像这个一样崇高或令人受益无穷，让我们开始这段旅程吧！

序 言

我不是很肯定自己何时第一次关注到一个事实：时间是一个事件。有很多事件可以帮助我们定义时间——从地球每天自转，到铯原子的辐射。我们用生日和纪念日这样的事件来标记时间，我们把一年分为四个季度和各个假日。早晨起床，吃早餐，去上班，下班回家，度假——我们就生活在这些时间事件中。

假定我是一名运动员，我的能量水平是我何时以及如何锻炼的一个函数。有时候，我每天都锻炼，有时候会休息一天，有时候锻炼的强度很大，有时候强度低一些。如果你把我的能量水平做成图表，就会看到不规则的上下起伏——似乎完全没有规律。但是你如果用事件定义时间，我们就会得到一幅完全不同的图表——一个新横轴，图像也更有规律性。

2014年11月10日，我坐在厨房中央，陪伴着四只刚获救的猫咪中最小的那一只——米娅。我刚对市场图表做了仔细的检查，把横轴的时间坐标换成事件坐标。我在过去的市场表现中，发现了令人惊讶的规律——我之前从未发现这一点，不久我就会看看那种规律能否提供在市场上可行的点子。

过去我也想到过有趣的点子，而这一次的感觉很不同，就像打开了一只从肯塔基农村避难所运送来的动物寄存箱，从里面选出柔软、褐色的发出咕噜咕噜声的猫咪，知道这一只就是我想要的。

箱子里有只猫咪看着米娅爬上我的肩膀，好像在说："她选择了你。"这种感觉非常好，无论他们是你的生活伴侣、事业伙伴，还是全新的点子，都是如此：他们选择了你。

而你也必须做好被选择的准备……

| 目　录 |

前言
引言
序言

第 1 章　最佳过程 #1：适应变化　/1

埃米尔的餐厅　/1
适应改变的最大障碍　/4
保持灵活性的能力　/7
灵活性与交易　/14
马克斯韦尔的例子　/18
过度自信之误　/28
挖掘核心动机　/32
为何纪律约束不起作用　/35
目的之目的　/38
让适应成为习惯　/42
交易纪律的局限　/46
高情商交易者　/49
做好改变的准备　/52
加剧紧迫感　/58
看—感受—改变：乐观的重要性　/61
交易员被孤立的危险　/65

改变内心对话 / 67
完美中的缺陷 / 71
复发 / 73
小结：从思想到行动 / 76
采取行动并持续下去：识别机会 / 80
采取行动并持续下去：识别威胁 / 84
哪里去找寻新方向 / 88

第 2 章　最佳过程 #2：从你的优势出发 / 91

没落的交易员 / 91
为何你的优势是表现好坏的关键 / 96
细心寻找不易察觉的优势 / 100
你都有哪些优势 / 102
你的优势之间是如何相互作用来带给你成功经历的 / 106
哪些优势是你没有的 / 110
你的优势会成为弱点吗 / 112
强化我们的优势 / 119
卓越的根源 / 124
学会养成好习惯的习惯 / 126
性格优势一瞥 / 129
不同优势间的高阶结合方式 / 133
发展乘数效应回顾 / 137
主观幸福感：交易心理学中最重要的情绪 / 141
幸福与人格 / 147
关于幸福，研究告诉我们什么 / 149
如何培养幸福感 / 152
学会保持能量，避免无谓消耗 / 159
恪尽职守：被低估的成功要素 / 163
利用生物反馈提升幸福感 / 166
冥想可以让你变得更积极 / 169
利用自我催眠培养积极情绪 / 172

锻炼你的身心 /176
幸福专题：爱 /179
幸福专题：亲密关系 /187
幸福专题：感恩 /188
交易 + 优势 + 幸福 /192

第 3 章　最佳过程 #3：培养你的创造力 /197

交易员要有企业家精神 /197
艾伦——交易领域的"企业家" /199
"交易员"企业家的成功 /204
交易与管理危机 /209
交易与创造力危机 /212
创造力使我们保持优势 /217
创新的过程是怎样的 /220
发现问题也是寻找答案的一部分 /230
我们能变得更具创造力吗 /232
交易失误与每况愈下的创造力 /235
创造力的本质：重新定义问题 /238
创造力技能：模式切换 /242
创造力技能：思维效率提升 /245
创造力技能：寻找全新的组合方式 /248
创造力技能：类比思维 /253
创造力与生活方式 /259
集体中的创造力 /260
头脑风暴管用吗 /264
在独立工作中利用团队创造力 /269
创造力最主要的能量之源 /271
将这一切完美结合 /272

第 4 章　最佳过程 #4：探索与整合 /275

什么才是最好的实践 /275

将最佳实践汇集为最佳过程 / 280
成为一名过程驱动型交易员 / 284
究竟有多少交易机构是流程驱动的 / 288
如何成为流程驱动的交易员 / 295
通过以下 20 个提问对你的交易流程进行反思 / 297
在流程改进方面的一些思考 / 302
57 项交易成功所需的最佳实践 / 305
小结 / 400

结论 / 401

后记 / 404

参考文献 / 405

译后记 / 411

| 第 1 章 |

最佳过程 #1：适应变化

> 自然界生存下来的，既不是最强壮的，也不是最聪明的，而是最能够适应变化的。
>
> ——达尔文

埃米尔的餐厅

埃米尔是一位厨师。他在繁华的郊区买下了一家餐馆。由于郊区有优质的公共教育体系，而且购物便利、犯罪率低，近年来年轻夫妇蜂拥而至。他们想要的不是传统的、坐下来吃饭的餐馆。他们希望用餐的餐馆有一点城市生活气息：气氛活跃，既可以吃喝，又可以结交朋友和进行社交活动。尽管这家餐馆过去提供多种品味的菜肴，老板和善，位置便利，但是餐馆老旧，店主无法跟上用餐者口味的变化，致使过去几年来一直不太赚钱，于是之前的店主最终把这个餐馆卖给了埃米尔。

埃米尔通过与周围居民交谈，了解到他们的用餐需求就是一个"新"字：新鲜的食材、清新的店面以及轻松明快的音乐。他打听到大家喜欢去的那些餐馆，然后进行实地考察。他看到的是长凳围绕着的吧台，客人们可以轻易分享他们各自喜欢的食物，在其中，看不到围坐起来享受大菜和传菜的场景，这一切都是在惬意、畅饮和背景乐曲中进行的。

埃米尔认识到，市场已经悄然发生了变化。用什么来吸引顾客不再重要，重要的是越来越多的用餐者希望把用餐变成一种社交体验，而不仅仅局限于一顿安静、有备而来的享用。新的用餐者想要的不仅仅是普通的背景音乐和传统的饮料，他们喜欢欢快的电子音乐，有创意的混合饮料、扎啤，异国情调的软饮料以及各种精选优质葡萄酒。他们喜欢四处走动，尝试不同的食物，而不是只享用一道大菜。多样化的饮品和活力四射的现场音乐是他们体验的重要组成部分。

基于此，埃米尔对餐厅进行了重新设计。他买了一些模块化的可以根据环境重新快速组合的各式座椅，用来取代沉重的木制餐桌椅；用开放性酒吧，取代传统围坐式用餐形式；墙壁上的传统图画消失了，取而代之的是柔和的、变化的灯光，照着墙上的异国风情树木、山石，流光溢彩。在高清晰度显示屏上播放着最新流行的音乐，音质清脆；在 Twitter 和 Facebook 上发布新品菜肴，在 Instagram 上每天更新系列菜肴图片，而且链接到其他公众媒体。

显然，这些还并不是埃米尔所做的最大改进。为了取代传统的固定菜单，他和他的团队创造了一个全新的菜单，完全废除原先的菜单。埃米尔承诺每天会根据当地市场上的新鲜食材制作每一道菜。餐厅贴着标语："每天都是全新的。"

为了让客人从菜单点菜中解脱出来，在用餐过程中，埃米尔让客人们用餐厅的平板电脑直接下单。客人一边查看每道菜的说明文字，一边下单，这样可以立即将订单发到厨房，既可以让客人点到满意的菜肴，也可以让其他后来用餐者分享用餐者的评论，帮助后续客户做出自己的选择。食客们特别喜欢阅读有关菜肴搭配和饮料的建议。订餐系统最大的作用在于创建了一个数据库。随着评论系统的不断充实，订餐系统成了一种内部社交媒体网站平台。餐饮理念在这里得到了广泛传播，而客人对饮食的评论，也为餐馆建立了声誉。

随着时间的推移，埃米尔知道了客人的喜好。他发现，年轻男性比 30 多岁的女性更喜欢各种饮料和点心的搭配，已婚人士的下单品类不同于单身男女。他发现对菜肴的介绍和图片会影响到客人对菜的喜爱程度。女性顾客喜欢禽肉和鱼类菜肴，而老顾客则更喜欢安静一点的餐桌和保持不变的几道菜；顾客点的最多的混合饮料是咖啡饮料。渐渐地，数据库帮助埃米尔了解到哪些菜需要重点推荐，哪些应该剔除。周末的晚餐不同于平日晚餐，要有不同的食物、不同的布局、不同的音乐。他依靠顾客不断更新的数据，迅速适应了顾客口味的变化。

顾客呢？他们喜欢快节奏的音乐、明快的线条装饰和很"酷"的订餐应用软件。网站上的流量增加了，Twitter 上的粉丝和 Facebook 上的朋友爆棚，埃米尔的餐馆一片叫好之声。遇到过挫折吗？当然有。有个顾客把点菜的平板电脑掉在地上，摔碎了屏幕，这迫使埃米尔为每个电子菜单安装了新的保护装置。几个喝醉酒的客人写了些不恰当的评论，这迫使埃米尔使用了范围更广的数据监测。对于老年客户，如果有新发明的电子菜单应用出现在他们餐桌上，需要进行操作指导，教会他们如何一步一步下单。问题层出不穷，这也给了埃米尔一个展示他关心客户的机会。

更重要的是，埃米尔能够雇用到想成为企业一分子的高级厨师和服务人员。为此，他宣布，在餐厅有独特想法的员工可获得一笔可观的奖金。一个服务人员建议应用程序应该可以播放用户想听的音乐，这样也可以让员工知道用餐者用餐时想拥有的氛围。一个初级厨师还建议将用户所有选择的音乐进行归档，建立客户自己的音乐数据库，当客户用餐的时候自动进入播放程序，便于客户选择。

埃米尔意识到，适应不断变化的市场意味着改变自己和自己所做的事情。新餐厅所做的尝试（播放客户喜爱的音乐）以及新的做法（电子订餐），让埃米尔在市场上赢得了客户，打响了名气，使他重新认识到餐饮的多元化文化，了解到"边缘"的真正含义。大量的数据跟踪订单和偏好，更坚定了他所推崇的达尔文的那句话，"适者生存"。

埃米尔能做到这一点完全源于适应变化。"不同的餐馆每天都要面对挑战"，保持新鲜、永无止境是成功的关键。埃米尔没有让餐厅按照他想要的方式来设计，而是让顾客定义体验。他的座右铭不是如何建造餐馆，而是人们让他如何来建造餐馆。

适应改变的最大障碍

现在你也许已经知道了埃米尔餐厅与金融市场交易的关联。作为交易者，我们关心的是如何从市场中获得回报。利用宏观经济趋势或公司基本面只是其中一种方法，也有人利用技术手段或通过预测市场获得灵感。**但是，市场参与者基本上没有为适应变化的市场制定明确的程序**。在这方面，我们就像厨师认为如果我们准备好食材，客户就会上门一样想当然。令人遗憾的是，投资人经常两耳不闻窗外事，受到主观情绪和头寸影响，追随宏观经济主题，不能适时做出调整以适应不断变化的市场。在波动性低、反弹有限的时候，动量投机者却想找到突破点。基金经理在"多元化"组合的关联性和波动性上升时，还要增加风险。

结果就是每一次都很沮丧，这种情绪必将干扰后续决策，成为失败的根源。**这种挫败是合乎逻辑的，并不是心理准备不足造成的**，这是未对不断变化的世界做出适度改变的必然结果。把餐馆卖给埃米尔的店主可能对生意很失望，但这并不是他失败的真正原因。他是一个好店主，也做了让顾客高兴的事情。但是不幸的是，面对新的顾客，他长期不做调整，造成了最终的结果。

可以肯定的是，交易过程中既存在自我约束能力差、容易冲动的交易者，也有对市场预期悲观的犹豫不决者，然而成熟的基金经理不会突然变得情绪化。当我们看到专业人士都显现出绝望和恐惧，像餐馆老板一样准备放弃时，很有可能错过的是一次大的机会，而不是一次小小的心理挫败。

> **关键结论**
>
> 交易中的情绪变化也是一种信息，说明需要根据变化的市场对交易策略做出适度调整。

为什么聪明的成功专业人士不能做出适度调整呢？为什么我们也做不到呢？埃米尔为什么可以应对变化、做出革新呢？很多时候，答案是太自我：一旦我们认定一个给定的事实，就很难去拥抱接受另一个现实。

以前的餐馆店主**相信**他的菜单、他的烹饪技术及他对客户服务的热情，但是这种信念损害了他的生意。他重视的是当下认定的经营模式，不会选择其他模式，并一厢情愿地认为顾客会蜂拥而至。

这是一个值得思考的两难困境。在经营企业的过程中，创业者需要坚定持久和稳固的信念与企业文化，才能经受住艰难的创业过程，吸引人才完成公司的使命。然而，同样的信仰也可能禁锢住我们。当我们为此而全身心投入的时候，很难接受变化。更具讽刺意味的是，我们做得越多，为保持领先而做出改变，就变得越具有挑战性。想想世界上发生过的在技术领域的关键创新，很少出自工业巨头之手。主要的电脑制造商并不是那些最先发明个人电脑的人，个人电脑制造商也不是平板电脑和智能手机的发明者，社交媒体上经常出现的更多是初创公司，而不是老牌的软件公司。自相矛盾的是，企业一旦成功也就埋藏下了毁灭的种子，不思改变，就会消亡。

✵ ✵ ✵

一个戏剧性的例子说明了人们适应变化的难度。1945年，卡尔·邓克（Karl Duncker）向参与他的研究的人提出了一个问题。他拿出一块软木板、一盒图钉、一支蜡烛、一张桌子和一盒火柴，任务就是想办法利用你的资源把蜡烛固定在墙上，这样熔化的蜡油就不会滴在桌上点燃桌子。参加者通常尝试各种各样的解决办法，或试图把蜡烛钉在墙上，或点燃蜡烛，然后用融化的蜡液把蜡烛粘在墙上。其中有的解决办法有点效果，但是没有人保证点燃的蜡烛最终不会滴落在桌面上。正确的方法是取出盒子里的钉子，把蜡烛放在盒子里，把盒子钉在墙上，然后点燃蜡烛。人们一贯都把盒子视作容器，没有人想到它也可以用作烛台，思维没有发散开来，邓克把这种困惑人们思维的固定模式叫作思维定式。

这个问题最有趣的部分在于：最初当大家面对同样问题的时候，最先想到的是**不包括盒子的最容易解决问题的方法**。但是一旦把盒子和其他东西分开，大家就不难想到盒子其他的用途，例如把它用作一个容器，这时他们还会想象它是一个空盒子、有不同的形状，功能不再固定，心理发生变化，问题就迎刃而解了。

在我们关于厨师埃米尔的故事中，很明显，他成功了，不是因为改进了老餐馆，而是改变了他的思维定式，重新定义了餐馆的概念。思维模式固定的前一位餐馆经营者可能只是尝试了大量的菜单和铺面装潢方面的改变，但这似乎没有任何用处。只要他坚持旧的餐馆模式，他一定会让新一代的食客失望。

定式思维必然导致反应僵化。当我们认定某种交易和分析方法的时候，就错失了调整和改变的机会：**一般我们也不想看到这样的改变**。许多年前，我和一位长期表现不佳的股票投资经理交谈。他认为他就是一个专业股票人士，他可以挑选出被市场低估了的股票。这种价值取向的选股方法使他成了一个逆向投资者：他认为好的公司，其他人并不这样认为。问题是那些不受待见的公司在被大众重新接受并且回归其真正的价值之前，股价往往还会继续下跌。这位自以为是的股票投资经理买在了最高点，损失了20%，而且该股一度下降了35%，拖累了他的投资组合，他只能要么以低价卖出好股票，要么在低位补仓，继续持有这个表现不佳的股票。

我向这位经理建议，可以通过为他的持股创建一个资金流过滤标准，来解决他的困境。我向他演示了每笔交易该如何选择在最接近最佳交易价格时买卖。随着时间的推移，累积起来的交易信息可以作为一个有用的参考，表明买者或卖者收集或派发其股票的急切程度。通过收集的信息可以在他认为的强势股股价启动初期介入，以减少他的亏损和更有效地利用自己的资金进行一搏。

这位基金经理吃惊地看着我，就好像我建议他用婚外恋来解决家庭问题一样。"可我是选股高手"，他解释说，"这是我最擅长做的。如果我改变做法，就永远不会成功。"对他来说，针对基本面操作股票就像那个装着钉子的盒子。他的思维和操作手法都已僵化了：任何不针对公司基本面的分析都是可疑的。从我的角度来看，降低他投资风险的资金流量过滤方法，可以帮他根据基本面更好地选择股票，正如关注消费群体的消费需求让埃米尔能经营一个更好的餐馆一样。

但我们的这位经理不愿意跟踪资金流并修正其操作手法，让人感觉到他只是想脱离市场，寻求不被认可的价值，或者只是验证一下自己的想法，而不是为了真正赚钱。这是适应变化的大障碍。

保持灵活性的能力

安蒂·伊尔马宁（Antti Ilmanen）在 *Expected Return* 中的概念性框架是值得注意的。在书中，他把市场分解成各个"组成模块"，并解释了收益和这些模块之间的关系。作为一个活跃的交易者，我看到的不同模块要比伊尔马宁看到的还要多，但是方法都是相似的。我从文献里找出的技术指标中，选了一小部分低关联度的指标，看看在近期市场稳定的情况下，哪些因素影响了价格的走势。这种方法的核心是**市场环境**（regime）概念：在一段时间驱动股价的因素与另一个时段驱动市场的因素是不同的。当我进行交易时，我不是简单地押注市场会上升或下跌，而是要看看刚过去这段时间的稳定性是否会持续。

例如，对于本章主要提到的股票指数，情绪和头寸一直是未来价格行为的重要驱动因素。当股票看跌/看涨期权的比率很高时，或已经看到不同板块的波动性和关联度上升时，我们会看到标准普尔 500 指数期货的反弹。相反，当股票看跌/看涨期权的比率低、波动性和关联度小的时候，指数的回报率较低。在市场的其他阶段，情绪和头寸对市场回报没有那么重要。此时，动量和市场宽度等因素可以作为市场预测的重要影响因素。伊尔马宁指出，随着时间的推移，价格的驱动因素会发生变化。一个成功的投资者要善于发现影响市场波动的内在原因，从而使利润最大化。

理解和评估市场波动有很多方法。约翰·埃勒斯（John Ehlers）以在周期市场上的循环操作（MESA）获利而闻名，他将任何资产定义为时间的线性序列（趋势）和周期性（均值回归）的结果。在一个市场被线性成分支配的情况下，我们希望成为趋势跟随者，在市场以周期性成分为主导的周期中，我们希望同时减少对强势股和劣势股的操作。**动量交易者和均值回归交易者**都很难成功，长期看空或看多最终会输得很惨。交易成功的关键在于灵活性，要使自己的交易适应不断变化的市场，就像埃米尔适应改变了的就餐环境一样。

这个思路的一个重要意义是，一旦我们把自己定义为某一类交易者，就播下了毁灭的种子。如果我们确定自己是趋势跟随者，在低波动的市场里就会被置于不利地位。如果我们认同自己是回避市场极端波动者，就会踏空行情。当市场接近顶部或底部的时候，原本在周期市场环境中赚钱的策略，可能在遇到突破点时，产生毁灭性的结果。

> **关键结论**
> 成功的交易者永远是在短暂市场波动周期中能够最快适应市场变化的交易者。

在此，我作为一名心理学家，最大的惊讶是在给专业的投资经理做心理治疗时发现的：大部分交易者的失败，不是因为他们缺乏必要的心理素质，而是因为他们无法适应维克多·尼德霍夫（Victor Niederhoff）所说的"永远在变化的周期"。他们受挫是因为他们僵化的交易方式。没有任何心理训练可以拯救那些不适应在线购物的大零售企业的生意，也无法挽救忽视虚拟现实技术的游戏公司的业务。死守自己以前的那一套东西，没有随着外部环境的变化而对自身进行适应性的调整，注定会失败。

但是，我们怎样才能既热情地专注于我们现在所做的事情，同时确保在变革来临之时能够及时转向，从而立于不败之地呢？

✽ ✽ ✽

当克里斯和吉娜为他们的婚姻问题来到我的办公室时，几乎没有迹象表明他们是一对婚姻不正常的夫妇。他们说话声音平和，没有争吵或做出不理智的事情。尽管如此，他们仍在认真考虑分手，他们一再提起目前已经分居了。他们的分开并不是因为存在什么重大的冲突，而是因为他们没有感情基础。他们很想知道：为什么没有感情了？

俗话说，"爱不会死去，爱只有被扼杀了"。在克里斯和吉娜的这个案例中，很难找到凶手或者杀人动机。他们都全身心地爱着自己的孩子和家庭，都有自己喜欢的工作。"我们是一个大家庭"，克里斯解释说，"我们有时间去度假，没有人比吉娜对孩子更好。但似乎有些东西不见了，我们不像以前那样经常出去了，我们不跟朋友交往了，我们的乐趣没了，没有了往日的激情。这和过去不一样了。"

克里斯说话时，我紧紧地盯着吉娜。她似乎有点不自在，但她没有说话。有两次她把头转过去，好像在沉思什么，目光从丈夫身上移开。最后，好奇心战胜了我，我问吉娜在想什么？她看起来有点尴尬，解释说："我只是想起了孩子们的足球练习课被移到周末。"她转向克里斯说："我们得把我的车从修理店取回来。明天早上我需要载着孩子们出去。"克里斯立即做出反应。他拨通了修理店的电话，确定星期五修理店不会早早关门。

就像他们说的那样，他们是一支很好的合作队伍。这是我接到的一个最难的案例。

༺ ༺ ༺

事实证明，夫妇俩感情最有挑战性的难关之一是孩子们第一次离开家庭。那么为什么会出现感情危机呢？从表面上看，两人独处听起来很诱人：有充足的时间可以进行社交活动，或是追求休闲娱乐和旅行！可那些为孩子倾注了全部感情的夫妇，当他们独处时，夫妻生活越发变得碍手碍脚。平日里与孩子分享了太多的欢乐，但是现在孩子走了，那种天伦之乐没了。如果没有什么东西替代，那么夫妻之间突然就会没有了共同的聚焦点。能够在这种变化中挺过来的夫妇，更懂得拥抱新的生活。他们有很深的家庭纽带，但是现在缺少了更广泛的个人和共同的社交、娱乐和事业兴趣。他们的灵活适应了新的生活。

如果你仔细看，你就会发现成功的夫妇在他们的育儿阶段就已经开始了他们的新生活。随着孩子的长大、自立，夫妻双方一起做更多的事情，他们不受家庭心理发展的变化。的确，他们欣然接受并参与其中。成功的夫妇为他们的未来播下了种子。

成功的企业也是如此。蓬勃发展的公司会在发展现有产品的同时，培育新产品和提供更便利的服务。汽车制造商在推出下一代电动汽车的同时，也销售传统的以汽油作为动力的汽车；制药公司知道即使最畅销的药物也终究会失去专利保护，因此它们必须开发新的畅销品种；棒球俱乐部在充分利用现有强大队员阵容的同时，还在不断训练新的人才。

如果我们认为现在是暂时的，那么就能够掌控未来。用安·兰德（Ayn Rand）的话说，就是成功人士懂得为未来而战。对他们来说，变化是一种刺激的挑战，而不是威胁。他们能够全身心地投入，适应新的挑战，在新机制和旧机制之间做好过渡。父母对子女的关爱逐渐从幼年过渡到成年，直至他们成家立业；汽车公司也一样，即使他们从燃气发动机向混合动力产品过渡，也依然坚守主营方向；大多数人不会轻易放弃对一个有影响力 A 的认可，去追寻一个前途未卜的 B，而会在 A 和 B 之间搭起一座桥梁，把不可感知的不连续变化转变为自然的过渡过程。

桥梁是弹性机制的关键。不幸的是，在克里斯和吉娜的婚姻中没有这样一个桥梁。

※ ※ ※

人生的起伏可以用正弦波来描绘。我最喜欢的咨询活动之一，是让人们在一张纸上画正弦波，大约有十几个波峰和波谷。我要求他们列举出他们在巅峰时的光彩经历和他们在人生低谷时的困难生活。正弦波的波动从孩童时期、青少年时期直到现在成人期。利用这张图，我可以从侧面捕捉到绘画者人生经历的高峰和低谷。

没有一个人的人生经历可以和别人的人生经历重合。历史不会重演，像市场的涨跌一样。我们的生活有它的脉络，就像精心设计的小说或交响乐一样，绝妙无比。

在前面那个离婚的夫妇例子中，通常会有多个正弦图——多个题目。每个伴侣都可给对方出题，甚至可以出别的与双方生活息息相关的题目。一个值得做的题目，就是要求这对夫妇每人画一张婚姻的正弦图，确定双方关系的高峰和低谷。作图时，夫妇没有互相商量，然后我们比较图表，通过对比图表我们可以发现夫妇的和谐程度。

当然，好的心理学家不仅要听别人说什么，还要看他们是如何表达的，可以通过观察他们的举手投足、面部表情、行为举止获得更多的信息。我在研究生院的一位临床导师曾经要求学生观看关掉声音的疗程录像，然后，让我们描述正在进行的疗程，就像配音一样。我开始时还有点不解，直到导师告诉了我不听录音进行复述的精髓！

在正弦波那个案例中，我可以看到一个人是**如何**绘制他的人生轨迹的。有的人迅速地勾勒出了人生顶峰，有的人很快地绘制出人生低谷。通常人们会花更长的时间去描绘出他们生活中的其他部分，或者一笔带过。如果他在一段波峰或波谷处踌躇不决，那得问他一个为什么。绘制过程中允许每一个人因人而异改变波动的频率和幅度，或许有人绘制的峰谷波动幅度在某一个关键时刻波动非常剧烈；或者在一处成功人生阶段，出现了多个峰值或波谷，这些都是允许的。例如在我自己的人生经历中，儿童阶段绘制出的波峰和波谷就很平顺，大学和研究生阶段有所躁动。20世纪80年代初是我人生的一个低谷，80年代中期迎来了我人生的一段辉煌，然后恢复到正常状态。正是 Rorschach 的这个试验，让我们捕捉到了人生起伏的脉络，市场的交易图何尝不是如此呢。

反观克里斯和吉娜绘制的图表，告诉我了一些他们相处的信息。儿童阶段两人波谷很明显，波峰不明确，结婚可以算作他们的共同峰值，有了孩子以后又落入低谷，图的整体轮廓与我相仿，他们的职业生涯和身体健康与此息息相关，他们与他人的关系和不确定的职业生涯一段时间加大了波幅，然后又由于双方的共同义务，波幅趋于稳定。和我一样，危机意味着机会，有时会触底反弹。

两幅图的相似之处不是很多。克里斯和吉娜盯着他们的图表，在孩子出生的高峰过后，他们在度假、工作满意度、孩子的成就、支出和工作压力方面都画出了低谷。为什么会如此呢？吉娜和克里斯自己都不确定最近他们婚姻生活中发生了什么。他们作为一个团队，在生活中配合得非常好，他们知道什么时候应该开车出去，以便他们的孩子能够按时参加一个活动。峰值和低谷的缺失，在他们平淡无奇的生活中创造了稳定；而恰恰是这种稳定的生活，扼杀了他们的幸福婚姻。

✧ ✧ ✧

多年来，我一直鼓励人们绘制自己生活的"正弦波"图，有一项观察结果显示：波峰和低谷之间的距离往往是相对成比例的。就像市场一样，人们经历了波峰和波谷的波动时期——通常波动大也意味着机会大。杰克·施瓦格（Jack Schwager）采访了许多市场奇才。他发现，这些人早期的职业生涯很平常，但是在经历巨大的低谷之后，他们被迫重新认识自我，最终攀上了人生重要的高峰。托马斯·库恩（Thomas Kuhn）在《科学革命的结构》（*The Structure of Scientific Revolution*）一书中有一个经典的论断：科学的进步体现在量变积累上，以量变促成质变，当量变达到一定程度，会促使质变的形成，从而形成一个全新的科学方向。

再举心理学范畴的一个小例子，当心理主导思维让位于更主动、更直接、更简短的解决方案时，换位思考才会出现。精神分析仍然保持着一种优雅的理论框架，很具有说服力。弗洛伊德精神分析理论的核心要点是不可调和理论，即现在是过去矛盾的延续，所有冲突不会被调和。治疗的目的是帮助患者重新演绎矛盾，使心理分析师能够在**重复过程**中观察到一些情况。病人一旦意识到他们在做着某种重复，就会在治疗过程中做出改变。正如你所预料的那样，分析是一件长时间的辛苦事情，需要时间和精力，要预见冲突并解决矛盾。在心理分析治疗的关键时期，有时每周进行多次会话是很正常的。

> **关键结论**
> 只有当问题积累到需要拿出新的解决方案时，改变才会发生。

事实上，人们在婚姻和交易中都会遭遇同样的问题。治疗师们在他们的治疗中也发现了库恩反常现象。虽然问题令人烦恼、长期存在，想要短时间内得到改善，的确存在一些困难，必须假以时日，在几个月或几年后才能奏效。亚历山大（Alexander）、弗兰奇（French）和米尔顿·埃里克森（Milton Erickson）等心理治疗先驱想方设法加快这一过程，并提出对精神分析的核心问题的质疑。他们发现，情感体验可以促进这一变化过程。我也如此，由于遇到了一个成为我妻子并组建家庭生儿育女的女人的强大影响，我的认知改变了，这是不同于多年分析积累所得的真知灼见。我的生活中已经出现了与以前不同的东西，它对我的情感认知、社会和事业都造成了一定的影响。

你一旦掌握了库恩理论的精髓，就会体会到即便人生波谷很少，也不一定意味着生活一切如意。童年和青春时期虽然平淡，但在此期间，我们积累了面对人生挑战的知识和资源。北卡罗来纳大学的安吉拉·达克沃斯（Angela Duckworth）把这种快速恢复能力称为"韧性"，这是一种在被击倒后仍然能够从低谷中摆脱出来并继续赢得战斗的能力。应对好这些小低谷，能让我们有能力抵御更大的挫折，没有这样的体验，就很难筑起通往未来之路，未来将如何变化就不再是机遇而变成了威胁。

波峰代表什么呢？代表了能量和灵感的爆发，帮助我们穿越生命的低谷。通常，高峰来自于一段新的经历：新的职业道路、生了一个孩子、做了一次很特别的旅行，这些新的体验会帮助我们以新的视角观察世界——创造新的可能性，带来新的景观。我最近一次波峰体验是和玛吉一起去阿拉斯加荒野旅行。那简直是太棒了！这次旅行增加了我们了解世界的兴趣和愿望，十分值得分享。那是一次十分惊险的极限体验，我们乘着小舟几乎接近冰川的基座部分。

那么像克里斯和吉娜这类人，生活很少有起伏，一切照旧，这意味着什么呢？其实，我办公室里发生的事就是一个很好的例子。克里斯试图用话语表达婚姻中缺失了什么，但吉娜却迅速将话题转移到了孩子的日常生活上，有时克里斯也会不自觉地转移话题。有一次，当吉娜说想让全家人一起聚一聚时，克里斯却无动于衷地掏出手机，查看自己的市场交易情况。吉娜停止了说话，克里斯似乎意识到什么，话题很快转移到他们共同关心的孩子上来。问题来了，越是逃避话题，避免改变，越会扼杀幸福的婚姻。

现实的问题是孩子不再在吉娜和克里斯的生活中占据主导地位。他们的孩子成熟、长大，可以自立了，不久就要离家上大学了。而克里斯和吉娜习惯了妻儿老小在一起的日常生活，这分散了他们全部的注意力，没有任何东西可以取代。但是现在的生活变了，可他们没有做出如何改变，因此他们的婚姻出现了危机。其实，他们需要的是一个**灵活**的生活方式。

灵活性与交易

具有讽刺意味的是，没有人比交易员更善变了。我们都曾遇到过这样的情况：突然，一枚重磅新闻登上了头条，引发了一轮抛售。你会怎么做？如果信息属实，机构正在抛售，上涨趋势已经被打破，你也许会减仓或者空仓，一起出逃，实际上你愿意接受这种游戏规则。成功的交易者并不是长期或短暂的死守，他们追随变化的市场，保持开放的心态。

仅从成功交易者的思维和行动方式来看，我们会发现，灵活性贯穿于他们交易的始末。比如说，一名交易员建立了一个影响汇率的基本面驱动因素模型——从趋势/动量到利差和经济突发异常消息，他通过这个模型确定明确的买入信号。

这位交易员做空一篮子其他货币并做多美元。他知道美联储即将结束会议并发表声明。这个交易员的 A 计划是如果美联储货币政策不变，且措辞偏鹰，那么就增加美元头寸；另外，他还会制订 B 计划，一旦美联储出人意料地表示支持宽松货币政策，他将平掉多头仓位，甚至反手做空美元。当然，把这个模型用于过往走势，也可以看到这个特殊时段有可能产生不利的结果，譬如偏鸽的货币政策倾向可能会催生新的美元卖家。

因此，在一轮美元上涨之后，当美联储留意到经济指标疲软时，会继续限制利率，政策一出，美元往往会遭到大幅抛售。交易者会很快卖出，平掉多头仓位，美元大幅下跌，反弹乏力，同时股市持续疲弱，债券反弹。国际市场交易告诉交易者，市场正在根据美联储的声明重新定价。迅速退出市场，可以让交易者有足够的时间平复心情——重新寻找市场洼地。因此可以说，即使开局不利，结束时仍然可能会成为赢家。

可以看出，交易者早晨操作成功的关键，不仅是要拟定好交易计划，而且要保持**灵活性**，这是主动思考，也是 B 计划的预演，以便使交易者能够适应美联储的突发信息。相反，如果交易者坚信他的基于动量或利率走向的宏观模拟预测必定导致美元走强的话，进行灵活操作就不可能了。

但这只是单一交易中灵活性的体现。如果交易者缺乏交易灵活性会是什么后果呢？像制药公司那样，由于现有的药物专利即将到期，如果没有去创新研发新药会是什么结果呢？**如果我们的整个职业规划是一个缺乏灵活性的 B 计划，结果会是怎么样呢？**像吉娜和克里斯那样，在日常的生活中切断了通往未来的桥梁，结果会怎样？像把餐馆卖给埃米尔的店主那样，我们只顾埋头做饭，那么我们能看到的结果也就是客人越来越少了。

☙ ☙ ☙

从克里斯和吉娜所画的"正弦波"中不难发现，近年来他们夫妇几乎没有高峰体验。但这还不至于带来巨大的负面影响，最重要的是怠慢消极的因素侵蚀了他们的婚姻。到头来他们会发现当他们努力攀爬家庭这一楼梯的时候，他们已不知不觉地留在了错误的楼层。

那么心理学家该如何帮助像克里斯和吉娜这样的夫妇呢？**唯一的**办法是专注于他们的问题。当丈夫和妻子都觉得他们的婚姻有问题的时候，他们只是各自注意到问题，但是并没有将其放到桌面上讨论，忽视了他们依然是合法的夫妻。一般来说，当人们来到心理学家那里求助的时候，他们至少已经意识到自己陷入了困境而无法解决。为了防止问题的进一步恶化或要想方设法改变这些问题，他们会解除戒心，去做一些咨询。通过心理治疗师的引导，巧妙地强化那些"麻烦问题"，与治疗师一起仔细研究问题所在。

在本书中，这种通过人为干预提高人们解决问题能力的方法是一个基本原则。当我们把注意力集中在问题上时，我们通常会忽视这样一个事实，即在很多情况下，那个问题不会出现。这种排除问题模式通常包含解决方案的核心，就是在问题没发生时，我们所做的其中就有解决问题的方法。

关键结论
如果我们认定自己已经功能失调，就无法改善自己的机能。

注意到一个微妙的变化：当有麻烦的人在询问心理学家某个问题的时候，心理学家往往会避开这个问题，而去问一些其他的问题，然后指出解决方案的核心一直在这个人的心里。你看，如果这个最终的解决方案来自于心理学家，有问题的人会感觉这得益于他们有一个很棒的心理治疗师，而不是认为他们自己很强大。聚焦方案的心理治疗之所以多数时候能成功，是因为它可以把人和他自己的适应能力——也就是把人们没有问题和出现问题的部分，再重新连接起来。

最后我们想与克里斯和吉娜一起讨论的是，我们大部分时间都在讨论哪里出了问题，但我们没能用到正弦波图上的高峰体验，作为解决他们问题的有益调节方式。事实上，他们的问题主要是一直沉浸在日常事务中，缺少高峰体验。生活怎么会有进步呢？

正如我前面提到的，答案就是在现在和未来之间架起一座桥梁。把这对夫妇结合在一起的东西是什么？其实是他们对孩子的爱和承诺。如果把和孩子在一起的时间抽出一些来，就可以经营好他们的婚姻了吗？当然不可以。如果没有一座桥，他们就还是会困在现在的生活状况中：他们不会以不确定的生活方式来替换已有的生活。因此，我们不仅需要追求未来的生活，还要坚守现在的承诺。如果我们循序渐进地去做，而不是寻求革命性的突变，我们可能会做出改变。

我把话题转回这对夫妇，讨论他们生活中缺乏的积极因素，以及他们认为这会对孩子们的生活产生怎样的影响。"你们想做出什么样的表率？"我尖锐地问吉娜和克里斯，"如果孩子们看不到你们生活中的乐趣，看不到你们彼此相爱，这会教会他们什么？什么才会影响他们的生活？"

可以看出这对夫妇从来没有考虑过这个问题。我不是想告诉他们，他们需要在一起度过美好时光，成为幸福的一对夫妻。相反，我认为他们之间的关系会成为孩子模仿的样板。为了让他们的孩子长大能够成为好父母，他们需要扮演好夫妻的角色。他们要做的是维持和改善婚姻关系，这和孩子发展的下一个阶段需要做的事情是一样的。

"当然，"我温和地提出建议，"如果你们真的不喜欢对方，那就没有必要假装给孩子们看。你们可以友好地分手，维持良好关系，让孩子们效仿和赞赏你们。"

这是克里斯和吉娜最不想听到的事情！他们可以不用维系名存实亡的婚姻，只做一个父母应该做的吗？永远不会！他们很清楚：作为好父母的新定义中包括成为好伴侣。他们的任务是为孩子们下一阶段的发展铺平道路，而不是盲目地重复过去的养育方式。

所以我们开始寻找那些例外情形。吉娜和克里斯在他们的婚姻中已经做了一个很好的榜样——关心、信任、合作和交流，显然有很多积极因素。吉娜先想出一个点子，她想让孩子们去看望他们的祖父母，并利用这个机会来一次夜晚旅行。这将是家庭成员共享的时间，充满浪漫的气息。克里斯赞同这个主意，准备晚上出发，他们俩顿时变得兴奋起来。我建议他们不要因为要照顾孩子，让他们在我办公室表现出的激情很快消失掉。父母相互之间充满激情和爱，家庭环境就会充满激情和爱。除此之外，父母还能给孩子留下什么呢？

这对克里斯和吉娜来说意义重大。

克里斯来自一个贫困潦倒的酗酒家庭。

吉娜小时候曾遭受过性虐待。

他们发誓永远不会让自己所经历过的痛苦在他们的孩子身上重现。他们从不把自己的问题告诉孩子。

只有家里充满浪漫温情，他们才能找到通往未来的桥梁。他们不愿意改变，但他们要为他们想要的未来做些什么。

他们需要找到解决的方法，但是他们无能为力。

正如许多交易员发现，未来将他们抛在脑后。他们需要找到桥梁，将旧的承诺与新的、充满活力的方向联系起来。

马克斯韦尔的例子

我在前言中提到，这本书是受我过去10年中共事过的10位顶级交易员和投资组合经理的一个评论的激发而写的。从某种意义上说，这是我自己解决问题方法的一个写照。与金融工作者一起工作了十年，当中遇到很多挫折和失败，无数次的争执和讨论，现在看来，有必要重拾记忆。

马克斯韦尔是我认识的十大交易员之一。多年来，他在标普500电子迷你（e-mini，ES）期货市场上的交易模式非常成功。他常说其他交易者都是"白痴"，他们追逐市场，模仿他人的操作思路，操作水平明显停滞不前，马克斯韦尔另辟蹊径，结果取得了意外成功。我不认为马克斯韦尔是一个特别聪明的人，但他的确聪明，而且异常精明。他是一个狂热的赌徒，有一种神奇的魔力，能在牌桌上找出其他对手的弱点。他似乎知道在别人虚张声势的时候，正是他出手收获成功的时候。虽然他知道各种各样的可能性，但他的敏锐的洞察力使他能够游刃有余。

马克斯韦尔评论说，对手在 ES 期货上的行为，就像牌桌上的新手一样，简直就是白痴。马克斯韦尔的一个关键的交易模式就是趁低吸纳。当他看到市场的关键支撑位已破，交易员们开始抛售头寸时，他知道恐惧正在来临，机会很快就会出现。"市场不会奖励白痴。"马克斯韦尔认为，只有超越恐惧，他才能过上好日子。

当我回顾马克斯韦尔的交易生涯时，我意识到他是一个知行合一的人。他有时会煞费心机地等待很长时间，等待着机会"出现"。在此期间，他会观察各种价位的成交量。他可以看到市场幕后的玄机，买家进入或离开，他都能知道。如果买家不能在之前的高点卖出，或在之前的低点买入，他很快就会采取相反的操作策略。在很大程度上，他的交易就是基于交易者自己未能及时发现和纠正的过失。

马克斯韦尔喜欢交易活跃的市场：动量越大，就越有机会发现多方和空方的漏洞所在。他的大部分交易都是在市场低迷时期完成的。"那里没有人。"他耸耸肩。没有收益的市场就没有交易，这是他的座右铭。

牛市已来，波动率指数（VIX）稳步下跌，日平均波动幅度收窄，马克斯韦尔发现自己的机会越来越少。更惨的是，随着千年虫问题的解决，以及自营交易开始采用自动做市体系之后，散户交易者在市场上越来越少。日内短线交易不再对公众有吸引力了，参与交易的傻瓜较少的情况下，马克斯韦尔的盈利能力开始缓慢下降。渐渐地，他开始怀疑自己是不是白痴。随着大型交易机构越来越依赖用算法交易锁定最佳价格，价格的变动方式也和过去不同了。马克斯韦尔哀叹老一套方法已经行不通了。

马克斯韦尔的风险管理工作做得很好，所以他没有损失很多钱，当然他也没赚多少钱。

没有太多波峰，

也没太多的波谷，

激情在消退。

就像吉娜和克里斯过去所付出的一样，平平淡淡，无法找到通向未来的桥梁。

✧ ✧ ✧

你不会在某天早上醒来时，突然发现自己原来有的优势消失了。更确切地说，就像"库恩魔咒"一样，量变逐渐积累，直到无法再忽视。卖给埃米尔餐馆的老板不会突然没来上班，顾客也不会一夜之间消失。他们是随着时间的推移而慢慢变化的，在此期间，老板竭尽所能地谋求改变：频繁地更换菜单，菜价也比以前更低，甚至推出特价菜，诸如此类，等等。然而，所有这些都是在同一氛围中发生的变化，就如船即将沉没，你无论是在船头，还是在船尾，最终都逃不过沉入海底的命运。有时量的渐变并不为人所关注。但对于餐馆老板来说，质变似乎是一个太遥远的事，因此他只有把餐馆卖给了埃米尔。

吉娜和克里斯在他们的婚姻中失去了方向，他们致力于维持家庭关系，而忽视了夫妻间的亲密，致使矛盾堆积了多年，积怨已经足够深。运动中的物体，若不借助外力作用，它们仍然是运动的，惯性使然，人也一样。我们热衷于节约能源：不断改变先是消耗能源，最终耗尽能源，而且效率很低。

从纯进化的角度来看是有道理的——我们的生存之道会成为习以为常的模式，变成生活定式。马克斯韦尔发现由于多方面原因导致他的收益下降：压力、市场不活跃、高速算法和糟糕的运气。人们经常说"不要修理没有坏的东西"，只要我们说服自己没有问题，就不会去主动寻求解决问题。

> **关键结论**
> 循规蹈矩对效率来说是必需的，而适应性改变需要打破常规。

还有另一个原因，交易者在面对市场变化和机会时，为什么不马上拥抱变化呢？即便我们在市场上拥有独特优势，盈利还是有很多种方式的。从长期来看，在100个或更多的交易中，只有一个交易不正常，没有达到高的命中率或者偏离投资策略，比如裸卖期权，还是可以接受的。但如果出现10个或20个完全依赖随机性的赌注交易，那么对交易者的心理会造成严重的破坏。

去年，我根据P/L Forecaster（损益预测者）上的文章写了一篇博文，而那篇文章是亨利·卡斯滕斯（Henry Carstens）贴在Vertical Solutions（垂直解决方案）网站上的。为此我研究了3条盈利曲线：一条没有任何优势（50%的胜率，平均盈利幅度等于平均损失幅度），一条有劣势（50%的胜率，平均盈利幅度是平均损失幅度的90%），一条有优势（50%的胜率，平均盈利幅度是平均损失幅度的110%）。在100个交易过程中，我们可以看到盈利状况。总的看来，盈利完全是随机出现的。经过多次检验，我们可以看到虽然方法多种多样，方式也可以千变万化，但是盈利几乎是不变的，而且最终为一个相对恒定的值。

交易员经常过度解读损益曲线上的这些随机波动。当他们完成了一串盈利交易之后，会认为市场状况非常好，因而更愿意承担风险。而在一串亏损交易之后，就会变得缩手缩脚，风险承受能力降低。这样做的结果是最终造成交易者的资金损失。假设棒球运动员认为20个左右的击球就能判断出他的球技。当他击出大量的成功球后，会认为自己手气很好，因而更加卖力；当他多次失手后，就会变得犹豫不决，这两种状态都会导致击球手被淘汰出局。因此，忽视短期结果而关注全局，会是一种更有前途的击球方式。

对于交易者来说，像马克斯韦尔那样不特别关注每日、每周或每月的盈亏，应该是不明智的。相反，他应该关注交易过程，从交易念头的产生到执行交易，都应该寻求渐进的改进。这种观念一旦建立起来，交易行为就会逐步完善起来。

问题是，过了一段时间后，20个交易变成了40个，直到60个、80个、100个，逐渐习以为常，积少成多，效果就很明显了。这就是如果你在拉斯维加斯好运傍身，就应该乘胜追击的原因。但是如果你孤注一掷，就会面临灭顶之灾。因为这样做太随意了，你将面临出局。但是如果适可而止，你就有可能东山再起，最终赢得赌局。当你的随意情况不超过1/10的时候，说明你做事风格已发生了改变。希望交易员能像马克斯韦尔那样，说服自己不要盲目操作，盲目操作应该成为过去。

当你每天进行几笔交易时，跟踪你的交投是相对容易的。但那些不那么活跃的投资者和投资组合经理，他们可能每周或每月只有几笔交易，又该如何观察呢？交易频率较低，那么一整年的表现就不会太抢眼，似乎更多体现为非随机性交易，因此交易机构更愿意将更多的资金分配给这些投资组合经理，而不是那些表现不佳的人。这样的调整正是对交易员快进快出的操作方式的否定。

对小样本交易动向及随机性的跟踪是一个真正的挑战。如果不是基于对历史数据的拟合，而是客观地对数据进行复盘，那么在最近没有交易的情况下，也还有可能对业绩产生一个合理的预期。在数量有限的交易中，我们无法真正知道其业绩是靠运气还是靠技巧取得的。迈克尔·莫布森（Michael Mauboussin）在他的《实力、运气与成功》（*The Success Equation*）（2012）一书中指出，我们未能认识到运气的作用，会使客观评估变得困难，过分地关注最近的交易赢输，会让交易者忽略运气在这些交易中扮演了重要的角色。每当马克斯韦尔想要在市场操作方法上做出重大的有意义的变动时，就会意想不到地取得一系列交易的成功，他会口是心非地说这是"市场在复苏"。只有在多次希望变为泡影后，他才开始寻求帮助。然而，此时，马克斯韦尔就会像那对夫妻一样，开始质疑他是否真的可以继续向前。

马克斯韦尔没有跌倒不起，就像吉娜和克里斯一样，他继续工作，对交易充满信心。像这对夫妇一样，马克斯韦尔做了很多事情。为了避免交易者的羊群效应，他坚持独立思维。他留意交易量的变化，以免做出错误交易，这远比抓市场拐点容易得多。在过去的日子里，马克斯韦尔常常会根据图形走势预测未来市场走向，但是现在他深深地体会到那些日子一去不复返了，很少有傻瓜仅仅根据图表走势就进行交易了！

对盈利的交易进行评估是我最欣赏的解决方法之一。作为交易教练，我的主要任务是安抚那些遭受挫折的人，使没有受到挫折者免受挫折。当有人像克里斯、吉娜或马克斯韦尔那样遭遇不幸的时候，帮他们找出问题所在，是对他们最好的帮助。对交易者来说，当他们工作出现问题的时候，一些投资经验对他们来说会变得有用，对盈利交易的总结回顾，可以让遭受挫折的交易员认识到自己并非完全不行，他们需要做的是将智慧、技巧和经验充分发挥，再次振作起来。

通过对马克斯韦尔的交易进行评估，我们发现了大量持仓时间短的盈利交易。他称之为**炒卖交易**。"在我看明白了市场上发生的事情时，我开始交易了。"马克斯韦尔解释说，他尝试确定较长期的价格水平，持有头寸几个小时或者几天，直到头寸不再赚钱。不难发现，马克斯韦尔和我都清楚地认识到，他已经达到良好状态，有能力快速抓住市场机会。这是他对市场深思熟虑后的做法，而不是出于已经不再有效的本能认知。炒卖交易模式让他赚得盆满钵满。

之后马克斯韦尔跟我开玩笑说，他收到一封股市大腕的电子邮件，表示愿意花钱购买他的基于波浪的交易秘诀。这让我想起了我之前在一篇博客上写的"白痴浪"的取笑文章，他开始取笑那些相信这种营销炒作的交易者，说他们很愚蠢，他这番话让我抓住了一个入手的机会。

"那么，老兄，如果你不使用波浪理论，怎么能搞清楚明天下午三点市场的交易会在哪个价格呢？"

马克斯韦尔笑了，开玩笑说他还有很多破碎的水晶球，不想要更多的碎玻璃了。

"但是，你难道不像艾略特的粉丝那样，用波浪理论做同样的事情吗？"我进一步问道，"他们和你一样都在预测未来。"

马克斯韦尔看起来很困惑，他不明白我想说什么。"此外，"我接着说，"你不需要预测市场，你的交易结果告诉我们，你很擅长把握市场实况，并顺势而为。既然你能看出人们在市场上正在做什么，为什么还要预测价格走势呢？"

你可以看到马克斯韦尔的聪明之处。预测一个不确定的未来，那是白痴才做的事情。他的工作是确认而不是预测买压和卖压。

确认模式是他通向未来的桥梁。

※ ※ ※

卡尼曼在一篇杰出的研究总结里提出了两个基本思维模式。一个是快思维，另一个是慢思维。在《思考，快与慢》（*Thinking, Fast and Slow*，2011）一书里，他解释了快思维可以让我们对当下的问题马上做出反馈。如果一辆轿车快速插入我们的车道，为了避免事故，我们就需要马上转动方向盘。这个快速反应可以让我们避开危机。如果我们要仔细考虑发生在那条道路上的所有细节，就很难避开车流，或者避开迎面而来的车辆！

快思考的问题在于这是一种表面思维。我们看到某个事物，快速评估它与我们的关系，然后快速做出反应。对于迎面而来的车辆，这样做是对的。当看到一名非裔美国男人在人行道上朝我们走来时，我们快速穿过马路，同样的快速反应却是由思维偏差造成的。实际上，很多众所周知的认知偏差，比如近因偏差和可得性直观推断，是快思维控制了我们的决策和行为的结果。

另一方面，慢思维是一种深度思维。当我们的思维处于这种模式时，我们观察、分类整理、分析并得出结论。这样的过程不太可能受到主观偏差的影响，但是会消耗我们大量的认知资源。我们可以在快思维状态下同时开车和聊天，但是不太可能在全神贯注地观察路况时，解答一道复杂的数学题。这是开车时发短信易导致车祸的一个原因。

出于效率方面的考虑，我们一般倾向于依赖高效的快思维系统，除了需要深度思考的场合。结果就是，我们的许多决定和行动反映的是第一印象，而不是仔细思考后的结论。在市场火热的情况下，有多少次我们是分析市场，规划交易，然后再去执行的呢？问题不在于缺乏纪律等原因，而是我们快速思考的大脑劫持了慢速的正在推理的思维。卡尼曼用非常书面化的说法，指出大脑的不同部位分别控制着快思维和慢思维过程，有时会在最不幸的时候，人脑的错误部分掌握着控制权。

如果我们看看这两个大脑——两个相对独立的信息处理系统，就不难发现至少有两种情况，我们既可以是聪明的快速思考者，也可以是聪明的深度思考者，既可以都是，也可以都不是。比如非常有天分的销售人员和很有经验的空管员，他们通常不是最聪明的人——不一定是深度思考者，但他们处理信息非常快，也非常好，而且很灵活。销售人员能够读懂客户心理，随机应变地调整自己的声调和发出的信息。空管员不需要考虑每架飞机是飞向哪里，谁在驾驶等，而是快速处理飞机在一个繁忙机场的起飞和降落。这种快速处理变化信息的能力，让空管员可以在不到一秒的时间里做出决定，确保系统有效运转并避免事故发生。

> **关键结论**
> 我们的想法决定了我们如何交易。

相反，我们都知道非常聪明和有知识的人缺乏动手能力。他们能够解出数学题和分析局势，但是对解读一个约会场合的社交暗示却束手无策。工程师可以告诉你有关建筑和汽车引擎运转的所有细节，但是只有赛车手才有能力赢得比赛冠军。

我们经常提到交易，似乎把它当成了一个单独的活动。然而，交易就像药物：需要进行有大量工作和专业知识作为基础。心理医生是治疗师，外科医生和放射科医生也都是如此。他们所需要的技能是完全不同的。金融市场也是如此。做市与全球宏观对冲基金组合管理非常不同——它们又和期权波动率交易完全不同。

交易之所以有趣的一个原因，是它用各种方式混合了慢思维和快思维。一端是日内交易者，他们很少进行深度分析，但是擅长实时价格形态识别。在另一端是长线股票投资者，他们深入研究上市公司，并构建复杂的投资组合，对不同的风险因素进行对冲，以便从强势和弱势公司的相对价格变化中获利。在他们两者之间是对冲基金经理，他们既要深入分析宏观经济，又要快速处理市场趋势和拐点。

我的经验是成功的市场参与者极少能在慢思维和快思维两方面都表现出色，但是他们总是在其中一个方面非常出众。如果你想知道是什么原因让他们如此成功，就会发现他们有办法在市场中发挥他们的快速处理或者深度思考技能。从认知的角度看，他们发挥了自己的长处。对于马克斯韦尔来说，情况确实是这样：他的炒卖交易就是依靠非常快的思考技能。

当交易者用转换认知模式的方式回应市场回调时，就会失败。使用快思维的人开始对市场进行过度分析，并且和市场发生脱节。深度思考者变得害怕亏损而对价格波动进行短线操作。焦虑和业绩压力迫使交易者脱离他们的认知范围，远离自己擅长的领域。这种情况也发生在马克斯韦尔身上。他在低波动性市场的表现开始变差，越来越受制于做市算法。他说服自己要适应这种变化，拉长持有时间，并更多是从战略而不是战术角度进行交易。他放弃了紧盯实时行情和盘口情况，参考盈利报告、数据发布和近期新闻，而是从走势图上寻找更长线的支撑位和阻力位。这些都已经脱离了他原来的范围：他在努力适应变化，最大限度地远离以前的做法。幸运的是，他的炒卖交易仍能用到快思维技能——在这段调整期间，他的账户亏损逐渐得到弥补。随着时间的推移，他的业绩变得越来越平均了，因为他越来越依赖相对平衡的更深入的分析技巧。

导致马克斯韦尔发生心理转变的原因是他重新定义了对交易的感情承诺。我们回忆一下克里斯和吉娜的例子。他们主要的动机是什么？他们想要成为最伟大的父母，给孩子们他们自己以前从没得到过的良好抚养。他们无法做出改变，直到发现对于他们的成年孩子来说，除非他们在婚姻上做出榜样，否则就不会是好父母。现在他们调整了自己的动机。他们必须加强婚姻，这是现在这样做的一个很好的理由。

马克斯韦尔的心理状态是：自己是聪明人，赚的是其他傻瓜的钱。赚钱对于他来说，就是证明自己聪明、独特和出色。当他停止赚钱，特别是看到别人赚了他的钱，就开始觉得自己是个白痴。然后他会怎样做呢？他尝试让自己成为深度思考者，用另外一种方式表现他的聪明才智。颇具讽刺意味的是，他试图从自己的劣势中得到这种确认。

马克斯韦尔所做的成功交易是源于战术，而不是通过成为一个伟大的战略家而达成的。与克里斯和吉娜不同的是，马克斯韦尔一旦发现了成功之路，就去全心全意地拥抱它。作为出身于贫穷家庭的孩子，他很有进取心，想要证明自己的价值。这种心态从未改变过。我们要把这一点和他所做的出色交易结合起来看。当他能够觉察到，试图预测市场会使他看上去像自己不屑的那种白痴，那么改变自己就会变得容易一些了。他不愿意被看成白痴，就像克里斯和吉娜不愿意成为一对糟糕的父母。

我不想故意掩饰马克斯韦尔转变的难度。这种变化不是一夜之间发生的。我们做了大量工作，分析为什么他的基于价格形态识别的交易在某些时候可行，但在其他时间却失败了。我们发现需要更深入的调查。在对他的交易进行归类分析时，发现他的做空交易远没有做多交易成功——这是因为市场长线一直是上涨的。微妙的是，马克斯韦尔过去一直尝试让自己成为逆向投资者。当他那样的做法看上去也像拼命逆流而上的傻瓜一样时，他就变得更乐意在市场中采用正确而简单的做法。比如，他根据市场相对于其成交量加权平均价格（VWAP）早期读数，定义了强势、中性和弱势市场，以免让自己错过了非常强势和弱势市况。通过拓展他寻找的有用形态，可以放大在辨别形态方面的优势。

他带着问题找到我，但是他的良好交易给出了解决方法。一旦马克斯韦尔发现了在他的快速交易技巧和交易情绪因素之间搭建桥梁的方法，就出现了有意义的改变。

> **关键结论**
> 如果我们克服不了那些情绪，就无法做出改变。

过度自信之误

我们知道如何为交易中的变化做好准备。那么为何我们很少遭遇启动备用计划的时刻呢？克里斯、吉娜以及马克斯韦尔的例子说明，我们的核心激励和个人承诺会引导我们做出极端自我防卫的行为。几年前，我曾经与一位在儿童时代和恋爱关系中遭受过拒绝的专家一起工作过。她后来非常自立，决心永远不再受到同样问题的伤害。后来她在事业上发展很快，而且一直单身，无法与其他男性建立长期关系。她在生活方面的独立，让她很难维持情感关系。但是如果她自己对此没有察觉，就不会发生改变。在她自己的经历中，她可以依赖某个她在意的人，但同时保持个人独立。当她在治疗过程中听从我的建议，不再做一项家庭作业时，转折点出现了。她过了一段时间才承认自己觉得那种练习不舒服，而且不再想继续练下去了。我没有研究她为何"抵触"这种练习，而是祝贺她按照自己的直觉做事。然后我们一起设计了一个不同的练习。

引发这种变化的是一种关系经历。她既可以依赖我，也可以不依赖我。有时候，改变是从小事开始的，在一种情况下，关系也很简单。很多时候改变发生在行动上。

但是要达到变化点，还是需要一些时间。那些异常现象（做正确的事却得到了错误结果）通常会在我们尝试做出改变之前不断出现。这位年轻女士单身了很久，才愿意去接触她认为可以依赖的顾问。毕竟一旦我们的生活或者交易方式在目前是行之有效的，我们就会对这种方法树立信心。这种信心可能会变成过度自信。我们的行为看上去似乎已经发现了一个永久的解决方法，似乎我们可以继续按照现有模式生活而永远不会再受到伤害：邻里和谐，一帆风顺。马克斯韦尔在赚钱的那些年里不仅对自己的交易很自信，他自信到了觉得没必要分析自己的盈亏，也不用适应市场的变化，这种状况一直持续到盈利停止。

阿瑟·罗伯特·安顿·威尔森（Author Robert Anton Wilson）指出了那些超级自信和完全糊涂的人之间的相似性。他也指出是我们自己的观念限制了我们：我们局限在自己的信念里。正如我们之前看到的，一个践行统计模型的交易者可能在现实与过去情况不同时，遭遇巨大的损失。承诺看上去是值得赞赏的，直到变成改变的障碍。

行为金融研究发现在投资者和交易者中普遍存在确认偏误和过度自信偏误。在我们有选择地处理信息以支持我们的观点时，会发生确认偏误。过度自信导致我们过高估计一个预期交易或市场情境会出现。朴（Park）和他的同事做过一个关于韩国投资者的有趣研究，观察了这些投资者参与在线讨论的情况。你可能猜得到，他们对在线讨论信息的处理也反映了确认偏误：交易者倾向于阅读那些和他们观点一致的帖子。有趣的是，那些具有较明显确认偏误的人，也表现出了更明显的过度自信倾向，他们交易更频繁，比这方面表现较弱的其他同事亏损更多钱。Scott，Stumpp 和 Xu 回顾了 2003 年的文献，总结出"相当多的研究表明，人们是过度自信的，尤其是这些投资者对自己的预测能力过于自信"。而且，他们还发现，这种过度自信偏误在很多国家和市场都存在。

过度自信现象不只是存在于交易中。在希思兄弟的书《决断力》（*Decisive*，2013）中，他们提到了这个结论，并提到了丹尼尔·卡尼曼说过的一句话："你精神生活的一个显著方面是你很少被难倒。"他们提出了很多克服过度自信偏误的策略，包括**多目标跟踪**和主动考虑与我们立场对立的观念。这些策略的共同点是认知灵活性。一旦我们看问题的方式固化了——也就是说，当我们变得僵化时，我们就会像 Dunker 研究的对象一样，可以做出更好的生活决定。**我们无法追求另一个未来，除非我们首先可以预见到另一个未来。**

颇具讽刺意味的是，如此多的交易者（甚至交易教练）坚持认为我们应该按照我们的信念进行交易，而这会在我们坚信自己的观点时，让我们承受更大的风险。任何人如果听从这个建议，有可能在他们最自信的时候承担最大的风险。而经常发生的情况是：陷入过度自信之后，即便最灵活的交易者也会变得故步自封，从盈利变成遭受巨大亏损。

> **关键结论**
> 如果你的观念带来了风险，你将变得弱不禁风；当你过度自信时，至少是很难适应市场的变化。

我们以乔为例。乔是一家自营机构的交易员，直到他的交易亏损了相当长时间之后，他才联系我。他成功交易股指期货已有多年时间，但是现在他的交易不赚钱了。具体说就是，当他在账户里保留相当大的头寸时，他发现市场会很快察觉到，并走出对他不利的走势。"你赢不了，"他第一次见到我时说，"如果你不加满仓，就会踏空这轮行情。如果你加满仓的话，你又不想碰到那种市况！"乔觉得就像是有人悄悄知道了他的头寸，操纵市场考验他的极限承受能力。当然，肯定有人知道他的头寸：做市算法一直在监控和计算发出的订单，可以很快发觉供需不平衡，并在非常短的时间内借此获利。大量待处理订单（比如乔的几百手ES 合约）就是那些老练的做市商的目标。

乔之前接触过的一位交易教练认为，问题在于乔没有把他的强信念交易和较弱信念的交易区分开。如果他清晰地意识到他在一个特定交易中的信心，并且明确了他需为此承担的风险水平的话，就能够避免较低概率事件，并且最大化在更高概率机会上的收益。这在理论上相当合理，但实际效果并不好。原因有二：第一，在高度自信的情况下，他的头寸增加会更容易被发觉，而凸显了他的弱项。其结果正如我做的一项过往业绩分析，发现他在这种情况下的命中率和整体盈利水平要低于他做的边际交易。第二个问题是乔可能变得更加自信。结果就是，他可能在一个小交易上赚钱，然后不断这样赚钱，直到头寸足够大时，一次失手就会抹杀前面所有的收益。那位教练曾经敦促乔不要对自己的判断丧失信心："你必须抱着赢的信心！"但是，一旦乔那样做了，他就一定会输。

我的分析表明，当乔发出的订单或者头寸达到了当时一分钟成交量的某个百分比时，出现对他不利的交易的机会就会大幅上升。在成交量大和账户流动性高的时候，他的交易（即便是那些大笔交易）盈利的机会仍很高。这个解决他的问题的方法是不起作用的，哪怕是在心理上也无济于事。乔只不过需要适应新的做市环境，而且应该优化操作方式，尽可能隐蔽地派发交易单。乔需要做的改变不是心理上的；就像那个开餐馆的埃米尔，他需要的是用一种不同的方式对待市场。

为什么会有如此痴迷于"观念"的交易文化呢？这往往会让人们不思改变。毕竟，如果你确信你所做的事情是好的，为什么要做任何不同的事情呢？想象一个士兵侦察敌人的地形。他最好不要拘泥于一种观念。他将用与以往不同的方式穿过森林和田野；他将把每个建筑物当作潜在的威胁，对爆炸装置保持警惕。在一个变化的危险环境里，循规蹈矩会置自己于死地。如果我们不再将市场视为危险环境——这本身就是一种过度自信的表现，我们就只能在交易中炫耀自己的信心。

我们把循规蹈矩当作一个成功因素，可能反映了我们在生存偏误上的认知结果。在任何一组交易者里，那些在绝对收益方面领先的人几乎肯定是高风险接受者。当然，现在表现最差的交易员也包括高风险的接受者。毕竟很少有市场参与者会愿意参与小赌局和普通交易。但是如果我们看看那些成功的市场精英，总能发现那些赚了最多钱的人，如果我们和他们谈话，总会发现，他们至少在部分交易上是孤注一掷的。这种事后回顾很容易推出一个假设，即交易成功的一个决定性要素是超级自信和承担风险。

问题是超级自信往往无法与高度的灵活性相容。前面我们讨论过的研究成果都与正面归因偏差相关。我们倾向于将好的结果归因于自己，而把不好的结果推脱给环境原因。比如我们赚钱时，可能会把功劳归于自己，而在亏钱时，把责任推给市场。同样，我们倾向于在和别人比较时，认为自己更能干。我在给医学学生上课时最喜欢做的一个练习是让他们分组评估自己和同学，采用的标准是一些形容词，比如"有爱心的"和"有上进心的"，用 5 分制打分，1＝远低于平均水平；3＝平均水平；5＝远高于平均水平。你可以猜到，只有很少几个同学给自己打 1 分（远低于平均水平），而 90% 的人认为自己要优于平均水平！

当我让几组交易员做这个练习时，正面归因偏差也表现得非常明显。大多数交易员在能力方面给自己的评分高于平均水平，而实际结果一般并不支持他们的看法。当问到他们自己的看法与实际交易业绩之间的差别时，他们谈到了自己的潜力、近来的改善、情境影响对业绩的阻碍等。**问题是那些高估自己能力的交易员不太可能积极适应市场情况的变化。**乔认为自己是非常成功的交易员，而把近期的差劲业绩归因为市场"大跌"。这促使他向自己的心灵寻求帮助，而他需要的是一种适应变化的市场环境的方法。但是影响交易的同样的过度自信偏误会威胁到交易生涯。**相信自己是成功的必要条件，而在自信方面保持灵活性，则是实现持续成功的一个必要条件。**

我们现在正处在一个解决这种困境的关键点：作为交易员，我们经常处在一个频繁和剧烈变化的环境里——趋势在变，市场波动率在变，关联性在变，市场参与者的策略在变，世界形势在变，中央银行政策在变，以及宏观经济环境也在变。如果我们每天只是盯着市场，管理风险，很少退后一步来有效管理变化的过程，就会像那对夫妇故步自封在他们的日常生活中，像那位饭馆老板埋头努力准备第 2 天的饭菜，得过且过——直到这些活动已完全无法适应当下的环境。

> **关键结论**
>
> 常规做法对于保证效率是必需的，适应这些做法可以保证有效性。

挖掘核心动机

假设你不经常锻炼，就会发现自己在爬楼梯时会气喘吁吁。你没有同样的能量水平,四肢之前的灵活性也消失了。你知道自己需要加强锻炼了。那么怎样开始呢?度过了筋疲力尽的一天,你如何能坚持锻炼/健身呢?

这就是我长期以来面对的情况。你可能认为一个帮助了很多人实现生活转变而且写了不少有关如何改变的书的心理学家,应该很容易改变生活方式,减掉身上的赘肉保持良好体型吧?但事实不是这样:好的想法和一个接一个的计划形成了冲突。尽管我努力安排好工作、市场和家庭的很多事情,却没有照顾好自己的身体——**尽管我非常清楚我的身体状况究竟如何。**

这样的情形表明,不是我们缺乏知识或者信息才不能做出改变。更多的情况是我们都知道该做什么——只是我们没有去做!我们知道应该把交易控制在目标水平,但是在第一次遭遇不利时,我们得到了救助。我们知道自己该锻炼身体,但我们一动不动地坐在屏幕前,慢慢消耗着储备的能量。

我要声明:我都不记得上次完整参加一个电视直播节目的事了。我很少参加社交活动,即便参加,也都是很早就离场。在海滩上晒太阳浴?在花园里闲逛?过去几年都很少有!我已经学习了足够多的在群体活动中表现友善和处理日常事务的社交技巧。但是让我停下手里的工作哪怕是一小会儿,我感觉脑袋就像要爆炸了。有一位医生问我最近生活压力大不大,让她惊讶的是,我几乎很少感觉到有压力。我的一个压力来源是来自激励不足的感觉。如果我做的事情没有意义,没有挑战性,没有兴趣或者不够刺激,我就会觉得枯燥乏味,就会空虚。对我而言,空虚本身就是一种压力。

我最难忘的回忆之一是在中学期间一次必须参加的学校聚会。学生们听着音乐,有人跳舞,有人聊天。我坐在桌边,全神贯注地读着我想读的一本书——威廉·夏伊勒(William Shirer)写的《第三帝国的兴亡》(*Rise and Fall of the Third Reich*)。多亏了那些老师,我没有受到打扰。我可能和别人聊过,问他们是否读过这本书。但是站在那里闲聊,而不读这本书,那种情况绝不可能在我身上发生。

我不是反对社交。我喜欢和人们交谈——真的,作为心理学家,这就是我的工作，通过交谈提供心理建议。但是这和邻居们一起在隔壁烧烤聚会是不同的。心理咨询是一种工具性活动，利用这种活动，人们尝试让生活发生改变，我喜欢这个工作。有什么工作能比成为一个人发展过程中的一部分更刺激的呢？对我来说，更难的事情是那些没有意义的活动。如果让我去休假，我会全心投入去了解一种新文化，学习历史、厨艺和生活方式。如果让我待在沙滩上无所事事地看着阳光、沙滩和海浪，那我只能坚持 30 分钟，然后就想要**做点**什么事情。

这和外出活动或锻炼身体有何关系？从理智上讲，我知道自己得多注意身体。我留意到了身体消耗太大，工作效率受到了影响。和马克斯韦尔一样，在我被迫做出改变之前，这些后果不断积累。在跑步机上跑步或在健身室锻炼肌肉是很枯燥的，所以我回避这些活动。我想要的是提升工作效率和做出有意义的改变。花时间在街上慢跑或举杠铃似乎有违这一初衷。纯粹从情感上看，这就像是一项日常活动，更多的是无聊而不是成就感。

现在的关键问题是：如果你是我的心理医生，你打算怎样帮我解决问题？你怎样帮我找到坚持锻炼的方法？

此时，我们之前谈到的解决克里斯和吉娜以及马克斯韦尔的问题的做法是值得借鉴的。当你看到一个问题模式时，要找找那个模式的例外情况。我的例外情况是什么呢？在日常活动中，什么时候我的忍耐力较强？在完成每日正常工作或每天的社交活动时，我什么时候会感受到活力和刺激？

在检讨我的明显例外情况时，我发现有很多次是下意识地完成的。我每天起得很早，在投入工作之前，会逗逗家里那 4 只小猫，给它们喂猫粮。每只猫都有自己喜欢和不喜欢的东西，而且有各自的喂食盆。我为娜奥米、金格、米娅和马利准备了 4 份早餐，然后分别喂它们。**这是我每天喜欢做的事情**。我觉得和这些可爱的小家伙亲密**接触**，是开始一天的最好方式。另外，我还花几个小时查阅招聘广告，如果有合适的职位，我会为我在找工作的孩子修改简历。当我们一起修改简历或为面试而练习时，这不只是在帮助他们，这很重要，但也是**一起做一件非常重要的事情**。如果我觉得这些工作与我自身有一定的联系，觉得自己是在做贡献，或者认识到了它的重要性，那么这样的日常工作也就不会觉得枯燥乏味了。

假设我的一个孩子需要做困难的理疗才能让身体康复，我会非常愿意参与其中，与他共同面对这个有挑战性的治疗过程。在这种情况下，我永远不会逃避锻炼，因为我对孩子做出了承诺。这并不是说我必须克服拖延症。通过挖掘核心动机，我不会遇到任何情感上的阻力。

是的，这些就是**核心动机**。马克斯韦尔的核心动机是证明自己可以不做预测就能最大化盈利。吉娜和克里斯的核心动机是为自己的孩子提供一个温暖和睦的家庭，引导他们发展自己的婚姻。**在一个重要的感受方面，人们从没改变过：人们寻找用新方式表达他们生活主题的核心动机。**聚焦方法的教练工作可以提高我们早已熟悉的表达方式的新鲜程度。

有时候我们不是通过正规教练或自助努力，才发现了那些新鲜表达方式，而是在摸索和试错中发现的。一天，我打开门，来到早上锻炼的地方，让猫也进来，好在锻炼间隙逗逗猫。我在有节奏的锻炼空隙逗逗这些小东西，那种感觉很好玩；我发现自己很期待那样做，这样就有时间逗猫了。这样做了几天之后，这些猫开始习惯我的早锻炼做法。进食之后，它们会抓挠地下室的门，准备和我一起锻炼了。我们养成了一种积极的习惯方式，可以看到，习惯的养成是一种最强有力的改变技巧。

为何纪律约束不起作用

一旦你了解了核心动机这个概念，你就会明白为何常规激励方式会失败。我们可以说服自己去完成新年心愿，但是如果没有触及核心动机，我们无疑会把它丢在一边。有人真的认为口头肯定、记日记或者其他常见的激励方式可以让我走进健身房吗？聋人听不到啦啦队的加油声，但是我的猫咪可以让我有兴趣锻炼身体。如果我需要和正处于身体康复阶段的孩子一起锻炼的话，我会每天早上准时去做这件事。这个动机要比仅仅要我克服惰性的动机大得多。

> **关键结论**
> 在我们只是尝试推动一种行为时，我们会拖延，但核心动机则会拉着我们去做。

锻炼身体现在是我每天早晨必做的活动，这是因为我的猫咪也已经习惯每天早上陪伴我锻炼了。我不再需要强迫自己每天早上锻炼身体，现在每天早起锻炼就像我自己每天早晨会淋浴或换上干净衣服一样。纪律这个概念意味着我们尝试让自己去做某件事。这是一个自我斗争：我们的一部分对应着"应该"，而另一部分是把"应该"转变为"想要"。我们通常会失利，因为"应该"没有和我们说话，它们和定义了生活正弦波的那些核心承诺是不一致的。

如果我们可以创造体现那些核心动机的习惯模式的话，那么我们就可以和自己的情绪保持同步。查尔斯·都希格（Charles Duhigg）在他的书《习惯的力量》（*The Power of Habit*）里，准确地给出了解释。他用认知神经科学的研究成果解释了控制我们的习惯的那部分大脑为什么不是负责逻辑推理和规划的那个执行中心。回忆一下卡尼曼对快思维和慢思维所做的区分。快思维和慢思维就和根据计划与根据习惯行事是类似的。在适应新情况时，习惯让我们能够投身于相对复杂的行为。如果不是因为习惯，比如，我们不可能在开车的同时也在进行一个非常细致的沟通谈话。习惯把我们的大脑从慢思维活动——计划、推理和分析中解救出来。

都希格指出我们的生活受到习惯影响的程度远远超过了我们的想象。从纯粹进化的方式上讲，这是有道理的：我们的行为越是自动进行的，我们越可以把更多的有限资源投入到困难工作中去。我们传统用于"激励"行为的努力所存在的问题是要求我们负责执行的大脑去改变我们负责习惯的大脑。一个更可能成功的策略是通过创造新的习惯来改变习惯。酗酒的人可能不会放弃酒吧里的酒友，但是可能会找到一个替代品，并且结识新朋友。人为何会拖延，目前尚无定论。但是我发现可以用一种带有最深承诺的新习惯模式，轻松克服拖延问题。

这就是为何交易心理学总在强调纪律，但这并不完全准确。在我写这本书时，我已经在博客 TraderFeed 上贴了 4 000 多篇博文了。即便按照每天一篇计算，都需要花费十年以上时间！但是我并没有每天写博客，因为我有自己的纪律。之所以如此，是因为我每天的工作就要求我尽可能多地与人接触。一旦你养成了正确的习惯，就不会有自我割裂感，没必要强迫自己去做正确的事。

那么我们如何养成好习惯呢？都希格解释说，每种习惯模式都有一个线索（触发习惯性动作的事物）和一个回报。如果我们可以找到一个新路径，把线索和回报联系起来，就可以形成一种新的习惯模式了。一个好的例子是，烟民在想抽烟时，用一种特殊的口香糖来替代香烟。这么做几次后，嚼含尼古丁的口香糖的习惯就取代了吸烟习惯。这就为不含尼古丁的口香糖打开了一扇门，然后可以替换成嚼蔬菜，如此等等。

这种聚焦方案的做法之所以有效，是因为用核心生活动机作为一种新的日常活动，用于连接线索和回报。几年前曾与我一起工作的一个医科学生非常聪明能干，但在学校却很不适应。他患有社交恐惧症，在社交场合感到非常不舒服。他的学习相当不错，但在实习时和医生相处得不好。放松方法和其他压力管理方法在他身上都不见效。在他轮换到精神科实习时，一帮患者围住他，和他说了对他们某个同伴的担忧。他们担心她可能因陷入压抑而伤害到自己。最重要的是，他们想让医生保证不会提前释放她。这位学生开始关注那位患者，并找到住院医师和值班医生一起商量。他的焦虑感完全消失了，取而代之的是对那位患者的关心。一旦他将社交场景定义为了解和帮助他人的机会，他就不再感到焦虑，而是感受到了激情。他的改进不是通过对抗自己的焦灼感，而是能够在核心动机的推动下，消除焦虑，去帮助他人。交易的意义是明显的：**只有通过找到一个能使我们在市场占有优势的新方式，我们才能适应变化的市场**。我们通常听到投资组合经理担心"风格转换"。其实风格一定要转换，关键是我们得适应市场。重要的是我们的核心动机的本质必须保持不变。

目的之目的

当我们激励自己的努力未能抓住核心动机时，我们就在让自己成为一个和现在不同的人。如果另一个人（工作中的上级或邻居）催促我们去做一件我们认为不正确的事情，我们肯定会不乐意。我们可能会假装没什么芥蒂，但是不会用心去做。如果我们认识到事情背后更深层的意义和目的，就会愿意长时间地工作，以提供最优质的服务。目标感具有一个重要的心理目的：像一个镜片，聚焦了我们的能量，让我们把分散的资源聚拢在一起。

亚当·格兰特（Adam Grant）在他的开创性著作《沃顿商学院最受欢迎的思维课》(*Give and Take*，2013）中，提供了比个人提高效率更有说服力的证据。他举了一个呼叫中心的例子，电话营销者经常在募集资金时遭遇拒绝。员工士气低落，流失率高。一天，呼叫中心的日常工作被打断了10分钟，以便让一个在电话募集资金方面非常有成绩的人做一个简短的演讲。数月之后，呼叫中心的效率指标大幅提高了。在激励和目标双重促进下，员工们不再困惑于每日不变的工作和频繁被拒绝，全心投入，打出了更多的电话。

有趣的是，传统商业激励（比如鼓励高业绩的奖金）在呼叫中心并不是非常有效。当员工意识到他们的工作是为了更为远大的目标时，就会愿意付出更多的努力。

几年前，我在一家交易机构工作，那家机构曾经业绩非常好，但之后走了下坡路。它的业绩表现颇令人不解：成功时期的很多交易员仍留在那里工作，而市场也没有发生那么大的变化，但是那些交易员的优势却似乎消失了。当我和管理层交谈时，发现了一个明显的问题：该机构由一位新CEO和一个小团队管理，他们把机构的管理权紧紧抓在手中。管理层开会时没有邀请基金经理参加，而且会议结果也很少传达给他们。尽管这样做名义上是为了让交易员专注交易，但现实是让交易员疏远了自己的组织。这种情况开始时表现得很微妙——用"他们"而不是"我们"称呼这个公司，之后表现得更加明显，公司政策（包括风险管理规定）都被违反。这不是公开反抗：交易员们仍热爱这家公司。只是不太喜欢**他们的**公司了。现在，在交易员的心里，认为自己只是为这个公司打工而已。当业绩下降、奖金缩水之后，忠诚也就所剩无几了。几个最好的交易员和分析师离职了，人才出现断层。这家机构找到我的时候，问题已经很严重了。一个生机勃勃的、创造力强的组织已经奄奄一息了。

格兰特的著作提出给予与激励和生产率密切相关。致力于培养员工的忠诚的管理者，会引导员工在客户面前表现出积极态度和得当的行为举止。想象我刚才描述的那家交易机构的情境，如果公司采取的是一种服务型领导方式，情况会有什么不同。服务型领导是指我们通过把别人的需求放在首位而最有效地领导他们。考虑一下抚养子女的情形：专制和疏远的父母都会在孩子中产生怨恨和反叛。当父母付出关爱和给予时，孩子们更愿意取悦他们，举止更乖巧。服务型领导在开口前会倾听，让其他人参与决策，并采取积极行动，确保工作能让员工满意。如果这家交易机构是遵循这些原理运转的，业绩挑战就会让交易员们齐心协力做出更好的成绩。那些基金经理就会集思广益，为管理层提出建议——就会做出更有利的决定，把资源更好地用到新市场和策略上去。但是这些事情没有发生，因为没有交易员相信管理层会倾听他们的建议。他们是对的，由于缺乏目标感，这个组织失去了原有的活力。

我这些年来看到的一个最大的变化是专业机构的交易更多的是由团队而不是个人在执行。过去，经理人喜欢让交易员独立操作，以确保他们不陷入群体思维中，避免因头寸重叠而带来的风险。由于现在的媒体上充斥着信息和资源，这种情况下再要让个人独自承担业务，去单独完成所有需要做的工作，变得不太现实。团队建设成为一个重要的适应变化的做法，可以让基金经理更好地进行及时的研究，掌控快速变化的市场，并监控好复杂的投资组合。

但是，随着团队不断发展壮大，新的激励机制进入到了交易部门。关注点不再只是市场，也包括团队运作。团队成员之间相互依靠：有经验的基金经理指导初级团队成员，而后者负责跟进前者不擅长的市场领域。每个团队成员都关心其他伙伴的福利和业绩；毕竟如果这个团队赚不到钱，他们在年底都拿不到奖金！比较好的团队在这方面都和我前面说的那个交易机构是正相反的。当业务变得越来越难做时，团队成员会一起共克时艰。在困难时期，团队成员会互相提携。在取得进展和交易顺利的时期，团队和谐相处。团队运作提供了一种新的（从某个角度看）也是更大的交易目标。相互关照会成为关注业务的一种重要方式。

关键结论
你不能从纪律中得到的东西，可以从激励中得到。

要明确的是，不是每个人都能在一个团队里表现最佳，也不是每个人在参与团队活动时都能找到他们的核心动机。格兰特的发现远不止于"给予与索取"（give and take），也体现了在实现更大目标方面的力量。我曾经和一位交易员在一家小基金公司工作，他是我见过的最有创意的人之一。他不仅每天埋头研究工作，而且他的研究总是很有创意，能抓住市场的独特方面。他曾经重点关注日本发生的事件。他沉浸在期权数据中，研究如何利用不均衡分布，创造相对价值交易的风险/报酬非对称分布的方法。他没有和团队一起工作和互动，因此也没有被别人分散注意力。他的快乐来自发现市场隐藏机会的智力挑战。我从来没看到他会为交易中的纪律问题而烦恼——他不用每天确认要做的事情清单，而是他的想法对他意义重大，他不会允许别人的糟糕决定干扰自己。

在一个关键时点，我们这位有创意的交易员决定和他机构里的一位交易教练见面。整个训练包括了两次面谈。这位教练建议了一个标准化的下单和跟踪交易"流程"——但是其中遗漏了对这位交易员最重要的一个部分，即保持创造力，找到最新的交易机会。这位交易员很快意识到标准化流程会耗尽他的工作环境里的氧气；他需要创新的自由空间。一旦他有了一个有意义的目标，就可以跟上变化的市场。他需要创新而不是条条框框的束缚。

但是——先等一下！你可能会想，如果我们改变习惯，如都希格所说的那样，不是意味着我们**需要**循规蹈矩和标准化流程吗？如果我们不能保证永远按正确的做法做正确的事情，如何才能保持自己对工作质量的控制呢？

对于这位有创造力的交易员来说，这个看似矛盾的答案是他把发现变成了例行公事：他形成了一个稳健的创新流程。我们回想一下埃米尔的例子，那个餐馆老板把生意转给了他。在持续调研晚餐市场的过程中，他了解到人们喜欢和不喜欢什么菜品，并且不断据此修改菜单和业务安排，在例行公事中注入了灵活性。埃米尔必须激励自己不断改变，因为他发现这个适应市场的过程是有利可图的。他的目标感被了解客户和更好地满足他们的需求激发了。

我从交易员那儿最常听到的一个问题是如何在交易时不要变得过分情绪化，特别是在亏损的时候。交易员往往经常因亏钱而纠结或焦灼不安，这导致了冲动的决定；焦虑导致麻痹，都会压抑交易员的表现。这背后的问题是亏损被看作威胁。如果风险管理很差，损失会造成财务上的威胁。如果自我管理能力差，亏损会降低交易员的信心和自尊心。

想象另外一类交易员，他对损失抱有积极的态度。这个交易员认为每个损失的发生都有其原因。每个交易结果（无论是好还是坏），都会给我们教益。亏损可以纠正我们对市场的观点，或者促使我们检讨交易的过程。如果我们能够接受教训，损失能够达到让我们以后做得更好的目的。

当然，现在那个积极面对亏损的交易员不太可能再亏钱了，而且一般的价格后撤也不会导致他情绪变坏。如果能够从中获得经验教训，任何亏损交易都不能算是完全的损失。

但是要注意，拥抱损失的一个额外收益是：可以将交易回顾变成一个习惯，使得适应性改变成为持续进行的一项日常工作。如果我们总能认识到在好的交易中我们做的正确之处，以及在糟糕交易中做错的地方，我们在变化中付出的努力就变成了过程驱动的了。**灵活性就成为我们日常生活中的一部分了。**

我要强调的是：如果你不能适应市场，从长期来看，你无法成为一个成功的交易者或投资者。但是你的进步应该会让你变得比以前更好，我们通过核心动机和承诺不断进步——找到新的让自己与众不同的话语。通过尝试改变自己，你将不断挑战自己，然后你可能提出疑问，为什么自己会缺乏纪律性。我们听从自己内心的召唤，就会自发地努力达成目标。这就是建立目标的作用。

让适应成为习惯

交易者随时都面临适应变化的挑战。每个交易日都有变化发生，成交量有增有减，趋势持续或者反向，在整个交易生涯中，这种变化都在发生。我最近研究了股市变化，发现大量股票都创下了 5 日新高。到 2013 年，市场已经出现了明显的向均值回归的趋势：在大量标普 500 指数成分股创了 5 日新高之后，接下来 5 个交易日的回报率明显下行。从 2013 年向前追溯，这种 5 日走势强度倾向于更强的走势——这是存在动量的证据。随着中央银行继续保持零利率政策，以及资金涌向股市，出现了交易模式的根本变化。那些几年都没有追随趋势的交易者，突然发现自己落在了市场的后面。

一个关于交易者难以适应变化的简单例子，可以从他们设置交易止损点的做法上看到。令人惊奇的是，止损位通常会放在价格走势图表明显的支撑位或阻力位上，或者是固定的价格水平上，这些止损点是根据回调比例或斐波纳契数列确定的。总的来说，我发现，这类设置止损的方法正是交易受挫的主要原因。

一个理由是成交量频繁变化，反映了市场参与状况的持续变化。例如，SPY 的成交量（标普 500 指数中最受欢迎的 ETF 品种）每天的变化都很大。在我写作这本书的时候，其去年的平均日成交量略高于 1.22 亿份，标准差达到了近 4 300 万股。为何波动性如此重要？那一年 SPY 成交量和平均值的关联系数高达 0.82。这意味着当天价格波动的 64% 以上都可以归结为成交量的变化。

这一点显然很重要。在成交量较高的交易日增加的市场参与者都是波段投机者。他们的行为要比那些做市商更可能推波助澜。低成交量意味着市场中的投机者较少。结果就是出现大波动的机会减小了。固定不变的设置止损方法，难以适应市场投机者的持续实时变化。如果成交量上升，波动性的上升会导致随机噪声也触发止损。如果成交量减少，波动性下降会导致收益目标难以达到。有适应能力的交易者需要一种能够适应市场不断变化的目标价格和止损位计算方法。而固定不变的算法无法适应市场条件的改变。

> **关键结论**
>
> 保持不变并不足够，你必须保持灵活性。

正如我在 TraderFeed 博客中分享的经验，适应力的一个方面是跟踪最近的市场波幅中位数，并计算在这种波动情况下，达到上限价位和下限价位的概率。交易员可以比较**当时的**成交量和成交量中位数之间的差距。如果太忙，还可以把价格目标定得远一点。这也意味着止损位应该定得宽泛一些，我们可以和头寸调整放在一起考量。反之，如果我们交易节奏放慢，可以保守地设定价格目标和相应止损位。这个方法的关键点是贝叶斯推理方法，可以根据新的市场数据更新成交量和波幅估计值。如果没有用这种适应变化的方式参与市场，很容易在交易行情不错时无法及时兑现盈利，而在市场疲弱时又无法获利。反过来造成后续交易出现问题。

根据波动性设定止损位的做法，我们前面提到过：**在日常生活中注入灵活性，这样变化**（适应性）本身就是成了习惯。这是一个非常重要的组合：交易者根据市场波动性调整目标价和止损点的过程既要遵守纪律，也需要有灵活性。对于交易者来说，就像埃米尔经营餐馆，最好的做法是做到足够的灵活性。如果你养成了辨别和适应变化环境的习惯，就可以适应过程驱动和灵活性的要求。

我发现对交易者有用的一个练习是让他们画出自己的交易流程图。这幅图包括从产生想法、交易执行再到头寸管理的各个步骤。我不规定参数：既可以简单，也可以复杂，根据需要而定，要清晰展示交易者是如何做出投资决定的。

一旦交易者做出流程图，有两个要素就会表现出来。第一，一些图看上去像流水账，从 A 到 B，再到 C，依次用比较直的线连接。而其他流程图里布满了表示循环和因果关系的曲线：如果市场出现 X，则做 Y，否则就做 Z。通常这种有很多分支和循环的流程图包含的不仅仅是买卖操作，还有风险管理。我最近接触的一位交易员在他的流程图里放了一些涉及头寸的步骤。他建立了一个详尽的关于机会和风险的路线图。对于盈利目标，相比那些采用更简单的线性流程图的交易者，他的图上展示了更多盈利路径，这部分是因为他采用了头寸管理，给他带来了更多优势。

流程图的第二个要素体现在循环和因果关系中。对于某些交易员来说，图上的分支代表买入、卖出、持有和旁观。对于其他交易员来说，这幅流程图不只是一幅图，而是一套相互有联系的图。一个分支引向包括更长时间趋势的子图；而另一个分支引向短期交易。就像交易员在说，在这种条件下，我是这种交易者；在其他情况下，我是另一种交易者。我认识的一位交易员对股票指数交易有自己的"核心策略"。当市场环境不适合那种策略时，他会评估市场情况，寻找个股的交易机会。包括多个流程的流程图可以找到一系列潜在的获利机会，而不是只有一种需要市场配合的策略。

对比一幅非常简单的线性的交易流程图和一幅带有很多节点和路径的高度差异化的交易流程图。哪一幅图的交易者具有适应能力呢？

交易员和投资者会让自己陷入不必要的复杂纠葛中吗？当然不会！短线依靠直觉的交易者使用的交易流程图要比长线股票投资者的流程图简洁一些。根据图形识别能力进行低买高卖操作，可能是长线投资者的一种基本的尽职调查过程。然而我发现，即便成功的短期参与者也需要某种程度的差异化——在流程上的灵活性，即便只是表示出如何在平静市场和火爆市场交易，或者如何在波段和趋势市场操作。一套做法从头用到尾，在静态市场可以用得很好。当市场的关联度弱化，波动性降低，更具有趋势性的时候，若在交易中采取削足适履的方法，不可避免地会导致次优的结果。

我们再看看那个餐馆革新者埃米尔，他的流程图做得非常细致，画出了要提供的特别座位、特殊菜品等。他的座右铭"每天都是新的"，清晰地总结了灵活满足就餐者需求的承诺。我曾经一起工作过的那些技能高超的交易员面对不同的市场有不同的操作风格。他们会通过货币市场或者固定收益市场表达看法吗？他们会持有股票等待一个更长线的趋势，还是将巧妙地从市场下跌中获取收益？好的交易者会发现多种跑赢市场的方法。这和那些只会根据几个流程图"参数"做出决策的新手是多么大的差别！

流程图容纳分支选择、不同策略和战术的程度，反映了交易者将灵活性与稳健性以及可重复使用的例程相结合的能力。**当市场变化幅度比我们流程的弹性更大时，就会出现问题。**

⁕ ⁕ ⁕

试着做个流程图练习：从你想到的交易点子入手，然后画出你的决策路径，即何时以及如何将这些点子纳入操作动作，以及如何管理风险／回报。这幅流程图应该规定你对每个交易日所做的准备工作以及怎样评估你的交易。做图要尽可能详细，让读者能够模仿你做交易。

你的流程图应该多详细呢？其中包含了多少种赚钱的方法呢？这幅图能否规定出你**不应该**进行交易的情况？在市场发生变化时，这幅图是否仍能使用？如果你的交易流程看上去没有足够的弹性和适应性，我们能否期望在市场急剧变化时能给你提供可靠的方法？一支好的足球队会准备一套战术，并在球场上灵活采取不同的防御措施。我们的交易计划也应该有类似的灵活性。

交易纪律的局限

如果说在交易教练和交易员间有一个准则要比承担风险的价值更激进的话，那就是"成功来自严格地遵守纪律"这个说法了。这句话的一个意思是：如果一些交易员采用了一种能够盈利的方法，他们将是那些严格执行策略能够实现稳定的回报的人。

但是这中间存在一些分歧。网站 Despair.com 上的一个帖子挖苦道，一致只有在你不是一个捣蛋鬼时才能发挥作用。一旦市场发生改变，而交易者却在做着错误的操作时，严格遵守纪律只能得到糟糕的投资回报。想象一位绩效教练劝说一家手机公司更自律地制造和销售带键盘的智能手机，而消费者早已转向触摸屏和图形用户界面时会产生什么结果。纪律在做已经有效的事情方面是很有用的。**但是当现状不再时，适应能力才是王道。**

我们再看一个不同的交易示例。几年前，我发现早市做日内交易的收益最大。通过分析一天各时段的盈利情况，我发现在一段时间之后，盈利的情况不再保持稳定了。那个分析让我在最佳时间段把注意力集中到准备工作和交易上，这样可以在其他时间尽量少参与到市场中去。但是近期我发现，我在早市做的交易结果变差了。尽管我努力遵守交易纪律和力保一致性，早市交易的收益仍不稳定。这种情况和看上去似乎不错的交易结果不佳，引发我开始仔细检讨作为时间函数的市场行为。我发现我所期待的很多市场波动发生在欧洲和亚洲交易时段，而不是在标准的美国交易时段。当我开始在我所在的时区进行交易时，预期的波动早已发生了，而且往往是即将出现一个自然回调的时候。这非常简单，流动性随着时间已经发生了很大变化。我把这归因于交易越来越多地由"宏观"交易员执行，以及国际资产市场之间的关联关系越来越强。

那个假设导致我调查了宏观/方向性参与者在全球市场中的占比。经过几次试错，我在跟踪几种资产的联动方面（不同市场在同一时间波动的程度）取得了一些进展。我也能够通过了解超过平均交易量的那部分交易对买卖报价的影响，判断股票的方向性趋势。采用一个综合资金流和资产联动的简单指标，我可以预测市场将如何变化。我发现盈利最好的早市只是从美国东部时间早上 3 点开始的那个上午时段！预期的市场波动发生在伦敦开市的时候，而不只是纽约开市。

严格遵守交易纪律，会让我只关注最佳的价格形态，只在最可靠的时点进行交易。但是我真正需要的是另一种纪律：告诉我从操作中退后一步并重新评估我的市场优势。其实我应该更宽容地面对失败和局限，才能保持良好的业绩。是谦逊和开放的态度，而不是任何所谓男子汉的自信和信念，导致了适应。从这个角度来看，我的挫折不是问题：**它是情感信息**，提示我正走在错误的道路上。

关键结论
困扰是适应之母。

传统的交易心理学聚焦于情绪影响交易的方式。从这个角度来看，纪律是将情绪影响降到最小的一种方法。但是上面提到的经验展示了破坏性情绪的潜在信息价值：**因为与市场步调不一致而导致我们出现认知和情绪波动，这与情绪冲动一样会导致我们操作失范**。这往往一再发生：在变动的市场中，僵化的交易导致亏损，继而情绪纠结，导致更糟糕的交易乃至更大的损失。如果你是一名技巧高超的交易者，过往的操作非常稳定，而现在发现自己陷入困境，就要考虑一下，可能你面对的挑战就像那位把餐馆卖给埃米尔的大厨：那个过去让你赚了钱的市场已经变了。在这种情况下，更严格地遵守纪律，可能只会带来很少的收益。纪律帮助我们稳步攀登成功之梯，但是其本身不能保证梯子被放在了正确的位置。

❧ ❧ ❧

我们现在回到那个话题，即任何市场都可以看作一个趋势和一个或多个周期成分的组合。当我们分解一个市场时间序列时，很难在稳定回溯期内识别出明显的周期。一个稳定（静态）周期是指表现出一致行为的周期。如果这段时间包含了完全不同的市场情况（比如2008年和2014年股市）我们就等于是在拿苹果和橘子做比较。在我们可以识别市场遵循的模式或规则之前，我们需要对一个稳定的时段进行分析。很多时候，交易者想用交易系统过度拟合非静态市场，寻找适用于不同市场的统一的模式。在静态市场里，我们可以看出价格运动会对趋势产生多大的影响；有多大程度可以归结为周期性行为以及多少是无法解释的噪声影响。

奥伦是一位有经验的交易者，他发现自己在市场波动率较低的时候开始亏钱，就找到我。让他感到焦虑的是，他的日内交易和波段交易都在亏损。过去行之有效的做法，现在只能让他勉强保持不赚不赔。他很明智地降低了交易规模，以避免在这种状态下造成自己的账户损失。这种亏损从几周持续到几个月，令他备感挫折，想知道市场是否能"回来"。他每天都遵守纪律，规划交易，而且每天都按计划操作，只是效果并不明显。

我研究了他关注的主要市场，在一个20～30个交易日的周期里，发现了一个明显的上涨趋势。最佳交易策略既不是日内交易，也不是波段交易。最佳策略其实是根据市场情况持有一个核心多头仓位，在每月价格高点减仓，而在每月价格低点加仓。尝试捕捉日内波动和每周波段，只能让奥伦错失更长周期的价格走势。他发现自己有时是在对抗市场，告诉自己"市场应该出现回撤"。这让他不仅与市场步调不一，而且逆势操作。奥伦的灵活性是有限的，如果市场波动超过了一定幅度，他无法调整自己。

奥伦确实慢慢适应了，但有趣的是，他是通过完全改变了所关注的市场才做到的。他发现有几个大宗商品的市场波动与他的步调吻合，而且他自学了那些市场基本模式的辨别方法。尽管他的技能、兴趣和机会无法在原来那个市场上发挥作用，他还是找到了一个更适合他的短线决策长处的市场。他知道自己无法改变那种认知方式，所以去寻找能够发挥他的长项的市场。

高情商交易者

在我的第一本书里,谈到了通过读书学习交易方法:通过阅读另一个人的著述了解市场的细枝末节。这需要有一定的情商。情商的一个重要元素是把你的需求和先入为主的看法放在一边,对接收的外部信号保持开放的能力。从这个意义上讲,情商是一种灵活性,是根据交流沟通调整你的想法和行动的能力。

如果你是一个心理治疗师,那么你不能用同一种方法治疗所有病人。一个悲痛中脆弱的人,一个嗜酒者,一个寻找事业转机的经理人——都需要不同的沟通方式。为人父母都很懂这个道理:对于严厉的爱,一个孩子可能反应良好,而另一个孩子可能完全不能接受。情商意味着如果你想要发挥影响力,就需要和受众做好沟通。也意味着在说话之前得倾听,才能做出合适的应对。

我们都有别人对我们说话而不是和我们说话时的互动体验。和这类人交流时,你总能看到在你做出反馈之前,他们已经想好了自己要说的话。他们的话锋如此直接,会影响到相互交流。他们更关注自己的需要而不是你的需要,不管是作为销售人员、父母还是恋人,他们这样做都是低效的。

以一种僵化方式应对市场的交易者和在公司聚会上把你逼到角落里的以自我为中心的人,并没有很大分别。他们把自己的观点强加于市场,总是自命不凡地引用政治、经济、图表形态和深奥的市场理论。当市场用自己的方式做出反应时——由于机构投资者参与和波动性扩大而突破前期价格波动区间,例如,那些僵化的交易者过度关注他们自己的观点,无法倾听市场发出的信息。我注意到一些交易员在牛市已经持续相当一段时间之后,仍抱有熊市看法,忽视了市场转强的明确信号,继续纠结于"市场被操纵"的观点!你能够想象一名医生拘泥于自己偏好的诊断方式,而忽略了病人当时表现出来的症状吗?这位医生必然会面临医疗过失的指控,由于缺乏情商而导致愚蠢和最终的医疗过失。交易者不需要面对医疗过失调查委员会,他们面对的是客观结果的裁决——他们的损益表的变化。亏损是让人痛苦的,但是**损失总是有原因的**。通常有助于教育我们了解应该如何适应变化的市场。

我们经常听到交易员应该发展适合自己个性的交易风格。这里面包含着智慧，正如我们将在这本书后面看到的。事实上，杰克·施瓦格在他的《金融怪杰》这本书里提到的一个重要现象是，成功的基金经理各具个性，但是他们都能够在市场上驾驭自己的性格。我们前面提到过的交易员是一个好的例子，他发现了适合他发挥信息处理技巧的市场。但是正如人们认可的关于交易中纪律的重要性的智慧一样，基于个性的交易也有其局限性。正如我们在奥伦的例子中看到的，按照个性偏好而坚持采用固定不变的交易策略，也是情商不高的表现。那个把餐馆卖给埃米尔的老板就是按照"自己的个性做交易"：他按照自己的想法做事。遗憾的是，市场仍然有自己的规律，它们不会顾及我们的个性或者偏好。

> **关键结论**
> 按照市场逻辑进行交易和按照你的个性进行交易同等重要。

我了解的在大宗商品和利率产品方面很成功的交易者都很会适应市场环境的变化。有时候中央银行激进地放松或收紧货币政策，为某些国家的固定收益产品创造了交易机会。另一些时候，全球的央行官员可能会比较谨慎，所以不同国家的增长模式和弱点都影响到未来的行动。在这种时候，"相对价值"套利交易就非常有效。类似地，在中东地区冲突时，做多原油和相关大宗商品就会获得巨大收益。当宏观经济趋势接近时，利用季节和气候趋势对不同产品的价差进行交易是有意义的。专家交易员如何在市场变化中抓住市场机会呢？是把握机会和感知市场变化模式的情商，让交易者能够灵活改变他们的交易风格。当市场变得拥挤，价格波动频繁时，交易风格也应该变成短线和机会主义。当头寸已经平仓，较长线和主题交易机会可能出现。

情商意味着知道何时前进何时后退，何时该说话，何时该倾听。如果我们要分析一个情商高的交易者的每天收益情况，我们应该积极寻找交易和旁观的机会。我们应该知道何时去承担风险，何时应该保持审慎。所有市场都不是天生一样的：有些会带来更多机会，有些则机会较少。有自知之明的交易者懂得及时把握适合自己的市场，积极寻找机会。他也知道何时不该进入市场，把资金保留好。和我共事多年的一位交易员在一年的大部分时间里都很小心地做着交易，确定当时市场很难进行交易，而且这种情况还会持续。当欧洲出现了政治问题时，他彻底改变了自己的看法，在欧洲市场做了很进取的交易。他做了几笔好的交易。

现在我们可以肯定地说，没有一个人是可以无限度地可塑的，没有一个人可以在所有市场做好交易。没有一个市场是完全静止不变的。一个值得做的训练是把你近些年来盈利最佳和亏损最大的时期记录下来。如果你研究这些记录，就会发现你交易的差别在哪里。我发现短线交易者存在一种共同的模式，比如，他们倾向于在波动大的时候赚钱，而在市场平静时赔钱。这是因为短线交易者通常是动量交易者：他们需要跟随市场波动才能赚钱。这类交易者在提高适应性方面的重要一步是搞清楚他们在市场较平稳的时候是怎样赚到钱的。也许他们需要拉长他们的持有期，花费更长时间等待期望的价格波动变得更明显。也许他们需要找出波动相对较大的那些股票和资产，主要在这些方面进行交易。或者也许他们可以跟踪那些资产在稳定市况下的相对运动和受到冲击逐步减小时的情况。适应市场可以有很多方式；心理关键是明确有适应的需要。很多时候，正是那些失落时期的出现，才使我们不得不关注更新的需要。**情商高的交易者把损失看成老师，而不仅仅是威胁。**

※ ※ ※

杰夫是我见过的一个不平常的交易员，他在股市上表现出的情商很高。他发展出了一种在开市时识别股票异常价格波动和成交量的方法。很多股票受到了散户的极大关注。杰夫浏览Twitter、StockTwits和受欢迎的交易网站，查看他找出的股票是否得到了散户强烈的情绪响应。他只想交易那些有广大散户参与的股票。他的观念是散户会做出过度反应，形成有利可图的逆向交易机会。所以，如果交易者做空一只热门股，杰夫就会关注买方入场的证据，并快速跟进买入。如果他是对的（而他过去总是做得不错）空头回补就会让他大获其利。

杰夫的不寻常之处是他只用一个交易策略，但是发现了在不同市场运用这个策略的很多方式。他做多也做空，每天都操作不同的个股。当市场出现较合适的波幅或正好是盈利季时，他就会更加主动操作。在其他时候，比如平淡的夏季交易季节，他在开市进行交易，当天早早结束交易。当天交易结束之后，杰夫从不知道他下一天做什么交易和如何交易，他等候情绪化的散户带给他交易机会。

由于杰夫的交易过程有很高的灵活性，他在自营交易领域要比同事更有优势。他的行为认知方面的优势不会消失，因为散户的从众行为模式并没有变化。当羊群效应明显时，他主动交易；在市场平静时，他置身市外。最重要的是，杰夫已经成为一名伟大的选股能手。他可以在多个交易网站搜寻众多个股，在很短时间里列出一张可交易的股票名单。他能轻而易举处理做空和做多操作；对于要交易的个股没有任何先入为主之见。在其他交易者——趋势跟从者或拐点交易者在市场不友善时期打拼时，杰夫要做的只是调整策略，适应市场的变化。股票经常出现异常波动，他从中寻找最大的交易机会。

做好改变的准备

我们怎样才能改变交易，以适应动态变化的市场环境呢？让我们考虑一个更宽泛的问题：我们如何在生活中做出重要改变呢？James Prochaska，John Norcross 和 Carlo DiClemente（1994）做过的一个著名研究发现，个人变化不会马上发生。变化过程有很多个阶段。开始时，人们很少留意到需要改变，所以我们对现状感到满意。研究人员称之为**意向前期**（precontemplation）。一旦旧的方法得出不理想的结果，就进入到需要改变的一个积极意向阶段。在那个阶段，可能会有很多改变的初步尝试和旧模式的重要使用。人类本性倾向于已知和熟悉的事物。这就引出了一个准备阶段，逐步适应变化。受到这些步骤成功的鼓舞，随着变化变得越来越紧要，**行动**的时点逐渐到来。一旦那些变化发生，重点就会转向**维护**：保持新的建设性行为模式，避免以前有问题的方式再次出现。

如果我们仔细审视这个模型，就能看到大部分已经形成的心理技术以及大部分训练方法是针对那些已经准备做出改变，而且决定采取行动的人。传统的帮助方法对那些仅仅考虑改变的人来说效果要差得多。Prochaska 等人得出的一个重要结论（1994）是，**在一个准备就绪的行动阶段，有效地促进一个人的变化，与同一个人在思考模式下引发的变化是截然不同的**。即使是经验丰富的导师和教练，也很难赏识这一原则。当一个人没有处于行动准备阶段时，追求行动技巧是没有意义的。相反，如果我们正在考虑改变介入市场的方法，就应该把努力聚焦在如何将我们当前的认知转变为行动。

> **关键结论**
> 许多教练和自我训练失败的原因是把注意力放在变化，而不是放在对变化的准备方面。

节食是这个原则的一个很好示例：我们大多数人尝试过节食减肥，而且很多人还不止一次尝试过！我们通常能够想到变革并准备好变革目标，却无法把想法变成行动。变革的努力最终会变成这样一个循环：我们开始采取行动，然后又回到过去的方式，然后是经历一段停滞不前，再次回到目标设定和改变的愿望阶段。类似地，企业在探索新方向和优先顺序时也是如此，每天的压力占据了经理人的大脑，很多事情半途而废。很少有人会在理智的情况下**选择**停滞不前——我们可以感受到改变和适应的需求。而一旦保持现状成为默认选项的话，恢复原状的惯性力量变得难以克服。在做好准备之前就着眼于行动，会让我们无法突破现状的轨道。

那么是什么妨碍我们做出有效的改变呢？通常是因为**紧迫感**。我可能认为有必要打扫房间卫生了，但是很容易把这件事拖到另一天去做。但是如果我不得不卖掉房子，而且知道有人计划第二次看房并报价，我会马上觉得有必要把房子收拾得尽可能干净整洁。受到成交预期的激励，我会马上动手收拾房间。紧迫感是许多成功转变的推动力。这就是酗酒和吸毒康复领域的专业人士观察到的，人们在愿意放弃毒瘾之前，必须充分意识到问题的严重性。此时负面后果已经造成真正的痛苦，"想要改变"变成"需要改变"，而且没有再找托词的余地。

一段时间以前，我和一些在找工作的美国利率市场交易员聊天。随着全球的央行都把短期利率降低到接近零，传统的市场机会已经大打折扣。依靠通常的前端交易方式已经很难赚到钱了，他们在打入其他市场之前，有一两年时间无所事事。现在想找个对冲基金的工作，却发现机会很少。那些对冲基金把他们当作刚入行的宏观对冲交易员看待——而不是拥有固定收益专业经验的交易员。他们没能培育出新的竞争优势，他们主要的市场仍有很多赚钱机会，而他们则对市场结构性变化毫无准备。由于时间紧迫，需要他们立即采取行动，所以他们在劳动力市场的价值大幅减少了。

交易员面对的主要挑战是：**当时间从"想要改变"变到"必须改变"时，通常已经太晚了——因为巨额损失已经形成了**。舒适感（紧迫感的对立面）是适应的敌人。何必要去修补已经破烂的东西呢？很少有哪个交易员能总是做好变化的准备（将想法变成行动）而没有发生特别触动灵魂的经历。正如我们举的那个餐馆的例子，有些交易员随时做好了变化的准备：他们热爱变化，拥抱变化。他们从发现竞争优势的新来源中获得巨大的满足感，因此他们处于一个永恒的研究和发展状态。不仅仅是激情催生了伟大的交易；也是源于掌握市场的热情和识别转瞬即逝的机会的紧迫性。

※ ※ ※

有很多可以说"够了"的场合。当我们说吃饱了，就是我们已经吃得够多，再吃就无法消化了。年轻时，我谈过几段时间不长的恋爱。我一直都想改变那种情况，但是还没来得及开始结束那种状态，就又开始了新的一段恋情。然而，有一次，我突然意识到，正是在我和女朋友在一起的时候，我才是最孤独的。那是一种完全空虚的感觉。我们本来打算聚在一起的，但我却没有开车去接她。我躺在大学大楼外面的门廊上，盯着天空看了很长时间。从那一刻起，双方关系结束了。我受够了，不是说和别人在一起，而是在另一个人的陪伴下感到孤独。只有当我感受到这种痛苦的那一刻，我才准备做出重大的改变。

直到很晚的时候（实际是不久之前），我的生活方式都是早上 4 点钟起床，一直工作到深夜。周末一大早也是工作，除了跟进市场和交易员，还要承担家务活。我要喝很多杯咖啡才能保持清醒。我也会打个盹，有时需要吃点药片，比如阿司匹林、对乙酰氨基酚和咖啡因。我的体重也逐渐增加了，忽视了体育锻炼。我的睡眠质量下降了，夜里经常醒来。我的工作效率降低了，于是为了补偿就得工作更长时间。但是更长时间的工作意味着吃得更多，喝更多咖啡，整天更疲惫。

最终我达到了极限，我的睡眠如此差，如此疲惫，以至于无法完成最简单的工作。Baumeister 和 Tierney（2011）研究的意志力资源也耗尽了。我只是觉得什么事情都不想做。我很讨厌这一身赘肉，但是最吓人的是我完全失去了做事的动力。我不是感到压抑，我感到被消耗殆尽——没有多余的精力。这是一种可怕的感受。我马上意识到自己无法维持这种现状了。我不想再有那种感受了。长话短说，我受够了。

从那天开始，我彻底戒掉了咖啡因，结果连续头痛了好几天。那不打紧，至少我感到情况发生了转机！我一整天没有吃东西，然后开始只吃少量最健康的食品。很快就见效了，减掉了一些体重。夜里也能安睡了，我重新获得了能量和清醒的头脑。我的工作效率更高了，而且不工作的时候也精力充沛。我开始练习交替举重、伸展运动和有氧运动，这进一步提高了精力。有人问我是否能够承受所有这些变化。我确信自己完全可以。并不是因为新的饮食和锻炼激励了我，而是我已下定决心不再回到过去那种精力不足的状态。

受够了的状态可以让人产生紧迫感。我们经常不愿意改变我们不喜欢的事情，但是**愿意**改变让我们不开心的事情。变化的准备包括了对结果的一种深入的情感联系。我们看看杰克·施瓦格（2012）在《金融怪杰》中采访的那些人吧。很多人在早期经历过失败，他们因为糟糕的风险管理和错误决策，几乎把全部身家都赔进去了。正是巨额损失改变了许多交易员。他们无法忍受另一个像过去那种的损失再次发生。因为受够了，所以他们从想法转变为行动。

❧❧❧

那么你对变化所做的准备是处于什么状态呢？如果市场发生了结构性变化，你会做出怎样的准备呢？让我们尝试做一个包含7个问题的简单的自我评估吧。**重要的是在你继续往下读之前，写出你的答案**，所以请花点时间考虑问题并做回答——毕竟我们在讨论你的未来！每个问题只需要用几句话做个回答即可。

自评练习

- 未来几年你认为市场会发生怎样的变化？
- 未来几年你认为市场的最大机会是在哪些领域？
- 过去几年里，对你的交易的最大威胁有哪些？
- 你改变交易的需要有多迫切，才能让你及时跟进市场变化、机会和威胁？
- 你现在所做的事情，在多大程度上掌握了利用机会和避开你能够预见的威胁所需的学习曲线？
- 你仔细检查的哪些新市场或市场信息有助于你对未来做好准备？
- 如果你对上述问题没有清晰准确的答案，不要和谁讨论，需要研究哪些才能搞清楚这些问题？

在回答完上边的问题之后，请继续往下读。

这是一个心理学实验。你继续读下去而不做笔记或只是简单记录吗？如果是这样，你现在就知道了一些有关自己的重要事项：**你还没做好改变的准备**。你正在考虑改变——除了阅读这个主题的一个章节之外，为什么不做点别的？你的准备工作甚至都不包括哪怕是动笔写一写。如果你觉得有必要**马上**做出改变，你会愿意写一篇对你的未来有帮助的论文。但是如果没有这种紧迫感，写作的努力就会像体育锻炼或减肥：说来容易做时难。这不是因为我们懒惰，不是因为我们过去隐藏着自我挫败的复杂原因，也不是因为我们没有真诚希望提高自己。非常简单，我们要从一个对我们来说具有革命性的原理出发：保留能量。如果动物意识到了存在威胁，会马上做出或逃或对抗的反应。如果它感到安全，就不会浪费自己的能量。拖延是认为自己安全的自然结果，不采取行动是动物界的默认模式，作为生存的需要，它们会在应对这些情况时尽量节省资源。动物园是一个几乎完全没有生存威胁的地方。即使是野生动物中最活跃、最凶猛的动物，都处于绝对的安全状态，大部分时间都在休息。

关键结论

舒适是适应的敌人。

从心理学角度来看，我们大部分人生活在动物园里。就我们的基本需要而言，我们很少有太紧迫的需要。但是市场并不是动物园：在不断变化的金融环境里，不存在持久的安全。我见过的大部分退出这个行业的交易员都是在想要改变自己上花费了很多年时间，却从未走到拆掉他们心理藩篱和采取行动的那一刻。

如果你仔细写下了答案，那么意味着什么呢？显然你已经想过要做改变，而且已经准备采取必要的行动。通过按照你对未来的想法采取行动，说明你已经跨过了想的阶段。至少你已经处于准备状态，而且很可能已经做了初步的改变努力。

接下来我们要分别讨论那些早做准备和晚做准备的人，在适应变化方面遇到的挑战。如果你准备好了要采取行动，我们需要加剧你的紧迫感。如果你还不是很紧迫，我们也无计可施了。

所以在这种情况下，我们要先把变化和适应问题放在一边。让我们首先聚焦于如何从想法开始逐步转入准备阶段。而对那些写出了答案而且做好改变准备的人，我们将探讨如何帮助你们采取最佳行动。

加剧紧迫感

在《变革》⊖（*Leading Change*，2012）一书中，约翰·科特（John Kotter）讨论了组织机构如何做出必要的变革。不出所料，他首先建议的一个举措就是"形成紧迫感"。毕竟组织机构可以变得和个人一样自满和不思进取——理由是同样的。变化威胁到了现状；变化带来了不确定性。有多少人只是因为害怕面对不确定的未来而忍受不理想的工作和婚姻？有多少公司紧抓着过去让他们赚到钱的模式不放，而眼睁睁看着新机会从眼前溜走？

科特给出了几个在组织内部激化紧迫感的策略，包括制造危机，以及向他们不断提供关于各种机会的信息。在制造危机模式下，管理者收集下属表现不佳的信息，并把信息展现在员工面前。这样做的目的是突出令人不快的负面问题，警醒员工或让他们觉得不安，进而采取行动。危机将"我应该行动"变成"我要行动"。

用有关机会的信息轰炸员工，是一种相反的策略。我们可以把前一种策略称作恐吓方法：通过在人们面前摆出骇人听闻的目标并向他们展示什么是可能的，可以激发人们采取行动。通过让人们了解不作为的后果，可以助推他们及早行动。医生告诉病人如果继续吃不健康食品会对心脏造成很坏的影响，就是在用恐吓的激励方法。相反地，医生可能试图说服患者如果减肥的话，精力会更加充沛，看上去也更健康。这种激发策略依赖于捕捉人的想象力，用变革的好处激励他们。

⊖ 此书中文版已由机械工业出版社出版。

但是这里存在一个重要问题，就是恐吓和激励并不是完全相反的策略。**两种策略都可以推动人们通过改变情绪状态而走出他们的舒适区域。**从想法到准备再到行动，不可能发生在一个倾向于保持现状的人身上。因此需要先转变心态，才能转变想法和行为。

科特提出了一个有效的方法：设定业绩高标准，这种高度是一般程度的业务努力都不能达到的。如果那些目标是强制性的，就会起到激励作用。当下最大的风险不是改变，而是无法做出改变。如果后者是一个选项的话，团队应该付出极大的努力，抛弃保持现状的想法和计划，找出创造性的方法以实现目标。你可能看过电视秀"狂甩肉"（*The Biggest Loser*）节目，那些肥胖得几近病态的参赛者公开比赛谁减肥最快。多年来，每名参赛者都无法依靠自己减掉肥肉。现在，在教练的指导、竞争激励和舆论的压力之下，他们用尽九牛二虎之力去甩掉大量赘肉。是什么发生了变化？一套新的激励从情绪上影响了参赛者，推动他们从想法过渡到准备，并最终采取了行动。

想象一下士兵为了成为特种部队一员所遭受的极端训练。很少有人自愿忍受不睡觉、连续训练和上级不断制造难题。而一旦加入其中，就会和同伴紧紧绑在一起，为了被接纳，这些士兵就只能挖掘出他们自己以前都不了解的自身潜力。我们怎能如此沉溺于惰性，同时又能取得革命性的成就呢？如果没有情感夹杂其中，改变只能成为一个空想之物。只有当我们感觉到了改变的需要和迫切性时，我们才会全力投入，从那以后，懒于行动是无法被接受的。**情感改变总是先于行为变化。**

※ ※ ※

父母亲非常熟悉联通想法和行动的挑战。孩子们经常知道他们该干什么，但是总是被其他事情抢在先。在我家的两个小家伙长大的过程中，让他们收拾好自己的房间和做功课可不是件容易事儿。最后我们想到了用"标签表格"的方法。

每当孩子们完成了一天的家务和功课，就会得到一枚奖章。如果他们在一周的每一天都得到了奖章，就可以在周末得到一个玩具作为奖励。

现在"周末玩具"已经成为一件大事。这意味着我会带德文和麦克雷去逛街购物和在外用餐。我们会一起逛商铺，挑选他们最喜欢的玩具或游戏。玩具是这个活动最重要的环节，也是全家聚在一起最好的机会，孩子们成了全部的焦点。

这个奖章表改变了分担家务活的方式。如果没做好该干的家务活和功课就会有一个警告：没有奖章拿了，周末不出去买玩具了。但是这是用一种正面方式传递出来的："周末我真的想和你一起出去玩，那好吧，我们还是整理好床铺吧！"突然间，枯燥乏味的家务活儿变成了人际关系的黏结剂。在游乐的诱惑面前，整理床铺根本算不上个事儿！

但是这里还有一个更微妙的激励：比没得到奖章更糟糕的是让自己成为唯一没得到奖章的人。如果麦克雷得到了奖章而德文没得到，她得待在家里眼睁睁地看着麦克雷出去买玩具，她会感觉如何呢？她可不希望事情是这样的，所以她会很努力地争取得到那个奖章。

在亲子教育的这个例子里，**推动孩子从想法到行动的诱因是情感转变**：任务重新定义，将核心动力和激励纳入其中。如果我和孩子们的关系不好的话，周末出去买玩具的主意就没什么用处了。我也怀疑在完成了表格之后，就给两个孩子买玩具会不会慢慢失去激励影响。因为玩具越来越多，再多一件玩具的边际价值会减小。这是将家务活儿变成亲密的关系带来的机会，找出合适的玩具，为改变行动不断提供能量。

关键结论
没有情感能量的持续注入，目标就只是意图而已。

我们大多数人都是在没意识到的情况下运用了这个原则。如果不得不做令人厌烦的枯燥工作，我有时会想个办法和玛姬达成交易：如果这个工作可以在天黑前做完，我们晚上就出去找个地方消遣一下。这样就创造了一个激励——外出总比处理那些文字工作更吸引人，而它也引发了第二个激励。这个目标现在成为两个人共同的目标了。玛姬期待着晚上出去，我不想让她失望。如果只是靠我自己的话，也许我会慢慢做，要花一整天才能把所有事情做完。但是在新的激励之下，我会尽可能快地做完它。

因为有更强烈的动机取代了之前较弱的动机，当我们意识到有改变和行动的需要而没有采取行动时，那是因为我们受到了错误的激励。通过方法重构，我们可以从想法过渡到积极行动。危机是情感变化的强大催化剂，当我意识到需要改变生活方式时，我发现了这一点。**但是我们没必要碰到危机才醒悟过来。我们要做的是利用好已经产生的动机。**

看—感受—改变：乐观的重要性

科特和科恩在他们的书 *The Heart of Change*（2002）中提出了一个重要观点。他们观察到我们的变化过程是"分析—思考—改变"。而分析有助于引导变化过程，分析和思考极少会产生足以推动人们从准备阶段转入行动的情感变化。科特和科恩提出了一个更有效的变化过程是"看—感受—改变"。当我们看到一些让自己情绪激动的东西（激励我们，或者可能激起我们的恐惧时），我们会感受到紧迫和采取行动的必要。我们回忆一下亚当·格兰特（2013）说过的那个对呼叫中心员工的谈话。当员工听到那些通过销售工作得到激励的故事时，工作激励得到了大幅提高。分析和思考一个人的生产力问题的过程不会具有和那个简短谈话一样大的情绪推动力。

看—感受—改变对于想适应变化市场的交易者是至关重要的。一种去看和感受的方式是因为无法适应而在市场危机中损失了过多资金，使得你不得不做出改变。这不是一个有吸引力的选项。另一个选项是看到和感觉一些有趣的事情，激励你研究并将其纳入自己的交易系统。分析—思考对于决定哪些该保留哪些该剔除非常重要，但是在你分析和思考之前，有必要先看和感受。如果没有那种情感转变推动，你很难付诸行动。回忆一下那对夫妻吉娜和克里斯。多年来，他们没有重视日渐疏远的关系。一旦他们转向为孩子树立正面榜样，就会直接进入行动模式。

在丹·希思（Dan Heath）的书《瞬变：让改变轻松起来的9个方法》(Switch: How to Change Things When Change Is Hard, 2011) 提供了一个将看—感受—改变付诸实践的有用框架。他们指出的一个非常重要的结论是，小赢可以促成大改变。交易者大多是在连续遭受了痛苦的损失和/或经历了持久的无法赚钱阶段之后求助于我。但是到了那个时候，他们感到失望，同时也想离开这个行当了。这种状态很难处理，因为失望的人们通常无法鼓起勇气来检讨自己的做法。你可能回忆起上过的大学心理学课程——塞利格曼对认知到的无助的经典研究。关在笼子里的老鼠被一个低栏杆挡着，在栏杆这一边，老鼠会受到电击。不需要多久，老鼠就知道跳过栏杆，躲到不会被电击的另一边。当把老鼠放入栏杆两边都会受到电击的笼子里时，这些老鼠会跳栏，被电击，再跳栏，再被电击，直到放弃努力，瘫倒地上凄惨地哀号。一旦把这些老鼠放入原来那个笼子，会发生什么事呢？它们不再跳那个栏杆了。塞利格曼认为它们知道自己是无助的。它们知道自己无法改变自己的处境，所以它们没有尝试改变，哪怕此时的改变很容易做到。

这种情况与困境中的交易者没有多大区别。就像那家餐馆老板把店铺卖给埃米尔，当交易者不再相信他们可以避免市场回撤损失时，会放弃工作。当塞利格曼动手把那些无助的老鼠转移到不受电击的一侧时，它们慢慢恢复到了常态。它们需要用自己的经历去体会——它们的行动会让情况发生变化。希思所说的积累小赢可以让交易者看到成功是可能的。这种认知会带来新的感受和能量。"当你重新检讨以前的成功经历，"希思观察到，"你其实就是在重新鼓起希望。"

那些想要改变但无法做好准备和行动的交易者，通常陷入分析—思考—改变模式之中，而不是看—感受—改变。他们思考问题，哀叹，但那样做并不能带来希望和乐观。只有亲眼看见成功的可能性，才能激发促成改变的情感。回忆一下我对马克斯韦尔分析的成功的交易。是那些分析促使他做出了改变吗？当然不是。他一直沉迷于他的业绩之中，而我的分析只是让他看到他实际上交易得很好。交易做得不错这种情感认知，即使是在他消沉的时候，也能激发他深思成功的源泉，把曾经有效的东西发掘出来。

希思的书指出了这是改变解决方法的一个重要力量。正如我们已经看到的，如果一位交易员被下跌所困，翻来覆去地分析和讨论是哪里做错了，这不会产生任何激励价值，甚至也不能带来更多的理性见解。同样还是这位交易员，如果他把下跌视为例外情况，会突然意识到："稍等片刻，也许我**可以**做这件事。也许我的处境并没有那么糟糕。"肯·霍华德（Ken Howard）和同事们研究了精神疗法改变过程：人们在和心理健康专家一起工作时，会发生怎样的改变。他们研究的第一步是在"恢复"之前找回记忆。在行为改变之前，会出现转向希望和乐观的情感变化。

我在简短心理治疗中也发现了这种变化。评估在短期疗程里用到的主要方法，我发现一个共同工作是我所说的**翻译**——人们看待自己和问题的一个独特视角。心理动力学疗法将人们的问题按照他们过去的模式加以解读；认知疗法把问题解释为不正常的思维模式，等等。有关心理治疗结果的文献中，有一个令人惊奇的发现是，所有主要疗法要比不治疗会更有效地促成改变，但是没有哪种治疗方法能包治百病。不是分析师做了与行为主义者或家庭心理治疗师不同的工作促成了改变；而是所有主要方法的共同努力才能发挥效力。一个共同因素是霍华德和他的同事们所说的恢复记忆：通过把问题翻译成让人感到无望和无助的新说法，心理治疗师灌输了治疗方法可能发挥作用的想法，因此带入了更大的乐观情绪和掌控感。这和塞利格曼指出的笼子无电击一侧的无助感比率并没有太大区别。

任何形式的指导、参谋或治疗都能激发看—感受—变化过程。通过正向关系的力量，我们学会从不同视角看待自己，这样就形成了一种新感受，以及推动思考转化为行动的情感变化。

> **关键结论**
> 为了获得不同的感受，你必须从不同角度去看。

所以让我们回到你刚才被问到的练习题。如果你没有按照要求写下答案，是否意味着你很懒或者对改变不感兴趣呢？并非如此。这意味着你现在看待自己处境的方式没有产生需要采取行动的紧迫感。现在急需情感改变——要么是恐惧，要么是期望，推动你采取行动。

※ ※ ※

写到这里时，我的暹罗猫娜奥米趴在我身边。她把我的电脑包当床，在我写稿时，她就那样懒懒地趴了一下午。我过一会就拍拍她或者叫她，可她还是眯缝着眼在那里打盹。突然，一只苍蝇嗡嗡地飞过来了。娜奥米马上抬起头盯着那只苍蝇。她绷紧身体，跳下桌子奔向那个新的移动物。她现在就蹲在我身后，贴着有窗的那扇墙壁，聚精会神地盯着那只苍蝇。就在这一刻，她从昏昏欲睡的懒家伙变成了一个准备行动的猎手。

看到这个景象，我的思绪回到了当初收养娜奥米这只受到精神创伤的小猫的情形。当我们把这只小猫放进板条箱带回家时，那个情景让人又怜又爱，她蜷缩在角落里，瑟瑟发抖。我们不知道在她身上发生过什么，但是强烈怀疑有人虐待过她。她特别害怕人——任何人。

当我们把她带回家后，真正的问题来了。她躲在家具下面，蜷缩在房间没人的角落里，想办法把自己藏起来。当我们走近她时，她就会剧烈颤抖，那不只是害怕，而是怕得要死。

当我和娜奥米一起走近浴室，关上门后，事情有了初步进展。那里无处可藏，所以她跳上窗台，躲在窗帘后面，我缓缓靠近她，抚摸她，再退后。如此多遍之后，她不再发抖了。她接受了我给的食物，这成了让她走出阴影的一个办法。

突破发生在床上的娜奥米受到了食物的引诱。我把手放在床单下面，围绕着她转动——娜奥米的眼睛睁大了，就像看到那只苍蝇一样，她弓起身体，跟着我的手走。她如此聚精会神地想抓住床单下的移动物体，以至于忘记了害怕！

这时我想起了这个新家庭成员教给我的有关变化的一个有价值的经验。当我们处于正常的心智和身体状态下时，在正常激励下，不会有变化发生。当一切正常时，我们的行为会恢复到常态。**但是，如果我们可以用更强的激励替代让我们陷入困境的因素，新的能量就会唤起以前想逃避不做的行为。**

当我在纽约上城开办一个社区心理诊所时，我遇到几位匿名戒酒会的常客，他们已经完全戒掉酒瘾，而且有了深刻的宗教信仰。这不是一个逐步发展的有计划的过程。而是像一个盲目信从的观点，更像是一个启示而不是逻辑结论。这种被上帝感召的感受是如此强烈，它确实重组了思想、情感、行动和优先事项。想喝的欲望确实出现过，但是现在已经被更强大的欲望和承诺抵消掉了。打破想法、初始改变、出现反复这个循环的是一个更大的激励动机，它用清醒击破了欲望的挑逗。像娜奥米一样，借助更强大的捕猎的本能走出了恐惧，这些酗酒者用强大的精神力量克服了酒瘾。

现在我们可以看到隐藏在希思的积累小赢想法背后的智慧了。A.A. 的口号是"一天一次"。如果可以保持一天的清醒，重新开始你的生活，也许你就可以在其他日子也做到这样。回忆一下我和那些猫做的练习。本来是个个人活动，现在变成了与4个伙伴一起玩的有趣的动机。那个改变是从小赢开始的：和小猫们的互动给了我一个新体验。那种小赢让我有动机重复这种体验，不久就养成了一个新习惯。小赢是催化剂，是小小的希望和乐观。一旦激发了行动，行动就会变成习惯——这就是让变化得以维持的原因。

交易员被孤立的危险

注意一个常见的看—感觉—改变过程的线索：**大多数包含于某个新人或新的**

事物互动。在心理辅导时，这和帮助专业人士创造一种说法有关，可以让心理压抑的人觉得，"嗯，也许我不是一个坏人，也许是我习惯于把自己想成那样的人吧。"在娜奥米这个例子里，这种互动方式让它去做一个猎手，从而忘记了害怕人类。如果没有这种互动，人们太容易拘泥于过去的观察方式和感受。新的尝试让我们获得了新的体验。

我在博文中强调的一个主题是，**我们做的每件事和互动的每个人都是一面镜子**：是一种感受自己体验的方法。一个很棒的浪漫关系或深度友谊有时候很有力量，因为提供了一个对自我的认可的体验。随着时间推移，沉浸于爱河之中，我们把被爱的感受内化了。类似地，糟糕的关系给我们带来了负面和扭曲的个人体验：想想虐童带来的伤害。当我们投身一项活动时，我们从自身体验这面镜子里看到了自己。更多镜子和更好的镜子可以为转变情感方向创造更多机会。这就是为什么接纳一种新文化会如此有力量——这是看待自己和世界的一个新的视角。

交易可以变成一种非常孤独的体验，即便是身处一间很大的交易大厅。交易日的大部分时间都用在紧盯市场、研究各种点子以及评估业绩上。筛选标的的时间明显超过了和其他人互动的时间。当社交媒体频繁接触交易员的时候，大多数这种接触都过于简短，而不能成为有效的镜子。没有新的社交互动和活动，交易员就少了那些可以激发看—感受—变化的镜子。改变需要新的输入：人们无法只是反思就能够从想的阶段跨入行动阶段。被隔离的交易员就像是静止不动的交易员，持续不断地做着同样的事情——甚至是在那些事情已经不再起作用的时候。

交易员被孤立的潜在倾向是我强调社交重要性的一个主要原因。关系社交（networking）（和其他交易员交往和讨论）有可能将看—感觉—改变变成一个充满活力的过程。当我们看到其他交易员的一些点子和应用取得成功时，我们也会了解到什么是可以做到的以及提供一个有意义的情感变化方向。在最近一次我协助组织的同行社交活动中，一位交易员讲述了他如何在市场上交易一个非常有限度的经过检验的交易模式。为了值得采取行动，那些模式需要在交易日出现一定的次数，而且市场参与程度（成交量）也要达到一定的水平。他的观点马上让我想到，我可以用他的方法验证我自己的市场指标体系。这个想法最终引发了一条新的研究路线，我现在已经在交易中用上这些研究成果了。

这种互动在心理上的重要性体现在同行交往激励我去寻找新的点子。通过其他交易员的经历，我在自己的交易中也看到了某种可能性，**而且我都等不及要赶回家去测试一下**。在想和行动之间没有任何迟疑不决：听到其他交易员的成功事迹会产生很大的激励能量，直接引发了行动。如果我是孤立的，这种体验就无法发生。

正面映像的优点在于可以避开经历危机，直接引发改变。恐惧是一个很大的激励因素，触及底线可以成为促成改变的最有效的催化剂。但是交易中的触底可能意味着破产。变化还没开始，游戏就已经结束了。和适合的人进行同行社交形成的正面映像产生激励，带来的是变化而不是恐惧。在分享他人的小成功的过程中，我们会感觉到自己同样也可以成功。这种乐观心态、激励和驱动力，导致了改变的发生。

> **关键结论**
> 通过激励而不是压制而引出变革是更好的方式。

实际上，我们可以把同行交流视为一个基于群组的解决问题的方法——重点放在相互激励上面。想象一组有天分的交易者在分享他们最好的交易做法。一个人的想法会激发其他人的点子，反过来又会产生新的方向和机会。每个人的小赢都对讨论有所贡献，最终会形成大的共赢。这会给每个参与者一种成为一个适应性的共赢小组成员的归属感。同行交流是克服孤独感的一个强大工具，这是因为每次对话都能提供一个潜在的看—感觉—变化的体验。通过提高这些映像的数量和质量，我们可以产生出超越想法，开始实践的源源不断的动力。

改变内心对话

一次小胜就是一面小镜子，为我们映照出一幅赢的图景。累积足够多的小胜，赢的图像就会变得越发熟悉。我们把这种不断发生的体验进行内部化处理。这就是正面情感体验之所以重要的一个原因，是芭芭拉·弗雷德里克森（Barbara Frederickson）实验室的一项研究成果。正面经历拓展了我们的思考范围，反过来帮助我们形成新的体验和技能。这个过程与看—感觉—改变过程很接近。当我们体验到小胜时，我们认识到理想自我，并激励我们做出新的努力。

回忆一下查尔斯·杜希格的"改变是习惯形成的函数"的观点。这对于每次激发出我们从想法变成行动的动机来说，还是不够的。更有效的做法是建立由正确因素自动激发而形成的行动模式。我认识的很多适应能力超强的人，会把小胜变成一种习惯模式。他们接受很多新的挑战，并且定期确定有意义的可实现的目标。他们把成功作为行动导向。正面反馈变成一种习惯，一种生活方式，纪律在这里已无用武之地。

如果负面反馈变成了我们的习惯模式，会出现怎样的结果呢？替代小胜的是，我们让自己不断遭受失败挫折。我们不断内部化这种体验，随着时间推移，我们就形成了挫败感。最终就像塞利格曼的老鼠，我们发现自己置身于无助境地，无法控制对自己至关重要的结果，造成自己耽于想法，而无法采取行动。

人们是怎样让自己陷入这种境地的？

❧ ❧ ❧

负面反馈循环的最明显例子是沮丧失望。正如认知心理治疗师强调的，沮丧失望的人处理信息时带有负面偏向。也可以说，他们是用玫瑰色的反向透镜在观察大千世界。想象一下，两个交易员当天收市时遭受了中等大小的亏损。其中一位认为这是机会，可以在更好的价位上加仓；另一位则感到沮丧失望，在寻思为何自己像个白痴一样做交易。后者就是负面思考的一个例子，用自责的心态看待事件。认知心理疗法有部分效果，是因为可以帮助沮丧失望的人重新考虑他们的想法。如果你可以说服沮丧失望的人不要对别人说那番对自己说过的泄气话（不要告诉交易伙伴自己做了一个愚蠢操作亏了钱），这种改变会有助于改变他的思考方式。这等同于塞利格曼帮孤立无助的老鼠翻过栏杆到没有电击的笼子另一边。如果你可以用学到的那种积极正面的方式对自己讲话，也许可以打破把结果解读为失败的循环。

沮丧失望及其认知处理方式展示了我们通过内心对话建立的自我认知的现实程度。 很多时候我们无法将想法变为行动，因为我们的偏负面的信息处理方式产生的是无助而不是赋能。我们不必陷入这类负面思维里。许多交易员生性喜欢竞争，在亏钱或者做出糟糕决定时，会心情低落。这种困扰可能向外释放（"这个市场被操纵了！"）或者内化（"我什么事都做不好！"），而这两种情况都不具有建设性。这不会帮助一个人从经验中得到教益，并向积极方向前进。不会自然而然引发小胜。实际上，强调自己是受难者（"坏事发生在我身上"）这种想法显然很打击士气。如果你是坏运气、坏市场和坏交易选中的倒霉蛋，你如何能够成为你自己成功转变的故事的作者？

交易者最值得培养的一个习惯模式是有能力让亏损带给你能量，而不是减弱你的动机。 当然，亏损会让喜欢竞争的交易者备感困惑，但是没必要让困惑到处蔓延。如果你养成了一个习惯，随时检视自己的错误，并借此完善自我，你就把从想法到行动变成了一个习惯。每一次错误都是一次机会，也赋予了一次用不同方式更好地把事情做好的义务。不太理想的交易会变成塑造理想自我的导火索。

其中有一半的战斗是让自己陷入沮丧的自我对话中。这就是认知心理治疗师鼓励人们记录自己思考的原因。通过写下我们脑中出现的东西，我们可以变得对自己所说的事情更客观一些。作为一个听众，交易者知道自己所说的不仅没有什么益处，还会阻止这个过程，但这种程度的意识还没有大到足以阻止负面想法。我们需要用正面的习惯克服负面想法，并采取建设性的行动。

✵ ✵ ✵

拉里是一个在一名资深基金经理手下工作的交易员。有时候，他为自己的学习曲线担心，害怕无法达到导师的期望。这特别让他手足无措，因为他很敬佩自己的导师。不管导师怎样开导他，说他发展得不错，拉里发现自己担心能否最终管理好他自己的资金。

拉里的负面思维与沮丧失望不同。沮丧失望倾向于向后看，责怪自己，怀疑未来。担忧是向前看，预期坏事将会发生。沮丧失望的人会说"我做不到"。担心的人会说"我害怕去尝试"。交易员身上的一个共同现象是担心会引发好的交易点子"突然发生"问题。由于担心潜在的损失多于对收益的考虑，忧心忡忡的交易员会选择"安全"路径而无法采取行动。

这是纠缠着拉里的问题。他发现自己如此担心亏钱，以至于要么交易头寸太小，要么就完全不做交易——哪怕他确信自己的想法是正确的。他就像是两面人：一个在市场研究中寻找机会，另一个在交易中回避市场损失。随着时间推移，这给拉里带来了相当大的困扰，因为他意识到自己没能发挥出潜力。在一个特别的时刻，他告诉了我思考了很久的想法——买入强势新兴市场的货币。他说那些市场的经济基本面很正面，而且认为头寸可以赚到套利收益：因为有利差，持有头寸就会得到收益。当这种货币第2天价格高开时，他告诉自己要在价格回调时买进。当收益扩大时，他告诉自己不要追涨，不要在不好的价位买入。当这些货币当天以很高的价格收盘时，他觉得自己太傻了，没能按照自己的想法采取行动。他说感觉最糟的是，其他人打电话给自己，为你的交易道喜，而实际上你却并未及时去做这个交易！

拉里有很多改善交易的想法，他的问题是无法把想法落实成行动。阻止他的是他的思考过程。只要他看到亏钱的威胁要比不行动的危险更大时，他就什么也不做。当我们意识到对拉里激励最大的是想出一个好点子时，拉里的转折点就到来了。交易只是证明点子行之有效的方法。他喜欢思考市场观点的形成过程胜过其他——而且他对此很自豪。我鼓励他把这些想法提前写下来，不是写为何他应该或者不应该做这个交易，而是为何他应该执行或者背叛自己的研究结论。换言之，我们重新将他的担忧定义为一种自我破坏。可以理解的是，他从来没有想过不执行自己的想法就是对自己喜爱的工作的背叛,但他对这种想法的反应是发自内心的。他永远不会愿意背叛自己最喜欢的工作,不然为什么要做它呢?通过重新定义担心,可以促使他采取行动,因为他现在把不行动视为比亏钱更大的风险。

拉里的担忧从未知的恐惧角度看是非常普通的。没有什么可以保证变化一定会成功;有时候,熟悉的麻烦会让我们觉得比不熟悉的未知的麻烦更安全一些。小胜因而变得特别重要。如果改变过程在持续发展之中,就没有必要担心发生革命性的变化。交易员总是愿意尝试小量的新东西,然后看看过一段时间的表现如何。有些我共事过的交易员把自己管理的资金分成不同的策略,在常识性的策略方面投入的头寸少一些,因而风险也比较低。这是一个毫无威胁的测试想法是否正确的方法。如果这个想法是好的,就会小赢一把,然后交易员就可以加大这个策略的投入头寸。

> **关键结论**
> 当变化成为威胁时,小的改变可以激发进一步的行动。

正如我们很快要看到的,做出改变和维持变化之间存在巨大的区别。用新方法审视思考过程,可以帮助拉里做出改变,但是他需要把这种新视角变成习惯,以便让这种变化继续下去。通过记下每天没有做好的细节,在内心中排演失望的感受,经过一段时间之后,拉里能够内化这些变化了。他这样做了,没有变成一个完全不同的交易员,只是按照自己的想法进行交易。这就是我们在那只受过惊吓的小猫娜奥米身上得到的经验:找到一个比担心引发问题更大的激励,然后变化就会自然而然地发生。

完美中的缺陷

沮丧失望和担忧焦虑是两种阻碍人们做出改变的情绪。它们通常代表让困扰交织在一起的方式。但是还有另一种认知模式，并没有被像这两个一样被视为问题：完美主义。正如我在 TraderFeed 博客里所写，完美主义把自己装扮成一种美德。完美主义者标榜自己不会接受任何有瑕疵的东西，并为此而自豪。他将完美主义当作激励，似乎唯一的选择是自满。然而在现实中，完美主义摧毁了激励，成为想法到行动之间的一道不可逾越的藩篱。

最明显的事实是完美主义是由不安全感驱动的。完美主义者的主题就是"这还不够好"。不管你今天还是这星期赚了钱，只要你的账户中还有钱，那你就是本来可以赚更多。如果你赢了几天也输了一天，那一天就会成为困扰你的焦点。**随着时间的推移，你的努力还不够的信息就会形成挫折感，成为小胜的对立面。**完美主义可以剥夺赢的体验，将它们变成输局。当我向完美主义者传递正面反馈时，我通常听到的回复是"是的，但是"，在他们心里，认为总会有些事情他们本可以做得更好，或者他们无法做到。

看出完美主义具有破坏性的简单方法是想象你自己用那种方式和交易伙伴或孩子说话。如果你的小女儿两门考试得了 A 和 B 的成绩，你会责备她没有考两个 A 吗？那样你和她的关系会变成什么样呢？对她的自信心会造成怎样的影响？重复体验"这不够好"，这种感受最终会形成**你自己不够好**的印象。对于生活中这么多的事情，衡量的标准就是给你带来了能量还是从你那里榨取了能量。这是针对你生活中的人们、你从事的活动和所做的事情的一个很棒的过滤标准。完美主义榨取了能量，没有激发业绩，而是把业绩变成了"不够好"的东西。

积累小胜的想法意味着你的重点不应该是完美无缺，而应该放在改善上。这就是正确地设定目标是如此重要的一个原因。Locke 和 Latham 的研究表明，目标设定有助于改变行为。但是人们的行为表明，当目标太难达到或具有威胁性时，效果并不明显。完美主义的目标，从字面上看，有很大的概率是无法达成的。完美主义不仅无法创造小胜，还带来了失败的威胁。当从改善的角度设定目标时，选择既有挑战性又可以做到的目标，更有可能产生激励作用。

我要强调的是：**我们内化了重复经历的体验。我们的内心对话构成了我们**

的体验。当我们用负面的方式解读生活中发生的事情时，能量被吸走，导致我们无法适应和成长。建设性的正面解读是重要的，因为可以让我们在经历中获得能量。完美主义试图用失败的威胁让我们停步不前。激励性目标用积极的未来前景激发了行动。

复发

我之前说过，开始改变只是这场战斗的一部分，另一部分是让改变不要停止。Prochaska，Norcross 和 DiClemente 在他们的书《改变不止步》（*Changing for Good*，1994）里，强调复发是改变过程的一部分。我们很少直截了当地做出改变，采取新行动并将过去的模式永远丢弃。实际上，改变过程更像是"前进两步，后退一步"。我们的很多做法已经养成多年了，已经成为习惯，很容易复发。

反复常发生在人们不留意的时候。留意是一种状态——我们有自我意识，会保持中立的情绪来看待自己。当我们处于这种状态时，我们不会对处境做出反应；我们观察自己如何回应外界。一个不错的例子是在我节食阶段外出吃饭。我知道那里有很多食物，旁边有很多人在吃。我提前做好准备，决定只吃那些健康食品，而且要控制食量。这种自我意识让我可以保持更长时间的克制。

Baumeister 和 Tierney 关于意志力的研究（2011）认为，人们一般不擅长抵制短期诱惑和维护自身的长期利益。当人们经过一番努力之后，面对眼前诱人的食物时，即便不让他们吃，他们也比那些没有做过努力的人，更有可能抵御不住诱惑。这表明意志力在短期是一种有限的资源。当我们在一段时间里有意识地放大能量时，我们的意志力会被消磨掉，容易掉入被动反应状态。这是一个重要概念。正如凯利·麦格尼格尔（Kelly McGonigal）在她的书《自控力》（*The Willpower Instinct*）中所说，"我们的大脑会误解快乐所能带来的回报承诺，所以我们从不能给予满足的事情里寻找满足感。"

麦格尼格尔（2012）所说的回报和快乐的差别存在于变化中很多复发情况之

中。减轻体重可以让我们快乐。而在派对上吃甜食会让我们感到有回报。问题在于我们得到的回报最终不会带给我们快乐，事实上会破坏我们的长期满足感。大多数交易员知道什么事情会发生，当他们陷入短期市场波动之中而且建立了一个在头脑清醒时绝不会有的头寸时，从短线交易中获得快速回报的承诺就暂时战胜了遵循交易计划获得长期快乐的念头。

削弱我们意志力的一个心理因素是消极。当我们用自我责备和担心惩罚自己的时候，从即时回报中得到安慰要容易得多。这种消极想法抢走了我们的正能量，也夺走了我们的意志力。相反，如果我们坚定地相信会有好处到来，就更容易坚持节食或遵守交易计划。当然，一旦一个新行为模式变成了习惯，就无须再用意志力来维持了。

我们怎样才能克服消极和消磨意志力的心理缺陷呢？有关正念冥想的研究结果与预防复发非常相关。Teasdale 等人（2000）发现，基于正念的认知心理疗法对于防止沮丧失望中的人们复发很有效。正念练习也对身体健康有利，能够减轻压力，加强社会联系和改善关注力。这是因为正念让我们可以成为中立的自我省查者，而不是陷入眼前的纠结之中。考虑两个人的差异，其中一个人说"我完全失败了，我做什么事情都不成功"，另一个人说"现在我对自己说自己完全失败，不能成功做好任何事"。第一个人传递的是负面信息，而第二个人站在观察自己的角度——不只是思考和感觉，而是完全了解自己的想法和感受。

通过让头脑和身体静下来，也许通过深度有规律的呼吸，冥想让人们置身一种无情绪状态。当一件有压力的事件发生时，我们用恐惧或烦恼做出回应，我们的身体紧绷，随时准备打斗或逃走。血液从大脑负责规划和推理的执行中心，流向大脑的运动中心。这就是为什么我在之前训练交易员的书里说到的。他们用受到激发的大脑前额叶分析交易和做计划，而在市场波动剧烈时，通过大脑行动中心做出打斗或逃跑反应。在约翰·科茨（John Coates）那本杰作《冒险与直觉》(*The Hour Between Dog and Wolf*, 2012), 解释了这些转变来自身体内的化学物质，提高了风险承受力（睾酮）和抗压能力（皮质醇）。作为前交易员、神经生物学者和经济学家，科茨证明了我们在打斗时的行动主要来自生物性而不是依靠逻辑驱使的。

> **关键结论**
> 我们的情绪状态通常是由身体状况决定的。

反复会在过热阶段发生，当我们最不留心的时候，在 A.A. 会议时，有一件事可以保持清醒——把重点放在帮助我们自己和同行上。这和我们悲伤、气愤或焦虑时保持清醒完全不同。一旦意志力衰竭，我们就会跌回旧的模式——总是缺乏对过程的自我认知。Prochaska，Norcross 和 DiClemente 在《改变不止步》中提到了一项研究，发现六七成的毒瘾、酒瘾、烟瘾和暴食复发之前都出现过情绪紧张状况。这就是我们受到环境控制，最有可能丧失意志力和正念，下意识采取行动的时候。

❧ ❧ ❧

凯文是一名熟练的日内短线交易员，我以前曾和他共事过。大部分时间他都盯着行情屏幕，研究买家和买家。他也展示出了非同寻常的风险管理水平。他可以承担亏损、回调，指出哪里出了问题，同时继续交易而不受压力反应的影响。但是每隔不久，他就会经历令人痛苦的大幅亏损。在那种时刻，他的交易规模非常大，而且持有了不利于自己的头寸，在平常时候，每到这个程度他就会平掉头寸。让人感到不解的是，当他用正常规模交易时，他会很谨慎地严格执行止损措施。但是对于大的回撤，他总是难以抵御，他的固执让他很容易遭受损失。

当我开始和凯文一起工作时，他已经经历了一次剧烈的回撤。那家交易机构明确告诉凯文，要么停止他的做法，要么就限制他的交易头寸。凯文和我讨论此事时，我很清楚他不是被隐藏的自我毁灭的愿望驱使，也不是一个冲动或轻率的人。而是有时候他会非常自信地操作大头寸。为了证明自己的观点正确，他会让交易继续朝着不利于自己的方向发展，直到承认自己错了。**这不是赔钱的苦恼，而是热辣辣的快感，还有一个很有希望的想法，将凯文从正念模式中退了出来。**这让我大开眼界：任何形式的情感和心理刺激（不只是压力造成的情绪）可以让我们"跳出思维框架"。

我和凯文一起做了情感温度计练习，在他的交易桌上每天都放着几张纸，上面印着一张温度计的图。每天早晨、中午和下午，他都得"记录情绪温度"，显示他的情绪是高涨还是低落。这个练习的关键是我们会清晰地把激动和自信标记为"热"状态。这个温度计可以让凯文更好地了解自己的感受处于何种状态。一旦他发现自己的情绪过热了，就可以采取措施让它降下来。

我们所做的简单的帮助凯文冷静下来的正念练习是闭上眼睛，慢慢地深呼吸。每一次深呼吸，他都告诉自己，自己在冷静下来，变得越来越冷静。他把注意力全部放在呼吸和自我意识上。凯文对这个练习方法做了一些改变，每次吸气时只对自己重复说一个字"冷"，每次呼气时只说"静"字，就像是一句口头禅。这让他的头脑和身体都静下来，让他置身于对所想所感异常敏感的状态。一旦他开始兴奋，就闭会儿眼睛，深呼吸，提醒自己"冷静下来"。他发现这很容易做，他很愿意让自己处于一个认知、情绪和身体都很清醒的状态。**复发会出现在无意识状态下**，如果你不是放任自己自由行动，就有机会让自己保持方向。

小结：从思想到行动

我们从一个小练习开始，然后回答一些你根据市场状况调整适应的方法的问题。这个问卷的一个目的是评估你对变化是否已经做好准备。很多读者会跳过回答问卷这一步，或者只是简略写下一些非常宽泛的答案。大多数交易者知道跟随市场做出调整的重要性，但是很少有人采取有目的、方向明确的行动去适应市场。到改变已经变得迫不及待时，伤害就会已经深入他的账户和心理。

两个动机可以让人们从想法转入行动：对负面后果的恐惧；正面预期和可能结果带来的激励。如果你一直尝试改变却仍拘泥于个人或交易的老一套方法，你的情绪在情感的边缘徘徊：没有感受到需要改变的可怕命令，也没有感受到进一步发展的激励。此时，只有情感改变可以推动你采取行动，循规蹈矩的交易不可能将你从边缘拉走。

当你有一个很管用的交易方法时，按照这个方法操作当然是合理的。当这个方法不再管用了，继续使用它就会阻碍你做出适应调整。当我们要在激烈的战斗中做出决定时，保持冷静，不让急于求成的交易心理掌控我们的情绪是很有必要的。但是在我们要进行一些改变，实现一种新的平衡时，这就没那么管用了。

当我体重减轻，身材变得更好时，两种情感变化产生了非常不同的影响。让我的猫咪成为我下楼日常锻炼的一部分，有助于养成一种新习惯。我一直有注意到，将一种活动从个人活动变成一种具有社会性的活动，可以创造新鲜的情感体验。在我上大学二年级的时候，我对我当时的学术发展感到满意，但我觉得我没有得到很好的社会发展，或者想要的自信。那我该做什么呢？我报名担任我们那栋学生宿舍楼的社交主任。虽然我有社交恐惧症，但我更害怕的是人们对我有所期待的时候，我却失败了。当我将全部精力投入到组织派对以及与其他宿舍楼的联谊时，我发现自己不仅喜欢这种社会体验，而且还相当擅长。回忆一下那只被吓坏了的猫咪娜奥米是如何克服它对人类的恐惧的。一旦我开始和它玩，把手放在被单下面逗它时，它的捕猎本性被唤醒了。它跟着这只手移动，很喜欢做这个游戏，完全忘记了恐惧。如果只靠自己，我可能不会去锻炼，但是如果我向一位朋友保证说会去做物理治疗，我就不能不在那里露面。

促使我减肥的第二个力量是单纯的厌恶。那时的我站在体重秤上时，指针停在200磅附近。我的衣服不再合身，总是无精打采。我喝了太多咖啡，吃得太多，工作时间太长，没有定期锻炼身体。当我的能量水平被消耗殆尽，我再次站在体重秤上，就不再觉得改变是可有可无的了，而是当下必须做出的决定。

在某些时刻，我们中的大多数人会注意不要让负面的结果无限累积。你可能不会因为正在亏钱而寻求改变，但是一旦你对于亏钱产生了一种厌恶的情绪，就会主动拥抱变化。

✧ ✧ ✧

多年在公司、银行和对冲基金的工作经历让我懂得世界上有两类交易者：一类沉溺于负面原因的交易中，另一类沉溺于正面原因的交易。沉溺在负面原因的人在寻找逃脱机会，也许是逃避早八晚五的例行工作；也许是逃避为特定的某个人工作；也许是逃避过去的失败和缺点；也许是不愿意承担辛苦的工作。在这些情况下，交易似乎非常吸引人——人们希望它有可能带来最大的成功，却只需要付出最小的努力。那些沉溺于正面原因的人发现交易是一种非常贴近他们的价值观、技巧和兴趣的活动。交易成为他们身份的一种表示——展现他们的力量，而不是避开他们的弱点。

只要看看交易员在闲时如何打发时间，你就可以分辨出他是何种类型。具有积极动机的交易者有兴趣尝试各种赚钱/亏钱的交易。正面动机可能是理解全球宏观经济的好奇心，发现驱动市场的新线索的满意感，通过与同行交流分享观点以扩大视野或者提高业绩的满足感。在这些情况下，哪怕市场不开市或没有提供盈利，激励也不会消失。如果交易员的动机主要是负面和逃避，除了马上能够从交易中盈利，其他激励都完全不起作用。因为他们寻求的是在市场上证明自己，当不开市时，他们就感觉一无所获。

这种区别是很重要的，因为它再一次表明从想法到行动的一个重要方式是借助核心激励，产生相应的情感转变。当交易处于胶着状态时，我通常暂时离开，思考新的交易点子。我当然希望赚钱，但是更希望能找到一个能够赚钱的新点子。从交易中抽身，开动脑筋，寻找新观点，激励自己做出需要的改变而不是只期待用新点子来赚钱。

但是近来我发现，即便寻找新点子也不能让我跨越交易障碍。我检查了自己的交易情况，发现了一种模式。在脱离市场一段时间之后，我会想出一个好主意，据此交易就能赚一笔大钱。但是继续这样做交易又会亏钱。于是我又退出交易，去想新的点子。这个循环使我很难持续留在市场上。这让我很惊讶，因为我通常没发觉自己受到挫败。我花更多的时间做研究，但是这也不能激发我的交易兴趣，而且有些事情也确实让我感到惊讶。

我突然发现，在市场上，我最喜欢的不是做分析，而是把分析的结果整合起来，找到一个好点子。这才是我真正擅长的——不是分析市场，而是编辑信息，构建一个完整一致的情境。当我处于这种状态时，我会想出非常好的主意，而且执行效果很棒。当我拘泥于细节，尝试根据分析得出的交易形态进行交易时，由于忽略了更大的图景，就无法盈利，而且也不够投入。我的核心激励不只是来自科学分析，也是来自创造性：我喜欢广泛综合分析，然后得出一个有交易机会的点子。

> **关键结论**
> 仔细思考我们的能力可以带来采取行动所需要的情感转变。

这个认知在我的交易过程中引发了一个非常重要的变化。在 Evernote 软件的帮助下，我开始记录自己对市场的看法，用来整理自己的观察和研究。这种写法非常具有意识流性质，想到什么就写出来，并不是为了给别人看。这种方法不仅有趣，而且也会孕育出重要的想法。写的时候，我并没有想过那些抽象观点之间存在什么样的联系。通过让自己发挥信息处理的强项（写作通常是一种自然的思考模式），让我可以协调好想点子和做交易的节奏。我的每个交易都需要综合思考，都要反映大的交易点子。只用了很短的时间，我就从萎靡不振走向了采取行动的阶段。

我们说说我的交易动机来自何处，马斯洛理论也许会说我的交易动机来自亏损而不是为了展示实力。也许我以前从没成功过，而现在需要通过在市场上赚钱来证明自我。也许我还没有享受到生活中的各种乐趣，需要市场来填补空缺。在这种情况下，一旦我有了交易冲动，就没有什么力量能够阻止我。实际上，赚钱和亏钱模式都可能扰乱我没有被满足的需求，导致在还没有改进程序之前，我就已经因困扰而做了有问题的交易，从而带来了更大的损失和困惑。

交易可以非常刺激，也可以盈利丰厚。但这些都不应该是你投身市场的主要动机。总会出现市场波动不大的沉闷局面，也会出现回调。赚钱的快乐可以让你度过美好时光，在市况不好的时候，你也可能会一无所获。当市场剧烈变化时，交易不是一个令人兴奋的工作，也不会让你马上盈利。我了解到的是那些取得长期成功的交易员通常会受到不同于立即盈利的激励。激励他们的是一些反映了核心力量和关键兴趣的因素，这样在市场没有变好时，也会产生驱动力。正是那种能量催化出了行动，如果我们仔细思考了我们的价值观和能力，就不会在边缘或者盲目进行操作。

采取行动并持续下去：识别机会

我们回到前面所说的那个问卷，并回顾一下你为适应新的、充满竞争的市场条件而采取的行动。从商业战略角度出发，这个问卷被设计用来发现你在市场上的机会和威胁。未来几年，你如何寻找机会和避开威胁？如果你还没有回答这个问卷，请现在写下你的最佳答案：

_____

_____

_____

自测练习

- 你预期市场未来几年会如何发展?
- 你认为未来几年市场的最大机会在哪里?
- 在过去几年里,你交易中碰到的最大威胁来自哪里?
- 你该如何改变交易方式以跟上市场的变化步伐以及前面所说的机会和威胁?
- 你现在定期怎么做才能用学习曲线利用好发现的机会以及规避预见的威胁?
- 你在仔细了解哪些新市场和市场信息可以帮你为未来做好准备?
- 如果你对上述问题没有清晰具体的答案,你会和谁讨论,以及需要做哪些研究去搞清楚这些问题?

现在你已经回答了这些自我评估问题,让我们来看看这些答案的意义吧。我们从前两个问题的回答开始:你期望市场如何演变以及你认为的最大机会在哪里?如果你和很多交易者一样,你的答案就会很宽泛而不详细,只是把最清晰的最近的趋势外推到未来。也许的回复是用电脑进行交易的比例会上升,或者大型金融机构将会碾压较小的机构和个人投资者/交易者。尽管这些趋势确实会继续出现,但这不是新信息。如今的成功故事是那些十年前或更早就意识到这些进展的人,因为他们已经收缩了战线。

对这些问题的有力回答,应该是让知识丰富的市场参与者感到惊讶的答案。不久前,我观察到大型自营交易员所做的越来越多的交易是根据算法执行的。当我和那些使用和开发算法交易的人交谈时,确认了这些算法确实在市场上留下了清晰的"脚印"。在研究了逐笔交易的时间序列之后,我可以辨别出买家或卖家在任意时点执行交易的急迫程度,而且可以达到有意义的准确水平。汇集这些信息就可以测量买压和卖压,这是观察传统的价格和成交量图得不到的见解。那些分析让我形成了新的市场看法,明显改善了我过去的视角。它们是全新的视角,与埃米尔对餐厅的愿景一样。

两个关键要素有助于我们清晰地了解未来愿景:新现象和新信息。在前面的例子里,新现象来自研究执行算法及其交易模式。新信息来自交易层面的数据。正如我在上学时对一位同学说过的:"所有感兴趣的事情都会在1分钟内发生。"非常简单,我看市场的视角不同,是因为我看的是不同的市场数据。埃米尔对未来的适应做法与我相似:他对晚餐用餐者和他们喜爱的餐馆的研究提供了新现象。他的平板电脑下单系统产生的消费者喜好信息是服务生手工下单所不具备的。如果你用同样方式观察同样事情——依据相似数据得到相似结果,你有很大机会仍停留在现有的看法上,这会妨碍你做出适应性的调整努力。**为了做新的事情,你得去观察新事物**。新现象引出新问题,同时也会带来新的答案。

想象一下三星或者凯悦这类公司的经理人会怎样回复我们练习里的这两个问题。很大可能是他们一直有在研究智能手机和旅行中表现出的消费者趋势和偏好,因而对于市场会如何发展有很强烈的感觉。他们收集消费者的数据,组织专题研究小组,研究零售业和生活方式的发展趋势。三星观察到的新现象可能揭示新的人口趋势,当手机成为**量化生活**革命的一部分时,这可能会促成计算和移动的更为彻底的整合。凯悦的研究可能发现正在变老的有富余资金的婴儿潮一代客户,正在转向方便的一站式疗养地,那里可以提供其他度假地不能提供的独特的探险和文化体验。这些真知灼见可以让这些公司在已经做得很成功的情况下为即将到来的变化做好准备。如果他们对前面两个问题的答复只是意思模糊、泛泛而谈的几句话,他们的生意能够做多久呢?

回答前两个问题的一个最佳方法是看看那些已经在市场获得成功(赚到钱)和还没有成功(没赚到钱)的企业。在谈到这点时,我听过的交易员和投资者用的一个最常见的假设是:央行施加的"金融抑制",即压低利率和继续购买政府债券，将导致债券和股票的熊市。这可能最终会发生，但是如果照此操作，会让投资者在很多年里忽视股市和债市可能带来的回报。通过跟踪谁赚了钱，谁没赚到钱，有可能发现赢家和输家的差别。这也是同行交流的好处之一。和经验丰富的交易员谈话，可以了解他们好的做法，有些可以用在你自己的交易中。在与交易员讨论的同时使用倒推的方法解读他们的成功，能帮助你做出有效的交易调整。

> **关键结论**
> 你研究他人的成功做法，就可能保持盈利。

有时候，机会可以通过用独特方式观察市场而得到。例如，聚焦相对表现，即只看一些股票、地区或货币的表现，我们可以形成只关注价格时得不到的观点。新机会可能存在于波动模式以及机构少有关注的股票中。在我写这本书的时候，大市值股票跑输了小市值股票，原因是美元对大型出口商和小型国内企业的影响有所不同。通过多个视角观察市场，可以让我们在一个主题退潮而另一个主题正在兴起时，及时在交易中做出重要的适应性调整。正如我们在下文中会看到的，这是创造力对于适应市场变化至关重要的一个原因。

✤ ✤ ✤

我们很多人研究市场，看看市场上有些什么。但是大部分人并没有以一种严谨的方式做这个研究。当我再回到对冲基金做全职工作时，我发现市场在我离开的这段时间里已经变了。过去可靠的一些短线模式已经不能再带来盈利了，特别是股票的短期回归均值模式。这使我不得不延长研究时间，以便跟踪股市的上下涨跌周期。我的发现和我预期的完全不同：周期持续的时间比过去更长了，而且更多的是依赖注入波动性、相关性和情绪等结构性因素，而不是一个固定的周期。换言之，市场仍表现出周期性，但是没有规律：时间跨度不同，周期也不同。有趣的是，周期阶段的结构上的相似点可以帮我估算我们是处于上涨、筑顶还是下跌或者筑底阶段。只有在看到这个研究结果被实践证实之后，我的交易才从短线过渡到更长线、持有时间更多样化的阶段。搜寻导致了研究，又催生了适应性交易实践。

这是研究的一大好处：可以产生新鲜观点，打开新机会之门。从消费品公司到制药企业，研发都是业务调整的一个重要组成部分。在汽车、智能电话和菜单项目推出之前，它们都经过了深度研究，当着各种公共群体进行了反复测试。研发不能确保成功，但是没有研发几乎肯定不会成功。

研究的另一个重要优点是会激发一些重要动机，不仅推动我们做出改变，还帮助我们维持了变革过程。前面提到的研究，导致我放弃了过去当成摇钱树使用的短线交易，把注意力放在与周期有关的更大的交易点子上。看到新点子奏效的兴奋冲掉了我放弃以前交易方法带来的遗憾。是抓住了机会的感觉激励了企业家们：期待为生活带来愿景。一旦树立了企业家精神，维持这个变革过程就变成了自然而然的事情，因为这项工作本身就能够产生能量。

采取行动并持续下去：识别威胁

识别机会并采取行动，这还不足够。我们还必须避开交易中的威胁。我曾经共事的一位交易员在小微股票上取得了极大成功。他把成功归结为做市算法在这类市场中不是主导性的，这使他更容易看清楚供需状况。他的好运气持续了好几个月，在股市风险下降时期，小微股票市场开始变坏。在牛市，这些股票的投机行动获利不错，而在市场变得更加保守时，这些股票也是最先走差的。显然这威胁到了这位交易员的业绩，而他需要用其他机会取代交易小微股票。

有时候最大的机会也会带来最大的威胁。从最初的蜂巢电话到现在的智能手机，这种转变带来了很大的机会，但也摧毁了一些传统设备制造商。ETF 创造了交易一系列股票板块和资产的低成本方式，但是这些基金也提高了关联度，使得做多/做空投资更有竞争性。我现在跟进的一个趋势是社会化投资。经纪机构比如 Motif Investing，允许投资者购买一篮子股票和 ETF，而只收取一笔零售佣金。这些主题和投资组合被投资者分享，他们的敏锐为他们赢得了声誉和追随者。不难看出这个趋势让一般水平的投资者可以像对冲基金那样操作，构建一个跨越世界不同的地区、不同资产类别和主题的投资组合。这对于个人投资者是一个难得的机遇，但也是传统投资顾问面临的一个挑战。对于我来说，因为能够从智能机器顾问哪里得到可信、大数据处理过的或者标准建议而需要支付更高的费用，这个结论我并不十分赞同。

社会化交易和投资的不断增加造成了我们在交易界已经看到的相互关联度上升的现象。当我头一次在对冲基金工作时，我惊讶地发现，投资组合经理之间相互联系是如此紧密，不只是在机构之间，甚至还跨越了公司和大洲。不管我是与纽约的基金经理说话，还是与在康涅狄格州郊区或伦敦的基金经理说话，同样的研究结果会出现在对话中，而且在投资组合里也出现了同样的头寸。许多业绩最好的交易员彼此之间的关系都是很紧密的，他们之所以能够灵巧地买入或卖出头寸，是因为他们具备理解投资群体的能力。联系不够紧密的交易员，特别是那些岁数大的交易员，在社交圈内没有什么影响力，在一些极端事件发生时，会发现自己也身陷其中。相互联系为部分基金经理提供了机会，却又在一定程度上成了其他人的威胁。例如，有时观点和头寸变得如此集中，以至于当市场出现大量买入和卖出时，跟踪趋势的投资经理很难继续持有头寸。市场波动的加剧，被极端头寸进一步恶化，使得止损和好的入场操作无法执行，在驾驭长期市场趋势时，难以缩小回撤造成的损失。

近年来的另一个市场威胁是积极行动的央行政策造成的巨大波动。一些年来，那些依赖动量和价格延伸做交易的交易员，发现这种交易机会已经消失了。这对于那些想放大头寸的交易者尤其危险。正当他们加大盈利交易头寸时，市场转向了，导致他们的盈利变成亏损。其中一些调整及时的交易者，一些采用不同入场指令的人——大规模入场然后不断减仓，以及那些转移到波动更大的资产的交易者，动量模式有可能还管用。我认识的一位交易员采用VIX作为标尺：当它低于某个水平时，就减少股票指数头寸，寻找一些交易量超过平均水平的个股加仓。

在市场威胁到你的盈利水平时，你会对自己的交易流程做出怎样的调整？你可以考虑的机会有以下几个。

- **新的输入**：新鲜的基本面信息，市场上新的供求信息，有关市场的新奇观点，包括市场趋势变化和主题。
- **可交易的新市场**：在你的交易时间跨度里似乎即将出现具有良好收益的市场、市场板块或者股票。
- **新时间框架和机会时点**：适应市场变化的更长或更短的持有期，找寻机会和执行交易的天数的变化。
- **新策略**：相对交易与定向交易、完全交易；更强调交易波动性与价格方向；均值反转/区间/反转模式交易与动量/趋势/延续模式的交易。

能够改变的有很多（比如在值得跟进和如何交易方面），选择太多了，你该如何选择呢？

❧ ❧ ❧

很多时候，答案可以在你自己的交易中找到。这可以让我们回到聚焦解决方案的框架上。我们很少出现所有时间在各个方面都交易得很糟糕的情况。有时候我们做出的决定更有适应性，另一些时候，我们会做出特别糟糕的决定。仔细收集你亏钱的例子（和你赚钱的例子），将会让你得出自己交易中有关威胁和机会的特别有用的观点。这个方法是让乔意识到加大头寸时亏损的主要原因。当他做中等大小的刷单交易时，他更有可能赚钱。在我们会面之前，这个模式还不清晰：

他之前从没想过要搞清楚他的成功交易背后的模式。

> **关键结论**
> 很多时候，你已经在你的交易里做了适应性改变，只是你没有意识到。

而另一位基金经理交易的成功率很高，而且大多数月份都能盈利。即便如此，他经历的痛苦的回撤还是大幅削减了他的盈利。我不止一次想起神话中的西西弗斯在往山上推一块滚动的大石，每一次石头都滚回原地，而他只能一次次无劳地尝试。当我们检视这位基金经理的交易时，可以明显看出损失发生在市场高波动时期。在那些时点，头寸之间的关联度大幅提高，一个看上去是分散化的投资组合变了。由于那种关联关系，他在市场波动性上升时承担的整体投资风险要比他意识到的更高。通过更小心地监控波动趋势，对组合做出调整，他可以大幅减少损失。

这是一个特别有趣的情景，因为在这位基金经理约谈我时，他认为自己有心理问题。他认为一定是他的心理上出现了问题，导致他不断经历赚钱再亏损的循环。但是从事实角度看，这个问题是逻辑推理问题多于心理问题：亏损是未能识别和适应市场波动和关联性改变的结果。我发现交易员普遍存在这种偏向：他们不是寻找市场威胁根源和适应的方法，而是认为糟糕的业绩必然有心理原因。这种情况可能存在，但是并不常见。假定交易问题是由妨碍我们看清交易并做出必要改变的情绪原因造成的，根据我的经验，这就像糟糕的交易和好的交易都伴随着情绪激动一样平常，尤其是有经验的交易员总是这样。

以我对交易的适应为例，各种盈利和亏损的交易表明，时间是一个关键因素。亏钱的可能性与我的交易频度直接成正比。当我花时间协调市场研究和构建投资组合时，就有更大的可能做出有意义的投资。当我按照市场表现出的情况进行交易时，就忽视了一个更大的背景，不可避免地会损失金钱。看上去是随机的业绩表现，一旦我仔细分析那些盈利和亏损的交易，就会变得非常有意义。在我这个案例里，影响我的业绩表现的情绪因素并没有认知因素那么重要。市场正以更长期的周期运行，如果我不适应这些情况，并将价格及时调整到更长的周期，我很可能会被市场淘汰。

哪里去找寻新方向

很多时候，我们并不清楚市场会这样变化，很难找出适应市场的路径。问卷的最后一部分评估的问题是：你知道在哪里能找到明天的答案吗？

这是同行社交对交易员特别有益的原因。通过社交，我和交易员站在一起讨论，而不是在线闲聊一些无关紧要的事情。当你花时间和交易员待在一起，你会发现他们在寻找什么以及是什么让他们转移了关注点。这可以帮助你对经济数据、央行政策和地缘政治的重要变化变得更敏感。我最近见过一群在对冲基金工作的宏观策略师，本来期望着会有热烈的关于全球货币政策的讨论。但他们的讨论焦点却是石油和大宗商品以及影响价格的因素。他们关注的是美国的通胀和通缩，而不是全球经济。这给我留下了印象，而且启发我对资产之间的相互关系要多留意。

新观点也可以来自阅读相关金融信息。SSRN 是查找各种研究论文的一个特别有用的渠道，所有文章都可以免费下载。近来，我读了一篇 SSRN 刊载的关于动量交易策略的综述。这篇文章建议用一种独特的方法看待动量，这可以用在我自己的交易中。通常在我看到这类点子时，都会用不同时段测试它们，看看能否得到有意义的预测价值。通常没有太多令人激动的结果，但是会有一些新的关系浮现。正是这样的测试让我检验了股票之间的现实波动和隐含波幅，发现了当隐含波幅（期权价格的预期波幅）高于现实波动时的动量交易机会。

广义上讲，有两种来源的优势可以让交易者适应变化的市场，从而打造和再造他们的业务：信息优势和行为优势。信息优势来自获得没有被交易和投资圈广泛传播的信息，而且这种信息带有对相关市场有预测价值的内容。可以获得气候和庄稼长势的卫星信息的交易者在农产品大宗市场上具有信息优势。可以抓住一天之内股票向上和向下跳动点的交易者，要比只会看走势图的交易者更有潜在信息优势。很多时候，信息优势来自构造一个更好的信号捕捉器。当其他人观察腾落线，寻找市场宽度信号时，我跟踪全部美股和在移动均值之上的百分比。后者要比标准指标有更高的敏感度，是信息量更多的指标。

另一种是行为优势。市场参与者的行为模式有迹可循。有可能通过观察这些模式，发现从中获利的机会。猛烈抛售之后通常伴随着持续的上涨；当大部分公众看跌市场和采用守势时，市场经常具备最大的向上潜力。类似地，在市场宽度减少的阶段，人们看涨市场的情绪和股票低波动性，通常会导致不正常的回报。那些在一天时间里把市场波动进行分类的交易者，利用的是市场参与者的行为模式。而事件驱动型交易者可能预期到投资者会对大家一致预期的收益消息发布反应不足，通过短线交易获利。

我们再重复一下本书的核心论点：大多数有经验的交易者由于缺乏纪律或情绪控制而失败。有经验的交易者和有经验的餐馆经营者都因为同样原因失败了——他们延续过去的成功做法，直到那些方法不再管用。采用过去的做法，他们就容易错过身边的机会，忽视面对的威胁。光有当下的优势还是不够的，我们还必须找到未来的优势。这需要勤奋、开放、生产力和创造力。我们能培养这些美德吗？这是本书第二部分的主题。

❧ ❧ ❧

本书建立在 ABCD 主题之上：适应市场（Adapting to changing markets）；打造优势（Building strengths）；力行创新（Cultivating creativity）；发展最佳实践和过程（Developing best practices and processes）。我们已经看到，这对于发展优势和永远保持优势还远远不够。成功的交易者学习如何获得新优势，并将其融入自己的操作中。但是我们如何能持续掌控市场呢？适应需要将未来建立在我们当前成功的基础上。理解我们的优势（天分、技巧、兴趣和业绩出众的原因）对于定义我们的未来，是至关重要的。我们的目标是折中平衡，才能理解和用好不断变化中的市场机制。

| 第 2 章 |

最佳过程 #2：从你的优势出发

> 不要让激情熄灭，用无以替代的火花点耀，尽管迷惘、未知、失落……梦想的国度终将到达，它在那里，不再虚幻，皆有可能，那是属于你的梦想。
>
> ——安·兰德

没落的交易员

多年来，查尔斯一直都算是个成功的交易员。当查尔斯来到新公司上班时，激动得不能自已。在新公司，查尔斯可以运作大量资本，接触到世界级的研究和分析，身边自然不乏睿智且天赋异禀的同事，也享受着支持他交易工作方方面面的服务。查尔斯身边的一切都近乎完美，除了一点：查尔斯挣不到什么钱。

起初，所有人都认为查尔斯适应上的慢热是由于他刚踏上一个崭新的平台。毕竟不同公司的风险管理政策不同，而且学习适应的快慢也与诸多因素有关，譬如，新的软件、新的资源，还有新的同事。因此在头几个月，人们也没有为查尔斯的业绩平平而担忧。然而情况越来越糟。时间持续到一年，但查尔斯的业绩依然没有提高。这样一来，没有人再认为这是查尔斯适应太慢的问题，大家都私底下认为，这颗昔日的投资明星正在陨落。

查尔斯费尽心思想要止损，而且不敢冒太大的风险，由于业绩一直不佳，他也从未明显提高自己的风险偏好。因此，他并没有被失败一下子打倒，只是在慢慢榨干他的资本，他投资的成功率也落到了历史的最低点。这段时间，查尔斯的投资想法要么没能实施，要么就干脆是错的。他对风险越来越敏感，成功率也越来越低。在查尔斯伺机进入市场之前，他已经错过了好时机，没有在走势变平甚至回撤时买入，最终只好"忍痛"减持。

然而，最让查尔斯困惑的是，他并没有觉得自己现在所做的，跟之前自己大量赚钱时所做的有什么不一样，他还是在用原来的方式分析市场，用原来的方法构思交易策略，因此，看起来让他分心的，并不是这个新环境。其实，查尔斯一直在选择性地使用和利用他的资源以及同事，从而不会使他的分析方法一下子突然失灵。查尔斯仿佛在刚进入新公司时就彻底失去了方向，也丢掉了赚钱的本事。

渐渐地，查尔斯开始怀疑自己是不是有心理问题。他深深怀疑自己是不是在这家更大的公司里反而害怕成功，他也没有觉得做过什么妨害自己的事。但他一个老同事的一句话深深印在了他心里。当查尔斯在跟他讲述一次交易时，他却说："你怎么会做这种水平的交易，这可不像我认识的你！"

会不会是，查尔斯改变了许多，而他自己却意识不到？

这也是我们第一次会面时他带来的问题。

※ ※ ※

心理学界正在开展一场有关**积极心理学**的革命。积极心理学早期灵感的形成归功于当时各派理论家：从主修精神分析和创造力分析的卡尔·荣格，到因其有关自我实现的研究而盛极一时的亚伯拉罕·马斯洛。从那时起，人类心理学中有关"积极"方面的讨论，也慢慢建立在了深度研究之上。迪安·西蒙顿、埃德·迪耶内、米哈伊·西卡森特米哈伊、马丁·塞利格曼等心理学家的研究，渐渐使得积极心理学成为一个成熟的分支学科。

那么积极心理学究竟是什么呢？广义来讲，它是用来探究与解释人类积极心理体验的一门学科，譬如幸福感、生活满意度、健康、人际关系、高效工作、创造力甚至灵性等。积极心理学家们认为，我们不应该简单地将正面心理体验看作矛盾解决的产物，而是，我们每个人都有能力，有资格，来成就我们的人生。因此，积极心理学家研究幸福感与成功的人际关系；研究杰出的创造力天才；研究有着高度主观幸福感的人。这方方面面，让我们能够掌握提升生活幸福感的各种方法。以往那种需要与心理医生会面来解决自己问题的模式已经完全改变了。新兴的积极心理学家将凭借对积极性的研究与实践，为平凡大众找到他们实现不平凡人生的方法。

心理学家们开始主动修正对人们面对的种种问题的看法。或许我们还做不到，倒不是因为我们自身的不足，**而是因为还没有认识到自己的长处，没有好好利用上帝赋予我们每个人的最大的财富。**如果人们问题的根源是积极体验太少，而不是消极体验太多，则心理学并不能很好地帮助我们改变现状，而只是在我们已高度自我实现的基础上，变得更好一些。

我是在锡拉丘兹医学院做顾问工作时，了解到积极心理学这一概念的。大家可能猜到了，那里的学生睿智、上进，解决着人们的高级需求。当时我见到的学生里，足足有一半选择这个课程只是尝试着缓解工作压力，也试着解决工作压力对他们个人生活带来的影响。印象尤其深的是一个大一学生，他聪明，有条理，渴望成功，而且作为一个本科生，他的专业课成绩可以说是相当优秀了。而在他开始上大学一年级的时候，还担心拿不到好成绩。这有点像查尔斯，环境变了，表现差了。

这位学生的担心是因为他被确定为有学习障碍，他其实可以很好地处理口头表达，但在诵读方面就障碍重重。这样的问题在大学里并不稀奇，之前他在家的时候，会让别人把他要学习的材料读给他听，此外，他还可以利用独特的教育资源——一家特殊的教育机构，向他提供有声读物和一系列的支持。不过当他来到医学院就读的时候，这方面资源变得十分有限。很多医学专业书籍并没有配有声版本，何况在学校，也很难找到一个可以读书给他听的人。当他来找我的时候，已经是他的备考阶段，而且他也十分害怕会出现考试挂科。

通常我对人们的大多数问题或障碍都是见怪不怪的，但他的障碍有所不同。我确实可以帮他找到更多资源，但不确定这些是否足以帮他应付接下来在医学院两年的阅读任务。不过，他一直有着十分积极的态度，有时我甚至都不觉得他存在什么心理问题。然而，当时来到我面前的他其实处于一个无法发挥自身优势的环境中，并且一想到重要科目的结业考试，他就紧张不安。

既然没有什么其他办法，我便建议用朗读的方式和他一起把他的阅读材料复习一遍。他拿出了书和笔记，而且，他之前一直在使用一个特殊的笔记服务。我开始一章一章地把书念给他听，让我惊讶的是，他不仅专注地听我读完，回答了我的问题，还针对内容提出了不少好问题。就在我大声读出来的同时，他便快速熟悉对应的内容，大多时候，他可以在我读完之前，就把我读给他的概念说出来。不过有一点我不理解：不少人都拥有图像记忆能力，但这个学生拥有的是声音记忆力，他可以记住任何听到的信息。对于阅读能力薄弱的他，上帝也赋予了他超乎常人的听觉记忆力。假使他只能通过阅读来学习，那他无疑是个差学生，然而捕捉声音信息能力如此强的他，在学生中是独一无二的。如果一定说他有什么障碍的话，我想这话是有些过分的，他只是拥有不同于常人的能力。他就像我失明的斑点猫玛丽，这只猫看不到任何东西，但它拥有惊人的味觉、触觉以及方向感。

关键结论

对于那些我们认为存在的能力问题，或许只是因为我们没能好好发掘，找到我们真正的长处。

这个学生最终成功通过了考试，我和他的父母，还有学校，一起雇了一些

可以为他朗读阅读材料的人。为此，我特地联系了学生会，并成立了一个学习小组，结果收到许多回应，效果十分理想。这个小组是学生们相互检测、相互学习、获取即时信息的平台。没过多久，他就成为小组里不可或缺的一员，并在第二学年的尾声，获得了不少荣誉。一旦他可以在病房、诊所、医院这类地方用观察、尝试和讨论的方式进行学习，他就摇身变成了一个优秀学生。

只要他学会了利用自己的长处，成功对他来说就很简单。否则，他将寸步难行。

✤ ✤ ✤

在我和查尔斯见面的时候，我已经和医学院学生有着长达19年的接触，与交易员们也交往数年。在那段时间里，我学到了非常重要的一点：认知技能的重要性并不亚于人格特质和能力。正如我们在医学院学生身上看到的，人们会以相当不同的方式处理信息。他们的认知能力也有所区别，有些交易员直觉惊人，有些则可以敏锐地做出分析。我曾与投资组合经理一起工作，他们有不同寻常的解读市场模式的能力，还有一些人有一种不可思议的能力，可以借助信息勾画出宏观全局。我们在市场中交易的方式与我们的思维方式密切相关。而且，**通常情况下，交易问题的出现，是没能好好利用我们的图形认知优势的结果。**

当查尔斯来到他的新公司时，他被聘为独立基金经理。在他以前工作的地方，他有一个能深入研究他想法和点子的团队（包括助手）。尽管查尔斯能够独自完成那些研究，但团队成员的缺席意味着他只好相对孤立地工作。查尔斯一直认为，想法的产生与实施，一直都是一个需要团队协作的差事。现在倒变成他自己的任务了。

我逐渐意识到，对查尔斯来说，他现在的糟糕境况就像当年我那个有诵读障碍的学生刚进入大学一样。查尔斯不仅外向，而且擅长识人，有着不俗的情商。就像我的那个医学院学生一样，查尔斯懂得融会贯通地处理信息。不仅如此，他从与自己的对话中受益，也从别人的反馈中进步。当他利用自身这些认知优势时，创意的产生是一个同样的过程。交易策略总是在互动和交流中产生。在他的新环境中，他是被孤立的。只存在十分有限的交流。没有一个充满交流和互动的工作环境作为支撑，查尔斯就无法发掘出最具价值的交易策略。

当我们探讨这个观点时，我们也意识到，市场中因人与人之间交流而产生的暗示，对查尔斯择时来说至关重要。他能察觉到其他交易员的头寸遭受损失而准备止损退出，他还能挖掘到那些将会成为共识的投资主题，并提前进场。我有一个很擅长玩扑克牌的朋友，但他无法称霸在线扑克游戏。有一回他解释说，他玩牌的优势在于，他可以分析身边玩家的表情和说辞，用以预测他们的决策。然而玩在线游戏时，其他玩家无法透露给他太多信息，因此，他只能眼睁睁地看着自己手里的牌，毫无优势可言。他很像那些由于做市操作越来越电子化而只能坐在电脑前的初级交易员，其实，交易所的景象和声音能给交易员提供重要信息，例如交易量和头寸；相反，只坐在屏幕前而接受不到这些信息，交易员自然会失去对市场的感觉。

查尔斯可以像洞察人那样洞察市场。他喜欢观察交易员们的反应，还通过与研究员和助手交流，明晰他们的想法。可以说，如果缺少了这样一个团队，查尔斯在工作上就会变得十分吃力，他不能凭一己之力想出那么多有价值的交易策略。换句话说，在相对孤立的工作条件下，查尔斯只能是一个再普通不过的交易员。相反，如果查尔斯身处一个充满活力的工作团队之中，他便可以轻松洞察市场走势。当把精力投入到团队建设的时候，查尔斯的热情又回来了。有些时候其实只是需要在他的新公司里找到合适的人选。他雇用了一名助手，这就是一个很大的进步，这个助手能够帮助他和卖方研究员进行对话。随着他以往认知能力的回归，他的业绩表现提高了，在交易中又重新得到了快乐。

为何你的优势是表现好坏的关键

查尔斯的经历中有一个重要的教训：交易中出现的各种各样的问题，并不都是纪律缺失或是情绪失控的结果。然而，当交易者改变了他们的环境或者策略时，或许会一下子失去以往支撑他们成功的优势。同样，交易员在自身能力衰退期间做出的改变，会使自己离原本的优势越来越远，从而让情况变得更糟。

这类问题的一个常见例子就是，那些试图改变某股票持有期的交易员，有些时候只是因为他们的生活环境变了，需要着眼于其他更重要的事，让他们变得无法再像以前那样随时盯盘。还有些时候，持有期的改变是由于希望从更长期的市场变化中获得回报。通常情况下，投资时间跨度的转换是一种可怕的代价。

为什么是这样呢？

我们来看一个比较极端的例子。"**抢帽子交易者**"（scalper），他们在几分钟甚至几秒钟内完成交易。典型的"抢帽子交易者"从交易委托单中获取线索，从屏幕上观察市场深度的快速改变，这其实显示了市场供需在关键价格水平上的变化。这也是模式识别的本质，是一种快速解读瞬息万变的市场并果断行动的能力。

现在再看看投资者。投资者通常会对市场和行业进行深入研究，确定宏观经济趋势，从而初步给特定的股票一个有说服力的估值。我曾经的一些同事说，他们简直就是侦探：大部分时间都用来收集企业各方面的信息，然后得出对相应股票的估值。看到了吧，这套技巧完全不同于认知技能：后者更模糊，更感性；而前者更精确，有大量的分析和推理作为基础。

相反，当投资者准备缩短时间，他们会加速思考，同时减少推理所用时间，这是他们的强项。我至今还可以生动地回忆起，当时在一家对冲基金与一位十分优秀的宏观交易员工作的那段时间。她有着卓越的业绩。她还曾经把自己写的研究报告与我分享。后来，她到了一家新公司，那里的风险控制把关相当严格，就算一名交易员仅亏掉了几个百分点，公司也将大幅减少他在交易中可承受的风险资金额。这一点，对这位曾经十分优秀的宏观交易员来说则意味着，即便她继续执行富有远见的交易策略，也不得不考虑公司的规定，努力回避和防范价格下跌。然而，喜怒无常的市场行情让她在股价处于低位时不得不放弃原来的策略，从而导致她的挫败感不断上升。她的独特之处在于有优于常人的市场研究能力。

可当她不得不一直关注市场走势、支撑位和阻力位以及短期损益时，交易的过程就变得令她沮丧，因为**这些工作不会给她带来发自内心的成就感**。这种情况下，她能做的就是通过缩小头寸，扩大止损区间，并利用期权头寸保住长期优势。

> **关键结论**
> 人们往往在能发挥自身优势时最容易找到成就感。

我从与这位基金经理合作的过程中学到了一点：能不能发挥优势，对表现好坏是至关重要的。因为优势能挖掘出我们的动机，激发我们的积极性。篮球一直是我的爱好，我认为，流畅的动作，个人能力与团队协作的结合，战术与临场反应的融合，使篮球变得如此有吸引力。保龄球和田径运动，我也觉得很有趣，但我并没有兴趣在这类运动中做到那么好，可以说我在这类运动面前也没有什么优势和天赋可言。但在篮球比赛中，我可以自发地判断对手要往左还是往右，自发地寻找反击机会。可能我在某种运动中表现平平，在另一种运动中却会表现突出。

当一个交易员失去对市场的激情，业绩也在变差时，通常原因是，他们改变了交易模式，改变了处理市场信息的方法，换句话说，他们很可能失去了那些以往让他们成功的优势，开始因为一次股价下跌而沮丧。或许在这种境况下，我们应该尽力利用自身最大的优势，在市场中寻求新的机会，让自己重新开始。

※ ※ ※

一旦我们领会了自身优势对于业绩表现的重要性，我们就能明白为什么那么多交易员培训是不符合标准的。很多时候，交易员培训课程只是聚焦于诸如分析走势图之类的技巧。学生们会学到一些固定的方法、模型，并以此为依据进行实践。或者直接是那种手把手地教学：一个有经验的交易员或者基金经理会在电脑桌前向新来的交易员演示一些所谓不错的交易方法。上述这些方法或许会带来理想的效果，但前提是，通过这类渠道传授的方法要与学生自身的优势相匹配才可以。不巧的是，大部分时候这个前提并不成立。因此，这一情况通常是导致交易员高失误率的原因。

我们现在拿交易员培训与医学院学生做个比较。医学院学生在开始临床实践之前，要花大量时间来学习基础理论知识。接触病人的工作是以轮岗的方式开始的，学生会在内科、放射科、精神科、手术外科等专业部门轮流体验。在轮岗过程中，学生能看到实习医生和导师是如何工作，共同完成照顾病人的日常任务。轮岗结束时，学生们会自然而然地意识到自己对哪些专业方向有兴趣，对哪些没有兴趣。原因在于，人们的兴趣和优势能够在实践中得到应用，而学生们恰好经历了这样的一个过程。比如，擅长人际交往或是对人际交往感兴趣的学生，往往会选择家庭医学科或精神科就职；而热衷于专业技术技巧的学生，则一般会选择放射科或是手术科。此外，兴趣广泛的学生会对综合性较强的基础医疗有兴趣；而兴趣集中的学生则会选择专业性较强的某个子方向。医学教育中一个很重要的部分是，我们鼓励学生发现自己的长处，挖掘自己的兴趣，再去寻找一个可以发挥和利用这些优势的领域。

不妨试想一个以经济学、货币学、交易原理等为基础的交易员培训，也实行这样的轮岗：让学生们分别体验货币业务、固定收益业务、股权业务、期权业务、短线交易、长线投资、跨期套利、量化交易、混合型交易、全权交易、做市业务、国际市场交易等。在尝试了这么多业务类型之后，交易员学生就像那些医学院的学生一样，会意识到自己对哪个领域真正有兴趣。比如那些分析能力强的学生会选择做量化交易、期权业务、跨期套利等；那些有着强大直觉的学生会选择做市或是短线交易。有些学生会对特定的市场类型或是资产类型感兴趣；另一些则喜欢研究宏观经济。这种教育模式的成功，使得学生们得以有机会选择投身那些最容易让自己走向成功的领域。

若是没有这些良好的培训项目，那些交易新手怕是只能像无头苍蝇一样自学了。很多交易员在找到真正适合自己的领域之前，就已经把资本挥霍一光；很多又在成功之前因为挫败感而选择了放弃。你能想象一个医学学生通过阅读和离线网课来学习临床医疗吗？奇怪的是，我们在基础设施同样稀缺的情况下，对具有高度挑战性且竞争如此激烈的金融市场却有着同样的要求。

雪上加霜的是，当不断进步中的交易员发现，自己所受的教育并不能让自己驾驭全球市场时，就会有一群"交易教练"出现，准备让交易员们相信，是情绪方面的原因导致了他们的失败。如果他们只是坚持使用自己学到的那些技巧，并克制自己的恐惧和贪婪，他们也能获得世界级基金经理的投资回报。毕竟，交易是一种心理游戏，如果我们认清了自己，我们就能掌握市场。

我实在难以掩盖对这种行为的鄙视，那些手无缚鸡之力的市场参与者在被榨干，那些人打着交易的旗号宣传他们廉价的课程，一旦不成，还把责任推到学生身上，而学生们只是在死板地学习那些并不正统的技巧，又怎么容易成功呢？之前，一家知名教育机构请我去参加他们的交易研讨会，我仔细留意过那个项目，发现讲课的人就是几个只能靠讲课来维持生计的交易员，毫无疑问，他们以前是失败的。他们的课程包括一些技术分析专题，然而这些全部都能在任何一本基础教材中找到。我实在不觉得这是那种真正能让学生成功的课程。

交易就像下棋和做手术，是要靠心理取胜的。一旦我们掌握了基本知识，明白了基本技巧，表现好坏的关键就在于我们的精神状态。我们总不能愚蠢到把这种心理游戏教给那些初学者，还骗他们说你们能达到世界级水平吧。在市场交易这个领域，追求进步的道路上，最重要的无非就是去研究各种各样的市场和交易模式，尝试各种各样的交易风格，还有，要追随你的优势和兴趣。在这样的心理游戏中，取胜的最好办法是，让你的长处与你所做的事情相结合。你的优势所在往往能告诉你，如何来完成成功的交易。

细心寻找不易察觉的优势

很多时候，只需要一小步，我们就可以抓住自己的优势并利用它。还记不记得，我当时连日常锻炼计划都坚持不下来的时候，是怎么解决的：我只是打开了健身区的门，让我的小猫们跑进来和我一起运动。我通常都是一大早下楼做运动，这个时候家中也往往只有我自己已经起了床。继而问候一下我的猫，喂好它们，我就开始锻炼了，我的猫也会在身边陪着我。当陪我健身慢慢变成了它们的日常活动后，娜奥米和米娅吃完东西就会跑到楼下门前等我开始健身。这样一来，坚持健身计划对我来说，就变得容易且有趣多了。心理带给我的力量（顾及他人的感受）是由猫咪带来的，强化了我的锻炼习惯。我并没有用什么高深复杂的心理学技巧迫使自己坚持锻炼，我只是把一件简单的事赋予了陪伴和同情，让自己在其中变得不再孤单。

　　这本书的开头我写得很慢。主要是由于当时还有不少工作缠身。后来，我决定改变自己的工作方式，不再到常去的咖啡馆和美食街写作，而是把地点改在了自己的房间里。通常来讲，在自己房间里写作往往会让我分心，可能连小猫都会打扰到我。但我这么做，是为了能听收音机，放我喜欢的音乐等。许多年前我曾意识到，在我周围有较多外界刺激的时候，我可以达到最高的工作效率。在我上大学的那段时间，我大多数时间都是在咖啡馆这类公共场合里学习，很少在自己家里。而且我深知，如果我放的是我不喜欢的音乐，结果就会适得其反。快节奏的电子音乐能提升我的工作效率，不过奇怪的是，身处这样的音乐中，我反而能平静许多。比如，就在本书写到这里的时候，我放的是一首非常对我胃口的电音歌曲，也是 Pandora 的新歌，我因此变得注意力十分集中，充满斗志。这些我喜爱的音乐，益于我的创作。

　　我有个同事也喜欢在工作的时候听音乐，当然了，这也是我十分敬佩的一个人。然而与我不同的是，他是戴上耳机听，而且听的大都是古典音乐和令人放松的轻音乐。不过他工作时听音乐的目的与我完全相反，他希望通过音乐远离世界的嘈杂；而我想通过音乐寻求外界的刺激。他的长处是工作时足够专注；我的长处是汇集各方面信息来想出好点子。他工作时不太会分心；而我工作时不太会感到厌倦。这两个例子说明，你的工作效率会在很大程度上受到外界条件改变的影响（尤其当这个改变恰巧激发了你的优势时）。

> **关键结论**
> 当外界环境与我们的优势相协调的时候，会催生我们的最佳表现。

就像之前查尔斯的那个例子，环境变了，查尔斯的表现也大不如前。我们每个人都有一种情感或是认知上的优势，致使我们可以对环境变化做出较大的反应。学会长期在有利于自己的环境下工作，会让我们工作起来更有干劲，也更加享受工作，从而在事业中取得更多成就。从查尔斯开始雇一名助手的那一刻起，他就已经可以实现巨大转变，这并不是因为那名助手能帮他多大的忙，而是因为查尔斯通过开启交际之门，激发了自身处理信息方面的优势。

或许，亲密关系是可以用来激发我们优势最重要的一个方面了。比如我自己：在稳定的情绪中的状态是最佳的，任何变数或动荡都会使我分心。换句话说，只要我的情绪相对稳定，我就可以保持对事物强烈的兴趣和好奇。如果我处于一段不稳定的恋情或不稳定的家庭关系中，我的状态就会变得非常差。其他人对这种关系的反应可能与我不同。在适合我的环境中，我可以独立工作很长一段时间；其他人可能反而会厌恶孤独，要去寻求外界刺激。之前我做交易工作时有一个同事，他天天花大量时间跟其他交易员聊天，我一般听不了几分钟就溜走了。然而，与人聊天对他来说，或许就像我听音乐，对于他有着刺激或鼓舞的作用。在交际环境下，他的工作状态是最好的。

创造一个有利于我们状态和表现的环境，并不是那么容易。然而，如果我们意识不到那些可以驱动我们能力的优势，我们就会常常处于那种无法激发优势的环境中。**我们必须认清自己，从而不断找到属于我们的优势。**

你都有哪些优势

随着积极心理学的发展，人们在理解构成人格的不同优势方面，取得了长足的进步。让我们来看两项关于个人优势的深入调查，看看它们对交易有什么样的意义。

第一项调查出自于 Buckingham 和 Clifton 在 2001 年合著的一本书：《现在，发现你的优势》（*Now, Discover Your Strength*）。以盖洛普的研究为基础，他们两人列出了通过在线工具选出的 34 种优势，称作"优势发现者"（StrengthsFinder）。这项调查十分有用的原因是，它给我们提供了那些互相之间相辅相成的优势。以下就是两位作者给出的 34 种优势。

（1）**成就者**——成就感强的人大都精力充沛，锲而不舍。

（2）**行动者**——行动力强的人能够将想法付诸行动。

（3）**适应能力**——适应力强的人活在当下，接受现实。

（4）**分析**——分析能力强的人喜欢探究事物的来龙去脉。

（5）**统筹者**——统筹力强的人兼具组织能力及确保组织成功的灵活性。

（6）**信仰**——有强烈信仰的人必定拥有某种经久不变的核心价值观，并由此形成明确的生活目标。

（7）**统率**——统率力强的人有大将风度，他们运筹帷幄，指挥若定。

（8）**沟通**——沟通能力强的人善于将想法付诸言辞，他们是极佳的交谈者和生动的讲解者。

（9）**竞争**——竞争性强的人参照他人的表现来衡量自身的进步，他们力争第一。

（10）**关联**——关联能力较强的人深信世间万物都彼此关联，没有巧合，凡事必有成因。

（11）**联想**——善于联想的人会把事件放在一个更大的范围去思考。

（12）**审慎**——审慎的人每做一个决定都慎之又慎，并设想所有的困难。

（13）**伯乐**——他们善于赏识并发掘他人的潜能。

（14）**纪律**——纪律性强的人做事井然有序，有章有法。

（15）**体谅**——他们能够设身处地地体会他人的情感。

（16）**公平**——公平心强的人深知应平等待人。

（17）**专注**——专注力强的人能够确定方向，贯彻始终，及时调整，矢志不渝。

（18）**前瞻**——他们用对未来的憧憬激励周围的人。

（19）**和谐**——注重和谐的人渴求协调一致。

（20）**理念**——他们痴迷于各种理念，能够从貌似毫无关联的现象中找出其相互联系。

（21）**包容**——包容力强的人善于接纳人。他们关心那些被忽略的人，并让他们融入集体。

（22）**个性化**——他们善于琢磨如何将个性迥异的人组合在一起，创造出最大成效。

（23）**搜集**——他们通常喜欢搜集，整理各种各样的信息。

（24）**思维**——思维能力较强的人最大的特点是善于思考。他们勤于自省，敏于探讨。

（25）**学习**——学习能力强的人有旺盛的求知欲，渴望不断提高自我。

（26）**完美**——追求完美的人专注于激励个人和团体追求卓越。

（27）**积极**——积极的人浑身充满了富有感染力的热情，他们用快乐，向上来感召周围的人。

（28）**交往**——交往能力强的人喜欢亲密的人际关系。

（29）**责任**——责任心强的人言必有信。

（30）**排难**——排除故障的行家善于发现问题并解决问题。

（31）**自信**——自信心强的人对自身能力充满信心，他们有自己的处事准则，做决定时成竹在胸。

（32）**追求**——有追求的人希望在别人眼中非同凡响。

（33）**战略**——针对不同的方案，他们能迅速找出相关的模式及结果。

（34）**取悦**——善于取悦的人喜欢结交新朋友并博取其欢心。

以上这些已经涵盖很多了。我们每个人都拥有其中的若干个优势，因此，找到自己标志性的优势或许没那么容易。

自我评估练习

让我们通过下面这个小练习，来找到最能够激发我们热情、提高我们业绩表现的那项优势。

写下你生活中遇到过最有意义、最充实的十次经历。可以是工作经历、学术经历、情感经历或是一次单独的经历，要点在于，这些经历对你来说必须是令人愉快、重要或者成功的，而且最好至今都令你难以忘怀。其中可能有一些发生在你的童年，或者你刚刚成年的那段时间；另一些可能就是最近发生的事情。静下心来，详细描述一下这些令人愉快的经历。最好先写完它们，再继续读下去。

写完之后，你需要回顾一下上面列出的 34 种优势，并从中为你每个列出的经历找出最匹配的 3 种优势。当然，每种经历相对应的优势或特质可能不止 3 种，但还是尽量找出最贴近的那 3 个。这样一来，你就通过这些经历得到了 30 个属于自己的特质，其中可能不可避免地会有重复。

请在完成以上任务后再往下读。

我举个例子：我写下来的经历之一是，我曾经领养过两个小孩。那是一次私人领养，手续烦琐。可以说，完成这件事涉及多种特质。首先一点就是统筹能力，我需要通过协调并解决复杂的现实问题和法律问题，使领养得以成功进行。其次则是积极的心态，那次领养就像是一个克服万难的过程，不仅如此，我还努力让幸福在我们和孩子之间传递。再就是责任，我们很快意识到，我们在领养中承担着巨大的家庭责任，而且我们认为这是一个充满挑战、意义非凡的过程，并不是难以克服的。

如果要我再说一段经历的话，我会说，我作为心理医生的时候也取得过一定的成功。在我当医生的那段时间，我可以在很大程度上改变病人的生活。在我向病人提供建议的过程中，也需要一定的统筹能力来解决复杂的生活问题，同样，积极的心态与责任心也不可或缺。还有一次，我准备了上好的啤酒，召集了几个基金经理一起讨论金融市场的表现，在这里，统筹、积极与责任再次现身。

不同的经历自然会体现人们不同的特质。最令我自己满意的一次经历，应该是我创作并出版我的第一本关于交易的书。这件事中体现出的特质有三个：专注、理念和追求。写这本书的时候，我确实有很多想法。从2006年起，我每天都在TraderFeed博客上创作，支撑我的，恰恰也是上边的这三种特质。当年支撑着我作为心理教练工作的也是它们。

> **关键结论**
> 将你的普通经历和那些最美妙的经历区分开的是你能够发挥自己的特长。

就像刚才我的例子一样，在写下的十个经历中，我们会从中挑出那些重复出现的特质。属于你自己的真正珍贵的特质会出现在你的很多经历中。在我写出的巅峰经历中，重复出现的有：积极，理念，追求，学习，思维，专注，责任，沟通，还有成就感。看一看你写下的最佳经历中最常出现的优势，这些很可能都是让你处于最好状态的关键因素。

关键在于，如果你可以把那些带给你美好经历的特质运用到交易工作中去，那么你将十分容易成功。成功的交易员通常对市场很有热情，这是事实，但也很少有人能解释他们那些热情是从何而来。优秀交易员对市场固然有热情，因为，市场能恰恰激发出他们身上的标志性优势。

你的优势之间是如何相互作用来带给你成功经历的

看起来，列表中的各项特质是孤立存在的。然而事实并非如此，各个优势之间相互作用，相互协调，才造就了独一无二的我们。大多时候，我们最重要的能力正是通过若干优势相互协同而形成的。

举个例子：理念、学习和积极心态组合在一起，支持着我这本书的创作。它们甚至在我训练交易员时也发挥了重要作用。在关于"我是谁"的思考中，一个核心方面是渴望学习新事物，发现新想法，并将其加以运用来改善人们的生活。我收养过孩子，也拯救过许多流浪猫，我开始指导那些年轻、刚上路的交易员，这些并不是巧合。责任心和积极性是以上这些经历的核心。虽然我的理念是我的优势和力量，但我永远无法成为那种纯粹的学者。如果在生活中，不仅能想出点子，而且能积极地加以应用，会使我非常兴奋。同样，市场让我兴奋的，不仅是可以赚钱，而是看着自己的点子和策略在一个具有挑战性、充满竞争的环境中得以成功应用。

现在回到刚才那个练习，留意一下涉及你的那些特质在你的经历中是如何相互组合的。可以说，如果你能成功辨别出一组，那其余的也就不难分辨了。**如果某组特质一直重复出现，那么极大程度上，这个组合将能够决定你的状态。**以下是几个我在其他交易员身上发现的优势组合：

- **审慎，纪律**——一种制订计划并忠于计划的能力。
- **适应，学习**——一种让交易员适应变化的市场的能力。
- **分析，战略**——一种依据研究结果采取行动的能力。
- **专注，执行**——一种设定目标并果断执行的能力。
- **沟通，交往**——一种为实现集体目标而同舟共济的能力。

当然了，一个组合也可以包含三种以上特质。我认识几个十分出色的交易员，他们同时有着先进的理念以及强大的学习、思考和分析能力。他们借助对市场深入而广泛的分析来产生交易策略。我也认识一些有着过人自信和统帅力，善于取悦他人的完美主义者。他们都曾是公司里成功的团队领导者。**看，你的优势所在将在很大程度上决定你的交易方式：**学习和分析能力强的交易员通常有比较深的研究背景；领导力较强的交易员往往是团队创建者。

现在回想一下，你大概花了多长时间为你写下的经历选出对应的特质，并评估一下整个测试对你的难度。如果你花了较长时间来描述你的经历、找出对应的特质，那说明你还不是那么清楚自己的优势所在。但别紧张，这种现象可以说是非常普遍的。当交易员在工作中遇到麻烦时，他们往往会先集中精力解决问题，从而不再有精力关注和思考自己的优势。这种现象其实在很多关于交易的杂志中都有体现，里边许多文章都是在讲述交易员遇到的问题和碰到的麻烦，只有少量文章会分析交易员们的优势，并讨论如何把这些运用到交易中去。不像各类文章中常常出现的那些失败案例，对于顺利、成功的交易，人们倒觉得没必要花太多笔墨写出来。就像之前提到的，在困境中，人们总是先聚焦于问题出在哪里，而不是如何解决。

长此以往，我们就会慢慢丢掉那些引领我们成功的关键。

蒂娜是名好学的年轻交易员，对市场研究有着浓厚的兴趣。为此，她读了不少相关书籍，也上过一些网课。而且她学的大部分都是有关日内短线交易的内容。她努力工作，并在模拟交易中显露出不错的天赋，就这样，她开始了作为交易员的生活。她的投资回报时好时坏，没有赔掉很多，也没有赚到很多。不过奇怪的是，她在渐渐失去对交易的兴趣，而且，她曾不止一次地将自己的交易工作放在一边，只是在好奇心重返时才再次投入工作之中。看起来，蒂娜只是喜欢想出交易策略的过程，而不是喜欢交易工作本身。后来，她便找到我求助。

我与她见面时，我发现她是一个颇有风度的人，而且对市场有着强烈的好奇心。她随即问了我一些关于市场的问题，还问我，要成为成功的交易员需要具备哪些特质。奇怪的是，她对自己的现状倒是没说几句。但当我让她说说她自己的情况时，她竟然一直在说她的丈夫和孩子，包括她工作生活中的挑战，她回到家要做什么，还有她对交易工作的兴趣等。

通常在我第一次与某人见面时，我不仅关注他谈话的内容，也十分关注他讲话的方式。在蒂娜这个例子中，我惊奇地发现当她说起她的家庭时，语速变得很快,情绪也变得激动起来。可以确定的是,她很享受当妻子和妈妈的感觉,在她丈夫的配合下,也能把孩子学校里和学习上的事务协调好。提到孩子,她也无比自豪,她的两个小孩不仅成绩优秀,而且在几个体育运动中也特别出众。反而提到工作时,她并不太兴奋。

就像我们之前提到的,人际交往无疑是蒂娜的优势。在我早先介绍的 34 种特质模型中,对她来说,必定会在交往、伯乐、体谅、联想这几个方面表现不俗。她也有其他特质,但那些或许都是造成她语气激动的原因,那么她的哪些优势在交易工作中得以展现了呢?

并没有。

问题在于,她的交易工作占据了她白天大部分的时间,使她没有足够的时间来照顾孩子和家庭。她上班的时段,基本上也是孩子们上学的时间。这样一来,留给交易准备工作的时间就只剩下清早和傍晚,她做交易的时间越长,就越觉得离给自己带来快乐的家庭越远,不仅如此,当她无法合理安排自己的时间时,会感到十分沮丧。然而,她的丈夫十分随和,也一直支持她的交易工作,但问题是,对蒂娜来说,那种孩子回到家给她带来的喜悦,是无法在交易工作中找到的。

后面我们会探讨那些作为弱点的特质。当蒂娜开始尝试运用期权结构进行长期投资后,她的处境开始发生改变。这是一个可以让她持有一个头寸长达数周的低风险策略,这样一来,她就不再需要花大量时间去对冲或是调整头寸。她还可以利用周末时间将她的研究结果和交易策略加以实践,随着工作时间变长,她对市场的感觉也越来越好,而且没有影响到她的正常生活。此外,随着蒂娜放慢工作节奏,她有了更多时间与她的同事交际,互相指导,共同进步,这也不正是她的优势所在吗?

> **关键结论**
>
> 当工作真正融入你的生活时,你才更容易成功;反之,如果你用生活去迎合工作,会适得其反。

通过分析蒂娜的处境，我们学到，**不要让工作来解决我们的全部需求；或者至少不要因为工作，让我们失落、沮丧，甚至丧失我们的优势，交易工作也是这样**。蒂娜在整个过程中遇到的一个陷阱是，她由于思维定式而误认为要做好交易工作，就要把它当作自己最大的兴趣。她最终也意识到，不是非要对一件事喜欢得走火入魔才能成功。蒂娜选择退后一步，做长线投资，并使用期权来对冲风险，她也借此在不失去自我的前提下，持久、富有热情地继续着她的工作。

哪些优势是你没有的

现在让我们回到你为那十个经历写出的 30 项特质。完整回顾一遍列出的 34 项特质，再找出那些**没有**被你选为优势的几项。往往你没有的这些优势对你也很关键。

当然，某种不属于你的优势或能力也不会算作你的缺点，反而是这些你暂时没有的能力指出了你进步的方向。比如，我写出的十段经历中，没有任何一个能彰显公平、和谐、包容等特质。但我估计如果你去问那些了解我的朋友，他们倒会说我不缺少这些特质。同样，即便我没有写下取悦和统帅这两项特质，我也完全可以在某些情况下领导或说服别人，问题是这两项特质并不是我的主要优势所在，因而很难对我的成功提供助力。我在交际中反而一直都倾向于寻找那些有着公平、和谐、包容这类特质的人。与这样的人相处，自己也慢慢拥有了这些优点。工作中也是一样，我喜欢融入那群擅长取悦他人，有统帅力的同事中，从而进行自我完善。

当我们难以抓住自身的优势时，我们会丧失动力，从而导致业绩表现下滑。当你经历失败、遇到挫折时，可以尝试着以一个你敬佩的人作为榜样，多年来我都是这样做的。我的理论基础较为扎实，但我在交易中照样常常走进死胡同，导致亏损。同样地，要是我开始尝试着取悦或指挥别人，效果不会好到哪里去，因为我的心思根本就不在这上面。我很擅长交际，但我不擅长指挥。

模仿他人是交易员培训中的一个典型陷阱。有时人们希望在交易工作中模仿别人的成功，因而会使用令自己导师成功的那一套方法。我之前见过一个交易员，生活上他有原则，有条理；但工作上，他总是在交易法则方面遇到问题，我最后发现，原来是因为他在认知上过于谨慎。时间充足的情况下，他极富创造力，可以应对大多数的情况；当他做快节奏交易时，则会变得手忙脚乱，人也变得容易疲劳，这极大影响了他的决策能力。然而，他的导师告诫他，最好要按照我们规划好的"套路"来交易，可正是这些固定的套路影响着他的表现。当他开始长期持有，并更谨慎地把握进出场时机时，他不再为此烦恼，也很快找到了合适的方法。

总有一些能力是你暂时没有的，它们没法算作你的优势，但不要紧，团队协作可以帮助我们解决这个问题。"正式"或"非正式"的团队都可以，具体来说，我们可以直接在公司里建立一个团队，也可以与那些平时与我们工作上有交集的人组成一个团队。我认识的几个懂行的短线交易员订阅了复杂的市场研究报告，来帮助他们获得对市场更深的理解。但是，如果他们自己尝试进行这样的研究，就会陷入困境，干扰他们正常的工作准备。依靠研究人员的分析优势，可以为他们提供仅凭自身能力难以得出的观点。

在与我合作多年的一个团队中，有一个风格激进、决策果断的投资组合经理，他的分析师倒是比较谨慎。事实上，他的分析师非常注重细节，也从不冒过大的风险。随着时间的推移，他们之间的合作变得颇有成效。在这种合作中，投资经理可以得到分析师细致深刻的研究；而分析师则因为自己的研究成果被应用于投资组合中而获得肯定和激励。

婚姻也是如此。相似的价值观和性格，加上优点或爱好的互补，则可以作为持久成功婚姻的典范。我可以回想起许多幸福的已婚夫妇，其中一对夫妇中，一方有着不错的成就，另一方有着过人的交际能力。我倾向于以观念为重，习惯从长远打算。玛吉则是个高度负责、注重细节的人。我们中的一个喜欢规划假期，另一个则只是擅长及时付清账款！通过与优势互补的人们合作，我们可以在不损失自身优势的前提下提升自己。

在你浏览那些没有出现在你十项经历中的特质时，选择其中的一到两个，作为你认为有可能有益交易的特质。比如，你能经常想出不错的交易策略（理念与分析），但不太擅长管理头寸（纪律与审慎）。时常与那些训练有素的交易员交流想法，将很容易产生协同效应。我在这个行业里见到过最棒的合作，基本都是由有想法、有策略的交易员，与出色的量化分析师和程序员共同完成的。程序员单凭自己，无法想出深刻的交易策略；没有了这些计算机设备，交易员和分析师也无法有效地测试并运用他们的策略和想法。不同方面优势的组合，形成了"混合型交易"，既不太过随意，也不太过机械，这种模式囊括了每个人的长处。

在市场观点互补的交易员之间，也很容易形成高效的合作关系。譬如，其中一位擅长辨别中期市场的宏观主题；另一位则对短期价格水平有着敏锐的嗅觉，并能预测市场的当日波动。这两者间的合作可让他们在长期交易中完美地把握交易时机。

关于自我接纳，我还有很多想说的。我们自己就是我们自己。我们要做的，就是发掘自身的优势，并找到那些能发挥出我们最大优势的人际关系和工作。当然，关于生活，还有交易，我也有很多想说。即便你在交易领域一直是孤军奋战，也不会抹掉这个行业一定需要团队合作的事实。我们每个人只是在有限的方面拥有优势，并以此做到最好。纵然自身优势有限，但我们完全可以向他人学习，吸取他人的长处，从而提升自我。此外，在合作中，我们最好要利用自身优势为同伴创造利益，从而巩固合作关系。不要忘了，当你停滞不前时，可以选择暂时把自己孤立起来。如果你找到了可以激发你优势，而且愿意把想法与你分享的人，那就找机会与他合作吧，要提升自我，而不失去自我。

你的优势会成为弱点吗

得不到合理利用的那些优势将失去它们的意义。想想之前说到的蒂娜，她就是因为背负着过多的家庭压力和责任，从而无法足够主动和专注地做好交易工作。当她淹没于市场的瞬息万变时，她会觉得自己离家庭生活越来越远。正是这一点，让她无法集中精力，也减弱了她对市场原本的热情。她不仅感到沮丧，还因为决策失误赔了许多钱。旁人或许会觉得，是因为她的自控能力不够强，而且缺少正确的方法。然而事实根本不是这样的，妨碍她交易工作的原因正是，她的需求没有得到满足，优势没有得到利用。

不妨这样看待这个问题：我们会自然地倾向于做我们最拿手的事，以及能给我们带来最佳感受的事。闲暇时间，我会躺在我的摇椅上，读一本书，让猫趴在我的腿上。我很少看电视，也不常拜访邻居，也不会花很多时间煲电话粥。如果要我每天花大把时间看电视，打电话，那可就难了。我会不由自主地享受一本书，享受与猫在一起的时光，享受那些"供不应求"的事物。

不过，想象一下，假设我能找到的唯一工作，就是整天在电话里跟人们讨论电视节目。也许，这确实是一个可以满足他人的工作。但在这份工作中，我几乎感受不到什么关联性，能力也得不到激发。随着时间的推移，我的工作热情就会减弱。这也将在我的状态中显现出来：比如我每天打的电话越来越少，或者没能在电话调查的过程中向观众提出恰当的问题。我的经理可能会责备我不够积极，没有上进心。但其实问题在于，那些无法激发我们主要优势或能力的工作，也就无法唤醒我们内心深处的热情和积极性。在这样的环境下，我的那些优势荡然无存，也就难以全身心地投入到工作当中。

关键结论

优势一旦得不到释放，则会有损我们的表现。

我曾在我之前的创作中提到过一个典型例子，当时我正准备放弃原有的心理学家的工作，去找一份全职交易工作。但没多久我便开始讨厌我的新工作：我需要每天坐在电脑前，盯着屏幕，关注着市场变化和交易策略，这让我十分难受。

为什么会这样呢？原因在于，我最大的长处是识人和育人，所以我享受帮助别人发挥潜能的过程。这也正是我热爱教书，热爱帮别人解答问题，领养小孩以及救助猫咪的原因。事实上，我会很容易从帮助他人实现自我的过程中得到满足，然而，孤身一人坐在办公室交易，完全给不了我这种感觉。

那么接下来呢？我开始在网上解答其他交易员的疑问，当然了，由于我的学术背景，我大多数时候会从心理学的角度出发来回答。通过这种方式，我结识了不少有意思的朋友，我也一直很愿意帮助他们。但很多时候，我也会因为回答他们的问题而耽误了自己的工作，于是我就不得不花时间理清头绪，重新回到工作当中。如此几次之后，我停下来问自己下一步该怎么办？简单来说，当我的需求得不到满足，优势也得不到激发时，工作必定会受到影响，我若是在心理领域难以实现自我，在金融市场中则更难。"伯乐"这项特质，虽无助于我的工作，但在指导他人上成就了我。

❧❧❧

企业管理中一项很大的挑战是，如何让员工兢兢业业、全身心投入到工作中。假如你去问你的员工们是不是认真负责地对待工作，有没有对集体做出贡献等。你觉得最后能得到多少令你满意的答案？

盖洛普咨询集团做了有关员工敬业度的全球性调查。在涉及的142个国家的所有受访者中，仅有13%是真正敬业的人，他们觉得自己在工作中是忙碌的，充满干劲；24%觉得自己相对轻松，空闲，甚至消极怠工；其余的则对工作"漠不关心"。美国和加拿大的结果是，29%的员工真正敬业，而超过70%的员工消极怠工或"漠不关心"。既然员工敬业度与员工生产力直接挂钩，而且那些消极怠工的员工几乎无法生产合格的产品或是提供合格的服务，这对企业来说无疑是一个巨大的挑战。

对于当下盛行的"员工不敬业"问题，是有一个简单的缘由的：企业雇用一名员工，是为了让他解决某些特定的问题或完成特定的工作。工作本身并不会迎合雇员的优势所在，但往往雇员们需要去做那些企业希望他们做的事。然而，既然人人都需要工作，因此大部分人为了避免失业，宁愿选择一份难以实现自我甚至无法发挥优势的工作。人们的优势因而得不到发掘和利用，最终导致员工离心现象的出现。

最近我有幸走访了一家企业，在这家企业里，所有员工都需要定期参加会议。这种方式会鼓动大家为了企业的发展建言献策。从初级员工到高级经理，每个人都有发言权。除此之外，企业鼓励每一个人制订年度计划，列出个人在生活和工作上的发展目标。这个计划的优劣，则是员工考核以及年终奖发放的重要参考指标。经理们带领着他们的员工一起为目标努力，企业内部也会有一套方法来评估每个团队带来的成就。在我走访的过程中，可以切身感受到员工们的敬业程度之高。这家企业资金流动状况理想，而且可以在薪水不太高的前提下，雇到不少有实力的员工。

相比较而言，在那些零售公司或是工厂中，工人可能无法直接接触到他们的经理，经理们也甚至连很多员工的名字都不清楚。在我曾经工作的那家交易机构，精力旺盛的年轻人才得不到管理层的重视，也几乎无法参与公司的管理和决策。其实，这些年轻人多半都对公司的发展有着这样那样的建议，但他们通常得不到上级的回应。久而久之，这些优秀的年轻人渐渐地离开了公司，原因很简单，他们在公司里没有太多的归属感。将普通员工排除在外的管理方式会导致他们对工作失去积极性。

那么一个有趣的问题来了：作为交易员，**你的敬业度如何呢？**

✧ ✧ ✧

戴尔曾是一家交易机构的分析师，但他的目标是成为一名独立的基金经理。他的经理为了让戴尔加入自己的团队并保持他的积极性，就给了他一个金额较小的交易账户。经理自己很清楚，戴尔需要花大量时间在主要工作上，不过为了让他得到更多收益，也鼓励他打理好那个账户。戴尔的上司与我一起探讨了这个安排，他喜欢这项安排的两个主要原因是：第一，通过观察戴尔在他自己的投资组合中操作的相应头寸，可以明晰他的主要投资理念；第二，戴尔的上司不仅喜欢团队合作，而且寄希望于戴尔也会成长为这只基金的经理。因此他坚信，通过这样的安排，可以让戴尔保持对他和公司的忠诚。

以这样的方式工作了几个月之后，戴尔的上司给予了戴尔很高的评价。戴尔注重细节，积极打理交易账户，跟进相关研究，有时也会参与期权定价工作，也保持警惕，从不错过关键的交易时机。戴尔可以熟练地收集、整理央行的会议纪要和发布的数据，并每天更新风险矩阵系统。他的经理甚至夸道：戴尔是他有过的最尽职尽责的助理。

然而，戴尔还是让他失望了。

尽管戴尔有大量机会在自己的投资组合中承担风险，但他还是很少建仓。即便以一定量的资金开了仓，也是处在很小的仓位。他的上司有很多次都鼓励他多冒一些风险，激进一些，戴尔也都同意了。

我也十分吃惊。其实，我一直都觉得戴尔才华出众，完全有能力成为一名成功的基金经理。一路走来，戴尔获得了不少指导，他的经理也为他的进步和成功指明了道路。这样珍贵的机会又是多少年轻人都求之不得的呢？戴尔自己其实都明白，他也曾经告诉我他要把更多的精力放在交易上。由于我对戴尔的兴趣和信心，我曾提议每周与他见面，然而很多时候，他却因为工作太忙而无法来见我。

我渐渐意识到，戴尔并不算是一名敬业的交易员。他只是按部就班做好他应该做的，但现在的他就像我那两个小孩：他们只是嘴上说着要吃素食，实际却做不到。这不是一份可以令他激动的工作，也不是一份真正属于他的工作。

因此我做了一个小小的试验。

再次与戴尔会面时，我肯定了他最近的工作状态，并对他表示了祝贺。随后我便让他回顾一下过去的一年，想想看，工作中什么是他最大的成功，又是什么给他带来了挑战和成就感？

戴尔很快就激动地回答了我。他提到，他不仅通过打理已有的交易模式对团队的投资组合做出了贡献，还与团队一起思考如何构建新的交易策略。比如说，戴尔的上司想做空美国固定收益债券，戴尔就去收集市场上对收益曲线的各种看法，美国固定收益债券与其他曲线的相对走势以及各种相关金融工具的定价。最终，他找到了一个比在期货市场上简单做空有着更好的风险/回报比率的空头策略。当市场突然轧空，很多之前卖空的基金经理都会蒙受损失，但戴尔的团队是个例外。团队利用专业技术找到了被错误估值的点，从而规避了损失，保住了大量资本金。

戴尔继续把他手头上的另外一项工作展示给我看。许多基金经理都想做多美股，但戴尔本人更喜欢在提前获悉相关货币政策和重要数据的前提下利用价格波动和股票升值来赚钱。我的第一印象就是戴尔好像在一个三维空间中操作，他不仅能把握股市价格方向性的一面，还能把握价格波动的一面。戴尔将这两个方面有机结合，形成了90%以上交易员所不具备的一项优势。无疑，戴尔利用他独到的观点提高了风险调整收益，从而大大提高了投资组合的业绩。

我曾经也一度认为，研究和分析才是戴尔真正热衷的两项工作。每天建仓交易，挂念得失，这些完全不是真正吸引他的工作。同样，戴尔努力工作，忠于领导，他也喜欢赚钱，但他更大的目标是投身于更大的业务。如果让我说说戴尔的优势，我会说他是一个出色的领导者。他在表达和执行交易策略上无疑是出类拔萃的，当然，他达到这一程度也是依靠团队的力量。他不想成为公众关注的焦点，也不会轻易受到高额薪水的激励。他真正的长处是他的勤奋和他高效的团队合作能力。

戴尔并没有全心投入他的交易，因为这使他远离了他最喜欢做的事情。他的优势在交易上反而变成了弱点。我们会自然地参与那些可以最大化我们的价值、兴趣和能力的活动。当我们在交易中没有太多的积极性时，通常是因为交易工作和优势之间的不匹配，或者是某些特定的交易方式与你优势间的不匹配。

戴尔最终放弃了交易工作。他表示，他最适合担任的还是分析师和策略师。对于他这个想法，他的经理完全支持，因为经理意识到自己找不到其他人来代替戴尔。戴尔既不想引人注目，也不想承受管理巨额资本的压力。他从思考策略中获得乐趣，并让他的策略为团队带来盈利。因此，当戴尔可以专注于他所热爱的和他擅长的事情时，敬业不再是他的问题。

❧❧❧

回到之前的问题：作为交易员，你的敬业度如何呢？交易员们常常会这么说，他们确实对交易有"热情"。然而，暂时抛开情感上的考虑，让我们讨论一下你的敬业度：**你是如何集中精力从事与交易相关的具体任务的**？令人惊讶的是，那些大力标榜自己对交易充满热情的人，在进行交易规划、研究、头寸管理和绩效评估时，相对来说是打不起精神来的。正如篮球教练鲍勃·奈特曾经说过的，比赛不是靠意志就能取胜，而是准备去赢的意志，导致了输与赢的差别。

> **关键结论**
> 当你下定决心去做一件事时，成功也就近在咫尺了。

在 2014 年的作品 *Faster, Higher, Stronger* 中，马克·麦克拉斯基（Mark McClusky）详细描述了在田径和其他领域的巅峰表现。他强调，训练过程中那些一点一滴的进步会慢慢积累，从而对人们的表现产生巨大的影响。取得如此进步的关键是，你需要不断测试你的表现，反馈给自己，然后思考如何改进，这是研究员安德烈斯·埃里克森（Andres Ericsson）在 1996 年提出的说法。比如说，一个棒球投手的慢动作录像可能会显示，他在比赛中没有完全把重心从后脚转移到前脚。通过优化他完成击球后的摆手动作，他能够在不失准确性的情况下提高他的速度。就运动员本身而言，这只是一个小小的改进。然而，想象一下，通过一系列力量、抓握和投掷方面的重要改进，随着时间的推移，这些小小的进步就会使一个不错的投手慢慢变成一个非常出色的投手。麦克拉斯基的观点是，出色的人不仅追求进步，**也追求如何更好地进步**。

要注意，想达到这种持续的进步也是需要很高积极性的。**一个优秀的表演者花在表演上的时间，远远超过他实际表演的时间**。我们平时看的篮球或足球比赛，可能会持续好几个小时，但在球员上场之前，他们往往已经努力练习了很多天。同样，奥运会中，现场比赛的时间相对是短的，但运动员们参赛前要为此花上好几年的时间训练。如果一个足球运动员只是在比赛中拼尽全力，在平时训练中却积极性不高，他将会输给一个使用上述"麦克拉斯基法则"来训练的球员。一个只想体验成败，体验市场跌宕起伏，而把研究、策略、风险管理和反思总结放在一边的交易员，同样会落后于那些不放过每一次提高机会的交易者。

为交易和改善交易做准备的时间与实际交易时间的比率，是一个非常有用的、衡量积极性和敬业度高低的标准。同样的道理，收市之后在交易上花费的时间是一种很好的敬业度指标。大多数交易者认为他们很有竞争力，因为他们喜欢赚钱。赌徒也喜欢赚钱，但这并不能使他们成为精英。真正有竞争力的交易者是和自己进行竞争：他们虔诚地跟踪自己的业绩表现，并寻找方法来不断提高自己。他们的敬业是通过学习和改进来表达的，而不只是通过冒险。

对于交易员来说，发现适合发挥自己优势的交易方式，这种情况很少见，但更罕见的是，他们会培养出自我改善的习惯，去扩大那些个人优势。当我们的自我改善活动与我们的优势背道而驰时，我们就失去了敬业带来的力量。这会让我们在一个快速变化的世界里停步不前。

强化我们的优势

在"TraderFeed"的博客中，我强调了一个重要的业绩表现原理：用进废退。

我们如果不经常训练我们的优势，它们就会慢慢萎缩。如果我们不经常锻炼，我们的力量和耐力都会变弱。如果我们不积极使用和磨炼我们的品格、情感和认知能力，它们就会减弱。我们必须经常磨炼和利用我们的优势来使它们保持强大。

用进废退原理有许多重要的含义。下面是一个很不错的练习：看看你的每周日程表，安排一下你每天早上、下午和晚上的活动。在你日常的一周中，会分别花多长时间做下面这些事？

- 享受或创造一段浪漫之旅。
- 与朋友欢度时光。
- 与家人欢度时光。
- 了解前沿市场信息。
- 与你的同事交流讨论。
- 自我提升，自我放松。
- 做自己喜欢的事，参加娱乐活动。
- 追求自己的精神目标。
- 训练你的交易技巧。
- 参加体育运动。
- 参加艺术文化类活动。
- 好好睡一觉。
- 为了学习而学习。
- 参加政治、公益或服务性活动。
- 出门消遣或参加交际活动。

当然了，这里只列出了我们精彩日常活动中的一小部分。诚然，一周时间内把上面这些都做一遍并不太现实。人们总要决定做一些事，同样需要决定放弃另一些事，这也是人之常情。譬如，当我们把大量时间花在研究市场上时，留给社交和朋友的时间自然就会变少。再比如，如果我们每天忙于家庭和事业，锻炼和休息的时间也就没有那么充裕了。我们在时间花费上的侧重点不同，也就导致了我们一些能力愈变愈强，一些能力得不到发展。

得不到利用的优势将会慢慢消失，这也会影响到我们的表现。一个经典的例子是，一个交易员花了绝大部分时间在工作上，留给配偶和家庭的时间太少，最终导致了矛盾激化。配偶受到冷落，孩子也开始调皮。需求一旦得不到满足，就会使我们分心，进而影响到我们的专注度和工作质量。同样地，饮食、健康、睡眠方面也不容忽视，否则会导致我们精力不足，降低我们的工作质量和效率。还记得我之前提到的那个例子吗：我早先就因为太专注于交易工作，而忽视了我原本在社交上的优势，最终导致我在工作中的表现越来越差。但如果我不再利用我的人际交往技巧，并身处无法发挥优势的环境中，我在工作中的表现则会变得更糟糕。

如果你打算培养一方面的优势，那么至少你要让它融入你的日常活动。如果你还没有把它写在你的记事簿上，那或许就说明你还没有百分百认定它，它也就难以真正变成你自己的一部分。在本书后边的章节中我们会看到，要变得更加"过程驱动"的一个主要原因是，这样确保我们一直处于可以发挥优势的状态中。

再回顾一下你日程表中的那些安排，分辨一下，其中哪些事项对你来说有一定的难度，可以让你提升自我？比如锻炼身体可以让你清楚并达到自己的体能极限，当然，也可能只是帮你保持身体状况。同样道理，对于友情和其他亲密关系，我们可以简单保持，也可以予以加强。同样一段旅行，我们可以过得按部就班、舒心放松，也可以过得丰富多彩，去探寻新的人生体验。太多时候，我们把大把时间都花在了简单维系优势上，而没有主动去加强我们的优势，锻炼我们自己。麦克拉斯基的研究告诉我们，进步，往往是源于找到自我提升中的极限，如果只是知道自己的优势所在，但不去系统地加强，往往不会有太理想的效果。埃里克森的研究则告诉我们，那些精英选手比别人强的原因，恰恰在于他们愿意花时间攻克那些难点,从而超越自我。从这种意义上说,刻苦训练可往往不是什么有趣的事情,通常是非常辛苦的任务。**如果我们不鞭策自己,则难以尝到成功的果实。** 在一个领域只做到"好"或许没那么难,难的是做到出类拔萃。

仔细想想交易员是如何对自己进行反思总结的。交易员 A 每天把交易中遇到的问题记录下来,并为他自己的表现打分。交易员 B 则每天记录下各项交易的来龙去脉,以及她在工作中的状态,当然了,也包括各笔交易的收益情况。除此之外,交易员 B 每周都会总结导致她失败的原因,并有针对性地为她的短板设定具体的改进目标。

如果你问他们有没有写工作记录的习惯,两人的答案都是肯定的,并且两人都认为自己在工作上是积极努力的。然而,两人中只有一个,真正处于正确的学习状态中。她通过强化自己的优点来减少自己的弱点。交易员 A 做的都是比较常规的记录,也并没有多少尝试突破自己的努力。他做的记录虽说囊括了他在工作中的情绪和发现,**但他并没有因此给自己设定进步的目标,也没有想好今后具体应该怎么去改进。** 交易员 B 就不同了,她明白人需要鞭策自己,因此她跳出舒适区,找到自己的不足之处,并做了具体的计划来加以改进。

人的长处会用进废退。这也恰恰是交易员 A 没有领会到的一点,当然了,他也深受其害。我们的交易员 A 确乎是一直在做工作记录,也很坚持原则,但他的交易技巧并没有得到提升。他就像一个从不改变产品组合和营销策略的百货商店。结果却并不是维持了他的现状——就像我们在本书的第一部分看到的那样,现状自身是会变化发展的。由于未能提高他自身的技能,交易员 A 将慢慢发现自己能派上用场的方法越来越少。

对优势的用进废退,有时会在当交易者无法增强自己的优势时体现出来,只不过表现得更微妙一些。正如我们在之前关于意志力的研究上看到的那样,能够持续、定向地去努力,本身就是一种力量。在特种部队中,用以区分各个部队强弱的最重要的因素之一,就是在不利的条件下,还能照样发挥高水平的能力。正如我在 *Enhacing Trader Development* 中所描述的那样,陆军游骑兵、海豹突击队和其他精英部队的那些新兵，无一例外地经历了一个异常严格的训练过程，在那里，他们几乎没有睡眠时间，要处理很多困难棘手的任务，或许还要面对来自教官的批评。即使是在非战斗部署状态下，他们也需要保持高强度的训练。如果一个新兵无法在这样的训练条件下坚持下来，那他也就无法避免被淘汰的命运了。然而队伍里那些愿意跳出舒适区、不断超越自己、让自己真正适应艰苦训练的人，无疑都笑到了最后。

后边提到的那一点非常重要。人类和其他动物一样，通过不断进化，学会了保存、节约自身能量。如果受到威胁，我们就会进入紧急应激模式。如果我们身处相对安全的环境中，我们的反应就会比较平淡，从而不会消耗太多能量。这种能量消耗上的均衡，让我们可以适应那些资源稀缺的环境。在某些环境中，我们的基本需求可以得到满足，但在这样的环境下，上述的能量节省机制则会变得对我们不利。就像一只慵懒的猫，得不到外界刺激时，它很可能会睡上一整天。单单依靠自身，我们往往很难让自己感受到刺激和挑战。精英运动员和军队士兵是与众不同的，因为他们有着非同常人的意志和追求。停滞不前在他们那里是例外，是失败，而不是常态。最优秀的人是会选择突破自己的；对他们来说，努力本身就成为幸福和满足的源泉。

关键结论

失败的历练本身就是消极的。

用进废退这个规律意味着，我们必须学会在每一个对我们重要的方面突破自己。看看我们的交易员 A，他虽说有一个记工作日志的好习惯，但他没有去积极地利用这个习惯。换句话说，他本应该借此做计划挑战自己、提升自己，而事实上，他并没有提高对自己的要求。他确乎是在历练自己，但他的历练，还没有达到麦克拉斯基所定义的那种定向、持续的水平。要想刻意地磨炼自己，首先就需要我们能吃苦：如果我们都难以跳出自己的舒适区，又何谈进步呢？

卓越的根源

之前的讨论使我们得到了一个非常简单，却又非常重要的原则：**一个在日常生活中就追求卓越的人，才有可能在某个领域中取得卓越成就**。换句话说，仅凭日复一日、周复一周的"良好"表现永远不会成为卓越。想要在事业上取得卓越成就，我们就必须在个人行为上追求卓越，严格要求。所以，没有严苛的个人要求、一次次成功的交易以及非同一般的交易技巧作为铺垫，也就无法成就一段卓越的交易生涯。

让我们回到前面的测试。现在回顾一下你的每周计划，并确定下那些真正可以让你跳出舒适区，并且给你带来了一定成就的事项。如果在你的日常生活中，根本没有什么事可以说做到了卓越的程度，那么你就很难免于平凡了。在追求卓越的过程中，我们的能力也是用进废退的。

如果你对此表示怀疑，那就好好看看那些已经退休的人怎么样了吧。他们为事业而工作，那他们最终获得了什么？就是不工作！他们与朋友聚在一起，在花园里闲逛、旅行，享受着他们所定义的舒适生活。但他们的身体状况越来越差，而他们健康上的种种问题被他们归咎于年老。随着时间的推移，他们越来越难做出什么有意义的努力，生活得不再像早年那样充满创造力，更像只困倦的猫。

这还不是最糟糕的。**用进废退也意味着，如果我们总是不运用自己个性优势，那它们最终会消失**。如果我们不再去做关心他人的事，我们就会变得冷漠。如果我们不再与他人合作，我们就会变得越来越难以相处。我记得有一个人，开心地开始了他的退休生活。"现在是真正属于**我的**时间了。"他这样对我说。他的孩子们也都已经在外成家立业；他们已经"可以掌控自己的生活了"。与家庭和工作渐行渐远的他，慢慢地发现，自己是那么的孤单、无聊，并因此开始暴饮暴食。由于他的饮食习惯很差并且缺乏运动，健康问题也随之而来。他去找了一个与他一样，不受事业和家庭束缚的老伴，那个人几乎是靠强迫性购物来填补生活空虚的。随着时间的推移，我看到一个曾经事业有成、家庭幸福的男人陷入了自我放纵的泥沼。多年来，他原本的优势得不到加强和锻炼，现在的他，只落得一身毛病。

强调一下，退休或许是人生中一个激励、奖赏自己的阶段，但是这并不代表可以不努力去提升自己。大多数人都是通过事业和抚养孩子来充实自我的。遗憾的是，我们一旦与事业和家庭脱轨，就真的很难再让自己变得像从前那样充实了。

这一点与交易工作也有很大关系。因为在证券交易这个领域，确实有非常多的人简单地把他们的交易工作当成一项普通工作。我最近出席了一场有关交易的会议，演讲者是一位著名的日内短线交易员。他一再对听众们说，如果想要摆脱那些朝九晚五的普通工作，就去好好做你们的交易。我摇了摇头表示不敢苟同，脑海里浮现的都是那些半夜起床紧盯市场、周末熬夜加班写研究报告、改进投资组合、提前至少一周准备工作内容的同事，他们都是成功的交易员。他们就像那些其他领域的顶尖选手一样，确乎不是做着朝九晚五的工作：**他们在把工作当成自己生命中的一部分**。可笑的是，演讲者本身就把自己每天的交易工作看作一种舒适的生活方式，每周 40 个小时的工作时间，根本无法带给他什么压力。这种心态一旦深入人心，人们可就不会再那么容易提升自己、鞭策自己了。那些消极怠工的交易员可是不会用上述这一套方法来训练自己的。就像我一开始说到的，他们只把自己的工作当成了一份平凡普通的工作，而并没有寄希望于通过交易，让自己变成一个杰出的有成就的人。

有那些单纯把交易当成一份工作的人，那些至少把交易当作职业的人以及那些把交易当作使命的人，然而这三类人之间，存在着巨大的区别。之前会议上的演讲者，把交易仅仅当成一份工作。对他来说，这份工作的吸引力在于，无须太长的工作时间，就能得到可观的报酬。大多数老牌交易机构的交易员都不是这样的态度。他们在工作中运用着自己的专业知识，并能意识到他们是在一个要求很高的环境中工作。他们将资产管理视为自己的事业，愿意主动地去管理风险，也愿意对受托资金负责。他们也总把交易称作他们自己的"生意"，主导着交易这场"探险"的胜利。

我们总能看到那些在市场中一直发挥和磨炼着自身优势的交易员，交易工作对他们来说，不仅仅是一份事业，而是他们的使命。无论开市收市，无论账面风险大小，市场总能成为他们学习研究、挑战自我的圣地。埃德·塞柯塔（Ed Seykota）曾经把优秀交易员和卓越交易员做了对比，前者才华出众，而后者是天才。他由此意识到了非常重要的一点：**是优势成就了我们的使命**。当我们的这份工作对我们意义非凡的时候，我们更容易爬到这个行业的巅峰。但无论如何，我们最终都会停止事业上的奋斗，面临退休。不同的是，被我们当作使命的职业，会陪伴我们更久；当一份职业真正融入了我们的血液，它将会伴随我们一生。

我们需要知道的是，把日常工作变成人生使命的，是对卓越的不懈追求，不仅在于今天，明天，一周，而是需要一生的坚持。

学会养成好习惯的习惯

不知道大家有没有读过查尔斯·都希格 2012 年的名著《习惯的力量》。他在此书中的论点是，最终改变我们行为的，不是激励的结果和有意识的自我提升，而是好习惯的养成。成功的人，往往是因为有着良好的习惯，才会成功。这为他们提供了一种一致性，如果他们总是依赖脆弱的意志力，成功就永远无法实现。

从这个角度来看，我们在精英选手身上所看到的进步，是他们将刻苦努力转化为日常习惯的结果。也正是你的好习惯，造就了连续不断的进步：我们在某方面的持续发展，会使之变成我们的习惯，我们会继而将它内化，以取得进步。埃里克森观察到，我们有时会把努力变成习惯，可是，这既是一个好处，也是一个障碍。比如练车这件事，时间久了，我们开得越来越熟练，它就会变成一种"自动行为"，到那时候，我们就可以轻松地掌握路况，自由地去和乘客交谈。然而，一旦某种行为变得"自动化"了，技巧在这种过程中将很难得到锻炼。**为了保持有意识的实践，我们必须采取自动的、有系统的改进措施**。优秀的赛车手连续不断地让自己在各个方面变得熟练，只是为了打破习惯，追求新的突破。当追求卓越成为一种习惯时，我们的各方面能力就会一步步得到提升：先将这些进步内化，然后将这种努力变成习惯，再打破习惯，追求更高的层次。

想想那些参加奥运会的精英选手吧。他们训练的重点就是提高成绩。在他们平时的训练安排上，高强度的训练本身就是他们每日必须经历的环节，已经成为他们的日常习惯——这是常态，而不是例外。为了保持自我提升的习惯，选手们必须认清并面对他们的缺点。几十年前，美国汽车制造商被日本公司赶超，部分原因是日本制造商在汽车生产流程中找到了可以改进的地方。美国公司以尽可能低的速度运行流水线，以确保最低的故障率。而日本公司加快了运行流水线的速度，来确定组装过程中的问题。然后他们与工人们一起讨论，制订改进计划。随着时间的推移，美国制造商的组装过程并没有得到优化，一直在原地踏步；而日本人提高要求，不断改进。他们把追求卓越变成了一种习惯。

关键结论
优秀的选手会有意识地养成他们的习惯模式。

许多交易员更像美国的老牌汽车制造商，而不像日本的那些后起之秀。他们只是在设法减少损失，避免失误。当这些发生的时候，他们很可能会变得更保守，拒绝承认错误。不久前，我拜访了一家交易机构，与其中一位经历过市场艰难时期的年轻交易员有过交谈。这些交易员中的许多人在当时都选择暂时退出市场，他们头脑冷静，不感情用事，而且引以为豪。这都没什么问题，但这些交易员自然也就失去了从失败中学习的机会。他们总想着尽量减少负面情绪，而不愿去提高自己的适应能力。当他们发现难以取得进步时，会后悔当时自己为什么没有回顾反思以往的棘手交易，及时发现错误，并改正错误。然而，从纯粹的情感层面上讲，他们最不想做的事情就是重新审视他们遇到过的困难。在前进的道路上，他们不明智地强化了自己的劣势现状。

Angela Duckworth 等人在 2007 年对取得成功的因素做了研究，发现了两个主要因素：毅力，即胜不骄，败不馁，面对挫折的能力；自我控制能力，即能够制定行动方针并认真执行。利用"用进废退"的原理提升自我，意味着我们需要直面挫折。我们不断挑战自己，难免偶尔会遭遇失败。如果我们缺乏情绪张力，总是一蹶不振，我们就难以在艰苦磨炼中坚持下来。毅力虽然是成功的必要条件，但 Duckworth 的研究告诉我们，仅有毅力还是不够。要想不被艰苦磨炼打败，我们必须让自己处于这种状态之中。这里就涉及自我控制的因素。优秀的选手不仅受得住挫折，也不会被挫折击倒。

他们是怎么做到的？

埃米莉亚·拉赫蒂（Emilia Lahti）研究了一种名为"西苏"（sisu）的特质，这种特质源于她家乡芬兰的文化。西苏精神不仅仅是在胁迫下坚韧不拔。拉赫蒂将其描述为一种再次振作的情形，这当然是非凡努力的结果。当然，经常跑步的人可能会感同身受。拉赫蒂指出，西苏精神本身就是可以培养的一种特质：在我们感到自己消耗殆尽的时候，找到方法继续获得能量和专注力，这种能力是可以习得的。

西苏精神是一个非常重要的概念，因为它表明，人们的意志力并不会渐渐耗尽。而是，一旦我们的意志受损，通过恰当的自身调整，我们就可以再次充满力量。那些平日训练严格的奥林匹克运动员和特种部队的士兵们，也在参与西苏精神的培训。这些人一次又一次地突破他们的极限，因此他们学会了如何让自己在能量殆尽时再次振作起来。这种重整旗鼓的感觉本身是令人愉悦的，使人们对状态提升更加充满动力，在这个过程中，正是自我挑战的心给予了人们崭新的能量。

※ ※ ※

奥斯卡是一名出色的交易员，有一段时间，他的表现在公司里出类拔萃。当然了，情况也不是一直如此。在刚刚踏入交易领域时，即便奥斯卡已经极力控制了风险，但还是经历了一段艰难时期。在他开始赚钱的时候，我与他之间的对话也还是照常。那时候的他，依旧在努力寻找机会进步，提升自我。后来，他给我发邮件说希望可以尽快与我聊聊。我当时的猜测是，他在权衡自己是否应该长期持有此头寸。

然而，事情并不是我想的这样。

奥斯卡很清楚自己应该如何处理眼下的情况：他出售了一些现金头寸，也为他的期权做了滚动展期，得到了风险收益率更好的行权价。但是，他想与我讨论的，不是这次交易，而是一次他**并未参与**的交易。那是数月前他在股市采取的一次失败策略，导致他赔了一些钱。虽然现在相似的投资机会再次出现，他还是由于之前的损失决定不参与交易。假如他当时参与进去，他最近将会获得更大的收益。

奥斯卡不喜欢这样。他的注意力并不在于到底赚到了多少钱，而是在于，他如何能够提升自己的心理素质，以免再次错失良机。**在赚钱的过程中，奥斯卡的注意力得到了提升。**在这件事上，他表现出了十足的紧迫感。

奥斯卡与他的同事不一样的地方是，他从不安于现状。他往往在大赚一笔后，反而变得焦虑，重新一头扎进研究中，开始寻找新的机会。他还会对自己以往的交易操作做深度研究，总而言之，他总能给自己找到事情做。**某种意义上说，真正激励他的不是交易本身，而是他自己不断追求进步的信念。**金融市场对他来说，就是他自己的练兵场。他跟那些把这一行当作自己使命的成功交易员一样，赚到的钱已经够用一辈子了。驱使他继续前行的，根本不是财富，而是那一颗追求自我实现、自我超越的心。有长处不代表万事大吉，重要的是，这些长处需要你的不断磨炼。

性格优势一瞥

Buckingham 和 Clifton 对性格的研究，主要是在性格特质识别和分类两方面。而 Peterson 和 Seligman 于 2004 年发表的 *Character Strengths and Virtues*，从另一个完全不同的角度对性格优势进行了研究分析。他们的"理智手册"清晰地设计了和 DSM 心理失调分类标准不同的标准，定义了以下六种优势：

- 智慧与知识
- 勇气
- 仁慈
- 公正
- 节制
- 自我超越

在这六项核心优势中囊括了 24 种性格优点，稍后我将简短总结一下。为了测量他们所提出的性格优势与美德，作者编制了"优势行动价值问卷"（VIA-IS）。这项测试尤其注重的是，如何评定不同文化背景导致的性格特质的不同。

我们现在可以借助前述内容来做一个小测试。在全部 24 个优点中，标出你认为对你的交易工作最关键的 5 项特质，再**选出 5 个你认为对你亲密关系最重要的 5 项**。完成之后，我们就来看看你的这些特质代表着什么。

以下是 Peterson 和 Seligman 列出的 24 项性格优势：

长处之一：智慧与知识

- 创造力——做事的独创性和原创性
- 好奇心——确定目标，开始探索
- 开放性思维——独立思考，批判性思维
- 好学——智力活动和好奇心
- 洞察力——智慧，可从多个视角考虑问题

长处之二：勇气

- 勇敢——英勇，甘冒风险
- 毅力——坚持，勤奋

- 正直——可靠，诚实
- 活力——充满能量，保持热情

长处之三：仁慈

- 爱——和他人保持亲密友好的关系
- 善良——慷慨，关怀他人
- 社交能力——高情商，掌握人际沟通的技巧

长处之四：公正

- 责任感——社会责任感，团队合作
- 公平——对所有人能够做到一视同仁
- 领导力——主动担责，领导他人

长处之五：节制

- 宽恕——原谅他人的错误，共情
- 谦逊——了解自我，不逃避问题
- 谨慎——慎重，讲求实际
- 自我调节——自控，有条理

长处之六：自我超越

- 对美和卓越的欣赏——心存敬畏
- 感激——感恩，对生命的赞赏
- 希望——乐观，对未来不盲目
- 幽默——有趣，总在制造快乐
- 信仰——保持忠诚，目的明确

在这个小测试中，你需要列出的是两组不同的性格优势，每组 5 个：第一组有关我们的交易工作，第二组有关我们的亲密关系。仔细对比两组特质，看看是不是相似的特质使你在交易和人际关系中获得幸福感？

我写下了我在交易中可以发挥的性格优势：创造力，好学，开放性思维，毅力，希望。以及有助于我的婚姻、家庭、学生等亲密关系的性格优势：爱，善良，社交能力，正直，希望。其中，重复出现的优势是希望，尤其是乐观和积极两方面。除此之外，有关交易和亲密关系的特质还是有很大不同。交易工作中涉及的优势主要来源于智慧与知识型优势，因为需要此类能力来帮助我们想出高质量的交易策略。而在亲密关系中涉及的优势大多来源于善良类优势，主要看我们对人际关系的敏感度如何。简而言之，我在交易中利用的是智力方面的特质，在我作为心理学者以及家庭关系中，利用的是人际关系和情感方面的特质。

我要是在我全职投身交易工作之前就做过这个测试的话，我将会明白在这章前面部分就提到的道理：如果我们投身于一个我们没有完全认准的行业，将很难做到最好。心理学家的工作也是一样的道理，如果我十分享受融入他人的生活，帮助别人成功的感觉，并且从不觉得在这方面学习和进步有什么难处，那么我会很快成为其他人关注的中心。换句话说，一种多方面的生活方式可能是这样的——积极参与交易培训，交易工作，常写作，照顾好家庭。实际上，我的这些重要特质为我的人生增光添彩。

关键结论

我们的各项长处充实着我们的生活。

再看一眼你写下的特征优势，试试看能不能也得出一个与我类似的结论。在交易工作中的你，与在亲密关系中的你，可能有很大不同。不过别担心，其实，如果你在工作中和亲密关系中的风格大有不同，那么它们之间的有机结合反而代表了你更加综合的个人优势。

那么，我们该如何判断自己是否把优势巧妙结合起来了呢？优势之间结合的好坏，可以通过我们的幸福指数看出来。当我们可以让各个优势一同发挥作用时，我们的生活将充满意义、幸福和满足。相反，如果我们的各项优势得不到有机结合，则会导致矛盾和负面情绪的出现。

我几年前认识的一位交易员，曾经与一位非常聪明的女士有过一段恋爱关系，这位女士对文化和艺术有着浓厚的兴趣。当时，交易员对女士十分心动，而女士也欣赏交易员在政治、经济和国际事务上所表现出的兴趣和好奇。然而，随着时间的推移，他们之间开始出现矛盾。赚多少钱并不是这位女士最看重的，而且她也无法理解，为什么交易员有时会如此关注市场和交易业绩。由于这位女士没有特别支持交易员的想法和事业，交易员开始对她感到不满。音乐厅和剧院曾是他们经常约会的地方，而现在，交易员开始逃避约会，交易和做研究反而渐渐变成了他的重中之重。两人感情之间的裂缝越来越大：交易员越来越多地参与共和党的政治活动；而女士是民主党的支持者。女士越来越多地与那些交易员眼中的"假文艺"接触；而交易员也花更多的时间和那些女士眼中"精于世故"的朋友在一起。起初看似融洽的关系，后来演变成了一段不愉快的关系，最终瓦解。不同特质间失败的融合，甚至会葬送一段关系。

不同优势间的高阶结合方式

生活中的许多伟大成就，都是来源于多种优势的共同作用。上个例子中的那个交易员，身处不愉快的关系中，但可惜的是，他没有找到办法来融合两个人的特质。当我们将特质巧妙整合的时候，结果往往会令我们在工作和人际关系中更具创造性。

正如我在《投资交易心理分析》(*The Psychology of Trading*) ⊖中指出的那样，

⊖ 此书中文版已由机械工业出版社出版。

当我意识到，把握咨询师和客户之间的对话，和把握市场种种迹象之间如此相似时，我发现交易就是一个适合我的职业。老练的心理治疗师寻找能够让人们接受心理治疗的沟通方式和意义。例如，一位年轻女子可能会因为想摆脱糟糕关系对自己的困扰，而去找心理咨询师。她跟我讲了很多例子：每一次都付出真心，却被生活中一个又一个男人欺骗。不久之后，她表示希望心理咨询能够帮助她找到一段令人满意的关系，并问了我对此如何收费。

我会如何回答她的问题呢？我是怎么想的？

我并不会报一个价格给她。虽然一个价格可以直接回答她的提问，但相比于摆在她面前的心理问题，咨询费就显得无关紧要了。她觉得男人都在欺骗、利用她。现在，她正在向我——一个男人倾诉心声。如果我报给她一个她觉得很高的费用，那就好似我在我们工作关系中再次戳到了她的痛处。假如我们此前已经建立了稳固的关系，去戳她的痛处才可能变得有用，因为这样一来，我就可以换一个不同的角度来体会她的感情，解决她的需求。然而，既然这是我们第一次见面，如果我通过高收费再次让她觉得被利用，我们之间将很难再建立信任与友情。

因此，我转而让她来决定咨询费的高低。她比我更清楚她自己的预算，所以，她只需要让我知道她最多能负担多少就好了。我向她强调，她的快乐对我来说，才是最重要的，如果她已经为一段新的感情做好了准备，我绝不会让费用成为她的障碍。我认为她很有可能听得出我的另一层意思——我对你比对你的钱更感兴趣，那么她就会感到开心，从而报给我一个合理的价格，并希望能马上重新和一个男人开始一段健康的关系。这完全是可能的，因为我有能力把她当前讲述的问题和她对我的一举一动巧妙地联系起来。

当我刚刚开始我的交易工作时，我发现自己也在用同样的识别方法。市场总在传达行情讯息；我的工作就是暂时置身事外，来解读这些信息。不过在交易中与在心理治疗中不同，如果我过于主观，感性地解读和处理市场信息，我将很难形成正确的判断，做出应有的回应。很多时候，我都看到市场在大量资金到位时却低价出清，但发现相当一部分板块并没有经历这样的市场疲软。通常情况下，这都是那些可以引领股市低点反弹的行业。退后一步，重新判断市场的能力，是我将我在心理治疗中的交际优势，与交易中创造力优势结合在一起的方式。这也正是我所说的，一种将看似不相关的优势运用到一个崭新行业里的方式。

许多年来，我认识的最成功的交易员们，正是那些可以把独特的优势成功应用到交易工作中的人。我想到了一位优秀的拥有古典音乐背景的交易员。他对音乐的敏感，使他同样可以在交易工作中，分辨市场上反复出现的事件以及它们之间的细微差别。事实上，他经常感觉自己是在把市场行情转化为音乐语言，转化为那些抑扬顿挫的音量、音调和节奏。譬如，他认为市场行情的升温回暖，与音乐中的"渐强"并没有多少不同，并且通常需要采取相似的方法来应对。

还有一位业余运动员出身的成功交易员。他将交易比作一项竞技运动，建立了自己的一套训练方法和"博弈对策"。对他来说，交易是他人生中的一项终极运动，让他每天置身于世界上最激烈的竞争中。令他在交易中取得成功的，恰恰是那些他在大学体育场中训练出的优势。

优势间的另一种高阶整合方式是将交易与看似相悖的优势结合起来。例如，我认识许多有着强烈社会责任感的交易员。交易同样也要追求利润，但他们觉得，动用自己的一部分利润来支持社会事业是有充满意义的。另一些则积极寻找机会培养新手，通过指导积极进取的新晋交易员获得了巨大的成就感。从表面上看，做公益事业，包括指导他人，好像会使人难以专注于交易工作。然而，对于这些交易员来说，将社会责任感和交际能力与交易工作有机结合带给他们的意义，是远大于交易中的盈亏的。

许多有效的高阶优势整合与交易本身并没有关系，却有益于交易。我始终觉得，到不同寻常的地方旅行，不仅能让我的身心得到满足，还能与我的妻子建立起一种强大的共享体验，并最终在工作上激发我的创造性。我和另外几个交易员朋友对精酿啤酒有着浓厚的兴趣，我们定期聚在一起品尝全新的、不同寻常的啤酒。在轻松的环境中，品味着极具创意的啤酒，从而使我们很容易在教学和交易工作中产生新的点子。同样，许多交易员利用中午时间在健身房艰苦锻炼，享受与同事在一起的时光，类似这样的过程能刺激内啡肽的分泌，从而使他们在接下来的工作中充满能量。

> **关键结论**
> 我们从非工作状态中获得的幸福感，最终会使我们的工作锦上添花。

我最近遇到的最有创意的优势整合，无非就是将灵性融合在交易之中了。我们通常不认为交易是一种与灵性有关的职业，但与我共事过的许多交易员都从冥想、瑜伽和其他有助于增强注意力的训练中受益匪浅。当然了，一部分原因在于减压，但它可以带给我们的好处远远不止这一点。有类似习惯的交易员，其中很多也都具有"自我超越"类的特质。他们渴望自己与更广、更远、更重要的事物联系在一起。冥想恰恰可以通过减压与注意力增强的协同效应，来发展人们的这方面品格。

现在大家想象一个场景，我作为一名交易员导师建议一位太过劳累的交易员练习瑜伽和冥想。通常情况下，并没有多少人会真正按我的建议来做。为什么？因为这些人缺乏自我超越方面的特质。如果一项活动或练习没有与我们的特质相呼应的话，那么即便能够从中获益，我们通常也不会去做。最典型的例子就是节食和锻炼。我经常能看到有人在发现无法独立坚持节食或锻炼之后，加入了社会上相应的组织，从而受益良多。

这一点对自我提升有着深远的影响。医生之间有句老话，放在瓶子里的药永远起不了效果。换句话说，病人们必须积极配合，服从医嘱，这样药效才能发挥。同样地，如果一名交易员没有工作积极性，那么哪怕世界上最好的投资技巧，都将对他毫无用处。创造力是致使行为改变的一个重要原因：我们应该根据我们的需求、价值观和个性，选择不同的行为模式。我清楚地记得，曾与我一起在心理咨询公司共事过的一个学生，患有严重的考试焦虑症。我对他进行了行为和认知训练，但效果都不理想。当进一步深入这个学生的内心世界时，我发现了他作为基督徒深深的精神信仰。我们曾详细地谈论过信仰，包括祈祷的力量。那次谈话之后，我产生了一个独特的想法：让他把《圣经》带到课堂上，并在每节课开始之前进行几分钟的祷告。然而他一直害怕做这样的事情，害怕这样做会给自己贴上"圣经控"的标签。我还是鼓励他下决心去做！我问他："要么对上帝忠心，要么继续焦虑，你选哪个？"

这个小插曲起到了非常好的效果。学生无法与那些生硬的心理练习进行互动。但通过祈祷来代替他对失败的恐惧，他从而能够正确地看待他的担忧。从生理学上来说，祈祷可能会产生与呼吸运动相似的效果：集中注意力，减缓思绪，唤醒情感。然而，只不过一个有语言作为媒介，而另一个没有。这看起来倒是像一个动机问题归结为了一个优势结合的问题。

发展乘数效应回顾

在 *Enhancing Trader Performance* 中，我介绍了一些与发展乘数效应相关的研究。乘数效应的发现是源于遗传与环境对发展结果的影响的整理。例如，假设我是一个成功的作家，那么我的成功是主要来自于与生俱来的才能，还是后天培养的结果？

研究发现，我们的天赋（优势）在我们很小的时候，就引导着我们选择那些我们喜欢的环境。比如说，我从很小的时候就拥有极高的言语智商（verbal IQ），有趣的是，我的操作智商（performance IQ）——视觉/空间能力，不仅没有因高言语智商而得到提升，还远远低于正常水平！所以，我并不喜欢那些别的男孩都爱玩的游戏，比如建造东西、做手工之类的。然而，在小学一年级的时候，我几乎通读了我能接触到的所有关于古希腊和罗马神话。我喜欢英雄和神的故事，也会被他们的功绩和壮举所吸引。当时的我喜欢泡在本地的图书馆里，那些因为看到我对于阅读的热爱而对我有所青睐的老师也在一直鼓励我。我最初的天赋促使我去寻找那些能充分发挥我语言天赋的环境。这样就产生了一个乘数效应：我所寻求的那些有利于我的环境,进一步磨炼了我的才能,使我在这个领域的能力呈指数倍地增长,远远甩开了我的同龄人。手工能力方面的天赋,在我幼年时就没有显露出来,因此,它在我的环境选择过程中不会发挥作用,后来也就没有再得到发展。直到今天,我的手工能力还是不太好。

在杰夫·科尔文 2008 年的书《天才源自刻意练习》(*Talent Is Overated*)中,作者做过一个重要的观察。他指出,由天赋、特定环境和刻意练习共同作用产生的乘数效应,是由内在动机驱动的。他指出,这有助于解释一种看似矛盾的现象:刻意的练习是需要大量努力的,而人们却只是沉浸在刻意练习中,体验一种"在状态"的快感。我们将在下面详细讨论状态的变化,但值得注意的是,人们"在状态"的表现,可能取决于表达和执行我们优势的内在动机。我们寻求的是能真正培养我们优势的环境,正是这样的环境,给我们提供了最深层次的成就感和满足。

大多数关于乘数效应的研究文献都是关于少儿成长的。然而,这一原则在很大程度上也适用于个人和专业的发展:当我们把自己置身于能发挥自身优势的环境中时,就会出现呈指数倍的进步。就在几天前,我采访了一位投资组合经理,他因自己业绩平平而离开了公司,现在正在管理着自己的基金。长期以来,他一直在寻求一种方法,能实现在压力最小化的同时将研究能力最大化。他与几位同事建立了理想的合作关系,并共同创造了一个最佳的工作环境。他的这些搭档都是经验丰富且十分成功的专业人士,他们不想整天盯着屏幕,但知道如何利用市场上的短期混乱来套利。他们还都有极强的创造力,能够经常想出新的交易策略。在如此有利的环境中工作,这些经理的专业能力和业绩突飞猛进。他也比以前更加快乐,更加成功。他从一个原本死气沉沉的环境,转换到了一个可以利用,甚至能够放大他优势的环境中。

很多情况下,交易工作的环境并不会主动地阻碍我们的学习和发展,但往往也很难适应我们的需求,以产生乘数效应。这对那些所有交易员都处于相同工作环境的交易机构来说,尤其是一个巨大的挑战。公司中身处交易大厅的交易员们，总能通过相互间的交流讨论获益；不过有些人则会觉得大厅太过吵闹，会使他们分心。就连大厅里电脑屏幕的摆放位置，都会影响到交易员们，有些可以接受，有些则觉得某些摆放方式会让他们不舒服。我记得曾经拜访过一位非常成功的交易员，但我惊讶地发现，他家中根本没有任何电脑屏幕。"当我需要报价的时候，"他说，"我会打电话去问，我不必把自己送入虎口。"对他来说，盯着千变万化的市场只会诱使他参与到交易中，而这并不是他擅长的。他家中的工作环境就是为了减少这种干扰而设计的。如果他是在交易大厅工作，那么怎样安排工作环境就由不得他了：他将会面临"部门效应"，而不是乘数效应！

天赋所在引导我们去寻找相应的环境，进而让原本的天赋得到进一步的锻炼和发展。这一想法有着深远的影响。如果在工作中，我们很少感到"在状态"，那么很有可能是因为各方面环境与我们的能力不契合。失败的婚姻就是一个很好的例子。我们对浪漫的向往有助于令我们身处更佳的社会和情感环境中。在一段关系中，如果我们只是感受到障碍而无法利用我们的优势，这带给我们的将只有矛盾和沮丧，绝对不会是幸福。良好的恋爱关系会带来乘数效应：好的伴侣会让彼此变得更好。在可靠的商业伙伴间和交易团队中也是如此。

✥ ✥ ✥

让我们来做一个非常简短的调查：具体来说，你如今的交易工作与一两年前相比有什么不同？在过去的一年里，你在交易风格、市场判断方面做了哪些改变？

为什么这很重要？

如果你正处于良好的学习状态中，也受益于乘数效应，你也应当练习改进你的交易方法，而不是只关注你的盈利。在市场不停变化的情况下，你却停滞不前，那么这就说明，你并没有在扩大你的优势。优势发挥加之内在动力，确保了我们能够不断地寻找挑战和满足我们的环境。新的努力、新的挑战和环境也确保我们将不断学习和成长。如果你的交易方法或模式，在过去的一年里根本没有得到提高，那要么是因为你没有利用你的优势来完成那些工作，要么是因为你身处的交易环境无法让你发挥这些优势。在这个"用进废退"的世界里，停滞不前会带给你"部门效应"，而不是"乘数效应"。

> **关键结论**
> 作为交易员，乘数效应可以确保我们的成长。

我个人最喜欢的锻炼自己的方法之一，就是对做过的最成功的交易案例进行总结和反思。我们需要思考，是什么造就了某些交易的成功，又是什么致使我们在某些交易中失败？成功的要素可能确实揭示了那些能够一直促使我们的才能得到极大发展的因素。虽然我们很多时候都在进步的道路上，但不是一直在进步。例如，一位交易员最近通过邮件联系到我，对这一段时间的交易损失表示十分惋惜。在他对之前交易进行回顾的过程中，发现他做过的交易实在太多，其中涉及的方法也实在太多。其中一些为他带来了可观利润，另一些则损失惨重。一个有趣的现象是，当他同时兼顾几笔交易时，他的表现要比一次只专注于一笔交易时差得多。同时操作多个头寸分散了他的注意力，使他无法进入心流状态。当他不再试图驾驭那些大量广泛无重点的交易，而是只专注于那些契合自己技能的交易时，他变得更加专注于市场研究，更容易盈利，也能更有效地借鉴自己以往的经验。正如我经常强调的那一点，成功不一定需要通过改变自己来获得，而是要学会在现有的基础上提升自己。

那么有没有人根本就不适合做交易呢？绝对有！没有任何一个领域是可以涵盖人类各个方面优势的。那些适合成为艺术家、牧师、生物学家或企业家的人，很可能会发现，自己在交易领域可供发挥的优势有限，因而并不适合做一名交易员。做好交易工作，需要你有能力在短时间内迅速处理大量的信息，而这一点并不是很多人的优势。我曾与许多在企业调研和宏观经济方面表现出色的分析师共事，这类分析师往往不像交易员那样擅长快速处理信息。我也曾与金融机构中出色的经理人共事过，他们非常清楚该如何管好自己的员工，但没有基金经理对市场如此敏锐的嗅觉。

大多数在市场中拼杀的交易员，都是因为赚钱的诱惑，而不是因为自己真正热爱交易本身。之前关于刻意练习的研究表明，是人们努力的过程造就了成功，而不单单是那些结果。赚钱是一种外在的动机，而内在动力来自交易过程本身。真正热爱交易的交易员，喜欢思考新点子，在市场中加以运用，并管理好新想法带来的风险与回报。也许，最重要的是，他们自制，喜欢把握自我，也享受自我提升的过程。通常情况下，当你的交易业绩已有一两年停滞不前时，是因为我们的内在动机已经被那些外在因素所取代了。

主观幸福感：交易心理学中最重要的情绪

恐惧和贪婪，我们都不陌生，但是心理幸福感（phychological well-being）无疑是对交易最重要的一种情感。积极的情感体验，对专注力、记忆力、创造力、工作效率甚至是身体健康，都大有裨益。我们表现欠佳时，通常不仅是因为那些消极情绪，积极情绪的缺乏也是一个重要原因。

那么，什么是心理幸福感呢？研究发现，四个方面的因素对我们的心理体验有益：

（1）幸福感——一切积极的情感，包括快乐与享受。

（2）满足感——对自己和生活感到满意。

（3）活力——对生活充满期待，充满激情。

（4）关爱——对他人的积极情感。

需要注意的是，在一段特定的时间，我们或许在一两个方面得分较高，而在其他方面得分较低。例如，我们可能总体上是快乐和满足的，但由于身体状况不佳，我们可能会缺乏活力。同样地，我们在友谊和婚姻中需要对他人付出关爱，但可能在我们的交易工作中，就不会感到那么满足了。我们在生活中遇到的各种情况、事件等，也会对这几方面的情感产生或好或坏的影响。因此，期望在所有情况下都保持高水平的幸福感是不现实的。

当一种甚至多种情感长期处于低水平时，就会扰乱我们的情绪，不利于我们的表现。当消极的情绪（如焦虑、沮丧、愤怒、挫折和负罪感等）取代了积极情绪时，同样会对我们产生干扰。**事实上，积极和消极情感之间的平衡，可以帮助我们持续激发并利用我们的优势。** 当我们缺乏活力、充满愤怒和沮丧时，保持好奇心和创造力就变得非常困难。

自我评测

下面这份简单的"情绪日记"，将帮助你评估一下，自己平衡情感的能力如何。你需要做的是：把下面这份清单打印七份，回顾你一周七天的经历和体验，在清单列出的几个方面中，分别选择一个最恰当的，用笔圈出来。每周结束的时候将产生七份结果。要注意的是，你不需要每小时都评估一次心情，每天一次就足够了。

幸福，开心，快乐

很少　少　偶尔　频繁　十分频繁

满足，得意，自豪

很少　少　偶尔　频繁　十分频繁

热情，激动，精力充沛

很少　少　偶尔　频繁　十分频繁

爱慕，亲近，友好

很少　少　偶尔　频繁　十分频繁

气馁，沮丧，压抑

很少　少　偶尔　频繁　十分频繁

担心，焦虑，恐惧

很少　少　偶尔　频繁　十分频繁

失意，愤怒，烦恼

　　很少　少　偶尔　频繁　十分频繁

自责，内疚，厌烦

　　很少　少　偶尔　频繁　十分频繁

每天回顾此页，坚持一周。

你可以看到，前四组关键词都是积极的情感体验（幸福），而后四组则涉及消极的情感体验（痛苦）。广义地讲，这个小练习将评估我们生活中的积极情绪是否多于消极情绪。要经常感到幸福，避免压抑和痛苦，我们才能更好地享受生活。

然而，有趣的是，我所认识的许多优秀的交易员，并不一定能很好地平衡积极与消极情绪。事实上，大多数人每周都会频繁经历积极**和**消极的情感。这一点，突出了相关研究文献中非常重要的一组发现。

早期研究发现，积极与消极的情感体验是相对独立的。当然了，尽管我们偶尔会在某些情况下产生"混合型感受"，但在任何情况下，积极和消极的情绪之间，基本上都是呈负相关的。然而，随着时间的推移，积极情绪和消极情绪之间的关系渐渐减弱。

Compton 和 Hoffman 在他们 2013 年出版的 *Positive Psychology* 中指出，无论我们的情绪是慢慢变好，还是慢慢变差，这种变化过程是相互独立且独一无二的。换句话说，积极情绪的减少，并不一定意味着消极情绪的增加，反之亦然。当成功的交易员们经历大量的积极情绪以及消极情绪时，这些情绪的来源通常是完全不同的。其中，积极的感受往往来源于新交易策略的产生以及使之付诸实践，交易员们自然会乐在其中。而消极的感受往往来源于对风险的忧虑以及对手上交易头寸的担心。我经常开玩笑说，许多有才华的交易员都既是"忧虑者"也是"勇士"：他们冒着风险，也总是会为最坏的结果做好准备，从而避免自己因过度自信而产生偏见。积极情绪和消极情绪的混合，实际上有助于他们获得更高的风险调整收益。

> **关键结论**
> 负面情感或许有益于交易中的风险管理。

当你回顾自己一周以来的情绪日记，你就会发现积极的和消极的情绪之间是相互独立的。如果将时间拉长，你最后看到的情感平衡将与之前大有不同，因为工作、人际关系、财务、身体和社交等各方面，都会在这段时间里发生很大变化。看一下你在一周七天内每个类别的不同评分，你应该可以理解为什么同样类别的评分也会不同——因为人们的情感体验是会不断波动的。"大五"性格特质（big five personality traits）中的一个方面就是神经质与情绪稳定：我们在情感上的相对平衡，以及对消极情绪的倾向。

对双胞胎和收养儿童的研究表明，性格有很强的遗传性：情感经历丰富的父母，很有可能生出情绪化的孩子；那些性格平和的人则很可能产出平静的孩子。情绪的多变是我们性情的一种表现方式。我们中的一些人比其他人在情绪上更容易大起大落。

情绪的多变通常会以两种方式体现出来。埃德·迪纳及其同事在1997/2009年的研究表明，这样的多变性可用于刻画情感体验的发生频率，而不是广义上幸福感的强度（因此这也呼应了情绪日记中选项的措辞）。相比我们在每种情感上停留的时间长短，少量的极端快乐或极端悲伤，对总体评价就没有那么关键了。情绪多变性的一种表现形式是，我们在积极与消极状态中所停留时间的增减。一个很好的例子就是，某些交易员的情绪和状态会被他在交易中的盈亏所左右。积极与消极的情绪总是会交替出现，因为我们的表现在短期内相对来说是难以预测的。

情绪多变性的另一种形式是，情绪表达的程度，而不再是频率。有些人只是比其他人反应更强烈。这类人在与他人交往时，情绪反映于他们的表情和心理状态中。我认识很多有着丰富情感的人，他们大都迷人，令人愉悦。然而，由于他们情绪的大起大落会影响我自身的情绪平衡，因此有时我也很难与他们相处。对我而言，我在情绪稳定时状态是最好的。而另一些人，则更加情绪化，而且他们会觉得我稳定的情绪有种令人窒息的感觉，缺乏丰富性和刺激性。性格脾气代表着我们的情感特质，因此，我们在工作、生活上应尽量去寻找那些对自己具有乘数效应的环境。

有种还未被广泛认可的说法：在交易领域，管理情绪和管理资本同样重要。

※ ※ ※

假设有两位交易员，稳重的艾迪和情绪化的埃德加：前者情绪稳定，后者则相对情绪化。状态稳定的艾迪一直以来都可以很好地平衡自己的情绪，从不大喜大悲。交易工作可是需要有计划、有目标的，赚和赔都是其中的一部分。稳重的艾迪也不会很大程度上改变他的交易筹码。他既不想赚太多钱，也不想损失太多。相反，他尽可能持续地入市交易，每一次也只是进行适度的投资，并致力于保持持续盈利。有时他也会用与平日不同的风格来交易，当自己感觉不在状态时，他就不做交易。

相对情绪化的埃德加是一位争强好胜的交易员，他曾在高中和大学时有过参加田径比赛的经历。他的情绪平衡每天都在变化，因为他讨厌失败，却喜欢与世界上最棒的基金经理和计算机系统对抗。由于他很清楚他的工作受益于新闻和数据发布，因此他大部分时间都沉浸在市场中。情绪化的埃德加最突出的技能是，他不仅可以分辨出市场上的投资者们，还能判断出投资者们在市场中的操作。只需要看一眼市场深度行情，他就能告诉你，目前市场到底是由做市商主导，还是投机者在广泛参与。而后者也正是他主要的盈利来源。当投机者们已无法再拉动股价时，埃德加开始行动，利用羊群效应大发其财。在慢节奏市场中，他或许会慢慢损失资本金，但当市场变成单向市场且突然加快节奏时，他就能赚得盆满钵满。这就是他所期盼的交易生活。

艾迪和埃德加是两位具有完全不同情绪特点的交易员。艾迪的交易风格使得他可以保持情绪平衡，令他专注于他的拿手交易。埃德加的交易风格则帮助他在其他交易员蒙受损失时变得乐观，充满斗志。艾迪的夏普比率很高：他总能获得更高的风险调整收益。而埃德加有时会赔一大笔，有时会赚一大笔，但他获得了更高的绝对收益。每个人都是成功的，因为每个人都会找到那一种使自己幸福感最大化的交易模式。

✼ ✼ ✼

现在我们考虑另外两个交易员瑞秋和莎拉：前者擅长做研究，后者擅长交际。瑞秋选择在她自己的办公室里进行研究。她阅读大量研究报告，并通过建立经济数据模型来支持自己的判断。她极力保持一个安静的工作环境，因为她发现，自己如果能处于感到满足的状态中，并不受外界干扰，就能产生最好的想法——房间里播放着柔和的音乐，加之办公室精美的装饰，墙上挂的美术作品，桌子上有香味的蜡烛。在紧张的工作时间，她会把手机调到静音，别人只能通过语音信箱给她留言，就连电脑屏幕也是关闭的。在这样的环境下做调研，瑞秋感到幸福无比。

相比之下，交际能力出众的莎拉则眼疾手快。她的工作位置就在交易大厅，但她很少在座位上坐着。反而，她在过道里走来走去，时而和其他交易员面对面交谈，时而用电话交谈，看着电视里播的财经新闻。萨拉最强大的优势就是她所掌握的信息网。她每天例行公事地与数十位同事交流，收集有关海外央行的信息、最新的经济报告以及影响着主要市场的资金信息。有时，所有信息都聚集在一起，莎拉在下单交易之前疯狂地进行电话报价。她的人际关系让她随时都可以了解谁正在做什么，这使她可以很好地把握行情。

> **关键结论**
> 工作和生活环境将影响我们获得幸福的方式。

我们再来看两个截然不同的交易员：一个通过满足感和专注来获得幸福感，另一个则通过健康积极的人际关系找到幸福感。两人都创造了一个有利于自己工作和情感的环境。虽然她们对幸福的定义大不相同，但两者也都在交易中找到了各自的心理幸福感。我们将幸福、满足感、活力和关爱等特质融合在一起的方式，将决定我们在市场中的表现。

幸福与人格

埃迪、埃德加、瑞秋和莎拉的例子向我们展示了心理幸福感与人们个性之间的密切联系。大量的研究确定了构成人格的"五大"特征：

（1）**神经质／情绪稳定性**：在负面情绪与正面情绪的平衡中做出选择。

（2）**外向性**：爱好交际，喜欢寻求刺激，对事物充满好奇。

（3）**开放性**：热爱多样性、创新，有一定的审美情趣。

（4）**亲和性**：与他人相处愉快。

（5）**尽责性**：喜欢一切事物井然有序。

以上每一种人格特质，都可以成为通向幸福的道路。例如，喜欢交际的莎拉在"外向性"方面表现出了突出的优势。而热爱研究的瑞秋则更加内向，产生新想法会使她异常开心。情绪稳定的艾迪是控制情绪和尽职尽责的典范。埃德加把自己的经验和外向发挥到最大限度，在市场上冒险寻求独一无二的机会，放手一搏。我们的人格包括认知和情感两方面，它们共同决定了我们处理信息的方式，以及我们会对信息做何反应。

以下是我在成功的交易员身上观察到的一些性格特征、情绪特点和认知方式：

- **尽职尽责的交易员**。这类交易员通常受过专业训练，对不同交易有着清晰明确的操作原则。尽责的交易员会有条不紊地接近处理市场信息，有时是借助交易系统，有时则通过利用市场反馈来做出决策。根植于规则与习惯，可以使交易员保持专注，并避免情绪上的冲动和偏激。

- **社交型交易员**。像莎拉这样的社交型交易员，往往倾向于通过人际交往来获取所需信息，当然了，他们也会采取密切交流、高度协作的工作方式。社交型交易员经常在网上与别人讨论，也经常在交易大厅甚至同事聚会中与别人交流。通常，社交型交易员会高度协调其他人在市场上的所作所为，并通常能预知股市中的"羊群"将何去何从。

- **创意型交易员**。创造性强的交易员喜欢思考市场上新兴的理念和方法。对市场及相关交易工具的求知与好奇，显示了他们对新事物、新体验的高度期待。对于创意型交易员来说，交易甚至可能只是次要的，因为对新事物的追求与好奇是他们的主要动机。

- **情绪稳定的交易员**。尽责的交易员通过恪守规则来达到稳定，而这类情绪稳定的交易员，不需要做什么，他们本身就是稳定的。与艾迪一样，风格稳妥的交易员专注于规避市场风险与动荡，以及随之而来的负面后果。对于他们来说，构建相对平衡的头寸和相对保守的投资组合，利用对冲、不相关头寸以及期权来控制风险，都是很常见的。

大致上讲，社交型和创意型的交易员是需要被激发的：他们需要从其他交易员或者研究报告中获取灵感。尽职和稳定的交易员对外界激发是相对排斥的：他们钟爱那些既不太过激进，也不太过保守的策略。当然，问题不在于哪种风格更好或更糟，而是哪种方式更适合你。

我们很快就会看到，心理幸福感是我们做好交易的基础。然而，认知、情感、性格特点不同的人，从交易中得到的幸福感也有所不同。杰克·施瓦格在2012年对许多市场奇才的采访中，最重要的发现之一是，每一名人才都找到了一种适合自身个性的交易方式。这是至关重要的。同样成功的交易员之间，性格特点却会有很大不同。相反，他们每个人都拥有独一无二的优势，并在市场中找到了表达、利用这些优势的方法。

关于幸福，研究告诉我们什么

近几十年来积累的大量证据表明，积极的情感对我们的成功至关重要。正如我们在上面看到的，这一点自有其原因。如果我们所做的事能带来快乐、满足、能量和关爱，那么我们就愿意沉浸其中，享受它们带来的乘数效应。仅仅去控制并减少于交易中出现的负面情绪是不够的。我们的交易工作需要提供给我们能量、满足和快乐，需要让我们表现出最好的一面。

那么关于幸福，我们到底知道些什么呢？以下是一些关键的发现。

- **积极的体验并不是消极体验的对立面**。就如上面提到的，积极和消极的情绪并不是对立的两个极端。Argyle 在他的优秀著作 *The Psychology of Happiness*（2001）中指出，研究发现，积极情感与消极情感之间的相关性是 –0.43。这意味着，不到 20% 积极情绪的变化是由负面情绪造成的，反之亦然。例如，那些帮助减少消极情绪的练习，比如使用放松、减压技巧，并不一定会让我们变得更加快乐，更加关爱他人。同样，即便我们在良好的关系中获得了能量和关爱，也同样有可能在工作中承受巨大的压力。积极和消极情绪间的相对独立性，对交易员有着重要的意义，因为它告诉我们，只有积极主动地寻求幸福，幸福才会找到我们。简单地减压是不足以让我们表现更好的。

- **幸福其实不同于对生活的满足感**。Argyle 回顾了在个人主义文化与集体主义文化中幸福感与生活满意度之间存在着更高的相关性的证据。Diener 的研究小组在 2009 年发现，积极情绪与生活满意度的相关性约为 0.50，而消极情绪与生活满意度的相关性约为 –0.50。显然，积极或消极的情绪与满足感有关，但正如研究人员指出的，不同的幸福指标是相对于不同的时间广度而言的。满意度在我们的生活中是一个更加广泛的概念，积极的体验则更直接。很多时候，我们在某一天或某一周可能会经历压力和痛苦，但总体上仍然对生活感到满意。对于交易员们来说，一个常见的陷阱是以损失生活满意度的代价来追求幸福感。我认识一些在事业上非常成功的交易员，他们在婚姻和家庭中明显是不快乐的。他们的成功确实给他们带来了一定的幸福感，但并不一定是持续的生活满足感。

- **幸福感往往会随着时间的推移保持稳定**。Compton 和 Hoffman 在 2013 年的研究中，指出了我们对幸福的"定位点"。我们情绪平衡的平均水平，是不随时间变化的。不同事件或经历确实能让我们暂时感到更积极或更消极，但我们最终会回到我们原始的"设定点"。正如作者所指出的，这一点与我们积极和消极情绪有很强遗传性的观点是契合的。但这并不意味着我们不能改变我们的幸福程度：Compton 和 Hoffman 引用了 Diener 及其同事的研究，并发现：在 17 年的时间里，大约 1/4 的受访者从开始 5 年，直到最后 5 年里，生活满意度发生了大幅改变。然而，在周到周、月到月这样相对短的时间内，我们对幸福的设定不太可能发生很大的变化。这表明，理解我们自己对幸福的设定点是非常重要的——我们每个人都拥有自己独特的情感平衡点。例如，如果我们知道自己容易进入愤怒、沮丧和消极的状态，那么我们可以制订计划来减压，最终恢复情绪平衡。

> **关键结论**
> 为了改变我们的幸福设定值，我们需要培养能使幸福最大化的生活方式。

- **对幸福的定义在不同的文化背景中差异很大**。Compton 和 Hoffman（2013）引用了几项研究，发现在斯堪的纳维亚人们的幸福感最高，而在某些非洲国家人们的幸福感最低。他们解释说，平均收入与幸福感密切相关，在低收入和中等收入人群之间，差距尤其大。当人们意识到自己的基本需求可以得到满足时，他们往往会更快乐。正如 Diener 和 Suh（1997）所发现的，即使在人均收入较高的国家中，更多的财富或许也会使人们感到更幸福。有趣的是，与满足感相比，高收入与幸福感的相关性更低。更高的收入可以使人们的社会和心理需求得到更好的满足，从而提高生活满意度。这一点与那些没有其他收入来源、试图以交易谋生的交易员密切相关。当交易带来的经济损失威胁到他们的个人基本需求和家庭需求时，他们的情绪平衡和整体满意度将遭到破坏。

- **已婚者比未婚者更容易感受到幸福和满足。**爱是幸福的一个核心要素。如果我们在人际关系中不快乐，或者缺乏与他人之间的亲密关系的话，我们将很难维持幸福、满足和活力。Diener 和 Suh（1997）发现婚姻可以预测男性和女性的幸福感。Compton 和 Hoffman（2013）也注意到，恋爱关系的质量与生活整体满意度之间有很强的关联。我认为，与其他职业相比，人际关系的质量对处于交易领域的从业者更加重要。由于市场变化无常，交易员们不能总是指望他们的工作是令人满意的。交易从业者的这种心理状态，其实不同于那些拥有安全稳定工作的人。既然他们的工作没有足够的稳定性，交易员们自然就要从稳定、健康的家庭关系中寻求满足感。一个可以理解自己、支持自己的配偶，将很可能为交易员的成功贡献巨大的力量。相反，与配偶之间的矛盾和冲突，将不可避免地对交易员的业绩造成损害。

- **体育锻炼与提高幸福感有关。**这并不奇怪，因为人们的能量水平也是整体幸福感的一个重要组成部分。Argyle 的研究发现，即便是短暂的体育锻炼，也会对人们的情绪有益。这些好处不仅包括内啡肽创造的"快感"，还包括健身带来的自律和自我形象的提升。这对于经常花大量时间坐在屏幕前的交易员来说，是至关重要的一点。久而久之，锻炼会增加你的能量，提升你的工作效率。

- **幸福感对我们的身体健康有好处。**Argyle 引用了一项研究，研究发现快乐的人寿命更长，总体健康状况更佳。有趣的是，消极情绪与不健康之间，有着显著的相关性。丹尼尔·内特尔（Daniel Nettle）在他 2005 年的 *Happiness* 一书中，引用了一项令人瞠目结舌的研究：修女们在宣誓时自己做的那些记录，她们对记录中每次出现的积极情感进行了打分。生活积极性最高的修女（前 25%）比其他人活得更久：她们之中有 90% 的人活到了 85 岁。相比之下，只有 34% 生活积极性最低的修女活到了这个年龄。一个合理的假设是，充满活力的生活以及幸福乐观的态度有助于人们的健康，就像健康也有益于幸福一样。对我们心灵有益的事往往对我们的身体也有益，反之亦然。

所有这些研究的结果是什么？以往的交易心理学旨在唤醒纪律、控制情绪、应对压力等，但这种模式恐怕已经过时了。本书将人们的表现与最佳的情感与身体状态联系在一起——其中大多讨论的是我们交易工作之外的生活。幸福不仅仅因顺利的工作或是赚到多少钱而生；它也产生于我们人际关系的培养，我们对生理需求的满足以及我们完成工作的方式。如果你把交易员比作运动员，那么他们进行自我调节的一个重要部分就是通过锻炼来产生幸福感。我们中有多少人拥有充满正能量的生活？研究表明，充满正能量地生活不仅是可能的，而且对我们的健康和成功至关重要。

如何培养幸福感

人们能学会提高自己的积极性吗？如果我们对幸福的设定值确实是先天的，由我们的基因决定，那么这将是不可能的。然而，Fordyce 于 1983 年的研究表明，幸福感的提升可以通过一个专门的训练计划来实现。它由 14 个部分组成。

（1）保持积极心态。
（2）增加社交时间。
（3）提高工作效率。
（4）提高组织计划能力。
（5）减少忧虑。
（6）对凡事拥有合理的期望值。
（7）学会积极乐观地思考。

（8）走出过去，放眼未来，活在当下。

（9）热爱自己，自食其力。

（10）让自己变得更加外向、友好。

（11）努力做好自己。

（12）解决麻烦，减少负面情绪。

（13）培养亲密关系。

（14）为快乐而生。

Fordyce开发的训练项目时长为一个学期，包括两个条件：①关于14个方面的信息；②对它们的详细解释，包括具体的完成方法。有趣的是，Fordyce只让对照组（信息）参与了训练的第一部分。而实验组接受了整个训练。对于各种各样的幸福指标，实验组的得分均明显高于对照组。尽管我们没有使用任何措施来监测实验组的规则遵守情况，但令人惊讶的是，93%的参与者都在努力将这些原则付诸实践；81%的参与者报告说，由于接受这项训练，他们的幸福感增加了；86%的人表示，他们认知和行为上的改变都源于此训练。

Fordyce发现，大多数受试者并没有完整尝试全部14条原则。相反，他们只是从这些选项中选出了与自己最相关的方面。诚然，全部14条都是有价值的，但是，要提升一个人的幸福感，只需要做到14条中的一部分就足矣。**这表明，更加量身定制的选择，可以更有效地改善我们的情感平衡。因此，我们没有必要去提高生活中每个方面的幸福感；我们应当集中并持续地改进所做所想，来使我们的生活积极性更上一层楼。**

> **关键结论**
> 积极情感是可以被训练出来的。

马丁·塞利格曼在其2011年出版的《持续的幸福》（*Flourish*）一书中，向人们描述了一项构建幸福的方法，该方法一直是数十项研究的目标。宾夕法尼亚大学的韧性项目（Penn Resilience Program）专门面向中小学生，旨在提高学生的自信、创造力、决策能力、自我放松能力以及一些积极的应对技巧。这个项目已经在许多国家实行，涵盖许多不同的社区环境和不同的人口。总的来说，这个项目在两年的随访期中，被发现可以用来有效减少抑郁。它还可以帮助人们增加乐观情绪，减少焦虑和行为问题，改善了人们总体的健康状况。有趣的是，该项目还使广大儿童变得更加健康。许多国家和民族的人都注意到了该项目给人们带来的益处。

该项目的一个延伸，就是为费城之外的学生们提供训练，来加强他们的性格优势、交际能力以及情绪平衡能力。几乎一半的学生参与了积极心理学课程，而另一半没有参加。这个项目由 20 次课程组成，每次 80 分钟，每一次课程都提供一定的基础知识、实用技能和精心设计的家庭作业。不过，老师对学生们的出勤要求放得很松。在课程结束时，完整地接受培训的学生取得了更好的成绩，提高了社会技能，减少了行为上的问题，对学习的兴趣也变得更浓。

塞利格曼观察到学生们对项目的参与度越高，从中受益也就越多。如果学生们不但可以积极来上课，还能积极完成作业，那么课程效果会得到显著提升。在费城以外的项目中，有一项是记录一周内每天发生的"三件好事"。学生们需要写下"好事"发生的原因，以及他们如何能在未来让"好事"更多地发生。还有一项练习是让学生们发掘自己在行为价值上的最大优势，并在一周的时间里找到新的方法来利用这些优势。以上这些练习的要点是，多想想什么能给我们带来幸福，然后采取措施来让我们变得更加快乐。

塞利格曼的研究表明，提升幸福感的一个强有力的方法是进入专注于解决问题的模式。回想一下，着重于解决问题的模式有这样一种假设：我们的所作所为与我们的目标协调一致。我们的任务不单单是减少行为上的问题，而是应当着手于那些能带给我们成功的事情。在塞利格曼的幸福训练计划中，我们会每天记录一些能给我们带来快乐、满足感、能量和爱的活动。结果是，我们将会知道哪些积极行为最有可能让我们变得更幸福。比如说，我们可能觉得剧烈运动能带来能量和满足感；再比如，在爱人的陪伴下去一家新的餐馆用餐，可以让我们感受到更多的快乐和爱。重点在于，我们需要选出每天让我们最幸福的那件事——可以是任何形式的幸福。那些带给我们幸福的事应当与日常工作相协调，工作上的成就可不是靠零碎时间就能完成的。

我在实施这样一个模式时所发现的是，人们普遍害怕自己把幸福和快乐放到最高优先级，因为一旦如此，他们就觉得不再有充足的时间去完成每天的工作任务了。然而，这一点说明，我们的能量和意志力是守恒的。取而代之的是，人们通过积极的情感体验让自己变得更有活力，更专注于那些需要完成的事情，也更高效地完成日常生活中的任务。我们如果花时间去做可以带来幸福感的事情，那对工作效率的提升将会有很大帮助。一旦缺少了幸福和满足，不再充满爱和能量，我们或许就会开始磨磨蹭蹭地混日子，因为人都是容易分心的。不过，如果我们全身充满积极的能量，这就不太可能发生了。

在吉姆·洛尔（Jim Loehr）和托尼·施瓦茨（Tony Schwartz）2003年的书《精力管理》(*The Power of Full Engagement*)中，作者确定了4种能量来源：体力、情感能量、心理能量和精神能量。他们提出了一个很有价值的观点：人们更倾向于通过安排好时间来完成目标，而不太关注在某段时间中所用能量的功效如何。如果我们每天都充分利用这些能量，我们时间的利用效率和质量将会得到大幅提升。

同样，这也是上述专注解决问题模式的价值所在。通过思考下面几个问题，我们将开始更稳定、更幸福的生活。以下就是这些问题的概述，以及相应的回答。

- 最近的哪些活动让我的体力更加充沛？
    - 早起做运动可以使我一天都充满能量。我会去做那些可以挑战自我的运动：剧烈的伸展运动、举重、慢跑 / 有氧训练等都可以。如果我做完运动之后满身大汗，气喘吁吁，我将感觉更好，也更有动力继续前进。

- 如果我在一天刚开始的时候吃得清淡一些，并严格要求自己每天早晨只喝一杯咖啡，我将会感到能量充足。否则的话，我就会变得很累、很疲劳。
- 我获得更多的能量的方法是，不要久坐在电脑前工作，经常离开我的位置四处走一走，喝杯水，等等。当我太久不活动的时候，就会感到身体僵硬、缺乏能量。
- 我的睡眠质量在很大程度上决定我第2天是否能量充足。如果我在临睡前吃过或喝过什么，我很可能会在夜里醒来，中断的睡眠会让我早上变得更疲累。如果我晚上睡不好觉，尤其如果熬夜到很晚，我也更容易感到疲倦和精力不足。睡前阅读是一种很好的放松，它可以帮助我快速入睡，同时也能提高我的睡眠质量。
- 下班后进行体育锻炼是令我恢复体能的好方法。散步或伸展运动可以促进血液循环，使我回家后精力充足。如果我下班到家之后继续加班，不进行适当休息，我的能量将很快耗尽。

● 最近的哪些活动给了我更多的情感能量？

- 当我与我的学生一同处理棘手的情况时，我的情感能量将得到最大化。例如，投资组合经理与我一起做计划赚取更多资本时。我喜欢参与其中带给我的挑战，也希望自己成为更成功的交易员。
- 我很享受家庭带给我的挑战，比如帮助我的孩子解决工作上的问题，或帮助他在面试中取得成功。
- 很多事情都会使我的情感能量最大化，包括那些需要我长期坚持的目标，比如，努力减肥或者写一本书。我喜欢为自己设立一个个进步的目标，逐步达成。在一个小目标上取得成功，将为自己达到下一个目标提供能量。

- 尝试新事物或在陌生领域挑战自己，会增加我的情感能量。例如，到陌生的地方旅行，参加一些新的活动，比如我最近的一次在阿拉斯加野外旅行，刺激且令人振奋。
- 我有时会在交易中面临多个相互矛盾的信息，而我必须将这些事实进行有效整合，这个过程，往往能增加我的情感能量。在经历了长时间的混乱和不确定性之后，看到一切慢慢变得清晰，这种感觉对我非常有益。

● **最近哪些活动给了我心理能量？**

- 我知道我在乐观专注地面对提前安排好的日程或工作时会充满心理能量。当然了，从事我喜欢的工作，就算再忙，我也会有很好的心理状态。总的来说，我喜欢投身于我所热爱的工作，在这种时候，我的心理能量将达到最大值。
- 当我在有一定外界刺激的工作环境中（音乐、我周围的活动）时，我的心理状态更好，但这不包括使我分心的环境（有人打扰我）。我清早在家的时候工作效率最高，因为这样的环境带给我更多心理能量，我在其中不会受到干扰，更容易专注。
- 我的求知欲很强。读书、看新闻、发掘有趣的网站、做有意思的市场研究等，都能给我带来很多心理能量。
- 当我留出一段时间专注地做某件事的时候，我的心理状态最佳。如果我在市场中产生了一个新想法，我愿意用一整个上午或下午来充分探索它。看到一个新想法最终被付诸实践，是非常令人振奋的。
- 长时间坐在电脑前管理、操作我的头寸反而会减少我的心理能量。相反，我在交易中最大的心理能量来自于利用市场中的绝佳机会创造价值的过程。

● **最近的哪些活动给了我精神能量？**

- 当我与子孙亲密相处时，我的精神能量最高。与我的孩子短信聊天，分享他们的生活，能让我感觉更接近他们。全家人一起参加活动能减少代沟，创造一个跨越几代人的纽带，十分鼓舞人心。

- 与猫相处同样会给予我精神能量。当我写作、阅读甚至锻炼的时候，它们都会在我身边。我每天起床第一件事就是和它们说话，抚摸它们，喂养他们，打点好它们的卫生。这四只猫有着不同的个性，每一种都触动我的心灵。

- 只要与玛吉一起，无论做什么我都会觉得充满精神能量。我们一起短途旅行，一起尝试新餐馆，一起看有趣的表演，一起去国外旅行，等等。几乎所有家庭中存在的挑战，从修理水管到规划投资，我们两人都共同应对。如果我们在生活中同舟共济，生活就会变得轻松起来。

- 我喜欢与朋友或同事一起参加社交活动，大家可以面对面地分享经历和点子，这样的过程会给我带来精神能量。我认为大多数聚会都是无聊和肤浅的。志同道合的朋友聚在一起，总是令人开心满足。

- 我喜欢读哲学、心理学、宗教等强调人生目的和意义的书籍。尤其是那些英雄主义、乐观主义的书，读这类书可以给我带来灵感。

- 做有价值的事总是可以给予人们精神力量。比如，通过指导和教学的方式，帮助那些前途无量的年轻人成长。

请注意我生成的这个列表。如果我可以日复一日地处于这些活动中，那我肯定会过得非常幸福。洛尔和施瓦茨强调，习惯对于在四个领域保持充足能量是十分重要的。正如我们在都希格的研究中所看到的，当习惯成为你的一部分时，它将把你推向正确的行为。这远比一味期望着靠稀缺的意志力推动你做正确的事情要有效得多。

关键结论

不要等待着幸福来找你，幸福其实是一种习惯。

我列出的是一份以解决问题为导向的清单，我每天可以用它来激发自己的能量。你要做的是，根据能为你提供身体、情感、心理和精神能量的活动，来生成一份属于你自己的清单。特别注意那些发生在你交易之前、之后和正在交易时的活动。这些最终会形成适当的习惯，帮助你发掘出最大的时间利用率和工作效率。如果我们一直都在充满能量、充满幸福感的状态下工作，冲动和坏习惯将离我们而去。

学会保持能量，避免无谓消耗

卡尔文发现自己开始讨厌交易了。起初一年他赚了些钱，但后来他决定增加风险，追求更大收益。当时的市场趋势变得对卡尔文更加有利，他的盈利能力也趋平稳。他是一位经验丰富的基金经理，所以奇怪的是，他对自己这段时期的平凡业绩感到如此沮丧。毕竟，他已经历过太多平淡期和低谷期，当年每每渡过难关之时，情绪也都没有明显变糟。然而，现在，他发现自己简直像个新手，也开始怀疑自己，紧紧盯盘以确保万无一失，而且有一点干扰就会终止交易。我和卡尔文的助手谈过，他的助手也表示他现在的工作表现大不如前。"交易是我们两个一起在做。"卡尔文的助手解释说，"然后第二天，我们还差25个基点的时候他准备就出手了。我一直告诉他，我们需要遵循之前定好的计划，他也同意了，但之后我们一直在犯同样的错误。"

变化的不是市场本身；卡尔文的点子也没有比以前差多少。他只是没法再做好交易了。

在我对卡尔文的生活和工作进行了一番盘点后，我发现了以下几点。

- 他早在两年前就已经离婚了，但他最近需要面对探视前妻以及赡养子女方面的法律问题。
- 卡尔文的搬迁导致他无法像以前那样频繁看望他的儿子。对这一点，他感到非常内疚，但在短期内也无力扭转局面。

- 他最近的一段恋爱关系似乎无果而终。他不知道究竟是为什么,但一直怀疑其中一个重要因素是自己过长的工作时间。
- 他最近几个月增重了不少,也暂停了之前的一个健身计划。当他的交易业绩不佳时,他找借口说他需要花更多的时间研究市场,管理头寸。
- 在他有限的空闲时间里,卡尔文把大部分时间花在了陪儿子和女朋友上。这意味着他的其他人际关系会不可避免地受到忽视。一年多的时间里,他也没有休过多少假。
- 卡尔文一下班到家就会感到非常疲惫。他开始一杯接一杯地喝酒,很快他就喝醉了。

这使他的情况进入了恶性循环。

我很清楚,正是卡尔文生活中的问题,导致了他交易工作上的不顺利。几乎在生活的各个方面,他都是被动的:他在不断应付他遇到的挫折。当我想到快乐、满足、活力和爱——那些幸福的要素时,我能看到,这些正是卡尔文缺失的东西。一切积极的事物正离他而去,他着实已不是原来的自己了。

想象一下,如果有人冬天住在一栋窗户都密封不好的房子中,冷气穿过走廊,住在里边的人自然会不舒服。为了改善这种情况,房子的主人把暖气开得越来越大,效果却十分有限。当房主收到物业账单时,才意识到供暖成为一个经济问题。业主是在拆了东墙补西墙。

就像房子会流失热量一样,人们的能量也会被自己消耗。正如我之前提到的,我喜欢将活动或事件分为两类:提供我们能量和消耗我们能量的。卡尔文的"房子"中存在着很多裂缝:在他的生活中,各方面都在消耗他的能量,而没有重新产生能量。这就形成了一个恶性循环。想想洛尔和施瓦茨所强调的身体、情感、心理和精神能量。在所有这些类别中，卡尔文自身的能量可谓入不敷出。不夸张地说，他在身体上、情感上、心理上和精神上都疲惫不堪。他已经成为缺乏心理幸福感的典范。喝酒并没有让他感觉好多少，反倒使他变得越来越乏力。

卡尔文还做了什么来扭转他的处境呢？他更加努力地工作。他起得更早，花更多时间在研究上，并试图更严格地管理他的头寸（这使他的助手很气愤）。他的所作所为就像在漏风的房子里开大暖气一样。最终，结果自然又是入不敷出了。他工作确实更加努力，但总的来看，他的做法并不明智。他就像上面的业主那样，拆了东墙补西墙。

当你的房子漏风了，你就需要把裂缝补上。然而，什么才能让卡尔文彻底离开他的恶性循环呢？

这使我们再次回到用进废退这条原则。如果我们的自身能量得不到持续补充，我们的能量就无法保持稳定。相反，既然生活中的方方面面都会消耗能量，我们将渐渐失去能量的来源。幸福，在这种意义上，用来防止我们自身能量的流失。若要解决能量流失的问题，我们必须持续不断地补充能量。关键在于，生活中的每一天，是增加了我们的能量，还是损耗了我们的能量。过度使用资源，抑或没有充分利用资源，都会导致能量流失。洛尔和施瓦茨强调，我们有必要定期参与那些可以给我们补充能量的活动。

他们这个观点非常重要。我们只有恰当适度地使用能量，才不会遇到麻烦。那些没有被我们用尽的能量，最终则会流失。努力让自己跳出舒适区，是人们增加能量的好方法；日常活动，例行公事，无法带给我们能量。那些特别的身体、情感、心理和精神活动，对我们来说是具有新鲜的活力的。回顾一下我之前的清单，不难发现，在这段时间内，我们做的都是极具创造性的事；特别的旅行，与他人的共同活动以及可以带给我们能量的体育运动。如果我们总是保持常规，那么得不到充分利用的能量就会给我们带来麻烦。我们的能量也将不可避免地流失。

这危及的不仅是交易业绩，还有我们的生活。

❦ ❦ ❦

如果你暖气账单上的数字让你大吃一惊，你或许应该马上把暖气调低，因为热气早晚会从你窗户上的裂缝中漏出去。这正是卡尔文所做的。他和我见面后，第一件事就是去度假。他暂时放下工作，和他的儿子一起去游乐场玩了一整个周末。这是一段美好的时光。然而，令卡尔文意外的是，他的前妻对此举表示非常认可。当卡尔文回来的时候，他和女友利用晚餐的时间进行了一次深入的交谈，他发现，确实是他对交易和市场的过度专注，导致了两人的疏远。当女孩发现男友没有把自己放在首位的时候，又怎能不伤心呢。

在卡尔文即将返回公司上班的时候，我与卡尔文和他的助手见了一次面，我让他们两人分别列出一份关于如何提升交易水平的清单。毫不奇怪，两人清单上的内容基本上是吻合的。他们的首要任务是：避免在电脑前久坐，多起身走动，审视、回顾他们的想法，考虑如何管理头寸；要主动计划行动，而不要被动地应对价格波动。把以上作为两人合作的约定，对于卡尔文来说，却是一个特别的动力：他欣赏他的助手，也不想让他对自己失望。他们的另一个改进措施是：为入市建仓制定了十分特殊的规则。他们只允许做回调加仓，并且他们的入场仓位要足够大，来让他们"赢"得更彻底。对于每一笔交易，他们都可以做到目标明确，思路清晰。不过，如果两人找到了进步的方法，改变了对市场的理解，这些思路和技巧也会有相应的改变。

卡尔文的助手因参与了这次训练，变得充满能量，卡尔文也开始觉得自己回到了原来的状态。他做了什么独特的或颠覆性的事情吗？当然没有。通过暂时离开市场，专注于自己的核心价值（他和他儿子的关系），并利用这次训练回归基础，他只是赢得了每一小步，而这一切，在很大程度上修复了他的状态。他把更多精力放在了生活、锻炼、健康饮食、戒酒、与朋友在一起等，远离了自身能量入不敷出的境况。我们对他的助手在各个方面采取了相同的方法：养成一种习惯（一种日常行为）来引领他的运动、饮食和社交生活。作为教练的我倒是像个啦啦队队长，在鼓舞着他们：在卡尔文职业生涯的大部分时间里，他一直都在好好坚持这一切。他之前的感觉没错：他曾经迷失了自我。真正可以治愈他的方法，不是改变自己，而是重新审视自己。

> **关键结论**
> 为了在交易中变得更加出色，只会应对压力是不够的，我们还必须保持对生活的热情。

我在卡尔文身上看到的是：当你身处糟糕的生活状态中时，会进入一种恶性循环。如果你开始坚持做那些可以带给你幸福感的事，你的状态就会好转，不断产生新的能量。加强睡眠、减肥和锻炼，给了卡尔文新的能量，也唤醒了他以往良好的社交生活，进而使他可以在工作中保持良好的状态。当他再次开始赚钱，他发现自己还想继续保持这种势头，他便继续了他已发生改变的生活方式。如果我这次采取的是原因导向的策略帮他解决问题——分析他生活中的矛盾或回顾他导致自我挫败的行为和想法，我们将永远无法弥补他缺失的东西。**在重新整顿自己的工作之前，卡尔文需要重新找到自己的幸福。**

恪尽职守：被低估的成功要素

我在 TraderFeed 博客上发表了一篇关于"尽责性"的文章，其中包括尽责性的重要性和培养方法。大家还记不记得，尽责性是相关研究文献中确定的"大五"人格特质之一。尽职尽责的人，是有条理、负责任、勤奋的人。当我们有原则、有方法地进行交易时，我们正在以一种尽责的态度对待市场。

Jackson 等人在 2010 年的一项行为分析中，发现了以下与责任心呈负相关的因素（消极怠工，冲动，反社会，懒惰），以及呈正相关的因素（有条理，整洁，勤奋，注重外表，守时，拘谨，有责任心）。作者发现，有责任心的人往往自律且目标明确；他们做事有条理，刻苦勤奋，并且懂得三思而后行。

由于有责任心的人会更加努力工作，避免行事冲动，并以合理明智的方式去追求目标，他们在学校的成绩往往比那些不太认真的学生要好。他们也更有可能在事业上取得成功。Kohn 和 Schooler 在 1982 年一项有趣的研究中发现，有两个因素对事业成功至关重要："观念上的灵活性"（即思想开放）以及"高度自觉"（这一点对于责任心来说必不可少）。那些自觉的人相比不自觉的人，在工作中并不需要密切的监督，也更有可能从事一些高薪的非体力工作。换句话说，责任心强的人往往承担着更多的责任。

尽责性中"勤勉"的部分代表着坚持。Ericsson 强调的是：刻意练习，是我们追求卓越的道路中最关键、最基本的过程，而在刻意练习的过程中，最重要的就是坚持不懈的学习精神。尽责性强的人会去细致审视自己的表现，得到相应的反馈，并进行后续改进。与懒惰或心不在焉的人相比，尽责的交易员更喜欢写日记、定目标，并系统地从经验中学习。尽责的交易员们也是谨慎的，他们会去遵循风险管理规则，避免因为主观感性行为导致交易失败。

我们再次回忆一下卡尔文的案例，在那段时间里，他生活的各方面都无法给予他能量，带给他幸福。有意思的是，卡尔文幸福感的缺失，尤其影响了他作为一名交易员的工作。很重要的一点：随着时间的推移，卡尔文的状态变得越来越差了：自身能量的缺失导致了更多不稳定的情绪，他的决策也因此变得更糟糕。卡尔文的助手对他的担忧，主要集中在纪律缺失的问题上。卡尔文陷入了他所谓的"菜鸟交易"模式。

迈克尔·波斯纳（Michael Posner）在 2012 年的认知神经学研究中表明，注意力以及额叶皮层功能的正常运行，对尽责性至关重要，两者之间是可以自我调节的。人们意志力强的时候，比意志低迷的时候行为更加有条理、有纪律。既然幸福感可以给我们带来能量和意志力，那么我们当然希望得到快乐、满足、活力和爱，让我们变得更加认真，更加尽职尽责，从而在学业或工作上取得成功。如果我们可以从平日里不断获得幸福感，我们将在追求目标的过程中始终如一。

卡尔文转变的过程中十分显著的一点是：一旦他变得更快乐，他就会变得更加认真负责，反过来则不然。针对卡尔文的情况，一种合理的训练方法是：关注并改善卡尔文糟糕的习惯管理能力，并鼓励他通过写日记、做交易规划等方式变得更加认真尽责。当然，这种方法将会以失败告终：由于他的根本问题在于缺乏能量和动力，卡尔文将难以坚持他的日记和交易计划。使他真正转变的第一步，不是继续埋头工作，而是暂时放下工作，离开市场，让自己享受与儿子在一起的时光。随后，他参与了一系列活动来增强与朋友及女朋友之间的感情。这一切，都为他的饮食、饮酒和锻炼模式等提供了正能量。一旦他获得更大的幸福感，他的精力就会得到补充，继而让他变得纪律性更强。若违反纪律，则不管做出多大的努力，都不会带来快乐和正能量。

一个有趣的结论是，我们缺乏纪律和意志力的原因，有可能是我们在生活中精力不足。虽然我们大多数人都不会长期处于抑郁和倦怠之中，但我们也不会一直对生活保持激情和热爱。我们的日常安排决定了我们每天都会经历什么，这样的习惯在短期内是有益的，但长远看来，会使我们缺乏精力和动力。我们同样会把这种负面的状态带到交易工作中，像卡尔文一样在交易中经历失败。然后，我们就会尝试写更多的文章，分析更多的交易来让自己变得更认真负责，但这样做其实会进一步消耗我们的精力。

> **关键结论**
> 贪心、恐惧和挫折只会消耗我们的精力，使我们更难达成目标。

Tang 及其同事通过研究发现，每天进行一段身心合一的冥想，即便只做很短的时间，也能够提高我们的注意力和情绪控制能力。正念（mindfulness）有利于激发责任心，这是有道理的：如果我们做事用心负责，就更容易达成我们的目标。作者还发现，日常冥想也能增加幸福感，减轻压力。冥想不仅可以增强注意力，还能增加情绪控制能力，增强情感平衡。冥想还可以减少我们的精力流失，进而让我们变得更加认真负责，因为，通过提高对身心的控制力，我们对行为的控制力也将得到提高。

利用生物反馈提升幸福感

想象一下，你身上连接着监测你血压、心率、肌肉张力、脑电波和其他生理和认知指标仪器的同时，进行一段冥想活动——放松身心，集中注意力。监测器发出的提示音会帮助你判断是否处于放松和专注的状态中。随着时间的推移，你将了解各种身体和认知上的技巧策略，以保证你在冥想时一直都能处于专注的状态中。这就是生物反馈：冥想、减压与刻意练习相结合。

多年来，我一直发现生物反馈对交易者来说是一个非常有用的工具。这就是我总是在日常交易训练中让大家去使用它的原因。一旦适应了它的机制，生物反馈可以用来打破各种各样的消极状态，并灌输新的积极状态。以下是一些最有前景的应用。

- **心流的训练**——在身体放松的情况下集中注意力，正是进入心流状态所需要的条件，在心流状态中，我们将快乐地沉浸于手头的事情。如果我们把心流看作一种可以得到发展的技能，而不简单是一种随机出现在生活中的状态，那么，**生物反馈就可以被用来训练心流**。通过生物反馈，我们将学会解除生活中的干扰，调节我们的身体和内心。用一个简短的生物反馈练习来进入心流状态，进而开始一天的训练——当你发现自己已经练得够久并难以继续坚持时，它又会成为一个非常有用的休息方式。

- **压力管理**——生物反馈训练的一个好处在于，它能使我们的心灵和身体进入隔绝压力和痛苦的状态。如果我们的思维和身心十分放松，专注于自我控制，那么，维持正常的应激反应水平是非常困难的。同样，当我们的身心进入慢节奏状态，负面情绪和冲动也就离我们而去了。一个特别有用的练习是，将意象与生物反馈相结合，这样就能让你在保持身体放松、呼吸减缓的同时，沉浸在放松、安静的事物中。通过生动的意象，我们可以暂时脱离现实，从而有效规避压力。

- **泄压方法**——我们尽情想象那些让我们感到压力的情景。把那些情景在脑中重新过一遍，再次具体思考在如此情景下，我们会怎么去做去想。在我们重新回顾这些情景的过程中，我们保持身体静止，呼吸深沉而缓慢。这样可以训练我们保持放松和专注的能力，即使面对的是最紧张的情况也不例外。泄压方法对于减少焦虑及备战交易工作是非常有用的。生物反馈机制提供给我们自身觉醒状态的实时反馈，这样我们就能第一个看到，我们在最困难的情况下也能控制自己。

尽管生物反馈在压力管理练习中通常只是一个附属品，但就像前面关于心流的那个例子，它在训练我们培养积极情感体验方面特别有用。近几年，我在生物反馈方面的工作重点是研究心率变异性（HRV），这是一种度量心跳之间正常变化的指标。正如 MacArthur Research Network 在 1997 年所指出的，心率变化会随着年龄的增长而下降，遇到压力时也会减少。焦虑和充满敌意的人心率变化也会更低。相反地，能够增加心率变化的活动包括自我放松、抑制兴奋情绪以及控制呼吸节奏。我发现，提高心率变化的最快方法是，我们需要为自己创造一个低情绪且非常专注的状态。以上所有这些状态都是积极的，反之，忙乱和分心会使交易员变得十分被动。

有意思的是，就算长时间保持高水平的心率变化，也难以达到平稳的情绪状态，反而只能让我们愉悦地渡过这段时间。就像前面提到的，在此类心流状态中，我们体会到的不是欢快和激动，而是沉着、平静，以及心理和情绪上的解脱。不妨回想一下之前提到的那些幸福因子：快乐、满足、活力和爱。并不是所有积极的状态都一定是充满能量、充满快乐的。安静的满足和温暖的爱，虽没有那么激动人心，但也同样积极，同样可以让我们幸福。**通过生物反馈练习，我们可以保持较高的心率变化**，这也与之前的自我控制和尽责性练习密切相关。

比利是一名全球多元资产交易员。他通常会早起查看欧洲和亚洲市场的资产价格，浏览过新闻和研究报告之后，他又要开始打理电子邮箱中的一大堆邮件。在他开始工作之时，他已对当天的市场有了一定了解，并可以意识到该如何改进自己的交易计划。比利一整天的时间都在对市场发展趋势进行判断和评估，这使得他总可以把握市场的最新动态。正是比利这种快节奏、高灵活性的思维能力，让他能在各种类型的市场中独领风骚。

比利的工作方式是很有效的，不仅如此，即便在心率变化较低的情况下，他依然可以保持高效工作。比利很有可能处于一种快速进步的状态。工作中各类信息天花乱坠，他需要迅速做出反应，因此几乎无法给他留下放慢节奏、集中注意力的机会。他的工作风格，其实与生物反馈训练的宗旨是背道而驰的，他工作的时候一直保持着低水平的心率变化。正如我们在之前的讨论中看到的用进废退原理，比利很可能会慢慢失去慢节奏、"在状态"的工作能力。一旦市场升温回暖，带来的信息量和节奏将会翻倍，这可能会将比利击垮。当我第一次和芝加哥一位活跃的日内交易员合作时，我就很想知道，那些一直都在盈利的操盘手们怎么会突然有一段时间完全脱离正轨，亏掉大量资本金。正如比利的例子告诉我们的那样，当我们的工作方式无法加强我们的自控能力和幸福能力时，我们的软肋就会暴露出来。

有趣的是，许多操盘手并没有被繁忙、快节奏的市场所打倒，而是被无聊、慢节奏的市场所击败。他们已适应了飞快的交易速度——许多人平均每天都需要完成至少100笔交易，他们发现，在节奏慢、变化小的市场周期中，自己反而无法慢下来了。许多时候，特别是在正午时分，期货合约的交易总量无法满足操盘手们的仓位要求。这种情况发生的时候，他们只能坐下来，等待着市场流动性上升，这对他们来说可是非常痛苦的。他们通过在市场中奋战来获得幸福感。事实上，他们中的一些人从不介意称自己为交易迷：他们意识到，自己就像那些赌徒一样，在面对高风险的时候变得兴奋。

成功的赌徒知道什么时候该收手，什么时候不要冒大险。专业赌徒之所以专业，因为他们知道控制下注的时机和大小。赌徒们只有情绪失控的时候，才会把大注压在小概率事件上。我觉得特别有趣的是，慢节奏的市场会让许多操盘手同样情绪失控。如果他们无法采取行动，就会绝望地孤注一掷。这让他们的行动很有戏剧性，但效果是反的。

用进废退原则的另一方面是，我们将受益于所有能得到锻炼的长处。换句话说，**正是我们一直在做的事成就了我们**。这一点在我们能够积极培养好习惯时，对我们很有帮助，但我们一旦养成有害的习惯，它也会对我们产生很大的不利影响。对那些极度灵活的日内交易员来说，兴奋和分散注意的能力会自然在工作中得到加强。他们练就了一身在非常短的时间内迅速解读市场走势的本领，但专注和冷静就不是他们的强项了。他们就像健美运动员一样，精于上半身，看起来就像宇宙先生（Mr. Universe）⊖，但他们的力量仅限腰部以上。当他们无法再依赖于自己的上半身时，他们细长的腿就背叛了他们。

> **关键结论**
> 习惯成就人生。

生物反馈和冥想有益于人们的注意力、专注力、耐心、正念、平静和满足。通过反复的生物反馈练习，我们可以更容易地让自己"进入状态"，并且，我们也可以借此训练自己"在状态"时的表现。如果我们只有靠美好的幻想才能感到幸福，那我们将慢慢变得脱离实际。随着时间的推移，这将会对我们的情感健康造成损害，也会使我们在交易中损失资本。幸福感训练甚至能使我们从难以控制的情况中汲取能量。

冥想可以让你变得更积极

芭芭拉·弗雷德里克森（Barbara Fredrickson）和她的同事在 2008 年的研究

⊖ 健美比赛冠军的名称，阿诺德·施瓦辛格曾获此殊荣。——译者注

中，调查了一个为期8周的冥想训练计划对人们的心理影响。不过，调查中采用的是一种独特的冥想形式：冥想者在保持专注、平静的同时，需要在脑海中想象并感受爱、满足和同情。因此，训练的目标不仅仅是清除杂念，还要使脑海中充满幸福的想象和画面。从这个意义上说，我们可以把这种冥想看作一种幸福感训练。

我发现这项研究十分吸引人，因为它正是我此前在生物反馈过程中发现的，可以提高心率变化的一种积极情感表达。例如，当我的操盘手同事们试图抛开杂念，控制呼吸，并保持身体平静时，他们的心率变化读数没有像他们在脑海中联想幸福意象时那么高。我正抱着我的一只猫，抚摸着它，用身体感受着她的咕噜声：这可以算是我在心率变化练习中最喜欢的一段想象了。其实，这正是此类冥想所诱发出的意象。

对放松练习的一种直观理解方法是：不妨想象一辆高速运转的汽车，由原先的高速挡突然换到低速挡，但整个过程都会产生扭力使车继续开动。我们与其花精力去消除消极情绪，不如让自己放慢节奏，进入一个能让我们发挥更佳的状态。

正如前面提到的，弗雷德里克森的研究总结于她2009年的书《积极情绪的力量》(*Positivity*)中，她认为积极的情感体验会带来一系列的好处，它可以提高人们的情绪恢复力，改善人们的健康和社会关系。她在研究中发现，在幸福的条件下，我们可以拓宽视野，获得新力量。这样一个自我提升的过程表明，与那些缺乏幸福感的人相比，乐于充实自我、积极生活的人，将更容易取得长足发展。

弗雷德里克森与布兰尼根（Branigan）在2005年做了一项十分巧妙的研究，他们向受试者展示了若干影片，每段影片中要么是积极的内容，要么是消极的内容。然后，他们让受试者去完成一项视觉匹配任务，从而判断受试者们的感知是更宽广、更整体，还是更局部。对于那些含有积极情感的影片，观看者的注意范围变得更广：他们看到了更加整体的图景。而对于那些含有消极情感的影片来说，观看者的注意范围变得更小，反应更加局部。言下之意是，积极情绪可以使我们的注意范围变得更广，并更加关注整体而不是局部特征。在另一项2006年的研究中，Wadlinger 和 Isaacowitz 发现，积极情绪下，个体更多地注视到视野周围的刺激，而消极情绪下，个体则主要注意视野中心的刺激。当我们把目光投向消极刺激时，视野会变得更狭窄。积极的态度可以拓宽我们的视野，使我们能够洞察那些隐藏于消极之中的信息。

积极情绪对注意范围的拓宽作用也不局限于感知。正如弗雷德里克森在2013年的一篇研究报告中指出的那样，在面对新情况时，积极情绪水平高的人认知灵活性更强。他们对他人更加包容，也会去经常赞美别人，包括去赞美那些不同于自己的人。显然，幸福感给人们带来的好处，对交易同样有着重要的影响。更广泛、更灵活的观点使操盘手们能够快速参透不断变化的市场环境，并做出合情合理的决策。陷入消极状态的操盘手则有可能缩小注意范围，从而难以产生新想法来适应瞬息万变的环境。

人们在积极状态下注意范围的扩大，会使人们的优势得到加强。在《积极情绪的力量》中，弗雷德里克森引用了一项研究，该研究表明积极的情绪体验有助于"消除"压力带来的负面影响。那些积极情绪水平高的人在生理上对压力的反应和其他人一样，但他们恢复状态的速度要快得多。这种恢复力是他们防止从挫败走向没落的一个重要因素。积极情绪也有助于建立社交圈子，从而帮助人们互相学习，并从互动和观点分享中获益。在2013年的研究回顾中，弗雷德里克森的报告显示，积极的情绪会使人们处理问题更加灵活，进而帮助产生未来更多的积极体验。幸福感的上升会使人们的生活更加顺利，从而带来更多的幸福。这将有助于人们培养那些在负面情绪中永远不会出现的能力。

与冥想和生物反馈有关的一种积极情绪升高过程，涉及人们的迷走神经张力（vagal tone）——这是先前提到的心率变异性（HRV）的度量。在2010年的一项研究中，考克和弗雷德里克森发现，迷走神经张力高的人在社交和心理状态方面表现更好，进而又使他们的迷走神经张力进一步得到提升。通过训练自己维持积极情绪和高水平的迷走神经张力，我们可以更灵活地应对各种情况，并受益于更高的人际亲密度。

在针对慈心禅的研究中，那些在冥想上花费时间最多的人，积极情绪的增加最为显著。最佳的情况是，当受试者花大量时间在冥想活动中时，即便他们有几日没有坚持冥想，积极效果也会持续很多天。在冥想中，我们的专注力、自我接纳力、积极社会关系和健康水平都会得到提高。在一段高度精力集中、高度自我控制的状态中，唤起积极的想象和经历，不仅会带来更多积极的情绪体验，而且会使生活更加顺利美满，从而进一步提升幸福感。

有一点很明确：你肯定希望你的交易过程是一个构建幸福的过程。

利用自我催眠培养积极情绪

国际临床催眠治疗认证委员会引用的大量研究表明，自我催眠对于减轻体重、疼痛管理和戒烟等问题是非常有效的。Hammond 在 2010 年的研究综述中指出，自我催眠是一种快速克服焦虑和压力的有效方式。这个发现很重要，因为它们表明，操盘手们经常面临的情绪和行为控制问题，正可以通过自我催眠来解决。

在 The Daily Trading Coach 中，我概述了一种简单的自我催眠策略，我发现它能有效地安抚情绪，集中注意力，增强纪律意识。具体做法是：找一个地方坐下来，掌心相对，置于胸前，慢慢做深呼吸，把注意力集中在你的手上。一旦你感到完全专注，你就会告诉自己，有磁铁在慢慢地将你的两只手吸在一起。随着两只手靠得越来越近，你告诉自己感觉越来越放松，精力越来越集中，越来越有耐心和控制力。继续慢慢地深呼吸，你的目光将一直停留在你两只慢慢靠近的手上，当你的双手渐渐合拢在一起时，你会感觉自己越来越在状态。双手触碰时，你默默告诉自己，你会完全沉浸在当下，注意力清晰而集中。（你可以只在心中告诉自己，但记录下来并用于归纳也很容易。）随着练习的继续，你再告诉自己一点：是我的双手让我进入了状态。每次我的双手最终合在一起时，我都会发现自己在缓慢地呼吸，精神集中，回归平静。

我发现，操盘手们在反复练习之后会变得非常熟练。这个方法我已经使用很多年了，现在，我可以在一两分钟内就达到精神高度集中的状态。这项练习的优点在于，它随时随地都可以进行。此外，要注意两点：①当你的双手最终合拢时，你才会变得放松和专注；②但只要你把精力聚焦于你的双手，你就会变得放松和专注。换句话说，你在指挥你自己，用一种手势来实现你的认知、情感和身体状态上的转变，**一种从低幸福水平到高幸福水平的转变**。

到现在为止，你肯定已经发现了冥想、生物反馈练习和自我催眠练习（如上述过程）的共同点。在这几个过程中，你在做的都是调整呼吸，放慢动作，集中注意力，以获得更多的幸福感。在持续放松的状态下保持专注，是以上几个练习的共同要点。

我的经验是，每天只需坚持几分钟的练习，我们就能受益匪浅，而且效果往往能持续一整天。繁忙的工作中，那些每天坚持练习的操盘手，比那些对大脑和身体刺激做出反应而且不明智地让它们搅和在一起的人能更好地集中注意力，专注于市场。弗雷德里克森所做的关于慈心禅的研究也表明，我们可以使用这些技巧来实现各种各样的积极状态。在上面的例子中，你可以使用自我催眠来达到平静专注的状态。然而，在不同的练习中，你都可以专注于一个视点，同时进行特定的动作，例如用力将你的手掌合到一起，或者十指交叉，再用力把它们分开。在练习中，你可以告诉自己，每完成每一次练习，你都会感到更有活力，更加热情高涨。一旦你感到精力充沛，你就可以告诉自己说，只要集中注意力，做好这个练习，就会使自己充满能量，就如同自己连接到了一个无尽能量的源头。（再次强调，预先准备好说辞会很有效。）

我经常会在会议期间或是长时间的工作、交易中，慢慢地把双手合在一起，集中注意力。同样，当我开始感到低落的时候，我会小憩片刻，站起来四处走走，在保持注意力集中的同时，做一些简单的动作。不管怎样，我都依赖着自我催眠的训练来调整身心，当我发现自身状态不佳时，会利用自我催眠来帮助自己进入理想状态。

> **关键结论**
> 只要多加练习，我们就能成为认知、情绪和身体的主人。

有一点我希望着重强调：我们如果只是训练自己去减少诸如焦虑和沮丧这样的负面情绪，是远远不够的。我们可以通过学习来达到并维持最佳的情绪状态，来提高我们的生活质量和工作表现。许多与生物反馈、冥想和自我催眠有关的技巧，我们可以在一天中做很多次，这意味着我们正在通过反复练习，将积极变成一种习惯。**若要保持幸福，我们不需要等待着好事降临到我们身上来，我们可以主动从改变自身的习惯做起。**

❦ ❦ ❦

诺兰是一个成功的操盘手，但他有个很大的毛病：拖延。这似乎与责任心无关；但诺兰总是会找到一种方法，把事情拖到最后一分钟——有时甚至直到最后期限那一刻。诺兰的妻子对他的不守时和拖延感到十分绝望。她很早以前就知道，要想信用卡不被冻结，她就得自己来付账单。有趣的是，诺兰从不错过开盘时间，也会早早等待着数据发布。在交易过程中，他习惯同时专注于多个市场，而且几乎很少休息。他从来不冒太大的风险，也从不发脾气。同行们都认为诺兰是他们的榜样。然而，在其他地方，诺兰也一直都是。

随着时间的推移，诺兰的拖延症开始困扰到他。他知道自己应该多回顾、多反思以往的交易，但生活中似乎总有其他事挡在他的路上。他尝试了很多次开始写日记，但每每都无法坚持下去。当不同市场间的相关性增加时，他发现自己这种同时交易多个市场的方式获利减少了。一切都变得同时"低风险"或同时"高风险"。长期以来有利于他分散风险的多元化投资组合，在这种情况下则一去不复返。现在的情况是，他要么在所有交易上赚钱，要么全部赔钱。他多年来一直拥有的稳定风险调整收益慢慢地受到侵蚀。诺兰意识到他亟须在交易中做出改变，但他避开了适应这个必要的过程。

在我与诺兰见面的初期，我做了一项细致的调查，结果发现：诺兰更倾向于在每天晚些的时候拖延，而不是在清晨。早上，他不会受到太多干扰，也通常感觉自己休息得不错。但到了傍晚（特别是在忙碌了一天之后）他感到筋疲力尽。他最不希望的就是再花精力做其他事。这似乎是一个典型的意志力问题：他缺乏一种持续努力所需的精神资源。后来，一项关键的观察也证实了这一点：每当诺兰开始拖延时间，他就会感到疲倦和 / 或不知所措。这时他的一个常见想法是："这个我也不想做！"他意识到，在这种时候，自己无论做什么都会感到超负荷。不管是需要他去修剪草坪，帮助孩子们还是阅读研究报告——尤其是在他工作了一整天之后，所有这些在他眼里都是负担。

还记得我们之前那个窗户漏风的例子吗？诺兰就是一个典型。问题在于，他的工作并不会使他感到筋疲力尽。更确切地说，他的问题是，他没有任何可靠的方法来补充自己的能量。借用解决问题导向的思路，我们对他没有感到筋疲力尽的夜晚做了研究。结果并不奇怪：在这几天里，他每天下班回家后都用了大约 20 分钟来小睡一会儿。这足以使他的一部分精力和动力得到补充。

在这个基础上，我建议诺兰：我们必须为你创造更多的"早晨"，因为你在早晨的状态是最好的。这样做的方法是：下班后补一觉，然后进行一段自我催眠练习，练习可以很短，但需要有效果。在练习期间，他应当在心里告诉自己，每一次重复都是在给自己补充能量，使自己的意志力恢复。他还补充了很有用的一点——当自己感到更有活力时，就会以更快的速度努力完成接下来的重复动作，进一步给自己充能。结果，他的训练时间相对短，但很有效：每次训练他都会加倍努力。

现在，诺兰在傍晚的时候也像在清晨一样，感觉自己得到了充分休息，并充满斗志。他开始期待利用自己每天的"第二次清晨"来处理他最紧迫的事务。他的首要任务之一，是自学期权交易，因为他确信这将为他提供那些他原有的多元化收益。他不再通过同时操作多个市场来实现多样化，而是开始将市场波动性视为唯一收益的来源。我发现特别有趣的是，在诺兰如今的状态下，他已经摆脱拖延的毛病了。他不需要去刻意改变性格，也不需要进行任何深度治疗。更确切地说，他只是需要一种可靠的方法来给自己补充精力，带给他认知、身体和情感上的幸福。

锻炼你的身心

瑜伽是一种特别有趣的运动，它可以完美地把呼吸、注意力和身体活动（比如伸展运动）结合起来。我们通常认为冥想是一种位置固定练习。瑜伽告诉我们的是，我们其实完全可以在进行肢体运动的同时，保持冷静、自控和专注。事实上，瑜伽中的大部分姿势都可以唤起特定的身体、情感和精神状态，比如自我意识和感恩。通过反复练习，瑜伽练习者将学会把特定的姿势与特定精神状态联系起来，那些特定的幸福感就变成了习惯。

比如说，许多基本的瑜伽姿势都包括打开肢体、伸展肌肉及保持平衡。所有这些都需要较强的自我控制力和精确性，也都是在专注的状态（如呼吸控制）下进行的。当我们感到压力的时候，呼吸往往变得快而短，也不得不在缺乏注意力的情况下做出反应，还会降低我们的注意力，使我们的肌肉紧绷。虽然在瑜伽中，我们的肢体在不断运动，但瑜伽体位大多可以为人们的身体创造一种无压力的状态。这一点很重要，因为瑜伽能够训练我们在生理唤醒的条件下保持精神平静。如果我们经常锻炼自己在身体活动的同时保持内心专注，那么即便我们面对着市场的大起大落，也可以保证自己一直有良好的状态。

我最近在 TraderFeed 博客中，概述了一种日常锻炼身心的方法：它将冥想的益处与传统的体育运动有机结合。我所描述的训练包括起初的深呼吸、集中注意力和静坐，在这段时间里，我在有意控制吸气和呼气的同时，保持直立的坐姿。每次吸气时，我都会默默对自己说："能量进来了"，之后便感觉身体充满活力。每次呼气的时候，我都会对自己说："能量流走了"，然后感觉自己更加放松。只需要短短几分钟，我就会感觉注意集中，精力充沛。

然后正式开始锻炼：我需要先用 5～10 分钟的时间做伸展运动，从手和胳膊开始，再到背部和腰部，然后是腿部，最后是仰卧起坐。接下来是 10 分钟左右的举重练习，练习到的部位包括颈部、肩膀、手臂、胸部和腿部。最后的 15 分钟则是在跑步机上进行有氧运动，保持目标心率。这三种活动（伸展、举重、跑步）需要遵循以下两点规则。

（1）**两项活动之间的休息时间要尽可能短**。我每完成一个活动就会尽快开始下一个。目的在于让自己在半小时的锻炼时间里活力高涨。在尽可能短的时间内做高效的运动，我不会过度锻炼身体的任何一个部位，但同样能挑战体能极限。

（2）**在每一项活动中，我都自始至终保持着与最初几分钟相同程度的专注**。这意味着我在锻炼中会一直注意我的呼吸和姿势，并且心中默念"能量进来了，能量流走了"之类的自我暗示。我的目标是，在不间歇的锻炼中突破身体极限，使自己保持良好状态。

我发现如果我日复一日地重复这种锻炼方式，它能给我带来许多与自我催眠相似的好处。调整呼吸、姿势和意识，也成为这个快速锻炼计划的准备工作。在人们的生理活跃期，日常锻炼的关键则在于保持专注、投入。因为这种锻炼可以练习呼吸控制，所以没有必要再逼自己去做额外的运动；因为这种锻炼可以练习专注力，所以没有必要再去额外留出时间来冥想。整个锻炼活动变成了一系列积极的习惯。

当我第一次做这个练习的时候，我并没有预想到它的全部益处。事实上，我此前一直认为，在工作中锻炼身心只是一种节省时间的做法。直到后来，我才发现这种有机结合的最大益处。

✦ ✦ ✦

当市场低迷时，我的交易业绩往往变得不遂人愿。自己通常也会开始变得紧张，内心变得急切。我原本预期会有一个业绩上的突破，但并没有实现。我研究了不同的指数和行业，并追踪了最近的走势，以确定市场最近是否经历着重大变化。有些事不对劲，但我无法准确地说出到底是什么。

我突然改变了原来的坐姿，身子坐得更直了。这正是我快速训练之前的坐姿。我开始调节自己的呼吸，把注意力集中在市场上。我意识到我的心跳加快了，并感到紧张，但我不知为何感觉自己更像是置身于压力之外。市场反弹了一点，继而平稳，下跌，反弹，再走平……这一系列行情变化持续了几分钟。我大声地说："不要再买入了。"纽约证券交易所的股价在反弹时不能超过500点；价格不能超过先前的高点；在市场的反弹回调过程中，关键行业几乎不会出现太大变化。很快，我便转多头为空头。此举对我来说很不寻常。通常情况下，我会平仓退出，然后重新评估市场。然而这一次，市场的反应似乎相当清晰。在很短的时间内，空头市场回归，股价重新回到了当天的低点，我便立即买入，以做空获利。

> **关键结论**
> 在紧迫环境下的练习可以让我们学会在激烈战斗中如何行动。

市场价格的这种变动过程，特别之处并不在于能给我带来不错的收益，而是整个交易过程教会了我一些东西。这是我记忆中第一次对价格逆转有如此不同的反应，这种反应使我开始变得更投入，更专心地去处理信息。然而，**这一切都是由坐姿的改变引起的**。我找到了挺胸保持笔直坐姿与注意力之间的关系：一旦我找到了正确的坐姿，呼吸就会变得更自然，紧接着就会进入一种更加专注的状态。我每天都在练习让自己在情绪激动的情况下保持专注和自控，久而久之，即便面对棘手的市场状况，我也可以从容应对了。通过我对自己的不断训练，随着情况变得愈发紧张，我会越来越在状态。

在我的交易"军火库"里，正念速度训练已经成为一种主要的心理工具。这是一种保持精力充沛的方式，也是一种建立和维持幸福的方式。然而，最重要的是，它实现了一种重新编程：当我们感到压力时，它并没有失去控制，它教我们在出现麻烦时变得更加自制。

幸福专题：爱

还记得你第一次坠入爱河的时候吗？我想一定是段难忘的经历。爱情会使你平凡的经历变得不再平凡。我其实不算是个记性特别好的人，但我还能清晰地记得在纽约的跨年晚会上，我遇到我未来妻子的场景。大约30年后，我们一起乘船故地重游，我发现，在多年后体验以往的感受非常美妙。爱囊括了所有的幸福体验：快乐、满足、活力和热爱，是我们能感受到的包涵最丰富体验的幸福感之一。

然而，我们大多数人都默认，爱的魔力会随着我们的成长而消退。当我们看到一些夫妻生活虽和谐融洽，但不再是热恋，我们也认为这再正常不过了。同样地，年轻人靠理想和抱负支持他们的事业——他们热爱着自己的工作。不过，随着时间的推移，这份信念逐渐消失，取而代之的是每天开会、各种项目和办公室政治。可悲的是，随着人们年龄的增长，热情会渐渐消退，不会再去放手追逐目标，也不再那么热爱生活。不是因为我们变得沮丧或不快乐。**我们只是缺少了爱的光芒。**

我们通常认为，爱情存在于浪漫的恋爱关系中，正如我们将看到的，爱的表达方式对幸福特别重要。然而，事实上，我们与生活中的方方面面联系在一起。我们与我们的工作联系在一起；与我们的身体联系在一起；与我们的朋友联系在一起。我们与我们的娱乐活动，与我们的家庭联系在一起。更广泛地说，我们与周围的环境，从办公室到我们的家都联系在一起。生活可以被定义为一种连锁关系网。这些关系的质量将极大影响我们生活的质量。

想象一下，你和金融市场之间有什么样的联系。你会如何描述这种联系？是一种敌对关系吗？是一种忽冷忽热、令人困惑的关系？或是一种令人满意的关系？许多操盘手谈论金融市场，把它当作战场一般，每天都在准备战斗。其他一些沮丧的操盘手，谈论、抱怨着市场的失灵和黑幕。我们看待自己与市场之间关系的方式，将影响我们的工作表现。比如说，如果我们把市场视为一个赌场，我们将会获得一种特定的体验。如果我们把市场当作战场，体验将会截然不同。

现在想想看，如果我们选择热爱市场，又会怎样呢：去发现市场中那些独特、别致、有价值的东西。一个热爱市场的人，即使在上班时间之外也会主动关注市场。他们不仅仅是在为一天的交易做准备；他们热衷于在市场中积累经验，了解、挖掘市场中的一切。一段健康的浪漫关系会让我们感到被人理解和认可。与市场间良好的关系也会带给我们同样的感受。正如我们此前看到的，它可以激发我们最大的兴趣和优势。

这一章中经常出现的一点是，进入幸福状态意味着我们不再需要不断依靠动力去做事情。如果我们真正热爱着市场，我们就会主动去观察、研究；事实上，没有什么能阻挡我们的热情。当我在一家医学院做全职工作时，我想深入研究市场，但我知道，我有限的时间其实不允许我这样做。于是，我每天用5分钟时间打印出主要市场和各项指标的图表，并把它们全部汇集起来。虽然每天都需要几分钟的时间来下载和打印数据，但随着时间的推移，我便拥有了一套关于金融市场的"百科全书"。在那之后，我可以捕捉市场和各类指标在重大转折点上的动向和表现、行情的发展以及它们在不同条件下的态势。我甚至可以捕捉市场中的突发事件，以及其发生的具体过程。此外，我还开始观察和辨别突发事件的真伪。

着迷于市场研究的我，在整整两年的时间里，每天坚持下载和回顾那些图表和文件。在那期间，我很少做交易。当然了，这与做多少交易无关，关键是我热爱着市场。

我记得自己曾有多次被问道，是什么让我如此有动力每天下载和研究市场信息呢。这个问题使我感到好笑，却难以回答。其实这无关动机；甚至不算是一个选择。相比鼓励自己多花时间与妻子和孩子在一起，我并不再需要刻意鼓励自己去研究市场。当你热爱某件事时，自发的互动就会成为快乐的源泉。

直到今天，我还保持着每天下载的习惯。每天我都会追踪各种各样市场宽度的测量方法，其中很多我都更新在了 TraderFeed 博客上。自 2006 年以来，我每天都亲自更新数据，它们现在已成为一个庞大的数据集。每一天，我都期待着看到新的数据，就像期待着喜欢的电视连续剧的下一集一样。在我坚持打印的日子里，我发现关注纽交所跳动指数（NYSE TICK）以及把握市场不同板块对我很有价值。在后来的数据探索中，我学会了将市场按照不同股票类型分解为一个个具体的交易，并分别独立地评估买卖压力。随着时间的推移，我做的所有研究化为了一个无与伦比的数据库。最重要的是，有了热爱，才有了我与这些数据之间的"亲密关系"。

很多时候，交易工作可能破坏你的人际关系。业绩的起伏和市场的不确定性，对操盘手们甚至合伙人的各方面关系都有可能造成影响。我记得曾在一次交易峰会上被问到在金融市场上成功的秘诀。我的回答很简单："在你的生活中应该拥有比交易更重要的东西。"

这就是热爱的力量。当我们足够用心对待市场，但对我们来说还有比交易更重要的事情时，盈利和亏损就显得不那么重要了。想象一下，你是个热情澎湃的操盘手，有着自己坚定的宗教信仰。那么你对市场的热爱将是一种强大的动力，但与你更深层次的信仰之爱相比，就显得苍白无力了。如果你更加注重的是精神上的连通性，你真的还会过分沉迷于自己的胜利和失败吗？

同样，配偶之间和家庭的爱让我一直坚持走下去。如果我在工作中经历了挫折，或许会伤心，或许会失望——但我仍然有着美好而丰富的生活。

因为工作而忽略了人际关系的操盘手们，会把交易置于最高的优先级。对于这类操盘手们来说，他们的自尊、情绪和精力就会取决于交易中的得失。爱为我们提供了一种重要的情感缓冲作用：**当我们很容易从非工作环境中获得能量、热爱、快乐和满足时，我们就不必过度依赖于工作带给我们的幸福。**很多时候，积极培养非工作状态下的幸福感，可以有效化解工作上的不顺利。

❦ ❦ ❦

大量研究都向我们解释了爱是如何帮助我们提升整体幸福感和工作效率的。芭芭拉·弗雷德里克森在她2013年的书《爱的方法》(*Love 2.0*)中,总结了普林斯顿大学神经科学家尤里·哈森(Uri Hasson)所做的一项十分有意思的研究:他让一个年轻女子在与脑部扫描仪相连的状态下讲故事。然后他把这个故事说给不同的人听,并且,他们听的时候也是连接着扫描仪的。他发现,某些人比其他人更能在故事中找到同感。当人们感觉听到的故事与自己密切相关时,他们的脑电波模式就很像那个讲故事的人——尽管两人从未谋面。的确,当听众和说话人之间有一种特定的联系时,听众的脑电波会预测说话者的脑电波。这表明,当人们之间彼此联系时,实际上有一个"神经元耦合":两颗心之间是会有感应的。另一个人所体验的现实变成了我们的。

Lopez、Pedrotti和Snyder在他们2015年的书《积极心理学》(*Positive Psychology*)中,总结了一项研究,发现当长期恋爱关系中的伴侣看到彼此的照片时,大脑中与亲近和依恋相关的区域,以及与目标达成(存在奖励条件下)相关的区域变得活跃起来。当两人间存在长期耦合时,那么仅仅看到对方就会使两人感到幸福,进而抗衡压力、促进健康。弗雷德里克森注意到,与依恋相关的神经肽催产素,是由爱人间的亲密接触来激发的。催产素有助于缓解压力,改善社会交往。当父母和孩子彼此保持内心同步时,催产素的效果就会作用于彼此,巩固双方之间爱与信任的纽带。简而言之,爱让我们与他人更加和谐,和谐也会给我们带来更多的爱。

关键结论

人与人之间良好的关系是化解工作压力的良药。

研究表明,人们之间的依恋总体上是与幸福感有关的。Argyle在他2001年的《幸福心理学》一书中引用了一个证据，即对朋友的满意度与幸福感和生活满意度明显呈正相关。他同样指出，一个强大的交际网与良好的身体状况有着密切的联系，尤其是当这个交际网可以给我们提供实际支持，而不仅仅可以供我们发泄的时候。如前面所述，多项研究发现，婚姻与更高水平的幸福感有关。Argyle 引用了一些证据，证明了在不同文化中基本都是如此：已婚人士身体和心理健康状况往往要高于未婚人士。在 1978 年一项特别有趣的研究中，Berkman 和 Syme 在总共 9 年的时间里追踪调查了 7 000 人。对于 50 岁以上的人群而言，社交相对贫乏的人中有 30.8% 在研究结束时已经去世，而那些有强大社交网络的人群中，这一比例仅为 9.6%。

那么，这对交易来说意味着什么呢？有以下 3 个突出的影响。

（1）**建立强大的职业人脉**。在我共事过的那些最成功的操盘手中，大多数人都拥有非常活跃和强大的同行从业人脉。这样一个关系网帮助他们在市场分析和研究上保持领先地位。同时它还有一个额外的好处：它可以提供一个有效的专业交际圈子来帮助我们。同行们最能理解市场，也最了解你的难处，因此他们可以有效地协助你解决问题。在许多类似的人脉网中，你不仅可以分享信息，还可以在其中得到指导和点拨。一个强大而活跃的人脉网，不但可以拓宽你的交易视野，而且可以使你保持幸福感。

（2）**维持稳固的夫妻关系和家庭关系**。十分重要的一点是，操盘手们需要培养持续的快乐、满足、精力和热爱等积极情感，来缓冲业绩波动对自己的影响。大多时候，工作上遇到麻烦的操盘手们会选择加倍努力，但这只能让自己在困境的源头越陷越深。这进而造成了精力的流失，当他们失去了乐观情绪，就更容易碰到工作受挫的局面，甚至使他们的事业一路跌入谷底。当你的人际关系和家庭关系都很牢固时，交易中的风险就难以威胁到你了。你将为你爱的人追求出色的业绩，而不仅仅是为你自己。

（3）**热衷于体育锻炼**。我们在这一章中逐渐揭示的是，我们完全可以锻炼和培养自己不断创造幸福，并使之最终形成积极习惯的一部分。理想的恋爱关系，就像任何有生命、在成长的事物一样，都需要被关爱和照顾。只专注于日常的责任，却把浪漫和有意义的时间放在次要位置——这正是使得你的精力和能量被消耗殆尽的原因之一。你每天都做些什么来唤醒和表达你对孩子们、对恋人、对你的密友的爱呢？你又打算怎么做来巩固你最亲密的关系，扩大你的人脉网？回忆一下用进废退的原则：爱是需要积极培养的，否则幸福将从我们身边溜走。

关键在于，你不仅要足够关注你的工作效率，还不要忘记情绪的质量。幸福之于我们，就像是一种燃料，它能让你在漫长的职业生涯中持续获得动力。用心培养爱情、友谊和人脉圈，对你的健康和成功至关重要。健康良好的人际关系带给我们能量，让我们在工作和生活中更加出色。

❧ ❧ ❧

现在我们来关注一个令人不太舒服的话题：消极的情绪和人际圈。

这意味着与他人隔绝。

我几年前在交易公司的一个很优秀的同事，现在进入了业绩下滑期。他觉得他难以改变自己的交易策略，在具体交易中也不再那么精明了。他对曾经两次失手感到特别沮丧。这两次的策略他都是深入研究过的，但曾因价格走势与预期不符而被搁置一旁。等他再次想起这两个策略时，已经错过最佳进场机会了。他一度觉得自己在交易中不够果断，开始变得对自己不满意。

没过多久，问题的原因就显露出来了。那时，有几个年轻、热情、健谈的新同事加入了公司。他们让整个交易大厅充满了活力——但他们只会让操盘手们分心。于是，我的这位同事在每天开始工作时都会搬到一个较为封闭的办公室，在安静的、不受干扰的环境中进行研究和分析。当他想要与其他同事交流或分享想法时，他就来到楼上，寻找他认为最合适的人。这种简单的环境变化使他的状态出现显著提升，从而提高了工作准备时间的质量。他是一个真正热爱市场的操盘手，他喜欢观察和研究市场。当他的状态被嘈杂的交谈声所影响时，他对信息的处理就会进而受到影响，导致状态下滑，最终破坏自己的心情。

我更像是一个乐观主义者。通常，我能看到人们的优点，认识到他们的长处，即便在他们自己都自我怀疑的时候。然而，乐观主义者做久了，就变成了悲观主义者，这个说法在此话题上貌似是有道理的。有些人就是道德败坏。有些经历就是应该过滤掉。人们辛苦创造幸福，却只是看到它被浪费在一个不理想的环境中，毫无意义。如果在发展道路上出现了困扰我们的因素，那么过滤掉这些因素的消极影响是很有效果的。

大家可以看一下，我是如何过滤掉生活中不愉快的事情的。

- 在过去的 30 年里，我住过的每一个社区都有以下共同特征：积极参与公立学校、公园、图书馆和基础设施的建设；极低的犯罪率；相当数量的职业精英；交通拥堵问题较少以及拥有繁华的市中心/社区中心。我从小高质量的成长环境对我的发展前景有很大的积极影响。在我长大的地方，周围人都是典型的中产阶级，几乎没有奢侈的生活，但它是一个以家庭为重、以学校为重、安全、维护良好的社区。如果我在某地无法获得同样的体验，我就会尽可能少地在那里度过。

- 在过去的几年里，我发现一些人在工作中拉帮结派，勾心斗角，更喜欢通过职场政治得到晋升，另一些人则更加脚踏实地，他们更注重自己的工作效率和为公司创造的价值。对于前者来说，他们会在你有价值时对你加以利用，但一旦你卷入争议，他们将是第一个背叛你的人。我在工作中与前者几乎没有什么交集，而更倾向于与后者建立良好的关系。对于我自己的工作来说，一个最大的激励来自周边的人所作所为。

- 自从 TraderFeed 博客问世以来，我一直活跃于社交媒体之中。大多数互动都很有趣。我喜欢在网上认识来自世界各地的人们，他们会在社交平台上分享自己对市场的独特观点。然而，有些互动是不令人愉快的。如果我的观点不符合某些人（通常是匿名的）的观点，他们就会在博客的评论中对我进行挖苦、诽谤甚至指责。这时，"拉黑"选项就变得很实用了。起初我通常会尝试礼貌地、建设性地回应他们；但往往在那之后，我就被拉黑了。人生苦短，不能总在这样的人身上浪费时间。

- 我发现现在很多传统的媒体越来越浮躁。电视、网站和在线视频经常通过制造争议和炒作来吸引人们的眼球。一个常见的例子是，那些寻求公众关注的评论者对市场危机的预测，着实令人窒息。我在工作中会尽量避开大多数媒体：很多时候，媒体只会干扰你的工作。

- 当你在交易中获得了一定成功时，感觉就像赢了彩票：你会突然发现有很多人想过来与你做"朋友"。其中一些人希望得到提示与指点；一些人在为工作发愁。无论怎样，他们就是希望你把成功的秘密告诉自己。这些都不属于激励人心的、学习交流式的互动。他们都是只顾自己的人，都是在索取，而没打算付出。如果你在社交媒体上很活跃，那麻烦可能就比较大了。如果每周有成千上万的人阅读我的博客，那么其中只有1%的人是由"索取者"组成，他们会浪费我的时间和精力。（我喜欢的回复者是提供给"伙伴"商业机会的人，我当然属于那种愿意提供资金和知名度的伙伴。）如果不主动过滤掉这些人，我很容易就会淹没在内容空洞、缺少价值的回应中。

- 我们面对的现实是：有些人的价值观比较扭曲。我指的是那些需要用财富来博得他人眼球的人；那些花在赚钱上的时间比花在自己孩子身上的时间更多的人；那些会因为你的成就而感到不安和威胁的人以及那些喜欢借名人自抬身价而不脚踏实地的人。其中有些人不可避免地出现在你的工作场所；另一些可能是你的邻居或你的家人。与这类人相伴简直就是在浪费人生；过滤掉与他们相处的时间将有益于你的心理生态。

如果你过滤掉了身边所有不好的事物，等着你去享受的就是最佳环境了。冰箱里没有垃圾食品；新闻中没有小道消息；社交时不讲大话空话；与那些嫉妒你成功的人之间没有不必要的往来；在消耗你精力的人身上花费的时间越少越好。

> **关键结论**
> 我们应该尽可能多地主动创造幸福。

我知道这一切听起来起来都很主观，很刺耳。我几乎不想把它们写进书里。但这就是现实。你或许渴望做到最好，但你永远也不可能成为所有人，永远也不可能完成所有事。找到那些能真正激励你的人和事，把你最好的一面展现出来，至于其他的，就忽略掉吧。

幸福专题：亲密关系

我们大多数人都能认识到友谊和恋爱关系对我们的幸福感的重要性。然而，被忽视的是志同道合的人聚在一起的力量。亲密关系的形式有很多种：出于政治原因；精神上的教育和崇拜；课程和培训项目；娱乐活动等。亲密关系形成的关键在于，它把有交集的人聚集在一起。通常，关系中的人们有着相似的价值观和兴趣，一起创造未来，同时还会拓宽彼此的人脉。在 2015 年的《积极心理学》一书中，Lopez、Pedrotti 和 Snyder 通过研究发现，精神与改善情感和身体健康，以及更理想的婚姻和家庭关系有关。他们还指出，积极的情感体验有助于增加精神性，更好的精神性也会反过来带给我们更多积极情感——这正是弗雷德里克森提到的良性循环的典型例子。

Angyle 在《幸福心理学》中引据证明，人们在教堂做礼拜的频率是幸福感中最重要的精神指标，因为那些经常礼拜的人比那些相对少的人有着更高的幸福感和生活满意度。他解释说，教堂礼拜活动在某种程度上就是一种社会活动，是一群人之间联系的纽带。他还发现，参与教会活动有益于家庭以外的社会交际，还能让人们更多地接触自己的朋友。通过将信仰和价值观相同的人们联系在一起，教会关系成为有助于提升幸福感的重要亲密关系。

许多亲密关系也是私下里组织起来的。我与一些关系不错的操盘手会经常聚在一起，分享信息，寻找交易机会。一般来说，这样的亲密关系也有它的社会作用，在业绩不理想时为我们提供一个调剂的空间。对冲基金经理和银行的销售/交易员经常利用晚餐时间与同事交流。最近我参加了由Traders4ACause机构组织的一场会议。会员们为指定的慈善机构支付会议费用；这类会议同时具有教育和社会职能，是一个特别好的业内人士交流机会，因为它汇集了具有相似交易风格和价值观的同行。

十分内向的人可能不会太多参与亲密团体活动，但这对他们来说具有极大的价值。我发现，有许多操盘手，包括一些几乎不参加晚宴和社交活动的人，都对精酿啤酒有兴趣。因此，我参加了一系列品尝精酿啤酒的活动。关注各式各样的啤酒风格和产品，可以满足人们对新鲜事物的好奇心和兴趣，而相关活动也为经验交流和分享提供了一个很好的平台。许多夫妇都对参加这样的亲密团体活动感兴趣，因为他们可以借此结识新朋友，并在特定的环境中享受彼此的陪伴。实际上，很少见到有小孩的年轻夫妇通过社交让孩子们有机会加强联络。

交易对某些人来说或许是一份孤独的工作，特别是那些自由交易者，更是很难找到志同道合的人。多年来的交易员培训工作让我意识到了一点，那就是在这个行业，有很多有才华、有创造力的专业人才。与他们共事，将带给你灵感、洞察力和真正的情谊。与周围人同心协力，生活会变得更加丰富多彩。

幸福专题：感恩

早些时候，我提到了在我做大学篮球队经理人的那段时间里，最切中要害的一件事之一。教练们通常会在更衣室里贴一些标语，以强调那些在最近的练习和比赛中吸取的教训。然而，有一个标语一直被教练们贴在墙上："使你进球得分的传球不容小觑。"如果一个球员轻视他的助攻，那他将很快被淘汰。团队中没有"自我"这个概念；队员间的团队协作是必需的。

当然了，教练们也在教我们感恩。在你夸耀自己的成功之前，应该想到的是那些帮助你成功的人。如果我们怀着一颗感恩的心，就会更加关注和珍惜我们所拥有的东西。而对于我们暂时得不到的，我们也不会因此陷入沮丧。

当我翻阅操盘手们的日志时，我首先寻找的就是积极条目与消极条目的比率。许多操盘手只在日志上记录下他们遇到挫折时的情况。他们只是用日志来发泄自己在市场中受到的挫折感，而不会记录下他们的出色表现。因此，他们自然很容易忽视那些帮助自己成功的因素。他们的日志中充满了意见与不满，而不是感激。

其实，操盘手们往往低估了这个问题的严重性。

❧ ❧ ❧

感恩与乐观关系紧密，而乐观则是获得幸福感的关键。懂得感恩的人，会知足于自己已经得到的，而不去时刻挂念那些自己没有得到的。有一年我儿子因车祸受伤住院，车子也有大量损伤，作为父亲，我知道自己要马上支出相当一笔钱来打理。然而，我并没有愁眉不展，反而是感到欣慰：关键在于我的儿子没有大事，而且没有人继续受伤。至于修车的费用，我就没有那么在意了。如果我们能学会看到事情积极的一面，就不会有那么多麻烦来找我们。

罗伯特·埃蒙斯（Robert Emmons）在他 2007 年的书《谢谢你！》（*Thanks!*）中描述了一项实验，其中一组受试者负责记录日常生活中的麻烦和负担，而另一组则负责写下每天开心的事情和祝福。这么做是为了突出生活中的消极或积极事件。在为期 10 周的实验过程中，记录积极事件的小组幸福水平比记录消极事件的小组高出了25%。不仅如此，记录积极事件的小组成员也进行了更多的锻炼，健康状况也更好。有趣的是，"积极组"成员的幸福感和满足感明显高于"消极组"，但负面情绪表现在两组之间并无显著差异。看来，感恩似乎对积极的情感体验有着独特贡献。

埃蒙斯也发现了很重要的一点：**感恩让我们更倾向于获取积极的信息，因为它自然地将我们的注意力转向生活中积极的方面**。此外，抑郁则通常会使我们关注生活中的消极方面，并使我们选择性地接受负面信息。感恩也会使我们专注他人的积极行为，因此，埃蒙斯发现感恩可以巩固社会关系也就不足为奇了。研究员约翰·戈特曼（John Gottman）将幸福的夫妇与不幸福的夫妇进行了比较，他发现如果夫妻之间积极互动与消极互动比率为5∶1左右，说明夫妻之间关系稳定和谐。当比率接近1∶1时，夫妻双方则有可能不快乐，甚至最终离婚。在亲密关系中，是感恩将伴侣们聚在一起，增进彼此的幸福。

从事交易工作是很忌讳完美主义的，不仅因为它会建立不切实际的期望，助长挫败感，还因为它使人们难以知足、感恩。按照定义，完美主义者关注的是令自己不满意的事情，他们可能会这样想：这次交易收益不错，我要是再多持有一段时间就好了，收益更大；这次资金顺利离场，我要是调整好头寸，那就更理想了。我的一个操盘手同事经常在他的日志中记录不顺利的事情，哪怕离完美只差一点，他也会记录下来。他就像埃蒙斯的研究中只记录消极经历的人，从来不写令他开心的事。这位操盘手坚称，满意会让他变得懒惰，自鸣得意。他为自己追求完美而感到自豪。然而，最终结果是，他从未变得感恩，而且，更重要地，他从未感到成功。他的交易经历确乎给他带来了一点幸福感，但随着时间的推移，也慢慢淹没在逐步下滑的业绩中了。他太想成功了，但他的注意力逐渐减退，导致他经常错失良机。这只会导致更多的自我批评、更少的感恩和更低的幸福感。

> **关键结论**
> 当我们要求自己做到完美时，就会对不完美的成就表现出不满。

你常常对自己的成就感到骄傲吗？对你的进步和发展感到满意吗？感恩你从别人身上学到的东西？在工作中，你常常感到幸福开心，而不是倒霉？如果我们仅仅专注于那些不足之处，我们就会失去获得快乐、满足和感激的机会。如果没有这些积极情感作为缓冲，我们就很容易陷入消极的困境，不可避免地损耗自己的精力和能量。

✿ ✿ ✿

那么，我们怎样才能在生活中更好地培养感恩之心呢？埃蒙斯提供了以下10种方法。

（1）**以感恩的心记一本日志**。每天发现你生活中的积极因素，以快乐与满足的心态看待它们。

（2）**记住不如意的事情**。如果我们提醒自己事情可能会变得多么糟糕，那么我们就更容易对现在的处境心存感激。我会去回想，在不快乐、不理想的浪漫关系中是怎样的感觉，这让我很容易对现在的婚姻状况感到满意。

（3）**问自己三个问题**。埃蒙斯提出的下列问题来自于佛教冥想技巧：（a）你从别人那里得到了什么；（b）你给予了别人什么；（c）你给别人添了什么麻烦。通过这一系列自问，我们自然会变得更加乐于奉献，并对我们得到的东西表示感激，尽管这个过程中我们可能会给他人带来麻烦。

（4）**感恩祷告**。在祈祷中，我们不求恩惠，不求回报。相反，我们要感谢我们所拥有的一切。埃蒙斯指出，有证据表明，那些以感恩的方式祈祷的人，会更容易实现目标，有所成就。

（5）**激发你的感官**。运用嗅觉、味觉、视觉、听觉和触觉来更好地体会，欣赏你周围的世界。感受你的身体状态，感恩于自己健康的体魄，这样可以把我们认为理所当然的事情变成持续幸福的源头。

（6）**写下感恩提示自己**。把标语贴满房间来让自己时刻记得感恩。埃蒙斯指的是**负责任的伙伴**：让你一路记得感恩的人，就像你在健身房锻炼的同伴。

（7）**用承诺督促自己感恩**。公开承诺是一种很好的使自己充满责任感的方式。

（8）**注意你的言语**。我们口头的言辞会影响我们的生活。像"幸运"和"幸福"这样的词，在那些懂得感恩的人口中很常见。另一方面，如果我们言语消极，将很难保持感激。

（9）**做好自己**。以感恩的方式行事会使你更加懂得感恩。有时，我们的思想需要与行动匹配起来。

（10）**跳出思维定式**。即便是负面的事情，我们也可以心怀感恩。要学会在逆境中成长。

请注意这些方法的共同点：我们可以通过实践使自己变得更加感恩，获得更多幸福感。快乐、满足、能量、热爱，这些我们都可以培养。我们确乎可以让自己过上更积极的生活，长处变得更多，也更专精。这又回到了用进废退的原理：如果我们没有努力让自己感到快乐、满足、活力四射，与人为善，那么总会有些事支配我们，影响我们的情绪。**你可能不会相信，我们完全可以塑造，改变自己的认知、情感和身体状况。**

交易＋优势＋幸福

积极体验是如何让我们成为更好的操盘手的？以往的交易心理学教导我们控制情绪，并在决策时尽量摆脱情绪的干扰。从积极心理学研究中涌现出来的崭新的交易心理学革命，告诉我们如何在被幸福环绕时做到最好。我做了如下安排：这本书的第一部分强调如何适应不断变化的市场，而第二部分着重于人们的优势和幸福。总的来看（包括即将到来的关于创造力的章节会告诉我们）在下列两个条件下，我们将可以在市场上保持最佳状态：①我们的优势能得到发挥；②能尽量长期保持身体、情感和认知状态的良好。的确，这是弗雷德里克森在 2009 年的研究中所描述的良性循环：借优势获得幸福；借幸福发展优势。而刻意练习，在心理层面上，将被优势和积极性间的相互作用高效激发。

约翰·瑞迪（John Ratey）在他的书《大脑使用手册》（*A User's Guide to the Brain*）中，向人们解释了体育锻炼是如何像强化心肺功能那样来强化大脑的：通过增加血管密度。"我们用脑用得越多，血液循环就会越好，大脑就会变得越灵活。"瑞迪解释道。瑞迪也同样观察到了脑力运动的好处。他指出，有证据表明，经常玩填字游戏、参与政治辩论的修女们（在受控环境中很好的研究组），比那些不经常锻炼自己脑力的人更长寿，患阿兹海默症的概率也更低。我们通常认为，认知能力的下降是由于衰老导致的，而原因其实在于脑力锻炼的缺乏。正如我们的身体状况会随着缺乏锻炼而下降，我们的大脑也是越用越聪明的。

瑞迪在他 2013 年的书《运动改造大脑》（*Spark*）中指出，我们最容易通过参与不熟悉的活动来增加大脑的可塑性，拓展认知能力。换句话说，当我们敦促自己学习的时候，我们的大脑就会变得更灵活。通过神经发生过程，我们可以获得新的脑细胞，从而有助于新的学习。灵活和笨拙的两组老鼠被放置在一个实验环境中，他们必须按照回忆中的逃生路线游泳离开水面，那些身体灵活的老鼠学习路线的速度要快得多。的确，从解剖学的角度来说，由于经常运动，灵活的老鼠们脑细胞数量是更多的。

我们幸福的整体状态告诉我们，任何形式的锻炼（从身体锻炼到情感磨炼、意志上的锻炼）都有激励自我、提升自我的功效。在我们突破极限、磨炼力量、积累新的经验时，我们会刺激大脑，从而增强我们的适应能力。简而言之，由于我们的大脑变得更好用，我们成为更出色的决策者或交易者。瑞迪在《运动改造大脑》中指出，锻炼可以"优化你的思维，提高警惕、注意力和动力……它还可以促进神经细胞相互结合，这是牢记新信息的细胞基础"。脑力锻炼会使你更容易想出新点子，使你成为更成功的操盘手或风险管理人员——不仅仅是体育锻炼，还包括系统性的认知、情感、社交各方面的锻炼。

用进废退原理的真正含义是：能得到锻炼的方面才会得到加强。

大多数操盘手们应该都熟悉，认知偏差会影响交易者们在风险和不确定性条件下所做的决策。在行为金融学研究中记录在案的主要认知偏差包括以下几种。

- **确认偏差**。我们会选择性地关注那些能支持自己结论的信息而忽视那些不支持自己结论的信息。
- **从众效应**。我们的决策很大程度上受到他人的影响。
- **过度自信偏差**。我们会过高估计自己的技能和成功预期。
- **禀赋效应**。我们在拥有某物品时对该物品的估价高于没有拥有该物品时的估价。
- **框定偏差**。我们会因事物的表面形式影响对事物本质的看法。
- **控制错觉**。我们认为我们能控制结果，而实际上不能。
- **后见偏差**。我们在一件事发生以后往往会夸大自己的信念，表示这早就在自己的预料之中。
- **曝光效应**。我们会偏好自己熟悉的事物。
- **锚定偏差/易得性启发偏差**。我们在形成自己判断的过程中，往往会赋予那些单方面的信息以过大的权重。
- **近因偏差**。我们在预测未来时，会偏重最近的经验或数据，而轻视早期经验或数据。
- **偏差盲点**。我们往往意识不到自己认知偏差的存在。

在以上任何一种情况下，我们的信息处理都会变得扭曲，因为我们没有完整且平等地衡量信息。正如操盘手们所了解的，人们的情绪状态会极大地影响自身对这些偏差的敏感性，因为人们会在遭受损失后厌恶风险，在获得收益后偏好风险。有趣的是，来自 DeVries 和他同事的研究发现，人们在特定环境中做决策时，失落状态下要比开心状态下做的决策更佳。正如作者所解释的，"……人们的情绪状态越积极，就越容易从主导（最好）转向被主导（最差）的境地"。这是因为情绪积极的人更容易被近期令他们开心的事物，而不是被经逻辑分析得出的决定所左右。

> **关键结论**
> 更好的心情不一定会带来更好的业绩。

这意味着，幸福（一种积极的心态）不足以让我们成为成功的交易者。正如经验丰富的操盘手们所了解的，当我们对交易感到非常乐观时，往往会被过度自信偏差、确认偏差和控制错觉所影响。缺少了正念，我们就会被积极和消极的情绪左右。这不是消除或控制情绪的问题，而是**将我们的情绪反应作为信息**。如果我们无法意识到那些产生偏见的因素，我们将成为偏差盲点的受害者。

那么，我们该如何培养积极心态，却不被积极情绪的潜在影响而左右呢？

为了回答这个问题，我们假设你已经开发了一个有助于你实现最佳表现的计划。该计划包括以下内容。

- 提前安排好你的工作日，以确保你可以用自己最擅长的方式处理信息。
- 打点好自己的身体和社交圈子，让自己远离分心和外界刺激。
- 定期评估你的表现，不论好坏。学会取长补短。
- 定期与同事交流市场行情和策略。
- 统筹好你的一天，留下时间来给你最亲的人。
- 确保你每一天都能靠自己的能力获得快乐、满足/感恩、友情。
- 确保每天锻炼身体。
- 确保你每一天都参加有挑战性的心理和脑力活动。
- 确保这些活动都可以挑战你的极限。

这是一个十分全面的计划，毫无疑问，长时间做到以上全部几点是很困难的。但是，我们来做一个小实验，想象一下自己每天都在做上述这些事情。最终结果会是什么？

我相信你也同样认为，久而久之，你将非常擅长统筹安排时间，培养各方面能力。你会变得非常了解自己的身体和心理状态，你可以理想地协调自己的社会关系。最重要的是，在你坚持的这段日子里，你会变得越来越主动，通过自我意识来最大限度地利用你的时间。

换句话说，这种最佳表现计划的最终结果是，你的正念得到将大幅提升。每项活动都会锻炼你的自我意识，进而使你可以全面、准确地认识自己。与其选择等待幸福生活来找你，还不如选择积极地引导你的生活。**正念的提升是努力发展优势、寻求幸福的结果**。你不仅会成为一个更好、更快乐的人；你会成为一个了解自己、自觉主动的人。

一方面是，我们要怎么做来提高交易水平；另一方面是，我们要怎样做来更全面地发展自己。有意的也好，无意的也罢，我们所做的一切，都将磨炼自己，影响我们的表现。

※ ※ ※

现在我们已经走到了"ABCD 法"的一半。我们发现，要想在交易上取得成功，我们需要适应不断变化的市场，这反过来也意味着我们必须发扬自己的优势。我们如何运用自己的才华和技能来做好交易工作？为此我们必须**培养**创造力，培养在金融市场中寻找独特资源的能力。

| 第 3 章 |

最佳过程 #3：培养你的创造力

> 创造力允许你犯错，其中的艺术在于
> 知道保留什么。
>
> ——斯科特·亚当斯

交易员要有企业家精神

早先的交易心理学强调：安排好交易计划，再按照计划行事。如今的交易心理学 2.0，强调了市场的变化无常以及为突发事件做准备的必要性。以往的心理学重视对情绪的控制。"交易心理学 2.0"旨在通过运用个人的天赋和技能来培养积极的情感体验。根据早先的交易心理学理论，一位优秀的交易员是一个训练有素的规则追随者。而"新版"优秀的交易员，则是一个具有创造力的企业家，探索并挖掘新的模式和规则。

什么是企业家？每当我们想到著名的企业家时，脑海中浮现出三个关键词：创新、愿景和领导力：

- **创新**。成功的企业家总能不断革新。如今我们能看到星巴克咖啡店遍布各个城市的角落，但在几年前的美国，在专用的咖啡馆贩卖优质咖啡，还算是个十分独特的想法。同样，当微软对当时那个大型计算机主导的世界发起挑战时，个人电脑和软件对大众来说完全就是新鲜事物。推陈出新，做到更好，是企业家精神的核心。

- **愿景**。新产品或服务的问世，远不仅仅在于销售环节。把一个想法化虚为实需要独特的视角。当我第一次入住嘉佩乐酒店集团时，我被眼前的景象所震撼。普通的高档酒店都强调宾客服务，从入住到清洁都是高标准要求。嘉佩乐则不同：酒店特意为每位客人做个性化处理，与不同客人保持不同的关系。高品质的酒店给客人们提供极好的住宿条件。嘉佩乐则致力于为客人提供独一无二、量身定制的体验。这一愿景成为嘉佩乐集团服务的主旋律，最大程度地带动了员工们的积极性。

- **领导力**。在机构或企业中，任务和计划得不到有效执行的例子不胜枚举。新想法和新观念只有可以持续地领导企业前行，才有可能付诸实现。拥有愿景很好，但领导力决定了这些最终能否化为业务。企业家们将想法转化为现实，将思想转化为指导日常活动的计划。像苹果和谷歌这样成功的公司，设计独特的产品层出不穷是它们成功的核心，想想要开发下一代智能手机或通讯应用，过程会多么复杂。没有领导力，愿景永远只是梦想。

那么以上三点与交易有什么关系呢？一位交易员坐下来，打开电脑，收集研究和新闻，评估市场供需，寻找机会进场获利。创新、愿景和领导力体现在哪里？

如果市场是一成不变的，那么人们只需要找到一种可以适用于所有市场和时间周期的方法，并始终坚持。如果我们生活在一个静态的世界里，那么一个银行职员就足以胜任交易员的工作，每天以同样的方式处理着相同的业务。但这个世界一直在变，金融市场也变化无常——这确保了模式固定的交易模式在金融领域无法存活很长时间。如今的市场被激进的央行、先进高速的算法以及不同市场（与伯纳德·巴鲁克或杰西·利弗莫尔所面临的市场不同）间紧密的联系主导着，正如我们在第 1 章所看到的，想要在交易中取得成功，就要学会适应变化无常的市场——这正需要强大的企业家精神。

> **关键结论**
>
> 企业家精神可以使交易员们获得长期成功。

如果交易员们把他们的工作当作自己的业务，他们表达了一个重要的事实。每个交易者实际上都是一个业务单元，参与产生利润的过程。这些输出不是产品或服务，而是想法及其实现。从真正意义上讲，**交易者是知识企业家**：他们从市场的视角出发，进行创新的研究和发展，以发现独特的机会，然后在将想法转变为交易和管理这些交易以获得更高的风险调整回报方面，发挥领导作用。我们习惯于将创业视为一种在许多商业组织中发生的活动。交易机构是一个包含许多角色的自包含的组织，其中包括：研究员、风险经理、计划者、业务经理和新产品开发人员。交易业务的成功与否，关键取决于交易员是否有能力协调这些角色，并赋予他们远见卓识的热情。这就是企业家精神的精髓所在。

那么企业家都具有什么样的品质呢？Leutner 和他的同事研究了与企业家精神有关的品质，并开发了一种在 4 个方面进行评估的测试：识别机会的能力、把握机会的能力、创新能力以及创造价值的能力。作者将它们称为商业主动性、商业创造力、商业投机性、商业视角。他们还通过研究发现，要取得商业上的成功，更重要的是体现在以上四方面的个人性格，而不是泛泛的个人性格，如外向、保持清醒等。

视角、创造力、主动性、投机能力：这些是我们在成功交易员身上看到的特质。他们擅长的不只是找到合适的投资机会，还包括建立一种能一直发现机会、把握机会的业务模式。做好资产管理的关键在于，不仅要有新的想法，还要把它们付诸实践，并管理好风险，以产生利润。追根到底，交易就像其他商业领域，都是要靠创造力的。

艾伦——交易领域的"企业家"

艾伦是一位成功的基金经理，他的成功在于管理着世界级规模的基金。艾伦的与众不同之处在于，除了他自己，他只雇了一个初级分析师：米莎。艾伦作为对冲基金经理，已经挣到了足够多的钱，如今他辞去了基金经理的工作，转而管理自己创立的基金。这给了他足够多的自由空间：他可以运用自己的风险管理策略，自由把握市场契机，自己决定工作时间。

经过简短交谈你就会发现，艾伦最喜欢的话题之一就是金融市场的规律。他的第一份工作是金融顾问，后来，一个难得的机会让他在一家股票交易机构工作了一段时间，此后他便成立了自己的基金。他为自己的参股公司收集的信息就像一本生动的百科全书。所有调研都是艾伦亲力亲为，他建立复杂的收益利率模型来得出相应公司的估值。他的助手米莎协助他收集信息、阅读研报、维护数据库。像其他很多基金经理一样，艾伦买入那些成长前景好且被低估的股票，卖出那些价格空高但缺乏增长潜力的股票。他认为市场调研就像是侦探工作，都需要搜寻线索，比别人抢先一步找到答案。

艾伦与其他基金经理不同的是，他不完全相信基本面分析理论。他认为，只有在投资者做出正确反应时，基本面分析才会奏效。在他看来，成功的关键在于找到投资者们增持那些被低估的公司、减持那些被高估的公司的时机。

艾伦多年来通过累积派发指标研究了投资者的投资规律。他曾在一家金融咨询公司供职多年，之后加入了一家对冲基金，在那里他接触到了多/空策略，借此他了解到交易员和投资者们是如何寻找机会建仓平仓，"交易量固然很重要，"他在他家的办公室里向我解释道，"但交易量在行情中如何体现才是最重要的。"股市中能真正控制公司市值的投资者，会以多种不同的方式来建仓平仓，尤其是在公司盈利报告公布之前。艾伦一直提到，分析企业历史股价可以很好地帮助我们预测未来股价变动。

艾伦在对公司股票累积派发指标的研究中投入了大量精力。他把大量公司调研工作都留给了助手米莎，给自己留出足够的时间来分析自己股票池里公司股票的供需变化。多年来的成功没有使艾伦飘飘然，他反而尽力做到更好。当他在TradeFeeder博客上发现我每天都在上传那些表现出色的交易所交易基金（ETF）

中的股票时，他联系了我。我上传的那些股票数据可以反映不同指数不同板块股票的供需水平。他想与我讨论的是，可以通过判断板块资金流入/流出，来掌握不同板块的资金分布情况。他最终解释道，他想看到是否一个基于情绪驱动的多空组合，加上他的多空组合，可以提高他的组合的超额收益率。

我与艾伦之间的对话持续了很久，从投资者的认知偏差一直聊到使用流通股数指导多空交易。可以确定的是，艾伦很清楚自己应该怎么做，但他还是坚持不断改进。他与很多同事进行了今天与我一样的对话，不仅如此，他每年都会研究一两种新的交易方法。他的核心理念并没有变化，而策略一直在更新。他一直表示，这正是可以让自己多年保持良好收益的方法。

✻ ✻ ✻

让我们回过头来看一下艾伦是如何安排他的时间的。整个过程包括以下几个不同的方面。

- **阅读及调研**。查阅有关自己参股公司的一切信息，这一点艾伦十分重视，包括最新的研报、投资推荐和财经新闻。在助手米莎的协助下，艾伦也有能力了解到国际事件、经济数据以及企业最新财报。他对那些能影响到相关股价的新闻十分敏感。比如说，他认定国会与总统间的预算争执会导致国防开支减少，进而影响自己参股企业的股价。这就成为他做空那只股票的原因之一。除了他投资组合中的股票，他还建立了自己的候选股票池，他会根据这些企业的运营表现和价格/仓位变化来决定买入或卖出股票。通过他对相关材料的阅读和公司调研，候选股票池里的企业越来越多，也为他今后的交易提供了崭新的资源。

- **数据库的更新**。艾伦掌握着自己投资组合中企业的大量信息，也包括相应股票的累积/派发指标。当艾伦参股的公司公布财报或发布预测时，他会花大量时间调整更新他的模型。他追踪日间与收盘时的价格和成交量，更新对股票供需的看法。这一系列不仅应用于他投资组合中的股票，而且也应用于他候选股票池中的股票。其实，在企业各方面信息被更新以后，投资组合内与候选股票池之间的股票会进行一定的流动。将部分任务委托给米莎，使得艾伦有更多精力来专注于投资组合中的股票。

- **与同事进行互动**。艾伦对自己的知人善任感到自豪。他最终选择录用米莎，一方面因为她是个成绩出色的学生，另一方面在于，她还是个优秀的国际象棋手。使艾伦十分欣慰的是，米莎自学了编程和统计，而且由于自己的国际象棋背景，她可以更好地理解策略具体是如何影响交易的。艾伦和米莎每天都会回顾新闻要点、企业活动，总结数据库中的离散指标信息，并探讨如何操作现有以及候选池中的股票头寸。除此之外，艾伦每天都与专业的同事进行交流，虽然他们中的很多人持有艾伦并没有跟进的企业或行业股票，但艾伦总能从他们对经济的预测中受益良多。有时艾伦会从同事那里听到些对自己股票有影响的消息。受益于与同事的交流，艾伦与米莎两人得以成功经营他们的公司。

- **新策略的生成**。这一点是整个过程中最灵活、最关键的。艾伦认为，应该多花时间出去走走，反复思考自己听到的、了解的以及与别人讨论过的。他还为此养成了写日志的习惯，将自己心中所想以"意识流写作"的方式记录下来。这样的反思和记录，常常能带给他许多有益于自己投资组合的观点。有一回，艾伦在会议上注意到，在非必需消费品板块投资者兴趣高涨，同时原油价格却大跌。他与一位持有能源和原料板块股票的同事交流后认为，油价的下跌包括供给和地缘政治两方面因素，并且价格还会持续走低。这将对美国消费者产生利好，也恰好印证了他之前认为的行业龙头企业将吸引更多投资的推断。他随即更深入地研究了其中几只股票，发现高涨的消费者信心和更高的流动性将对相应企业产生利好。做多非必需消费品板块股票，加之做空能源和原料板块股票，此举产生了非常理想的效果。还有些时候，艾伦与米莎或与同事间的对话将使他们发掘出可以影响不同企业的信息。把这类信息添加到投资组合或后备股票池中，将非常有利于投资组合的平衡。

- **风险管理与投资组合检讨**。艾伦和米莎每周都要回顾投资组合中各头寸的相关性。在市场风险水平较低时，头寸间相关性的增加将严重影响股票池的风险分散效果。同样地，他们也严格把控组合中的潜在风险。譬如，在某时点，组合中的中小盘股多头头寸权重过大，那么团队将做多中小盘股而做空大盘股。他们会着重注意投资组合中不同仓位间的关系，以确定是否需要重新做调整。很重要的一点是，当组合中股票出现较大变动时，需要对其做相应的压力测试，测试将模拟出同样的组合在不同市场中的潜在损失。艾伦对整个投资组合中仓位的把握十分谨慎，以此规避该组合在压力测试中暴露出的风险。

- **业绩回顾**。艾伦还有第二本日志，其中记录了他工作中的决策，尤其是那些比较失败的决策。他坚信自己的失误在于以下两方面：①在为自己的后备股票池或投资组合选股时过于谨慎保守；②总是错过一些能影响企业业绩的信息。艾伦为自己定下的原则是，尽量不用过大筹码交易，也不做保证金交易。他真正担心的是自己错过关键的机会。因此，他记录的、在乎的不单单是买入或卖出，更重要的是应该抓住还是放掉机会。通过记这本日志，艾伦可以看到自己什么时候在发掘信息方面做得不够好。最近，他还在自己的日志中增加了对央行政策的跟进，因为他相信央行政策会对特定股票产生他曾经忽略的不寻常的影响。在检讨业绩和增加对央行的关注之后，他建立了海外股票的一些多头仓位，同时做空了同一行业的美国股票。他相信这些 QE 交易能够提高投资组合的业绩。如果艾伦不去回顾那些错失的机会，也就错失了从错误中学习的机会。

我们从上述整个过程中看到的是，艾伦是个擅长管理的人。他能管理好自己的时间和工作上的方方面面；能管理好自己的助手米莎；管理好自己的投资组合；也能管理好自己，还有自己的业绩。艾伦就像一个活生生的"点子工厂"：他先接收原材料（来自新闻、市场数据或交流对话），把它们加工成产品（点子），再把产品变成利润（交易）。就像那些汽车公司或制药公司，有着自己的研发环节（产生点子），组装生产环节（交易构思）以及营销环节（投资组合的构建及管理）。

> **关键结论**
>
> 交易不单单是一项业务，它是一系列业务的集合。

"企业家"艾伦与众不同的是，他在工作中扮演着3个不同的角色：领导者/预言者，管理者，员工。他领导着整个业务向正确的方向发展。他也组织着那些能给公司带来利润的活动，管理好自己，确保达到业绩的巅峰。我们可以把像艾伦这样的交易员看作一个自给自足的组织。艾伦在交易工作中最大的挑战是，他需要极大的灵活性来扮演好这3个不同的角色，还要确保三者之间不会相互影响。

然而，一名交易员如果要像企业家那样工作，还有另外一个挑战。汽车与药物的生产周期往往长达数年，但是交易员们做交易的周期就短得多了。艾伦既不是个短线交易员，也不是个长期投资者。如果艾伦难以再利用累计派发指标来精确判断多空市场，他的交易节奏将会慢下来。即便交易者不调整投资组合，账户本身也会发生变化，导致相关性和因素发生改变。如果说策略就是交易的最终产品，那么一位有企业家风范的交易员将几乎持续不断地生成新产品。没有了创造力（用新的视角看待已有的事物）以及工作效率，艾伦肯定无法一直保持他的高收益。如果你就像一个"点子工厂"，那么创造力一定是你的主要程序。

"交易员"企业家的成功

可以说，艾伦是个名副其实的"企业家"。回顾 Leutner 及其同事的研究，我们会发现艾伦具有以下企业家特质。

- **企业家视角**。投资组合变化无常，但其背后是什么驱使着每只股票的变动。如果哪个策略不符合这一架构，自然也就不会带来理想的结果。艾伦的视角是，把技术分析思想与基本面分析思想高度结合，将企业引人入胜的背景故事变成引人入胜的交易。他常常说，他与其他基金经理交易的次数和交易个股一样多。如果艾伦在多头仓位时投资者没有大量买入，在空头仓位时投资者没有大量卖出，他就会蒙受巨大损失。如果基本面理论无法再支撑交易，他就不会跟随着买家或卖家买进或卖出股票。他一直相信，自己成功的关键在于，将企业基本面与市场动态结合，再对不同股票进行相对独立的操作。他对市场机会的热诚及独到眼光，引领他走向成功。

- **企业家创造力**。我们即将看到，创造力取决于一种合成过程，其中几个相似的因素会被加工为一个唯一的结果。艾伦成功的关键在于他和优秀同伴们的交流，以及他暂时放下工作，去寻找关键信息的能力。他时常能发觉那些被投资者大量买入或卖出的股票，随后他便可以做进一步研究，来为自己的投资组合想出一系列新策略。不断观察，不断获取信息，艾伦才得以轻松保持创造力。

- **企业家主动性**。艾伦认为自己既不是个短线投机者，也不是个价值投资者。他不会因为一些风吹草动就买入或卖出股票，也不会简单地把被高估或被低估的股票加入投资组合。他要做的是尽可能早地识别那些被低估且正在被大量买入，以及那些被高估且正在被大量卖出的股票。后备股票池这一概念很好地体现了艾伦的主动性——一些还没有完全发挥效用的好点子，暂时还不足以被加入到投资组合中。相似地，通过发掘那些交易所交易基金（ETF）中出色的股票来判断估计板块行情，艾伦得以不断地寻觅到新的机会。主动性使艾伦可以不仅管理好当前的投资组合，还能为今后的投资组合改进做好准备。

- **企业家机会主义**。艾伦最基本的投资哲学是有些机会主义色彩的：寻找那些他早想买入或卖出的已经走出趋势的股票。他与米莎每天都回顾新闻、发布的数据、最新财报以及企业要闻，来为自己的后备股票池寻找新机会。他还坚持每天检查不同股票的交易活动，来确定股票供需在何时发生了重大变化。艾伦不像大部分多空策略投资者，他从不把自己的投资限制在某个特定行业中，也从不死板地把控自己的敞口头寸。他坚信自己的交易账簿代表了最佳投资机会的结合。艾伦的灵活性和投机能力使他在2008年的房产和银行业危机中得以通过净空头获利，在随后央行复苏股市时以多头获利。

我们通常认为领导力是建立在人际关系之上：由一人来领导许多人。但在交易领域，领导力往往是以自我领导的方式呈现。或许艾伦最大的优势在于，他有能力用一种极具领导力的视野来维持富有想象力的创新以及交易的严谨流程。简单地制订交易计划然后执行，对于"交易员"企业家们的成功来说是远远不够的：还需要你拥有前瞻的视野以及把它变成现实的能力。

✼ ✼ ✼

成为一名交易员可不像做生意那么简单；通常来说，其难度堪比创业。在杰西卡·利文斯顿（Jessica Livingston）2008年的书《创业者》(*Founders at Work*) ⊖ 中，收录了很多对成功创业企业家的采访。可以明确的是，这些企业家成功的关键在于是否能吸引一批愿意长时间为公司工作的专业人才，事无巨细地打点公司的各个方面。在一个组织成熟的团队中，每个雇员都有自己特定的职责。而在创业公司中，创始人要照顾公司的一切业务，从确保资金安全，到建立信息基础设施，到雇用、监管员工，再到发展与供应商和经销商的关系。因此，是否能在前景不确定的情况下一心多用，经受住工作压力，成为创业者能否最终走向成功的

⊖ 此书中文版已由机械工业出版社出版。

关键。你必须对公司的核心业务或创意深信不疑，才能将你的能力最大限度地发挥出来。

让我们来看看那些被利文斯顿采访过的成功创业者吧。我们发现，其中很大一部分都是连续创业者。他们在创业的过程中大多都不是一步到位的：成功的创业者通常创立过一系列公司。如果对企业家人格特质的研究是正确的话，那么这一点就说得通了：很重要的一点是，创立的新公司就像创业者们的血液。在2008年的一项有趣研究中，来自哈佛商学院的Gompers及其同事，发现了创业过程中业绩的持续性。已成功过一次的创业者，比起那些还未获得成功，或是已经失败过一次的创业者，更容易获得下一次成功。原因有许多，譬如经营技巧、一次成功容易带来下次成功等，供应商、风险资本家以及雇员们，更容易被那些已经成功过的创业团队所吸引，而不是那些缺乏成功经验的创业者。若企业家特质果真与创业成功密切相关，那么那些初次创业成功的人确实更容易获得下一次创业的成功。

这一点对想成为交易员的人来说有着重要的意义。像艾伦这样想变得与那些基金经理一样成功的年轻人，往往会选择以初级分析师的身份踏入行业，一步一步扎扎实实地学习业务。起初，他们会得到经理划拨给自己的一笔资金，然后想方设法赚到更多。他们也有可能努力学习股票交易，用自己的钱开立一个交易账户。但在这些情况下，年轻人都不是以做企业的心境起步的。他们给人感觉更像是经销商而不是企业家：他们只是在寻找已经存在的成功模式，然后努力套用这个模式来试图复制成功。他们缺少的是创新思维，缺少的是企业家视野背后的创造力，他们也不具备顶着工作压力一心多用、细心打理公司各项事务的毅力。

关键结论
低效的交易无法给交易员们带来成功。

如果你去问业内人士，为何专业交易员很难做到出类拔萃。你大概会得到这样的答复：由于有效市场啊，克服认知偏差的挑战啊，个人情绪对业绩的影响啊，等等。这些都没错，但他们漏掉了颇为重要的一点：那些以经销商作风对待市场的交易员，通常只会模仿别人的成功，缺乏企业家创业成功所必需的视角、创造力、主动性和投机能力。此外，这类年轻人往往也在组织团队方面缺乏经验，他们不了解该如何发展和经营一家公司，因此，他们也就无法像连续创业者那样从学习曲线效应中受益。

想象一下，如果你正试图在没有经验的情况下开始一种其他类型的生意——杂货店或汽车维修店。你会如何去了解都需要哪些经营许可？你会如何去选择最优的地段，谈下最低的租金，雇用到最合适的员工，开展合适的业务？你会如何去给员工们合理分配任务，监督他们的工作？你会如何管理销售与订单、员工工资与税收？如果缺乏早先的经验，从零开始高效地开展业务将变得非常困难。你缺少的是创业必备的经验——即便你对经营策略有一定的了解，也难以组织、管理好公司的各个方面。

交易业务也是一样的道理。你可以回顾一下艾伦的业务模式，然后问问自己，作为一名交易员，是否能做到以下几点。

- 定义并坚持一种可以给你带来机会的视角。
- 系统性地收集信息，包括新闻、经济数据、企业基本面信息、市场指标，并将它们加工为可直接服务于决策的形式。
- 持续不断地产生新交易策略和备选策略，时刻为更新你的投资组合做准备。
- 建立并使用有效的信息网，来保证自己位于行业发展的前沿。
- 监测你的表现，系统地找到那些需要改进的地方。
- 争取每天高效落实以上几点。

想想你周围的交易员们，也许他们只是会零碎地完成以上几点，不会特别认真或用心对待。他们在金融市场上碰壁的原因，不单单是因为缺乏训练或者缺乏计划，还因为他们没有做好充足的准备来应对世界级的交易。他们做不好一位企业家，自然也就做不好一位交易员。

讽刺的是，正如我们在上一章中看到的，这一现象在那些为了摆脱朝九晚五、不愿给别人打工的交易员身上最为明显。然而他们不曾意识到，如果把交易当作自己的生意一样看待，那么你不管每天工作多长时间，都是在为自己努力。创业过程中的加班加点以及频繁的一心多用，在成功的基金经理的日常工作中也是尤为常见的。在工作上简单学习几个技巧，上班时间在公司努力赚赚钱，下了班就开始享受生活，这样的生活对不少有抱负的交易员来说，都是有吸引力的——这也恰恰是真正企业家视角的对立面。这样的交易员就像那些仅仅把创业公司当作自己副业的企业家：他们只是抱着侥幸心理希望不劳而获，而从没想过凭借自己的抱负大展宏图。

交易与管理危机

我们来设想一下，你在交易中扮演的各个角色就是一个个不同的员工。你自己就是交易业务的老板：你的工作正是领导、管理这些员工。你总共拥有多少员工呢？在分析过艾伦的案例之后，我们知道，至少以下几种类型的雇员是你必须拥有的。

- 一名助理。他需要随时了解新闻、重大事件、交易相关的基本面信息（如经济数据、财报和央行新规）、不同同事的观点以及相关市场行为（如价格交易量曲线和各类金融工具）。
- 一名研究员。他需要有深入挖掘市场机会的能力，并能够对其进行测试，以利用收集到的信息产生新策略。
- 一名交易员。他需要将研究得来的新策略转化为高报酬风险比的交易，同时负责交易的执行、监督及管理。

- 一名风险管理人。他必须随时掌握不同的市场条件、控制头寸风险，来确保达到目标收益的同时没有承受过多的风险。
- 一名技术总监。他需要负责确保公司的数据、设备、软件以及其他资源，包括以上数据的备份，一切正常完好。
- 一位教练。他负责公司人力与交易信息的管理，指导员工们如何实现自己的最佳表现。

如果你的交易业务团队恰巧是由以上成员组成，那么你的工作就是监督好他们每一个人。你需要告诉他们如何做好自己的工作，确保他们的工作效率，你还需要与大家的工作保持同步，来让自己一直掌握最新的研究和交易策略。做到这些可一点都不简单。

如果你只身一人经手着你的交易业务，那么你就需要单独扮演所有角色了，你还要管理、协调好每个角色，确保它们给你带来最优业绩。仅有基本的原则和情绪控制能力是不足以让你做好这件事的：你还需要有很强的一心多用，同时处理多项任务的能力。除此之外，你还必须将工作中的各个角色协调一致，使之与你的视野和目标相匹配。

倘若一直朝着目标努力也难以让我们持续赚到可观收益的话，那么为了今后的成功，我们需要的或许是一个更好的计划以及几个简单的心理训练技巧。然而，如果说做好交易需要多个方面能力的融合——从创新到调研，再到风险管理，**那么统筹能力及自我管理能力将是成功的关键因素。**大多数交易员都忽略了对统筹协调能力的培养，因此当他们同时面对多项任务时，难免会手忙脚乱。难怪他们无法胜任自己的工作——倒不是因为他们不够专注或缺乏动机，而是因为他们没有锻炼自己像企业家那样征服自己的创业公司。

不妨设想你只身一人经营一家餐厅的情形。你需要自己为菜品采购原料；你是厨师，是老板，是服务员，同时还是会计。你需要负责开拓市场，维持餐厅的日常经营，设计菜单，关注行业趋势。或许经过努力，你虽然能做得到，但对各方面能力的高要求，以及每天不同角色间的高度协调，使经营餐厅变成了一项十分艰巨的任务。换句话说，做得一手好菜，并不代表你就能经营好一家餐厅。同样道理，有能力在交易中赚得盆满钵满，也不意味着你能安排好自己的整个交易业务。

> **关键结论**
> 在成功的交易中，人们可以将最有效的练习汇总为最佳的方法。

艾伦在交易中获得了多年的成功，因为他一直在利用一系列的方法来锻炼自己——先产生点子，再将它们转变为交易策略，继而执行、管理，最终将它们汇总为一套最好的方法。艾伦有一套与众不同的收集信息（包括新闻、人物信息和市场信息）的方法；他同样有一套与众不同的加工信息的方法：将信息分析汇总，从而用于产生新策略、对投资组合与头寸进行管理。从他的日志中可以看出，他一直在改进自己做调研、产生策略以及交易的方法。艾伦把整个交易过程中需要做的，提炼、汇集成了一种具体且固定的模式，这样一来，原本一个个艰巨的任务被他转化为了一台运行良好的"业务机器"。在下一章，我们将专门讨论这样的最佳练习与方法，它们对创业成功至关重要。

或许我们常常听到周围的交易员们宣称要"一直坚持自己的方法与模式"。事情要是有这么简单就好了。交易员们不可能仅依靠一个"单一的流程"来完成业务：他们需要用到各种各样、相互关联的业务流程。因此，交易员们最好能掌握的一个技能是：将流程中必要的步骤提炼，再转化为一种可重复进行的业务模式。是什么才能使交易员像企业家那样经营自己的业务？答案是你要拥有一种在创业过程中所必需的、统筹协调多种角色的能力。然而，一个对市场理解透彻的交易员，同样可能因为以下两点而失败。

- 成功交易所需的各个步骤，并没有最终转变为一个固定的业务流程，因此这些步骤可能无法得到很好的落实，表现也就很难令人满意了。

- 成功交易所需的各项流程之间，并没有实现有机结合。有时会导致某些过程（生成策略）进展顺利，而另一些（风险管理）以失败告终。

伟大的事业都是精心打造而成的，往往组织明确、条理清晰。很多时候，交易员们就是因为做事缺乏条理而难以取得成功。或许他们能想出不错的点子，也能做出好的交易，但他们无法有效地将工作中涉及的方方面面融会贯通。在此，我可以给大家提供一个实用的小练习：列出你在整个交易工作中需要扮演的角色。然后在每个角色旁边，写下与之对应的成功完成交易所必需的任务。完成这些任务将是你交易工作的基础。

练习的下一步是，回过头来看看，你的日程表中已经囊括了多少这样的基础任务？

在美国联邦快递（FedEx）与联合包裹速递公司（UPS）中，各项业务都是经过精心筹划且高度同步的，真正的商业就是这样。像沃尔玛（Walmart）和塔吉特（Target）这样的零售巨头，每天要做的是管理订单和库存、陈列商品、营销、维护仓库这一系列工作。在嘉佩乐酒店，团队会精心打造最优质的服务：从预定，到客房管理、客房清洁，再到餐饮服务，无一例外。

如果交易成功所需的一切还没有囊括在你的日程表中，那么，你与成功之间还有一定距离。在下一章我们将看到，对于成功而言，掌握一些练习技巧还是远远不够的。若要保质保量，你需要把这些练习技巧变成自己的日常流程。

交易与创造力危机

想必你一定听说过**群体思维**（groupthink）这个概念，也见过它是如何体现在交易员们的日常工作中的。作为一名交易培训师，我对群体思维有着与众不同的见解。由于工作所需，我曾与多家私人交易机构、银行和对冲基金有过合作。热门股票的交易量剧增，将使日内交易员们异常忙碌。央行出台的利率与货币新政，将在市场上招致大量相同方向的交易。如果群体思维不可避免地存在于交易领域中，那么交易员们就无法为公司提供独特的交易策略，交易机构也就无法向投资者提供独特的投资回报。但是我发现，交易机构间观点的相似度是出乎意料得高。

也许，没有了互联网，人与人之间就没那么容易产生紧密联系了吧。假如交易都是通过电话或电报来进行的，那么交易员们就难以了解到其他交易员在做什么。而如今，在网络聊天工具与多渠道实时新闻的帮助下，人们都是从同一个"信息池"内获取信息。这自然导致了投资者们会比以往更迅速地占满仓位。交易员及基金经理们赚钱和止损的需求，使他们总是利用从众心理寻找机会游走于市场之中。这种羊群效应使股市变得更加跌宕起伏，风险管理也因此变得更加困难。

表面上看这似乎挺奇怪。交易员和基金经理们大多都是聪明人。他们通常能意识到，新策略的产生是必不可少的。如果他们发现自己取得的收益与同事的毫无差别，将会直接追加交易筹码。连新手都明白，想要成功，你的所做所想就要与大多数人不同。既然如此，为什么还有那么多懂得不能随波逐流的交易员，最终也难逃从众的命运呢？

毫无疑问，认知偏差在其中发挥着重要作用。假如你的同伴通过某个交易策略赚到了很多钱，你很有可能会觉得，错过这个赚钱机会的不只你一个人。一个简单的聊天室是有可能带来回音室效应的，这种环境会助长人们的确认偏见。然而，还有另一个更加微妙的因素，侵蚀着交易员们的企业家特质。

୨୧ ୨୧ ୨୧

艾琳是一家私人交易机构的初级交易员。当年将艾琳带入公司的，正是她现在的指导人。艾琳从他那里学到，如何通过分析交易订单，来在小盘股交易量异常高时，确定有盈利潜力的运作方式。这类股票都被看作拉高出仓的"最佳人选"，操作方式为：哄抬股价至高位，买压出现，然后大力减仓直至清仓。她学到的第 2 个操作是突破策略。她的指导人解释道：小盘股相对而言不易受到做市商以及短线交易算法的影响，股价变化因此更加平稳，更易凸显趋势性。当一只股票在窄价格区间交易，然后放量突破，如果这只股票从区间交易变成趋势交易，就要在第一次回踩时买入。

在这种风格的交易中，人们需要借助专业选股软件来进行大量的准备工作。由于任何一台用于选股的电脑都可能随时挑出许多符合要求的股票，所以这往往要花费交易员们不少精力进行实时处理。随后，交易员们需要在其中甄选出若干个最合适的股票，这也正是交易前一项非常重要的准备工作。对于艾琳的同事来说，他们一天的工作就是不停筛选股票然后执行短线交易，如此循环往复。这类市场参与方式，不仅要求人们有快速处理信息的能力，还要求人们能在一个交易日中大多数时间里精力保持高度集中。

艾琳在交易大厅中的同事们都是同心协力的，他们常常会喊出相关股票的重大变动或交易策略。由于他们使用的是同一款选股软件——类似于其他私人交易机构使用的软件，以致很多时候他们选出的股票，包括相应的策略都是相同的。某些交易员因为业绩突出获得了很好的声誉，随后便可能招致很多交易员的跟风模仿。还有些交易员会选择通过网络平台（如 Stock Twits 和 Twitter）来追随那些功成名就的同行。类似的焦点放在高成交量高动能的股票以及那些力度正在消失的股票上——这类企业的名字经常被公众媒体提及。当年埃博拉病毒还是新闻焦点之时，那些积极研发防护设备和疫苗的企业，吸引了交易员们的普通关注。追随高额利润背后的短期流动资金，似乎成了人们赚钱的信条，因为，这意味着变革与机会即将出现。

艾琳所处的工作环境还是相当令人振奋的，她也在这段时间里充分展示了自己的才能。不过几个月后，交易大厅里的交易员们却开始赔钱了。一家被广告宣传得天花乱坠的公司，在连续数天内成交量明显攀升。这种短期内如此令人热血沸腾的变化显然是难以解释的。这家公司的确在研发一些产品，但从进度上看，离产品问世还是有一定的距离。这似乎怎么看都是一个卖空的机会。拉升力量刚开始疲软，交易员们就纷纷做空了。股价随即开始下跌，然后大幅反弹。交易员们也一次又一次地回到原点。每当他们减持这只股票，股价就反弹至新高。艾琳看到她的同事们被他们的策略困住，于是决定把更多的精力放在其他股票上。不久后，她就盯上了一只股价强势上涨后又停滞不前的大盘媒体股，果断对其进行做空。然而，这只股票也是一样，股价短暂停留后便又开始上涨。

关键结论
以呆板的方法应对变化无常的市场，只会让你离成功越来越远。

交易大厅内的气氛愈发阴郁低沉。交易员们发泄着对选股算法的不满，也抱怨着在被操纵的市场中赚钱是多么困难。价格被炒高的股票，在股价泡沫即将破裂的那一刻，就是交易员们赚钱的良机，没有人愿意错过这样的卖空机会，交易员们自然也就不愿放弃他们期盼已久的运作方法。但损失一直超过了收益。因此，不少交易员开始以融资融券的方式寻求补偿，希望通过其他途径赚到一些钱。艾琳完全不理解，为什么她在几个月里学到的技巧全都派不上用场了呢？到底发生了什么？

✑✧ ✑✧ ✑✧

究竟是怎么回事呢？一套原本成功的交易技巧为何突然行不通了呢？

我与艾琳还有她的指导人进行了一番谈话之后，发现了以下两点。

（1）**他们使用的交易策略不只是流行，而是非常流行。**市场参与者的增加推动成交量大幅上升，股价因此易出现剧烈波动。交易员经常建议人们不要随波逐流，这正好使那些价格迅速上升的股票开始"刹车"。高企的成交量和波动率将对交易员们产生不利影响。因为他们并没有特别关注成交量和波动率的变化，而仅专心于选股——他们甚至意识不到自己正面对着股市猛烈的变化。

（2）**他们做的大部分交易都是与整体股市相关的，尤其是关于小盘股和纳斯达克指数中的股票**。这类股票价格往往都具有稳固的上升趋势，投资者们对其买入意向较强。随着不断上涨的行情，甚至一些基本面情况不佳的公司股价也被提到了很高，因此，艾琳那些等待做空机会的同事，是在与不断上涨的市场浪潮做斗争。

在市场波动率较低、股票价格趋势不明显的条件下，逢股价停止上涨之时减持，屡试不爽。当成交量走高并带动指数变化时，同样的技巧就不能再使用了。表面上即将破裂的泡沫，实际上可能只是再度上涨前的暂时休息。

如果交易员们没有太过沮丧，也没有抱怨市场操纵者，那么他们就只能把失误归因于自身的能力不足了。有时确实是这样，尤其是在交易员失误发生不止一次的时候。然而，他们失误的真正原因在于没有认清交易过程中市场特征的改变。他们终日忙于选股和执行交易，甚至没有发现市场条件早已发生了变化。他们认为自己的那套技巧可以放之四海而皆准。这种想法，使得他们只专心于交易，忘却了做出必要的适应。

对于艾琳和她的同事来说，这可不仅仅是一场业绩危机；这是一场创造力危机。由于他们在短线交易上花了太多时间，在企业调研方面，他们手上几乎没有一套靠谱的方法。他们就像墨守成规的制造商，只顾批量生产，从来不去创新。想想艾伦是如何做好他的业务的。他每天花大量时间与学识渊博的同事交流观点，除此之外，他还不断总结市场行为和变化，不断测试新策略。艾琳那家公司的人可做不到这些。他们的业务模式就像流水线一般，炮制着大量交易，而不像创业公司那样，研发新产品，开拓市场。

当我向艾琳公司的人提到这一点时，他们表示可以理解，也坦言自己并没有时间做调研，阅读新文件，产生有创造性的观点。他们的态度是，"做好交易就能得到报酬，调研又不是必要的"。缺乏职业道德的交易培训师或许会赞同他们这种观点，然后给他们提供相应的方法，以收取费用。而事实是他们并没有一个正确的业务模式。他们只是熟练于自己的那套方法，缺少的是用于适应不同市场状况的创造力。他们就像经销商那样，复制着别人早先的成功模板——与企业家作风背道而驰。

创造力使我们保持优势

如果说本书只有一个主题的话，那么它将是：你在交易中取得的成功，与你利用认知能力与性格优势，以及灵活应对不断变化的市场的能力成正比。要取得成就，优势与创造力都必不可少。此外，雇用专业人才也有助于开拓新机会。没有了创造力，我们很快就会黔驴技穷。富有创造性的做法和想法有助于让我们保持自身优势。

有人在 TraderFeed 博客上发表了一篇文章，根据相关研究，向我们描述了两种不同的交易风格：智力型与社交型。据笔者观察，这代表了人们两类截然不同的潜在优势。智力超群且相对理性的交易员，会通过数据、模型以及各类数量关系审视市场。社交能力突出且相对感性的交易员，则会通过分析市场参与者的意图及行为来判断市场。他们执行交易时更倾向于酌情行事。这里有一个非常基本的不同点：两种类型的交易员们是以截然不同的方式处理市场信息的。

理性交易大多时候旨在进行市场预测。假设我是一名个股交易员，我为我的目标公司建立了关于收入、支出、边际利润、产品线分配以及市盈率等指标的模型。如果我注意到，一个新的产品线业务表现突出，我将会及时更新模型，也会意识到它带来的实际收益应该高过分析师们的一致预测结果。由于某些地缘政治新闻，整体股市开始下跌，也因此拉低了我标的公司的股价。从模型看来，这家公司从根本上处于被低估的状态，以往的分析也告诉我，这家公司的股价会随着销售额的增长而逐渐恢复，因此我希望做多这只股票。

在本例中，理性分析主导着我的整个交易过程。我剖析了这只股票以往价格与利润增长之间的关系，我也摸索到了一套方法，通过客户拜访及客户订单等情况来预测公司未来的收益能力。我的交易正是基于对两者关系的预测：股价的当前变化趋势以及通过分析得到的变化趋势。创造力在其中扮演着重要的角色，它使我能设计出更贴切的模型，从而提升我的交易业绩。比如，我会暂时放下那些常见的预测指标，诸如收入、各类费用等，转而关注季节或气候对客户行为的影响。冬季天气转暖时，人们的非刚性消费增加。通过挖掘长期天气变化趋势，我可以在模型中添加新的变量——在冬季较暖、适中或严峻的天气状况，然后测试这些变量的预测能力。如果它们有助于精准预测收益与股价，那么就会被我添加到模型中加以使用。创造性思维使人们更容易发掘到更多可以用于预测的因素，相比那些一味使用传统模型的交易员，这也给了聪明的交易员独一无二的优势。

利用社交优势做交易的交易员们，通常是不会特别注重量化预测的，他们倾向于把精力放在理解投资者和其他交易员的行为上。假设某市场已连续三次达到低点，且每一次都从次低点反弹。第 3 次反弹的时候，我注意到，成交量已经在慢慢减少，而且与涨跌比率估计的结果相同，市场中买家与卖家之比确实不算高。我马上意识到以下两点：①低股价并没有增强长期投资者的买入意向；②如果我们打算突破之前的支撑位，那将会带来新的卖家。我的以上假设只适用于特定的情况，不具备很强的普遍性及预测性。由于我长期与交易员共事，我可以预想到，突破支撑位将使那些过度杠杆并且需要放弃多头的人加速出售股票。同样，那些施行突破策略的交易员也会在支撑位突破后重仓做空。既然股价反弹后需求将减少，支撑位突破后价格也有望反弹，那么抑制反弹并跟进最近的股价高点是一种风险回报比很高的策略。我的思维过程很少涉及分析与预测，反而，这个过程类似于将不同的交易情形进行合成，加以分析，从而让自己更好地参透交易员们的行为。其实，作为一名具有社交优势的交易员，我就像之前例子中的艾伦，是通过预测其他投资者的行为来进行交易的。

创造力将帮助我们通过感知和理解市场参与者行为的方式来执行交易。假设我在对大型对冲基金的经理们进行采访。我发现，今年经理们普遍业绩平平，没有取得特别可观的收益。到了年末，针对即将出台的央行新规，大家对走势普遍抱有一致的预测与期望，从而导致一些特定的头寸十分拥挤。我马上意识到，这是由于基金经理们生怕自己在年终功亏一篑，于是变得比平时更加害怕风险。假如新发布的新闻或数据没有带来如人们所愿的行情，恐怕极度失望的人们就开始忙着退出市场了吧。股价很快到达了支撑位，就在基金经理们开始拉升股价之时，我果断平仓了这只股票。股市在年末往往会出现不寻常的情形，部分人也因此得到启迪，以与往常不同的方式影响股价，最终获利。

关键结论
创造力能很好地磨炼自身素质，使我们已有的优势得到发展。

对于那些习惯量化、热衷实验的交易员们来说，创造力可以为他们的预测提供更好的数据支持。而对于那些喜欢社交、酗情行事的交易员来说，创造力可以为他们带来崭新的观点及独到的理解，让他们更容易预测投资者们的行为。不论你属于哪一种，创造力的培养总能带给你更好的认知能力。

当然了，现实中许多出色的交易员并不局限于其中一种风格。有些人在这两方面都具备优势，他们可以将定性与定量分析相结合来完成决策。我此前在 TraderFeed 博客中，向大家提到过一位对美联储有着独到观点的交易员。他利用美联储雇员使用的方法来研究他们有关经济增长、通胀预期、资产收益等方面的决策。他也与美联储前雇员、美联储观察员有过接触，并且可以区分出他们思维过程间的微小差异。他还通读了每位美联储官员的讲话，寻找其措辞的改变。社交上的敏感度使他能够分辨出央行是否会对某些信息或数据做文章。而那些一味使用传统模型分析的人，将简单地认为只要数据变化到一定程度，美联储就会加息。某些基金经理能力出众的原因，正是因为他们懂得换位思考，懂得从央行雇员的角度出发，设身处地地分析他们会如何看待相关数据。

如果你在交易中可以既定性又定量地思考、决策，那么创造力不仅可以让你发掘到新数据，还可以令你参透市场参与者会对这些数据做何反应。之前我与一些牛市/熊市交易员谈论股票市场时，有过一次这样的经历。那次谈话使我真正意识到，股市上的买家和卖家竟有如此大的差异：他们看待市场的方式以及操作的时长都大有不同。多年来，我一直在使用诸如纽约证券交易所跳动指数这样的指标，来估计股票市场上多头与空头的比例。在那次对话之后，我决定对数据进行更加深入的挖掘，并将指数中的上跳动与下跳动分离开来。我摒弃了之前对市场多头空头状况的单调看法，现在对其有了更加立体的理解：任何市场中都有可能出现空头压过多头；多头压过空头；两者同高或两者同低的情况。多头与空头势力间的不同组合方式，将成为市场预测的重中之重。这因此派生出大量关于股价会上涨或是向均值回归的预测——我也可以据此更好地判断市场状态。如果我发现某个利空消息并没有使股价明显下跌，那么这一状况将有助于预测接下来多头们会如何行动。

在体育锻炼中，不断驱使自己突破极限，将有益于体能的提升。就像我们在上一章中看到的，这一点同样适用于认知方面的锻炼。如果我们一直用更新颖、更具挑战的方式磨炼自身优势，它们将会变得越来越强。**创造力可以使我们的才华、技能以及兴趣得到发挥利用**。如果我们不再产生新的点子和新的交易策略，我们就无法从自身优势中获得能量。用则进，废则退。

创新的过程是怎样的

有关培养创新思维的研究不胜枚举。索耶在他的书《创造性：人类创新的哲学》(*Explaining Creativity*) 中，向读者介绍了创新过程中的几个阶段。

（1）**预备阶段**。接收各类信息，梳理你的所见所想。
（2）**孵化阶段**。将你的所见所想融会贯通。
（3）**领悟阶段**。产生新点子或新产品的过程，会带给你不一样的感受与体会。
（4）**验证阶段**。重新审视你的领悟，换一种方式将它表达出来。

索耶在书中强调："人们的生活中总是不会缺少创造力的，而且当人们处于工作状态时，创造力尤为突出。这个过程就像在创造一件艺术品，创造者往往是在对材料进行加工时灵感一现。"换句话说，创造力重在过程，而非结果。当人们真正沉浸于某件事物中时，创造力自然会被激发。充分的准备是创造力得以发挥的基石。

✥ ✥ ✥

之前关于交易员优势所在的讨论告诉我们，交易员们的交易准备工作取决于他们的交易风格。长话短说，交易员们是通过回顾各方面信息或与其他市场参与者交流的方式来做准备的，当然，有时也可能是两者的结合。在第一种准备方式中，交易员们需要分析图表，回顾模型，还要做一些统计方面的研究。比如，我每天都要将不同市场板块/股票指数的广度、波动率以及关联性等指标统计到电子表格中。往往，同时出现于多个市场板块中的走势，将会被认为是大盘的整体走势。

在第二种准备方式中，交易员们通过基本观察或与消息灵通的投资者们进行交流，来对市场未来的行情做出判断。通过与他们的对话，交易员们可以了解到这些投资者正在关注什么，抑或他们心中重要的观点有哪些。同样，这种做法也能让交易员们了解市场上哪些点是不必关注的。我举个例子，我曾经的一位同事发现了某些新兴市场经济疲软的信号，令他惊奇的是，这一点仿佛没有吸引到其他人的注意。在那时，绝大部分投资者都在关注欧美央行和经济的一举一动。我这位同事坚信，暂时缺乏关注的新兴市场一旦招致大量投资者的注意，市场疲软信号将带来相应走势，大有文章可做。平日的交流使他把目光放在了鲜有关注的机会上，也使他更容易察觉投资者们将何时参与这些新兴市场，最终得以合理把握仓位。

如果我们在准备过程中可以一手抓数据回顾，一手抓主观分析，那么我们不仅能够很好地量化相关预测，还能更加准确地捉摸其他交易员的行为倾向。一个很好的例子来自于StockTwits，此平台会统计各股票与交易所交易基金在公众媒体中被提到的次数。此类市场投资气氛评估方法完全可以辅助很多传统的指标，比如买入－出售比率，来对市场行情做出更准确的判断。回想一下之前艾琳的选股工作：通过对成交量的追踪，人们得以更好地认识股市的此起彼伏，以此判断股价在下一秒将上升还是回落。

就像我之前提到的，准备工作不仅要抓广度，还要抓深度。要么多而杂，要么少而精。广泛涉猎股市中的多个板块将非常有助于理解市场。行情一旦变化，我希望了解这是一次整体性趋向，还是局部性趋向。由于我一直都在更新对于不同指数和板块的看法，我更加容易判断市场的资金力量还能使某种趋势走多远。另一方面来说，对市场足够深入的研究会带给你不一样的信息。我多年前的一位同事曾决定，以提一系列问题的方式每周对做市商们进行访谈。此举着实给他提供了大量信息，不但如此，他对问题的看法也因此越来越深刻。每次访谈他都坚持对信息的深入挖掘——并且以标准化的程序进行，这使访谈变得比非正式进行时有效果得多。

不论你的准备工作是充满广度、充满深度，还是两者兼备，最有效的准备总能给我们带来新的思考。举例来说，很多交易员都是在工作开始前完成各类图表的回顾和分析的。这个过程我们既可以相对死板固定地执行，也可以把它做得灵活一些。区别在于我们认知过程的强度和活跃度。我个人喜欢以相对灵活的方式来回顾图表。时而关注多类资产，时而注重于某种特定的资产。这样做能使我更好地掌握利率、货币、股权等方面的重大事项，还能让我发现某个特定市场的变化，比如某国市场的收益曲线趋于平稳等。在对图表回顾进行整顿的过程中，我不得不学会以多种角度审视市场，也不得不在这个过程中不断努力，不断思考。我发现这个习惯非常有用：坚持以至少一个有理有据的假设来结束每次回顾。当我给自己定下这样的标准后，我开始更加主动、更具建设性地回顾信息。

关键结论
准备工作的好坏决定交易策略的质量。

希斯赞特米哈伊在其 2013 年的书《创造力》（*Creativity*）中，描述了做好准备工作所需的条件。其中包括高度专注、远离干扰、避免忧虑等。换句话说，人们在进行真正有效的准备工作时，是处于心流状态的，这是一种完全沉浸于当下的感觉。你有多么沉浸其中，你的准备工作就会有多么充实。希斯赞特米哈伊强调，创造的过程是一种**自有其目的的经历**：创造事物本身就是令人享受的。也正是这种过程的内在价值使它远远胜于一个简单的待办事项。结束一整天的工作后，疲惫感在所难免，但我一打开自己的电子表格，整个人又重新振奋起来。于我而言，信息回顾就像侦探工作：努力搜寻线索，结局才会水落石出。求知欲和好奇心会带给你更加高效的准备工作。

〜✿ ✿ ✿〜

交易员们经常犯的一个错误是，他们喜欢在完成预备工作后直接上手交易。在收集到大量信息后，他们就马上坐在电脑前，期待发挥这些信息的最大效用。不幸的是，创造力可不是这样用的。一旦我们掌握了大量深度信息，我们通常需要一段额外的时间来将这些"原材料"孵化成真正有用的点子。

索耶发现，创造力强的人喜欢同时处理多个任务：在一段时间里，他们会同时专注于许多项目。索耶解释道："当他们有意识地专注于某个项目时，其他项目则处于孵化过程中。他们似乎可以在潜意识中同时孵化多个项目，而在真正的意识下，人们往往只能专注于一件事。"如此看来，创造力就像一个双过程，当我们解除认知上的限制时，创造力表现为由于对某事的高度专注而引起的自发的潜意识过程。许多创造力大师都发现，当自己没有明确地专注于某些问题时，会产生对事物最佳的理解。他们可能在散步，在完成日常事务，或着手于某些工作。在这些时候，预备工作中收集到的信息才会慢慢糅合。

索耶总结了那些关于创造力孵化效应的研究结果。在其中一个颇为有趣的研究中，受试者们需要完成 3 个高难度的纵横字谜。在第 1 种情况下，研究人员要求受试者们持续地完成字谜，每个字谜 6 分钟。第 2 种情况下，受试者们需要在被干扰的情况下完成字谜，因此每道谜题分两次完成，每次 3 分钟。在第 3 种情况下，受试者总共有 18 分钟来完成所有字谜，且可以随时在 3 道题中任意切换。实验表明，受试者们在后面的情况下有着更好的表现。通过切换注意力，我们可以在专注于另一项任务时，使之前的任务进入孵化阶段。学会使用这一点可以让我们表现更佳。

至于在孵化期会发生什么，是相关研究者一直以来关注甚至争论的焦点。一项关于激活扩散的理论研究表示，我们在孵化期得到的线索，将引发相关联想，加速我们处理那些在预备阶段被同化的信息。比如，我或许会沉浸于股市数据，追踪市场不同板块的走势。在慢跑的过程中，我的思绪可能会飘到其他某个市场，抑或在脑中闪过债券价格上涨的情形。将刚才的思绪联系起来后，我马上打通了思路：股市空头占优加之债市多头占优，通常是投资者们风险规避举措的反映。这使我有动力更深入地挖掘不同资产类别之间的关联——以及是否伴有其他相似关联。

在此类情况下，孵化过程将使我们从高度专注中得到些许放松，从而可以纵览全局，避免管中窥豹。比如说，我对市场进行实时追踪，发现市场中委托订单增加，多头占优。假如我退后一步，将思绪暂时抽离市场，我将更容易做长远考虑，并更加广义地思考股市当前的行为。这种感知上的转移帮助我们以崭新的方式看待准备过程中积累的信息素材。

Zabelina 与 Robinson 就相关问题做了一项研究，他们发现创造力较强的人在认知控制上是较为灵活的。在一种认知模式下（准备过程），创造者集中注意，连续将信息一条接一条地进行处理。而在另一种认知模式下（孵化过程），创造者将注意力适当分散开来，同时处理多渠道信息。在某种意义上，预备过程提供了严密分析，而孵化过程提供综合推理。我们在前一种模式下找到拼图的方块；在后一种模式下将其拼接起来。整个过程对思维的灵活性要求是很高的。

如果我们在预备过程结束后直接开始交易，那么我们就难免在遗漏重要信息的情况下进行分析。聪明地工作与努力工作相矛盾，这就是一个很好的例子。奋发图强的交易员会不停地分析，不停地执行交易。但这样做肯定就无法为新观点的产生留下机会了。对那些缺乏自制力的员工来说，暂时抽身市场之外似乎是懒惰的表现。我们现在知道了，高效创造事物的关键，在于**将目光从你手头的工作暂时离开**。

我们能成为更好的"信息孵化器"吗？索耶在他 2013 年的书《Z 创新》(*Zig Zag*) 中指出，玩耍对我们的信息处理过程来说是一种有力的刺激。当我们玩耍的时候，我们放松了认知上的控制，进入了一个思想开放的模式。正如索耶所指出的那样，游戏和散步等活动可以帮助我们把注意力从我们想要解决的问题中解脱出来，并让我们有机会重新对信息加以处理。Chrysikou 和他的同事们进行了一项有趣的研究，他们在受试者参与一项极具创造性的任务时，利用低压电流刺激受试者们大脑的额叶皮质。这项任务要求他们为生活中常见的工具创造新奇的用途。当他们大脑的右半球受到刺激时，对创造力没有产生影响，但当左半球受到刺激时，他们的创造能力出现显著增加。这是由于大脑左半球的独特机能被抑制了，而电流通过刺激口头的、逻辑上的分析能力，促进了他们的创造力。从某种意义上说，经颅刺激正是通过抑制正常的分析思维来优化孵化过程的。

这意味着我们的过度思考将导致创造力的流失。这是一个紧张－放松－紧张的循环，沉浸式分析与开放式综合将有助于新点子的产生。

༺ ༺ ༺

孵化过程的结果通常是一个令人惊喜的顿悟时刻。也许是因为在孵化期的我们一直处于思想开放的状态，好似新鲜的感悟会主动来到我们身边一样；而不是我们将它创造了出来。我在每个周末的早晨最喜欢做的事，就是一边听着音乐，一边查看我的电子表格中的数据，并思考接下来一周的安排。音乐就是我"玩耍"的方式；它不但使我心情愉快，还能使我保持认知上的灵活性。在回顾最近的一份报告时，我注意到，在标普 500 指数成分股中，只有不到一半的股票在连续 5 个交易日的 3 天移动平均线以上收盘。当我注意到这一点时（有趣的是：我整整一个星期都在录入数据，但直到我回过头来开始听音乐时，才注意到这一点），我有一种非常强烈的直觉，认为这一点是有文章可做的。我快速地做了一次历史查询，发现在过去的 8 年里总共发生了 27 次类似的情况。在这 27 个交易日中，有 20 个交易日收盘走高，平均涨幅相当可观。显然，在经历了一周的普遍疲软之后还跟进市场，是没有优势可言的。

这个例子也派生出了一个有趣的问题：我在整个过程中使用的是定量还是定性思考？逻辑还是直觉？我认为，从根本上讲，这个过程终究还是一个创造性的、依赖于直觉的过程，而且与模式识别密切相关。定量或定性的数据对此并没有影响；关键在于如何以新的方式处理旧的信息。我的感悟来自于感知的转变。当我照例更新电子表格时，我单独地查看了每一天的市场宽度数据。然而，当我听着音乐再次回顾表格的时候，我看到了整个星期中相关数据的状况。由于我已经观察到足够多足以支持我想法的市场走势，我的直觉认为这种形态是有利可图的。

关键结论

感知转移往往能带来新的领悟。

Michalko 在他的书《解剖创造力》（*Cracking Creativity*）中是这样说的："创造力发生于感性的思维阶段……将信息以新颖的方式组合起来，可以增加你创造出某件事物的可能性。"他以达·芬奇为例：达·芬奇把他能找到的最漂亮的脸结合起来，并重新组合，最终找到了蒙娜丽莎的灵感。当我们将不同相关元素反复组合后，我们很可能会遇到那个我们最终想要的灵感。因为我们已经看到过许多类似的样式，我们会更放心地认为眼前的灵感，就是我们要找的那一个。如果我们缺少了在准备阶段重复获得的相关经验，正确的灵感将永远不会通过直觉来实现。

迪恩·凯斯·西蒙顿（Dean Keith Simonton）在《科学中的创造力》（*Creativity in Science*）一书中，将创造性的过程看作一个既靠机会又靠逻辑的过程。他引用了爱因斯坦的观点，把创造性思维称为"组合游戏"，并指出科学家们将会考虑事物的许多不同组合方式，而其中大部分将不会有任何结果。然而，随着时间的推移，总会出现一两个令人顿悟的时刻。他认为，科学家之所以伟大，与其说是因为他们能不断产生极具创造性的想法，不如说是因为他们在脑中涌现出如此多的创造性组合，从而更有可能触及那些代表少数人的新鲜见解。从这个角度来看，通往"顿悟"时刻的捷径，就是从很多方面去看待各类事物——真正地去理解和思考。如果只有1%的组合方式能最终提供新的信息，那么考察过1 000种组合的交易员们，将会产生比只关注少量组合方式的人更独特、更有洞察力的想法。

我每天至少要花一个小时来更新我的电子表格。我这里的几十张表，每一张都用于在很长一段时间内追踪不同类别的市场信息。例如，其中一张表专门用来追踪纽约证券交易所（NYSE）的股票，为各种技术指标（如布林带）提供买入和卖出信号。当我意识到这些指标只是一些捕捉动量和加速度的简单方法时，我决定对它进行追踪。如果真的是这样，在我看来，我们应该在股价拐点之前关注到买入和卖出信号的宽度变化。事实证明，这是一个有用的方法，但与我所期望的有些不同。指标间有着不同的波动轨迹，来允许我分别对股价上行和下行变化进行细致入微的解读。当我专注于这些数据一段时间后，相应的走势图就在我的脑海中出现了。

真正的开悟！当我查看指数网站上的市场宽度数据时，追踪指数在3、5、10、20、50、100和200天移动均线上的个股比例时，这种感受出现了。我已经收集了一段时间的这些数据，但是突然想到这些数字整体上可以视为一个动能曲线。就像可以把利率做成曲线，根据曲线的形状了解货币状态，不同时间上的动能可以展示强弱的大图景。例如，当我写到这里时，我们最近看到了一幅非常陡峭的动能曲线，短期内出现了非常明显的超卖，长期也很明显。过去发生这种情况时，通常会出现反弹。这和一个对照曲线非常不同，在那条曲线上，我们短线超买，在 100 天和 200 天周期上，取值低于 50。这条曲线每天都在变化，我们可以从多个时间跨度看到强弱状态。不仅动能曲线的形状，它每天的变化也在传递着信息。

有时候，思考别人的观点也会使你感到恍然大悟。与交易员们一起讨论市场热点（或咨询经济学家和相关研究者），这些都可以提高你的模式识别能力。比如说，例如，交易员们发现的大宗商品市场普遍疲软的早期迹象，令宏观基金经理警觉到大宗商品生产国的货币可能出现疲软。这类走势反过来可以帮助管理者预期全球经济状况的放缓，这对央行政策无疑是会产生影响的。很多时候，这种过程就类似于一个个单一拼图块的叠加，使交易者能够轻松纵览全局。就好像一个灯泡的点亮，使这个世界突然间变得有意义了。知识上的孤立是成功交易最大的障碍之一。新鲜的信息、新鲜的谈话以及新颖的观点——这些都是新领悟产生的基石。如果你是在相对独立的环境下工作，并且需要整日盯着电脑屏幕，那么，很有可能你在交易中面临的最大问题就是创造性视角的缺失。

❦ ❦ ❦

创造力不会随着新想法带来了成就而停止。但凡我们产生了新的观点，就有必要在现实世界中进行测试并验证其价值。原因很简单：就算我们有一个对自己意义非凡的想法，它也并不会自动地变为现实。从这种意义上说，一个创造性的观点就好似一个令人充满希望的假设。我们仍然需要对其进行验证。

让我们回顾一下我从市场数据表中得到的见解。很多时候，在我回顾数据时，一个让我觉得很重要的走势形态就会跳出来。例如，我在股票市场上通过股价跳动指数来收集多空头相关数据。我随后注意到一种模式，在这种模式下，大幅上涨导致股市进一步走强，而不是大量抛售。由于数据已经在电子表格中排列出来，所以我可以使用 Excel 的筛选函数来相对容易地挑选出那些我们曾经看到的异常高的上跳指数。当然，随之而来的是行情普遍上涨的势头。验证过程让我对这个想法有了信心，它也帮助我理解了与数据相关的结果的变化性。例如，在验证过程中，我了解到，在空头占优的市场条件下，行情将出现明显的反弹上升趋势，在一个已经显示出持续上涨势头的市场上，会有不同的结果。我的观点得到了验证，验证过程也增加了我的理解，从而更好地解释了我最初的观点。

　　太多时候，当交易者获得创造性的见解时，他们会由于太过依靠直觉而不进行验证，假设自己的观点是合理有效的。这是十分危险的，因为我们着实难以避免认知偏见，以及我们对偏见的盲点。交易员们可能会说服自己，特定的图表或走势总能暗示投资者们是看多或者看空，但这些真的是有创造性的洞见吗？如果交易者没有真正专注于价格和成交量数据，也没有经历一段观察的孵化期，那么这种方向性确定的感觉可能只是一种近因偏差，人们倾向于由最近的市场走势推断未来的价格走势。一个合理的验证过程，有助于确保我们的新想法在根本上是正确的。

　　验证的过程并不总是以正式的回测来进行。有些时候，随着时间的推移，我们收集的观察结果要么符合我们的观点，要么不符合。比如，我们在大宗商品的疲软数据中更宏观地看到了全球经济的脆弱性，我们可能会密切关注央行官员的声明，看看他们是否会出台相应政策来复苏经济状况。我们可能还会关注经济数据的发布，看看这些数据是否已达到公众的预想。虽然额外的相关数据并不能明确地证明我们的想法，但它们非常有助于向我们提供相应行动所需的信心。假如我们的想法是正确的，那么通过明确我们应该注意的方面，我们可以确保自己确实是在对想法进行有效验证，而不是成为确认偏见的牺牲品。

✎ ✎ ✎

　　保罗是我有幸与之共事的最成功的投资组合经理之一。很多年来他都保持着持续的盈利能力，他使用的交易策略是最基本的那种，但一直在改进。

很早之前我就发现，保罗可以算是我认识的最有趣的人之一了。他读过一些不寻常的、非常有意思的书，去过一些独特地方，认识了许多有趣的人。回顾过去，我和保罗之间的对话都是充满乐趣的。

我逐渐意识到，保罗把"创造"变成了一种生活方式。他对生活中的每一个领域都很好奇，只有某些事物激起他的兴趣时，才会付诸行动。他的交易方法从来没有过时，因为他从不允许自己变得陈腐。创造力根植于他的生活方式中，所以，在市场上寻找新的方向几乎成了他的第二天性。可以说，他的成功与他的创造力密切相关；市场已经成为他的创意乐园。

发现问题也是寻找答案的一部分

索耶在《创造性》2012年的再版中，详细说明了创造过程中的8个步骤。

（1）**发现问题所在**。把注意力集中在一个有希望解决的问题上。

（2）**获取知识**。尽可能多地了解所选的问题。

（3）**收集相关信息**。尽量获取有关问题的新信息。

（4）**孵化**。暂时放下问题的解决过程，给信息的重新处理留机会。

（5）**新点子的产生**。利用知识和经验产生新的想法。

（6）**想法之间的融合**。把想法结合在一起，获得新的见解。

（7）**想法甄选**。评估并审查自己的想法。

（8）**想法的具化**。通过努力将想法转变为成品。

他在研究报告中还提到了3个没有被广泛认同的观点。

（1）**只有在广泛研究并收集信息的情况下创造力才会产生**。我们只能从已有观察的深层基础上发掘新思想。

（2）**创造力始于有望解决的问题**。提出正确的问题先于找到新的答案。

（3）**在获得新见解之后，我们通常需要一个扩展性的过程，在这个过程中，创造性的想法必须被赋予某种形式**。例如，一个新颖的想法如果不顾风险回报比，没有被正确地表达和执行，或许就会招致一笔糟糕的交易。

交易员们往往是注重实际的人，关心应该在市场上做什么以及什么时候做。他们自然会去寻找答案。这一思路可能会受到限制，因为它没有把足够多的时间留给提问。索耶指出，现实世界中的许多问题都是不明确的：它们是模糊的，需要被细化。花时间理清我们正在解决的问题，有助于确保我们能够找到新颖而有用的解决方案。

在以往芝加哥的经历中，我看到新兴的算法市场正在取代传统的模式，我也确信高频数据是理解市场的关键。然而，这只是推测。我需要一个更详细、更清晰的视角来关注这个高频交易世界，来找到一切相关的信息。这让我慢慢远离了市场深度数据，而越来越多地关注已执行交易的数据。因为我对高频交易不那么感兴趣，所以我很自然地通过集合交易数据延长了我将问题具体化的时间。我想要解决的问题是，在数小时、数天甚至数周内积累起来的高频交易数据，到底能不能帮助我们判断未来价格的走势。在我得到任何有意义的见解之前，我必须制定一个合适的问题。很大程度上，靠谱的答案往往来自于问一个有望解决的问题。

索耶引用了希斯赞特米哈伊 2013 年的一项研究，他探索了两种以不同方式决定自己要画什么的艺术家。他为艺术家们布置了各种各样的物品，并指示他们可以选择其中的几件，按照他们想要的方式进行排列，然后完成他们的作品。第一组艺术家们很快地确定了他们要画的物体。因此他们大部分时间都在画图的过程中。第二组艺术家把大部分时间花在了整理物品上。随后他们才开始作画，接着调整构图，然后画了全新的一张。他们最后完成作品只花了几分钟；也没有精心修整他们的作品，他们最关注的就是画什么。

接着，希斯赞特米哈伊让几位美术教授来点评他们的作品。花了大部分时间来构思作品主题的人，被认为比花了大部分时间画草图的人更有创造力。5 年后，一项有 31 位艺术家参与其中的研究发现，那些花大部分时间来研究画什么的人，比那些花大部分时间作画的人更有可能拥有成功的艺术事业。因此，多花时间精力在确定作品主题上将使你发挥出更强的创造力。

> **关键结论**
>
> 经历再多也不一定能使你成为专家；交易再多也不一定能让你的交易更出色。

交易员们往往表现得就像那些很快抓住了一个主题，然后把大量时间花在绘画上的艺术家。他们把大部分精力花在了交易的执行和管理上，而没有足够专注于交易的标的和时间。因此，他们比那些一遍又一遍重新安排交易信息的交易员更难获得关于市场的创造性见解。当我想到我认识的交易员和基金经理时，一个突出的印象是，成功人士的作风更像希斯赞特米哈伊眼中的创意艺术家：比起执行交易，他们会花更多的时间来产生高质量的交易想法。

Barber、Lee、Liu 以及 Odean 研究了 15 年日内短线交易者的表现，发现在 36 万交易员中，只有 13% 的人在扣除费用后获得了正回报。然而，当时间跨度缩短为若干年后，只有 0.13%——即在 36 万人中，只有不到 1 000 人在扣除成本后还留有盈余。他们的结论是，频繁投机交易确实可能成功，但非常罕见。我确信，日内短线交易员们惊人的低成功率缘于他们的业务运作模式：一个需要相对机械地操作而不太需要创意的模式。不妨想象一家艺术学院，教人们在不花时间学习构图、色彩、阴影和各种介质的情况下，一味低头作画。一次出色的交易是一个好主意的产物。如果我们选择忽视新想法的产生，我们就会极度缺乏成熟的交易流程——可想而知，结果一定是令人沮丧的。

我们能变得更具创造力吗

到目前为止我们所看到的研究都表明，创造力并不是与生俱来的。相反，创造力的激发不仅需要你在某个领域的专注；需要你在该领域有丰富的经验和专业知识；还需要你有足够高的认知灵活性。我和我的猫一起生活了很多年，学会了理解它们之间的沟通方式。我其中一只猫对她吃的食物特别挑剔。我多次在喂食的时候观察了她的身体语言，随即想到了以"砂锅菜"的形式为她准备食物。在"砂锅菜"里，她最喜欢的味道（肉汁）是分层的，最有营养的食物被盖在下面。果然，当她尝着肉汁，继续吃下去的时候，她就变得非常有胃口了。如果我没有和她在一起生活很长时间，我可能永远不会想到这样新奇的喂食方法。比方说，我突然需要帮别人照顾他的鹦鹉，我将完全不知所措。在某个领域，我可以很有创造力；在其他方面，我只是缺乏经验基础。

这意味着，想要变得更有创造力，最好的方法就是让自己见识更丰富。更多地专心探究市场之间的关系；更多地关注于与市场相关的数据；更多地沉浸于市场相关研究。做到以上几点可以为我们获得的材料和信息提供更丰富的组合方式。科研人员的创造力在这方面显得尤为有趣：成功的研究人员花大量时间阅读已发表的研究成果。当然，这样做不仅可以使他们保持在自己领域的前沿地位，同时也有助于他们识别出那些值得解决的问题。出色的研究结果往往会派生出新的问题；将不同领域的研究融合在一起，可以带来有价值的新研究。

西蒙顿在《科学中的创造力》一书中指出，有创造力的科学家不会简单地从一个专题转向另一个专题。他解释说："通常渗透于他们大部分工作中的，是一套核心的主题、问题、观点甚至隐喻。"这意味着，创造力强的科学家们涉猎广泛且深入。西蒙顿指出，大量研究表明，有创造力的科学家通常会广泛开展研究，许多项目同时进行。这为项目之间的交互创造了许多机会，项目之间也因此可以互相支持。如果创造力在本质上是一个组合的过程，那么在更广的范围内反复探索一个领域，创造力将带给你更多收获。

我之前的一位同事最近回顾了他的交易结果，发现自己更加擅长多空组合交易——做多一只股票或 ETF 的同时做空另一只，而不是完全依赖于其中某个方向。造成这种结果差异的原因有很多。他的配对交易比定向交易更加量化，而且规则非常严格。由于他的总体风险敞口较小，多空组合交易也使他能够更久地坚持自己的观点。事实上，当他交易的时候，他经常会在对自己不利的位置加仓，只因为它们可以提供更大的潜在收益。当他定向交易的时候，他发现自己难免会在那些不利的位置上挣扎。把注意力集中在理想的配对交易上之后，他想到了"对中对"的策略。在这一概念中，他把从上涨行情中获益的配对交易与受益于下跌行情的配对交易相结合。当然，从根本上讲，他所依赖的是投资组合结构带来的价值：通过寻找对冲机会来限制整体风险，每个单独的交易都有自己的价值所在。他创造性的观点激发了多维思考；很快，他就参透了利率和大宗商品的趋势，并选择了受益于下降的利率环境及大宗商品价格下降趋势的交易组合。和西蒙顿所描述的科学家一样，他的交易涉及许多领域，每一个都能提供有用的信息帮助他管理好自己的账簿。

就像在前一章中提到的，我们提升自身创造力的一种方式是，学会从我们的优势出发。保罗·托伦斯在《创造力的本质》（*The Nature of Creativity*）一书中总结了性格测试数据，以此区分出了创造力强的人，并得出结论："……创造力强的人的本质是爱上了自己在做的事情……这一特点即引出了具有创造力的人的其他性格特征：勇气，思想和判断的独立性，诚实，毅力，好奇心，敢于冒险的意愿等。"在他的研究基础上，他为有创造潜力的孩子们写了一篇7点的"宣言"，并将其命名为"如何让创造力伴你成长"。他强调的重点如下：

（1）不要害怕"爱上"某件事物，也不要羞于对它的追求；

（2）了解、理解、实践，并强化你最大的优点；

（3）不要过于注重别人眼中的自己；

（4）走自己想走的路，学会利用自己的天赋；

（5）找到优秀的老师或导师；

（6）不要浪费太多精力试图做到全面发展；做好你热爱的事；

（7）学会依赖适当别人和他们的长处；

关键结论

创造力源于热爱。

其实，使我们富有成效的东西也会使我们富有创造力，这一点也许并不令人惊讶。如果某个领域对我们来说有重要的意义，我们就能跨越障碍，保持专注，新观点也就得以产生。有创造力的人之所以喜欢创造，是因为他们正在创造的东西是他们真正热爱的。我喜欢去看工艺品展览，并且，和艺术家们谈话与参观他们的作品对我来说一样重要。当我看到有创意的木工、珠宝或绘画时，我会问艺术家是什么带给了他们灵感。这往往会引出一段对话，揭示着艺术家们对相应素材或主题的钟爱。正如托伦斯所观察到的，艺术家们并不是刻意让自己变得有创造力。相反，他们追随着自己的兴趣，沉浸在自己的创作中，并凭借他们积累的经验创造出新颖的作品。这使他们能在此基础上变得更具创造力。

交易失误与每况愈下的创造力

如果上述研究是正确合理的，那么当我们正在做我们真正热爱的事情时，最有可能产生新的见解。失去对工作的热爱是人们创造力缺失的一大缘由。但是，我们又怎么会对真正热爱的事物失去激情呢？我们会在某个时间点充满创造力，然后又失去它吗？我想说的是，这种创造力每况愈下的状态其实比我们想象的更加普遍。

我在学术生涯早期曾与一位年轻的教授共事，他同时还是一位出色的研究员。他曾在某顶级期刊上发表过一篇文章，并渴望在他所在的学府———所世界一流大学获得终身教职。他需要一定数量带有同行评议的出版物来满足大学的任职标准，因此他选择在一个发展成熟的心理学领域埋头研究。他的实验并不是开创性的，但都涉及明确的主题，那段时间内，他的项目和文章都能够相对快速地完成并出版。

令教授懊恼的是，他的几份手稿遭到了该领域最好期刊的拒绝。出版社没有认可他的手稿对相应研究的贡献。随后，他努力改进了同行评审者指出的缺点，并将稿件重新提交给同样高质量，但属于第二层次的期刊。结果是只得到了一家的初步认可，其他刊物都拒绝了。直到现在为止，这位教授都很担心一些顶尖的研究生会因他的出版物水平而选择在其他教授的实验室工作。如果没有一个稳定的研究生来协助，教授就无法完成那么多的研究。他试图在自己感兴趣的领域发表对现有研究的评论，但最终都同样被认为不够前沿。

随着时间的流逝，教授变得泄气了。他抱怨着出版业的竞争，以及"要么出版，要么消失"的压力。热情的缺失也就意味着工作效率的大打折扣，最终，大批研究生离开了他的实验室。这就造成了一个恶性循环的局面，工作效率的丧失导致了创造力的丧失，出版物越来越少，助教也越来越少，继而导致工作效率的进一步下降。面对着自己的职位危机，他并没有无动于衷。相反，他试图在另一所大学寻求职位，但在那里，对于教学的重视胜过研究。然而，一直喜欢钻研的他迫于授课压力，慢慢远离了自己内心真正想做的事。一旦工作重心移到了发表论文而不是解决科学问题上，他就会渐渐失去对他所爱的东西的那种激情——这将使他的科研生涯陷入停顿。

我认为，类似的情况同样会在交易员们身上发生。他们一开始往往踌躇满志，对自己的事业感到兴奋，但很快就会发现，在市场上亏钱的感觉是多么不爽。虽然兴趣是交易成功所必需的，但它毕竟没办法解决你的经济问题。赚钱也因此成为无可厚非的优先事项。和那位教授一样，交易员们关注的是那些他们相信能够产生利益的交易，而不是能力培养或某个独特的市场话题。当其他人都利用某个策略在网上或交易所赚到钱的时候，这会让你尤其难以忍受，因为你并没有参与进来。我经常发现，自营公司和对冲基金的交易员们，当他们周围的人也在为业绩挣扎时，他们却能够很好地应对亏损。然而，如果在周围人都赚钱的时候他们却赔钱，情况就变得无法忍受了。当他们的业绩在走下坡路时，他们不会无动于衷，而是去主动运作那些有成功前例的交易。

对于交易员们和那位教授来说，这种转变之所以会发生，是因为他们首要面对的是短期业绩达标，而不是长期专业发展。这无疑与他们的内在动机是相悖的，他们变得不再那么注重业务流程，而更加关心结果。我们不妨想象一下一位画家的境地：他需要卖掉他的作品来谋生和养家糊口。那么他就不得不做出选择：到底是画自己的灵感所在，还是画最有可能卖出去的东西。飘忽不定的思绪干扰了维持创造力所必需的专注。

在大多数专业领域，学生们在达到一定的学术水平之前，与社会残酷的一面是隔离开来的。例如，在医学院，贷款通常会让学生在本科学习阶段处于"漂浮"状态。一旦医学专业的学生拿到医学博士学位，进行驻院实习（若崭露头角的医师在某个领域有所建树）就会带来薪水。虽然他们不像医科学生或住院医生那样富有，但他们也不会再为日常的经济需求而分心。同样，各行各业的学徒们通常都有一定的收入，这样一来，他们就得以全心投入于技能的磨炼和职业的发展。专业学生们的这段隔离期，对于培养专业知识和创造力至关重要，因为它使人们可以在没有现实生活约束的情况下追求自己热爱的东西。

交易员们在职业发展过程中通常是没有这种隔离的。很少有私人交易机构向新交易员支付工资，而从一开始就用自己的账户操作的他们面临着现实世界的种种限制。面对着快速赚钱的要求，交易员们放弃了学习、孵化和培养独特的专业技能，并马不停蹄地将注意力集中于下一个交易策略，即执行下一个交易。当这一切都不再奏效时，有什么能支撑他们的热情和上进心呢？这位交易员和教授一样，慢慢变得灰心丧气，工作效率也渐渐下降。正如我们所看到的，一般来说，人们会把失败归结为技艺不精或缺乏努力。然而，本书向我们提出了一种截然不同的解释：我们只有在利用个人优势、培养专业知识并灵活地适应市场机会时，才能真正参透市场。若将对结果的渴望置于过程之前，将不可避免地影响我们的表现。

有没有办法避免这种恶性循环呢？在许多运动或表演领域，我们发现业余爱好是先于职业的。音乐家、艺术家、女演员和演员、象棋大师和运动员在他们的学习生涯中经常进行娱乐消遣活动——这些都发生在他们真正踏入职业生涯之前。这是他们训练过程中技能发展和经验积累的另一种方式。我最近遇到的几个交易员，在从事全职工作的同时，把大部分时间都用于研究市场，然后在一个便于模拟交易的交易平台上进行测试。在没有经济压力的条件下探索和尝试各种不同的交易风格和市场,他们给了自己足够的时间去发现优势,并利用这些优势产生有价值的交易策略。

其中一名交易员被"动量效应"现象吸引住了(人们可以以此判断走势强劲或疲软的市场何时会导致进一步的强势或疲软),并发现结合了市场广度和波动性的信号,会给动量交易带来优势。这些信号在一个月内只出现了几次,但是相当可靠。他目前正在试图寻找其他类似的信号,来让自己在不影响日常全职工作的前提下更有选择性地进行交易。他把交易变成了自己的爱好,也变成了自己最终的职业。

创造力的本质:重新定义问题

Andreason 在《有创造力的大脑》(*The Creative Brain*)中描述了一些与创造力相关的性格特征。这些包括:

- **开放性**:对模棱两可的容忍以及对新奇事物的钟爱。
- **冒险精神**:对探索的热爱。
- **叛逆性**:质疑规定;不喜欢外部约束。
- **利己主义**:充满内在动机。
- **敏感性**:能时刻体会到对自己和他人的感受。
- **有童心**:享受创造本身。
- **毅力**:在挫折中依然保持高效工作。
- **好奇心**:因对求知的渴望而奋发努力。
- **质朴**:一心一意投入工作。

如果我们把以上这些视为改变生活方式和工作方式的因素,而不去把它们理解为一些不全则无的特质，那么我们就可以清楚地认识到，如何才能将创造力作为一套认知和情感技能来培养。Andreason 引用了一项研究，该研究表明，专业音乐家们大脑特定区域的发展是如何使他们一直保持着创造力的。从这个角度来看，发明创造是一种脑力锻炼的形式：新颖的思维往往能带来创造力的提升。

> **关键结论**
> 创造力是可以得到锻炼的，因为它是一系列技能的融合。

在她 2012 年的书《斯坦福大学最受欢迎的创意课》(*inGenius*) 中，齐莉格论证了与创造性思维相关的技能是可以得到锻炼和发展的。她强调的几项技能中包括想象力的培养、对问题的重构等。从这个角度来看，如果我们难以从对问题当前的定义和感知中找到突破口，我们将很难寻找到答案。换个方式看问题则可以带来新的视角和潜在的解决方案。最近的一个例子就是中央银行开始实行与以往不同的货币政策，导致许多地区负利率的出现。许多交易员不太了解负利率可能带来的影响，因此迟迟未做反应。然而，那些从基金经理和养老基金的角度看待这个问题的人很快意识到，这些企业将不得不从负利率地区撤出，并转而在利率为正的地区投资。从这些参与者的角度重新审视这个问题，使得交易员们利用此前美元的升值获利。

Michalko 在《解剖创造力》中发现，对问题进行重构的一个重要部分是改变我们的感知。创造力驱使我们改变自己的看法。他以爱因斯坦为例，爱因斯坦习惯于以尽可能多的方式提出问题，从而更加轻松地找到解决方案——就像希斯赞特米哈伊的研究中的画家一样。迈克尔科在书中指出："你用不同的方式描述一个问题的次数越多，你就越有可能改变或加深相应的观点。"请注意，人们在对问题进行重构的过程中，是如何利用上面提到的那几个性格特质的：冒险的、好玩的、开放的、好奇的、执着的。在驱使自己以多种方式看待市场并多多提问时，我们增加了自己找到有意义答案的概率。

Michalko举了丰田汽车的例子，该公司要求员工们对提高生产力的举措建言献策。一段时间后，公司只收到了很少有用的答案。后来他们改变了提问的方式，问工人们，怎么样才能让工作更容易，这次公司收到了大量有用的答案。提问方式的简单变化打开了新的局面，引出了新的视角。不久前，我打算购买标准普尔的e-迷你期货，因为当时我预期股市将大幅上涨。然而，我发现自己被困在了开仓阶段：我不仅想在一天中持有一个良好的仓位，而且希望这个仓位可以配合好第2天市场预期的上升。问题是，我确实无法决定自己到底应该在何时下订单。后来，我问了自己一个不同的问题："市场今天会有明显的趋势吗？"依照我的判断标准，答案似乎是否定的。这说明我们将在一个区间内交易，围绕某个均价震荡。一旦我确定了这个候选价格，我就只需要等着价格降低直到低于这个均价，继而在低点做多。这个技巧简化了我的操作步骤，更重要的是，它用有价值的观点代替了我原有的困惑。

我遇到的一个缺乏实际意义的问题是，市场在某个节点是处于超买还是超卖。它缺乏意义的原因是，市场达到超买或超卖水平的过程与其状态本身一样重要。一个更加有意义的问题是，在一段时间内，市场更倾向于变为多头市场还是空头市场。如果我们在市场宽度增加的情况下多头加仓（有更多的股票价格创出新高，极个别股票价格很低，买压持续超过卖压），我们更有可能看到上涨势头带来的回报，而如果我们在市场宽度减小、卖压较大的时候加仓，似乎就无法获利了。这种过程性的问题比状态性的问题分析起来要清晰得多。

我同样注意到，有关美元走强或走弱的问题也并不是很有意义。参照以往分析股票的方式，我开始通过大量分析十字线来关注美元的涨跌幅度。如果美元在大多数或所有十字线处上涨或下跌，那就代表着一定的趋势性，增加走势继续延伸的可能性。如果趋势主要发生在个别一两个美元指数十字线处，那就暗示了更特殊的变化和更复杂的行情。通过扩散指数来问一个关于美元走势变化强度的问题，比问一个关于美元指数最近走势的问题更有帮助。

问题的重构不仅发生于我们与市场周旋的时候，还可能发生于我们日常独立工作时。正如我之前提到的，大多数交易员的日志都集中记录了一些失败和不顺利的交易。他们相当于在回答这样一个问题："我今天做错了什么？"这并不是一类特别有效的问题，因为它不能让我们通过一定的努力最终找到解决方案。一类更加有用的日志条目是这样的："能让我不再犯昨天同样错误的三条规则是什么？"就像丰田的员工一样，以如此方式提问，想法便很容易浮出水面，因为这样的问题提示了我们实现成功交易所需的要素。

我之前的一位同事提出了这样一个问题来激励自己："我需要做什么才能成为一个世界级的交易员？"他大量阅读相关的书籍和文章，并参加了无数交易主题的活动，吸取世界级交易员的经验。然而，他提出的问题并没有引导他走向积极的方向。当他在交易中遇到损失时，他一样会不可避免地变得沮丧，在向世界级交易员看齐的过程中，他似乎更落后了。我的第一个建议是，他应当试着提出一个不同的问题，比如："我这周需要做什么，才能成为一个比上周更好的交易员？"通过强调改进，他将继续以建设性的方式专注于可实现的目标，这将平稳地将他推向一个理想状态。专注于太过遥远的目标只会阻碍他。有趣的是，当放下"世界级"这个包袱的时候，他取得了显著的进步。

对问题的重构是心理治疗中一项重要的技术。客户开始心理治疗的原因，通常是他们困惑于对自我和世界的某个看法。一个常见的场景是，在过去的人际或恋爱交往中遭到过拒绝的人，在开始下一段关系时会表现出一种相对保守的态度。这种防御性最终将导致人们都不希望看到的关系破裂。一些客户会通过思考"如何避免再次伤心？"之类的问题来寻求解决办法。这往往是无济于事的，因为它没有令人们将注意力集中在培养良好关系上——了解对方并分享经历。不妨对约会进行重新定义，"我怎样才能享受今晚的时光并更好地了解这个人？"这样一来，我们的压力就减少了许多。焦点变成了对另一个人的探索，而不是进入一段新的不理想关系。

对问题的恰当重构（无论在治疗中还是在交易中）往往是会使人们感到恍然大悟的。在解决问题导向的心理咨询中，重构涉及回忆我们在过去如何找到解决问题的方法。例如，在恋爱中害怕受到伤害的人可能会被问道："你最近什么时候觉得和新朋友见面很舒服？"以及"在与他们见面时，是什么让你感到安心？"通过对以往经验的借鉴，一个看似困难的问题也可能有一个恰到好处的解决方案。交易员们可能会因不确定某个特定的市场是否处于超买状态而困扰，但当被问到"你最近在超买市场下交易最顺利的一次是什么时候"时，你将迅速找到有价值的解决方案。对问题恰当的重新定义是可以赋予我们力量的：它引导我们找到最有意义的问题，并以此激发我们的创造力。

创造力技能：模式切换

Michalko 描述了提高我们思维过程创造性的第 2 种策略：将想法可视化。我们可以利用很多方法做到这一点，如与一位出色的同事讨论这个想法；画出想法的概念图；在图形中采集数据等。我们了解事物的方式在一定程度上决定了我们对事物了解的程度。通过模式切换，我们可以放开想象，催生出新的解决方案。

一个典型的证明模式切换价值的例子，来自于备考中的学生们。学生以死记硬背的方式记忆课堂或课本中出现的信息是十分常见的。当老师们对这些信息的掌握进行测试时，相应的信息可能会从另一个角度，或以陌生的形式出现。例如，医学院的学生需要记住消化系统内的器官以及它们对应的解剖形态，但如果随后遇到一个题目，问哪个器官会因有毒物质的摄入而受到最大影响，这对学生就有点困难了。学生通过器官的结构来记忆信息，而问题却是关于消化过程的。

如果学生们不仅记住了这些器官，还把它们绘制成相应的流程图来展示其工作原理；如果他们还与学习伙伴探讨了消化系统的结构和功能；并且回答了涉及消化系统各个方面的模拟测试中的问题，那么学生们就会很容易地在脑海中提取相应信息来作答。信息的听、说、写、画、解释——这些都是记忆和理解的编码方式。当你在脑海中具备多种编码方式时，你就会更轻松地在各种情况下提取正确的信息。

> **关键结论**
> 储存信息的能力甚至比获取信息的能力更加重要。

交易员们经常像学生一样，以十分有限的方式处理市场信息。有些人甚至会认为，柱状图中已经包含了价格预测所需的所有信息。当然，这样缺少的将是对不同市场间关系的理解；对市场相关性和波动性变化的意识以及那些能够揭示市场走势的信息。我记得我与一位交易员一起追踪一笔关键数据发布后的股票指数交易。头条新闻利空，股价随即走低。这位交易员却立即宣布，我们将迎来价格上的重大突破。

然而，我的注意力转向了趋于稳定的固定收益市场以及纳斯达克（NASDAQ）中股价高于前夜低点的股票。我还注意到，最新发布的并不算是一个典型的利空消息。在我看来，这回空头们抛售股票的行为看起来更像是操盘者的伎俩，而不是股市真正的衰退。但那位交易员坚称他已经确认了价格。几分钟后，他不得不停了下来，因为那些散布利空消息的人被一波多头投资者的买入误了好事。如果我们对市场行为缺乏立体的了解，就很容易被困于有限的视野之内。

试想一下，如果那位交易员提前考虑到了数据发布后的各种场景，不仅仅关注标题数字，还关注与美联储政策制定者相关的部分，结果会不会变得更好。此外，我们还可以想象，如果他回顾了市场投资者们对数据发布的反应，并分辨这些数据将何时带来相应走势，又何时会最终反弹。如果他根据这些场景制订了相应的计划，与同事讨论，并在发布前的几分钟内进行复查，结果是不是会变得更好。

现在你明白了：第 2 种情况下的交易员不仅准备得更充分；准备中涉及的面也更广。通过使用各种各样的方法，交易员将一个计划从一份没有生机的文件变成了行动指南。这样的交易员对事件的反应将比视角单调的交易员更灵活，也更有创造性。

交易员们可以通过以下方式进行模式切换，来立体地看待市场信息。

- 在不同的时间框架下追踪你的股票、金融工具、彼此间的各类关系或市场。最近的市场行为是如何与价格变动相协调的？
- 追踪相关联的股票、金融工具、彼此间的各类关系或市场。它们是否有着步调一致的趋势？它们的走势是否与已知新闻或市场相关事件相匹配？
- 写出支持你头寸选择的理论依据；是什么会给你的交易增添信心？又是什么让你放弃某个头寸？
- 和知识渊博的同事讨论你的交易想法，并从他那里了解到支持或有悖于这个想法的因素。
- 将你的交易计划保存在录音机中，在开盘之前听几遍，为各种可能出现的情况做准备。

我们应该注意到了，模式切换可以自然地将交易员置于积极处理信息的状态中。比起直接对市场事件做出反应，创造力强的交易员倾向于预测事件发生的概率并准备好应对的方式，从而让反应更加迅速，更加灵活。

Michalko将心智图法（mind-mapping）描述为一种特别有价值的方法，它可以让人们的想法变得清晰可见。心智图以中心圆圈中的一个想法开始，然后通过与之相连的圆圈将这个想法与派生出的相关想法联系起来。每一个派生出的圆圈又产生各自的分支，最终形成一个联系广泛的思维网络。例如，如果我的核心交易想法是美国当局的加息预期，那么其派生出的圆圈将包含有关央行政策的相关想法：经济实力；通胀预期；固定收益市场的价格走势以及其他货币相对于美元的变动等。这些圆圈中的每一个都将与其他圆圈联系在一起，比如央行官员的声明、最近的数据发布以及劳动力市场状况。整个心智图将概括我对交易和交易所在市场的看法。回顾心智图会让我敏感于自己所做的假设，并且让我更好地意识到那些支持或有悖于假设的证据。

然而，同样重要的是，绘制心智图本身就是一种头脑风暴，因为各种各样的联想会带来元素之间全新的、意想不到的联系。比如说，从"经济实力"这个节点之外画两个圆圈："工资数据"和"国内生产总值（GDP）数据"，然后我注意到，工资水平并未达到最近的 GDP 水平，那么我将在这个节点处画一个问号。这反过来又引导我去寻找其他数据，以确定经济实力预期的具体情况。心智图是一种以结构化的形式思考的媒介，鼓励我们更明确地阐述自己的想法。Michalko 还提到了群体心智图的价值。假设你在某个团队中工作，或者和一位交易员同行有一个共同的交易想法。如果你们每个人都能分别想出一个相应的心智图，那么结果将很可能是一个对想法和假设充满意义的分享，使每个人都能扩充自己的理解。通过将思维模式可视化，我们可以用一种全新的方式来编码信息。这样一来，我们就更容易在多变的市场环境下对信息进行更高效的处理。

创造力技能：思维效率提升

让我们简单回顾一下西蒙顿关于创造力的研究，它将思维效率与创造性产出联系起来。在《天分、创造力和领导力》（*Genius, Creativity, and Leadership*）中，西蒙顿借用历史证据证明，成功的创造者往往在早年就开始他们的事业，在晚年结束他们的事业，并在整个过程中保持高工作效率。这意味着，成功的创造者也是多产的创造者。就像爱迪生一样，他拥有超过 1 000 项专利，创造了如此之多的新物品，其中一部分最终变得非常有影响力。

这种富有干劲的状态也影响着人们日常的创造力：产生更多的想法是产生更好想法的最佳途径。正如 Michalko 所解释的，提高思维的流畅性有助于提高创造性思维的质量。这就是为什么好奇心是创造力的重要组成部分。如果你有很强的求知欲，你就会被驱使着去看和思考更多的事情。你不必刻意强迫自己进入高效工作的状态；正如西蒙顿所观察到的，创造者惊人的产出，来源于他对自己所在领域的激情。

我的一位交易员同事最近突然令我觉得有些反常，他此前可是从不缺乏交易策略的。他有一种不同寻常的本领，可以通过对各类市场的观察分析，挑选出适合某交易策略的股票。即使在相对平静的夏天，他仍能保持高效的创造力。我很好奇，想知道他和他的基金经理同事们到底有什么不同，因为他同事中的很多人都感叹，市场上缺乏可靠的交易机会。以下是我在他身上观察到的几点。

- **这位多产的交易员在各个方面寻找产生交易策略的机会**。他尽其所能与更多同事交流，阅读更多的研究报告，比他的同事们对走势更用心。他的交易也不局限于任何特定的资产类别。他同样愿意像交易股票与高收益债券一样，将大宗商品作为标的进行交易，对相对价值交易和趋势交易同样喜爱。

- **他从不害怕产生糟糕的交易想法**。如果某个想法是合理的，不论大小，他都会把它记录下来。他还喜欢同时运作许多不同的交易——特别是当这些交易都围绕着一个共同的重大主题进行时，这样一来，价格变动就能帮助他筛选出符合要求的交易。他没有花太多时间去研究和提炼自己的想法，而是反复研读那些已经记录下来的备选策略，直到产生令自己满意的最终策略为止。诚然，他非常像希斯赞特米哈伊提到的那些画家。

- **他比自己的同行花更多时间做交易**。他会对头寸进行适度调整，在合理范围内设定止损线和目标价格。他还指出，他的根本想法就是利用世界各地经济发展的基本状况以及市场价格的趋势来盈利。同样的策略，他会比一般的基金经理坚持更久，这使得他投资组合中的持仓量一直居于高位。

- **他喜欢不断寻找创意**。他从不抱怨市场的波动、停滞或不理性。他把新想法产生的过程比作寻找复活节彩蛋的过程，在那里，好主意正等着被发现。他希望自己每周都能产生新的想法，这一愿景也激发了他的创造力。

用 Mickalko 的话说，我与之共事的那位交易员可谓具备超乎常人的"心流"状态。他想出的点子不仅比他的同行多，而且质量也更好。其他交易员可能将自己限制于几个常用策略中,我的这位交易员朋友则会接受任何一个合理的交易方法。但凡某个企业或股票有一定的背景故事,并具有对其有利的价格趋势,就都会被他记录下来。这意味着,在任何时候,他在投资组合中持有的项目都会是其他交易员的3~5倍。当其中一两只股票具有异乎寻常的有利价格时,他就会做好加仓的准备。而其他交易员往往是不敢轻易加仓的。这位具有"心流"状态的交易员秉持着不同寻常的交易理念,不是因为他可以未卜先知,而是因为他的想法衍生出了大量的"突变",从而得以受益于市场的自然选择。

我们能让自己成为更有创造力的思考者吗?Michalko描述的一种非常直接的方法是,为产生新想法的过程限时限额。他借鉴了爱迪生的例子,爱迪生为自己和他的助手设置了定额:每10天做一次小发明,每6个月做一次重大发明。随着时间的推移,这样一个设定将会带来相当稳定的产出。我在博客上写过的一条指导性原则是,我每天都要发表一篇新鲜的、高质量的帖子。这驱使我在新的话题上寻找新的方向,最终引导我去阅读那些可能被忽略的书籍、文章和研究报告。达到这一定额的结果,是我的博客中成千上万个专题的汇集,这是我在没有设置定额的情况下从未完成的事情。

想象一下,你该如何为自己的交易过程设置定额呢?例如,你要求自己每天写下一个独特的想法,并且这个想法最好来自于你与其他同事的交流。就像我的博客中的文章一样,这样设置定额会驱使你与高水平的思想家们交流,提高你在职业中沟通的效率。或者,你也可以为你的会议设置一个定额:你的日程表上的每一次会议都必须产生一个崭新的、有意义的想法。在这一举措的推动下,你自然会取消那些低效率的会议,集中精力参加那些未被取消的会议。

关键结论

确定一个你每天希望达到的工作效率,坚持下去,创造力将变成你的习惯。

设置定额的方法之所以有效,是因为当我们把工作效率转变为一个有意识

的目标时，我们就会达到最高效的状态。作为交易员，我们浪费了多少时间和精力，盯着屏幕，盯着我们的投资组合，而不去在交易管理或策略上寻求创新？如果我们每天都要求自己产生一个新的想法，我们就会重新集中自己的注意力，在保证质量的前提下产生尽可能多的想法。我最近在努力使自己进入心流状态，做法之一就尽量更加高效地进行阅读。我发现自己每天都在网上浏览大量新闻和文章，但其中对我的交易有帮助的寥寥无几。为了解决这个问题，我选择Abnormal Returns（超常回报）网作为市场相关信息链接来源，要求自己每天从阅读的文章中选出一个好的交易点子。这不仅驱使我每天查阅网站，还能让我熟练地对链接进行筛选，因而可以把注意力集中在最有意义的链接上。结果是，我得以更有效地用高质量的信息来充实自己。

如果我们面对问题勇于尝试，乐于实验，将更容易达到心流状态。希莉格提出了一个创业公司的例子，该公司创建了一个App，让用户可以彼此进行位置共享。这款App没有因此流行起来，于是，公司的创始人开始尝试为其添加新功能，其中一个功能得到了用户的喜爱：照片的编辑和分享。该公司随后更名为Instagram，并获得了巨大的成功。在经历了一系列失败的尝试之后，公司才创造出了成功的、极具创造性的想法。同样，愿意尝试想法和交易的交易员们更有可能寻觅到下一个更大的交易机会，他们绝不会在一开始就限制住自己的想法。多年前我就职的一家公司，那里的一位资深交易员向所有为自己提供赚钱交易策略的初级交易员提供现金奖励。这样一来，他收集了大量的交易想法，而且其中很多都取得了不错的效果。随着时间的推移，他了解到了谁能想出最好的点子——并且分辨出了这些想法何时能支持自己的现有观点，因此，他的创造力发生了指数性的增长。通过对新想法的试验，交易员就能抓住最好的点子，创建自己的虚拟团队。

创造力技能：寻找全新的组合方式

正如我们所看到的，创造力是一种组合的过程，我们将新事物放在一起，以新的方式组装旧事物。通过培养我们的组合技能，我们可以有效地磨炼我们的创造力。这意味着我们在综合市场信息的同时，也在努力分析它。

组合法具有创造性价值的关键在于，简单的元素如果结合起来，就能产生丰富的交互作用。罗伯特与米切尔·鲁特·伯恩斯坦在他们 2001 年的著作《创意天才的思维方法》(*Sparks of Genius*) 中引用了非洲部落音乐的例子。这类音乐有着复杂的结构，但它至今没有正式流传，甚至没有被谱写出来。这是因为每位乐师都用不同的乐器并以不同的节拍来演奏这种音乐。尽管每位乐师的演奏都具有高度重复性，他们之间的组合却创造了一种崭新的音乐形式，在某个特定的时刻，一些乐师在敲击音符，而另一些则保持沉默。因此，组织化的表演导致了演员们的复杂性和多样性。演奏者们共同产生的音乐效果，比单独任何一个演奏者的音乐都要丰富得多。

市场行为与非洲音乐的演奏者们非常相似。在任何一个特定的时刻，每只股票价格及成交量都有可能升高或降低。单一股票的走势并不复杂。但当我们回过头来考虑股市的整体走势时，我们并不能用任何单一股票的走势来进行总结。假设我注意到利率正在下降（固定收益证券价格上升），我首先要做的几件事是观察利率曲线在短期和长期内的变化、货币走势以及股票走势。我想要确定的是，我们看到的是否是一个以经济基本面为基础的宏观交易——或是一类更特殊的交易。常规宏观交易的参与者不同于那些特殊交易的参与者，其对投资者们短期持仓的影响可能也会大不相同。我只能在综合多方面信息的条件下来判断某种市场走势的驱动力。这些信息源于不同乐器之间的发声组合，而不是任何一个单一乐器的声音。

要注意，信息的综合与信息的分析是两种有着根本区别的处理方式。如果我在听几个非洲人一起演奏，我可以专注于演奏打击乐器的人，并辨别出音乐的节奏，击打力度的强弱以及不同击打位置不同手法带来的音调细微变化。而分析就像一种认知上的显微镜——通过聚焦于整体来揭示丰富的局部细节。

另一方面，在信息的综合过程中，我们在将信息缩小，而不是放大。我们聆听的是乐师们的合奏，欣赏着音调与节奏的相互作用。演奏开始一段时间后，节奏不断加快，最终平静收尾。在其间，我们或许会听到类似于狩猎成功的节奏。我们最后发现的整体上的意义，远远超过各个部分的简单加总。这是因为，我们发现的整体意义由各种各样的模式组成，而各个模式又是所有单独元素相互作用的结果。在信息分析中，我们寻求的是深度；而在信息综合中，我们达到的是广度。

根据我们先前对创造过程的讨论，找到新的组合方式意味着，我们必须暂时打破专心投入于市场信息的状态，即关闭我们的信息"显微镜"，并利用这些信息提升我们思考的广度。在市场中，这种新的组合方式可能就像一种资产相对于另一种资产的相对价格变动一样简单，揭示着一轮格局更广的交易。

举例来说，我曾注意到，日用品和公用事业股的表现开始优于非必需消费品和科技股。这通常是较保守市场模式的表现之一，因为相对而言，受经济周期影响较小的行业，在经济周期的后期表现要优于成长股。然而，通过对各类资产的观察，我也可以看到固定收益市场的强劲反弹，投资者们对高收益债券有着强烈的投资兴趣。加之全球各国央行稳健温和的言论（鸽派言论），我相信，我们看到的是追求收益率，而不仅仅是市场防御性的重新定位。这样一个市场组合方式表明，对股票投资持保守态度是错误的。相反，是时候买入那些具有增长潜力、不断提供稳定分红的股票了。

Michalko 在《解剖创造力》中，提出了一个简单的练习方法来利用组合和重组，以提高我们产生新想法的能力。他建议我们从收集关于一个问题的所有信息开始，然后把每一个信息都写在一张单独的卡片上。完成之后，我们就开始寻找卡片之间的联系，并将卡片分类。接着，我们的目标转向寻找每个类别之间的联系，因此我们再次进行分组，并划出4~6个最终类别。我们在新的一张纸上为这些类别编上标签，一列一列地写下来，把每个类别中的元素写到类别标签下。最后，我们将纸张垂直切成条状，并排放置，并使之可以上下移动，以便随时添加每个类别中元素间的新联系。

下面的例子将使这个方法和过程更加清晰。假设我正着手于提高自己作为交易员的专业素质。也许我制订了各种交易计划，但我无法一直坚持自己的计划。我接下来需要考虑的就是那些使我有失职业素质的因素。以下矩阵中是我想到的一些类别和因素。

	内心状态	市场状态	准备工作	思维过程
因素 1	焦虑，紧张	相对平静，节奏慢	仓促，不完整	担心亏损
因素 2	沮丧	起伏不定	太过细致	需要赚钱
因素 3	无聊	对我不利	未研读文章或报告	心烦意乱
因素 4	激动	有绝佳突破机会	缺乏交流	专攻一笔交易
因素 5	自信	对我有利	信息过量	捶胸顿足
因素 6	匆忙	出现交易区间	专注于单个领域	不要错失良机

根据我对纪律松弛的回顾，我们可以看到，在我交易计划执行失败的经历中，内心状态不外乎焦虑、沮丧、无聊、激动、自信和匆忙；市场状态不外乎平静，起伏不定，对我不利，有绝佳突破机会，对我有利，出现交易区间；准备工作不外乎太仓促，太详细，缺乏阅读，缺乏交流，信息过量，局限于一个方面；思维过程不外乎担心亏损，迫切想要赚钱，心烦意乱，专攻一笔交易，自责，担心错失良机。我们已经借此揭示了许多导致疏忽的情景因素。

我们现在来研究一下这些因素间的各种组合。例如，我可能会把"无聊"的情绪和"起伏不定"的市场状态；"仓促"的准备以及"需要赚钱"的想法结合起来。在这种情况下，我需要在一个没有太多定向趋势的市场行情中寻找机会，并且我也没有对其做好充分的准备。我可能会把这一系列因素的组合称为"尽自己所能来做到某件事"，引导我去做一些可以让我摆脱无聊并感到压力的准备，重新为之付出努力。第二个结合方式可能是"自信"的情绪；市场对我来说具有"突破机会"；日常准备工作中"缺少交流"以及"专攻一笔交易"的想法。我可以把这些因素组合在一起，就像在赌钱一样，当我赚到钱的时候，我便会放松警惕。这将用到一套完全不同的技巧，在这种技巧中，我引入了一种"计分卡"，以确保就算当前的交易使我进入了舒适区，也能保持足够的视野。

通过不同因素间的组合，我们加深了对影响交易执行的问题的认识。同样，如果我们捕捉到与某个市场主题相关的诸多因素，我们可以通过分析这些因素不同的组合方式，寻找到其他潜在的市场主题或交易机会。通过对问题各个方面的分解以及排列组合，我们将产生对这个问题更加深刻的理解。

下意识的创作是我组合想法的最佳途径。在阅读了大量的文章、浏览了大量的图表或是和许多知识渊博的交易员交谈之后，我将进入"意识流"模式来写下我的想法。这种技巧的关键在于不要回过头来审查你的写作：尽量做到顺其自然。语法上可能存在疏忽；想法可能也不够连贯——这都没有关系。一直写吧，直到不再有新感悟为止。

> **关键结论**
>
> 当我们在浏览过大量资料，下意识地进行写作或交谈时，此前分析过的信息将得到整合。

下意识写作将不可避免地引发新的想法，从原先想法的结合跨步到新想法的产生。比如我注意到，我读到的一篇文章是关于美国经济增长的；另一篇文章强调的是欧洲外围国家的经济疲软；还有文章是关于新兴市场股票相对成熟市场较弱的走势。在我写这本书的时候，我发现自己也在思考美联储的困境：当利息已达使美元走强的高度时，美联储真的还要加息吗？如果美联储保持相对宽松的政策，美国股市真的会遭遇抛售吗？这些新想法促使我对美联储成员的声明进行了新的研究，因为一个不同于市场一致认为加息可能抑制股市上涨的想法开始结晶。

我们在大声说话的时候也可以进行信息的重新组合。我使用的交易软件界面经过了特定设计，使我一眼就能看到各种各样的市场宽度数据以及关键板块、指数和资产类别的价格变化。我经常会注意到一些与整体状况不符的东西，我往往会做上标记，并大声地提醒自己一下。在交易模式需要变化的时候，这便是我提示自己的方式。就在最近，股市开盘时表现强劲，然后在相对较早的时候买压出现了消退。尽管标准普尔 500 指数仍居高不下，但当日上涨的股票数量（在当天创出新高）开始下降。我大声地说："买家们要离开这个市场了。"我知道当我观察到一些重要信息时，我才会这样大声评论出来：这是我多年来培养出来的市场的直觉。大声表达就像下意识的创作一样——这是将一系列观察结果整合到一起的方式之一。

创造力技能：类比思维

很多时候，我们可以通过参考熟知的事物来阐释一个原本不熟悉的话题。懂得了类比，我们便可以更生动地理解事物。我很难在客观上描述清楚某个新乐队的音乐风格，但如果我告诉你他们的音乐很像你喜欢的某只乐队，那么你很快就会对他们的风格有一个清晰的了解。心理学家 B. F. 斯金纳（B. F. Skinner）在阐述行为原则时，他将动物的学习过程作为类比。这有助于解释人们如何能获得恐惧症这种不寻常的模式。让·皮亚杰（Jean Piaget）则找到一个不同的类比，他在阶段式的生物发育中发现了一个可以解释我们认知发展的过程。我们可以把一个好的理论看作一个得到详细阐释的类比，它不仅能对我们现有的观察做出解释，还能帮助我们酝酿新的观点。

当我们运用类比时，就好像我们给眼镜换了一副镜片。每个类比都突出了我们试图理解的不同主题。在《创意天才的思维方法》中，鲁特·伯恩斯坦观察到，类比与明喻是不同的，因为类比不注重表面上的相似性。如果我说，"这颗星看起来像眨眼"，那么这是一个明喻。明喻代表了事物间的共同特征，但没有体现任何更广泛、更根本的结构上的关系。另一方面，如果我将人脑与电脑的工作方式进行类比，那么这个类比将包含很多方面：信息的录入原理，信息的记忆、储存，录入方式与处理速度之间的关系等。好类比的显著特征是，它们可以以一种新形式创造性地再现一个熟悉的话题。鲁特·伯恩斯坦将达尔文作为一个主要的例子。他的进化论中有两个类比：植物和动物都倾向于繁衍产生各种各样的品种，以及马尔萨斯的研究：人口增长受到可支配资源的限制，从而导致只有那部分最能适应环境的物种生存下来（适者生存）。

我之前的一位同事最近发现自己经常被生活中的事分心，其中也包括他工作上的人际关系。这导致他错过了一系列自己研究过的有利可图的交易。他对自己很失望，但这只会让他更加心烦意乱。有趣的是，之前运动的损伤造成了他臀部的长期疼痛。他还太年轻，不适合做髋关节置换手术，因此他一直以来都在通过药物治疗、生活方式调整和日常冥想来控制疼痛。有一回，我把他的分心归因于**心理痛苦**，并问他是如何能抑制**这种**痛苦的。他很快回答说，他需要照顾好自己——让自己回到原先的生活状态，并利用冥想来确保自己可以规避痛苦。事实上，当他采取这些举措时，他发现自己的注意力重新集中起来了，并且有精力转而研究下一套交易理念。他的问题并不需要通过深入的心理分析来解决。这个简单的类比，将他对情绪的把控与对痛苦的抑制联系起来，指明了一个他原本熟悉的、更具建设性的方向。

类比是我们最强大的思维工具之一。事实上，在很大程度上，这本书中的观点以及我与交易员们的整个工作都是以一个核心类比为基础的。

✥ ✥ ✥

我作为心理学家最早的工作是在康奈尔大学做学生心理辅导员，之后便去了一所医学院工作。我以前也在一家社区精神健康中心工作过，很清楚有心理障碍的人是什么样的状态。作为社区中唯一的全职心理学家，我看到了这个社区里大部分严重的问题。在大学校园里的工作让我感到与以往不同。在大多数情况下，学生们并不会出现心理障碍，也没有达到《心理障碍诊断与统计手册》（DSM）中的判定标准。我的看法是，他们基本上都是聪明的、有上进心的、正常的年轻人，他们甚至愿意在不同寻常的负荷下追求持续的高水平发挥。这就解释了为什么压力一直都是咨询中心里最常见的问题。正如我所看到的，问题的根源在于不同情景下的超负荷，而不是内在的精神或心理疾病。出于这个原因，我与学生们在一起的时候都是相互直呼其名，并把我们的工作定义为咨询，而不是治疗。我的目标是尽可能使解决问题的过程日常化，这反过来也鼓励学生们来寻求帮助。他们非常愿意尽自己所能来成为更优秀的学生，而不愿意和那些把他们当作病人对待的人相处。

康奈尔大学（与我每周对他们进行辅导的次数不成比例）和锡拉丘兹大学（其中第一、二学年"基础科学"学生们最常来找我咨询）医学预科学生的一个特别值得注意的共同点是，他们此前的成绩都非常优秀，如今却在为学业而挣扎。他们的压力很大程度上源于他们难以适应新的工作量。当我检查他们的课程安排和家庭作业时，我发现了两个主要的问题：①他们如今的工作量比他们过去任何时候都要大；②他们在课程中接触到的资料类型与之前相比有着质的不同。出于这两个原因，学生们几乎总是处于超负荷状态，无法跟上自己应有的工作节奏。

当我开始研究那些能够成功地安排好自己学习时间的学生时，我发现他们的学习方式与那些感到超负荷的学生有很大的不同。他们通常选择结伴学习，分担工作量，并懂得避免闭门造车的复习模式。他们也会和自己的伙伴一起休息，互相激励，使自己保持良好的状态。成功的学生还会更多地使用图表帮助理解，而不喜欢使用从阅读和课堂上照抄下来的笔记。最后一点，成功的学生在过滤重要信息方面比其他学生做得更好。这并不是什么神秘的能力；他们只是假设，如果一个概念在书本与课堂中都有出现，那它肯定是重要的。他们还指出，当讲师们把大量的时间花在某个特定的课题上时，这个课题的重要性也一定是不容小觑的。通过把重要的内容与次要的内容区分开来，进行分组或划分，最终以多种形式获取关键信息，成功学生的学习效率更高，而且更有效果。

那些不太成功的学生往往是足够聪明，足够有上进心，因此他们在早期学生生涯中不需要使用这样的方法。他们就像天才运动员一样，不需要多么刻苦的训练就能驰骋赛场。然而，当他们投入到大学学习生活中，人与人之间的先天差距很难再起决定性作用。适应能力和实践能力突然变得重要起来。

这让我很感兴趣，因为这个观点表明压力过大的学生并没有将心理问题重视起来。 他们经历的痛苦更多是他们自身问题的结果，而不是原因——尽管这种痛苦并没有为他们后续的研究工作带来更高的效率。真正的问题是，压力过大的学生需要知道该怎样更好地学习：他们需要学习的是技能，而不是心理治疗。幸运的是，学校里有一些非常乐于合作的专家。我们组织了几个小组，告诉学生们他们的同龄人是如何成功的，甚至还邀请了一些他们同龄人来担任导师。我们利用小组教学活动来鼓励学生们组成自己的小组，从团队学习中获益。这对学生的成绩和心态产生了显著影响。一旦学生们感觉自己对知识掌握得更扎实，并且学会了提高学习质量的方法，他们的能量与上进心就会被进一步激发，而不会再感到负担。

也许这段经历中最亮眼的是我同事们的反应。他们其中很多人都对我和学生们"不专业"的做法非常反感。他们坚持说，学生们遇到的是"更深层次"的情感问题，而我恰恰忽视了这一点。他们觉得我对学习技巧和方法的强调降低了学校心理咨询服务的水平。许多人批评我不使用"治疗"而偏偏使用"咨询"。我和学生们之间的直呼其名以及与他们间不那么正经的会面，不止一次地被称为"不恰当"。这是超越现实的：我的所有经历都告诉我，我的所作所为是有帮助，有意义的——这正是我的学生们的反馈，但来自同事们的反馈却异乎寻常得挑剔和刻薄。

时间到了 2003 年：从这一年起，我正式开始在芝加哥的 Kingstree 公司做全职交易，这家公司为电子期货市场提供流动性，特别是在芝加哥商品交易所和芝加哥期货交易所内交易的产品。我此前并没有做市方面的经验，也不熟悉该如何处理期货订单信息，并同时掌握好报盘和出价的动态。最重要的是，我面对着每天要做的上百笔交易感到无从下手。因此，在我开始工作的时候，我立刻觉得完全没有头绪。我需要多倾听，多观察，才能取得有意义的进展。

幸运的是，我身边的同事们非常愿意指导我。我也看到了那些最出色的以及那些饱受折磨的交易员。成功的交易员清楚地知道什么样的投资者在参与市场，知道他们下一步会采取怎样的行动。他们有能力经手大量重要的交易，并对相应价格水平下的需求和供应做出快速反应。他们还经常与亲密的同事分享这些看法，从交流中进步。事实证明，市场状况指标在交易员们的思维过程中起到了非常重要的作用——发生于某价格水平上的交易决定了他们对标的价值的界定，而最终标的价格也会远离其价值。这使得他们可以看到，当价格上涨或下跌时，价格对市场参与者们的吸引力如何，或者价格是否偏离了其价值。不那么出色的交易员们则更关注价格，把一切价格上涨或下跌都简单地看作趋势性变动。他们其实无法参透市场参与者们的想法和一举一动。因此，他们经常迷惑于走势的逆转。当交易量攀升而价格出现波动时，他们就变得不知所措了。他们不像出色的交易员们那样，在市场变得繁忙之时同样得心应手。

这样一个类比从我脑海中一闪而过，几乎重塑了我的职业生涯。

我意识到，这家公司里饱受折磨的交易员们像极了我在医学院的学生们：一群聪明、上进但淹没于过量信息中的年轻人。他们会向我诉说情绪上的问题，包括压力过大、交易不理想、对决策的恐惧等，但他们大多数都没有严重的心理问题。当我试着去了解他们工作以外的生活时，却没有发现任何情绪失常的迹象。反而是，不管他们面对着什么样的情绪或行为上的问题，似乎都与交易环境有着密切关系。这些亟待解决的问题，基本都来源于他们在交易中遇到的挑战——而不仅仅是交易失败的缘由。饱受折磨的交易员们首先要想清楚的，就是如何把某价格走势下的成交量概念化，来帮助自己理解市场发生下一步变动的原因。就像我医学院的学生们一样，他们真正需要做的无非就是去抓住最基本的东西来帮助自己进步。然而，如果一个交易员连最基本的交易订单和量价关系都无法理解，那么再好的心理治疗对他也是无济于事的。

关键结论

类比为我们提供了一种以全新的方式认识事物的机会。崭新的视角带来不一样的行动。

类比完全改变了我对交易心理学以及交易心理学家的看法。那一次类比涉及一个我非常陌生的领域——电子交易（做市）的世界，并把它转换成我非常熟悉的东西：在极具挑战性和竞争条件下的学习过程。类比推理中充满创意的部分是通过认知性视角审视交易而产生的感知上的转变，这是一种学习技巧和信息处理方面的挑战，而不仅仅是情绪把控上的挑战。

类比之所以比单纯的比喻更加富有意义，是因为它引出了能够帮助交易员解决问题的相应想法。我没有把注意力放在情绪问题和对根源的探索上，而是采取了解决问题导向的观点，并研究了成功人士们的具体做法。这让我从失败交易员的成功交易经历中找出了最佳实践方法，帮助他们理解如何利用自己的优势来掌握市场中的大量信息。由于多年来我一直与那些懂得通过团队学习来分摊工作负担的学生们一起工作，我得以帮助交易员们在解读市场行为上更有效地进行团队合作。一旦陷入困境的交易员学会更高效地钻研与他们交易相关的市场行为，他们的情绪崩溃以及不知所措等问题就会显著消退。和医学院的学生们一样，当他们感觉自己对知识有了更好的理解和掌握时，情绪上的负担自然就会消失不见了。

然而，当我开始听到来自同行的批评时，我的这种类比反而就得到证实了。我关注的是交易的"表层"问题，而不是交易员们自己更深层次的情绪问题。我的一位同行曾在一次公共论坛上宣称，我与交易员们合作的方式不如他们的有效，因为我使用的方式没有考虑到弗洛伊德心理学的观点。真正的心理学家抓的是问题的核心，而不是表面上的解决方案。我只得一笑了之。那些执着于舆论的人是没有办法走到最前沿的。

在我看来，交易员们在反思自己交易经历的时候是最容易利用类比的。我认识的许多非常成功的交易员都有着过人的情景记忆能力。我在芝加哥工作时认识的一位交易员在这方面可谓专家。他和我一起讨论最近一次交易的时候，突然间就说："这让我想起了年初的那一天，我们打破了昨日的价格区间，多头进场，把价格拉上来了。"当然了，我们回忆起1月份的交易时，确实有一个交易日与他的描述非常相似。我曾与一位对冲基金经理关系很近，他习惯以一种更偏重研究的方式进行类比。如果他认为日本央行将实行货币宽松政策，那么他将开始回忆过去出现过的所有类似的情况，来确定当宽松的货币政策出台后，日经指数（Nikkei）会如何变化。他的口头禅"历史将不断重演"，正是他将未来价格预测作为过去市场模式的类比。

如果你是一个有经验的交易员，发现你曾经交易过的市场与当前的市场相似。那么你应该专注于当前市场的本质，来与历史情况进行类比。历史可能不会在每一个细节上都重复一遍，但正如俗话所说，它总是会重演的。

创造力与生活方式

如果你每天都在重复做着相同的事情，就很难拥有创造性的生活了。关于日常习惯，有几点是十分值得讨论的，因为对习惯的依赖让我们有机会在生活中迎接新的挑战。然而，当生活变得仅由一系列日常习惯组成的时候，我们又该从哪里汲取灵感，以崭新的、充满阳光的方式应对生活中的挑战呢？

许多年来，我一直都认为在日常生活中嵌入一些创造力的元素是很重要的。如果我不去阅读，不与陌生人交谈，不关注新事物或不去开发新的研究方向，我将会很难保持大脑的兴奋，也就不利于我创造性地审视市场，看待我的同事们。并不是所有的生活方式都是创造性的。比如说，我在写这本书的时候恰好在听来自日本天才乐队 Gazette 歌手瑞拉的歌。这不是一首欢快的曲子，但其情感厚重，以独特的方式触动着我。我一直发现，当我沉浸在新音乐或充满创造性的音乐中时，我对市场的思考同样会变得更具创造性。

我和玛姬在生活中一直有一项传统，每个月至少进行一次周末旅行，前往纽约大区内的社区和城镇来进行独特的户外活动、文化体验、就餐和购物。我们发现，从我们生活的地方旅行一两个小时，就能让我们置身于一个全新的世界，总有新事物等着我们去发现。在一个人的工作或婚姻中，要做到经常分享新鲜的经历是很难的。与其每年不固定地去度假几次，我们更喜欢定期安排度假时间。

正如前面提到的通过设置定额来激发创造力的想法一样，在 TraderFeed 博客上的写作也成为我的创意产生的一种方式。我要求自己每天清晨写一篇文章。久而久之，如果我哪天早晨没有在博客上写有关市场、心理学或交易的文章，我就会感到很难受，甚至不知道接下来的时间要如何度过。当我坚持这样来要求自己，我就会为我博客中的创作不断寻找新的话题，也使我就像听音乐一样，去阅读各个作者的文章。博客中的写作也激励我不断收集和分析新的市场数据，研究市场走势。出于这个原因，我还关注了几个数据库网站，因为新的数据能帮助我提出新的问题并进行有价值的调研。

太多时候，"纪律"和"过程导向"之类的概念都是被用来描述一种流水线一样的执行过程。我们交易工作中的确存在一些工作流程值得我们每天坚持，甚至程序化。然而，**交易工作的本质是寻找机会——这从根本上来说是一种需要创造力的行为**。如果我们的生活方式无法容纳开放的思想，我们就会终日游离于程序化的日常习惯，错过身边的关键机会。

集体中的创造力

虽然习惯于独立工作的人也能从团队合作中受益，但不是所有交易员都是孤军奋战的。在《天才团队》(*Group Genius*)中，索耶提出了一个重要的观点：创新通常是群体内成员互动的结果，而不是个人才智的发挥。他向读者举了威尔伯和奥维尔·莱特的例子，他们两人间的密切合作，使发明飞行器的方法成为可能。他们的笔记反映了两人间频繁的讨论，高度合作解决了他们交流中出现的问题。索耶解释说："团队协作驱动创造力，因为创新总是来自于一系列思想的火花，而不是某个单独想法的一闪而过。"一个成员的思想结果可以为其他成员所用，从而帮助他们找到新方向。即兴创作的不同点在于，集体内的成员并没有朝着一个明确的目标努力。更确切地说，创造来源于集体内成员间自发的互动与交流：他们会为自己的成果感到惊讶。

索耶在书中提出了富有创造性合作的 7 个特点。

（1）**坚持不懈，耐心等待，创新才会出现**。创造性成果来自于持续进行的过程，而不仅仅是想法产生的那一刻。

（2）**成功的团队善于倾听**。团队成员对其他人的看法或思想成果有着很高的接受度，因此可以灵活地纳入这些成果。

（3）**团队成员懂得从合作者们的想法出发**。创造力源于团队成员之间的接纳。

（4）**每个想法的意义只有经历一段时间后才会变得清晰**。最终的创意并不是预先计划好的，它诞生于团队成员间的接纳与互动。

（5）**出现令人惊奇的疑问**。团队内部的互动会带来新的问题和挑战，而这些将塑造出团队内不同的协调方式。

（6）**创新是低效的**。许多创造性的想法最终都会走进死胡同，被迅速抛弃，人们会努力去寻找更富有成效的线索。在创新过程中，大量的尝试和失误是无法避免的。

（7）**创新是自下而上的**。在乐队或剧组内，没有领导者，也没有预设好的计划。结果来自于团队成员的努力与互动，而不是来自管理者或专家们的命令。

> **关键结论**
> 最出色的交易来自于团队协作。

这个观点可能就不一定适用于交易员们了。我们通常认为交易员们在交易工作中是单打独斗的，机会的辨别与交易的执行均由一个人来完成。这种观点得到了杰克·施瓦格的《金融怪杰》（*Market Wizards*）⊖等作品的支持：我们把成功视为某个个体的作为，而不强调那些导致成功的团队合作。然而，事实上，在交易中完全独立地工作并不是最好的选择，这也帮助我们解释了为何交易员的个人成功率那么低。

⊖ 此书中文版已由机械工业出版社出版。

※ ※ ※

让我们跟着一位叫梅尔的交易员，看看他是如何度过一个典型交易日的吧。梅尔用自己的账户进行交易，并且他的拱形办公场所可以让他获得更先进的科技、工作上的支持以及佣金。办公室的如此安排方便了梅尔与其他交易员们的互动，也有利于他们找到交易中的突破点。办公室里的每个交易员都有自己的账户，运作的产品和风格也各有不同，所以只有相对宽泛的想法才会在他们之间得到交流。这样的团队内部成员之间算得很清，团队协作很难出现在他们身上。

梅尔的一天从阅读新闻、回顾之前交易的状况、及时更新自己的交易计划开始。他还订购了一些市场调研方面的服务，并利用这些信息帮助自己跟上市场发展的步伐。作为一位动量交易员，梅尔需要筛选出价格在一定范围内波动的股票，并等待成交量的突然上升。这两点都是交易员实行突破策略的基础。当他看到与大盘走势方向一致的突破时，他将提高报价或拍板成交，借着动量上升的势头盈利。如成交量在突破后不久就急剧下降，他将很快平仓锁定收益。如果成交量继续增加，那么此次交易则更像是一次波段操作，特别是当突破来自于一个长期的价格波动时。梅尔规定自己利用市场成交量与波动水平（VIX）来做文章，因为这两项指标往往预示着股价的延续。反而，他不太愿意参与那些平静而低波动的市场。

现在让我们再看一位与梅尔不同的交易员乔斯，他是在一个交易团队中工作的。这个团队有 4 名成员：一位在全球宏观交易方面（尤其是利率与货币）有很强的背景的主管；一位从事大宗商品期货交易的高级交易员；乔斯，他以突破策略来交易股票和交易所交易基金；还有一位为其他成员进行定量研究，并基于研究执行动量交易的初级交易员。作为一个团队，这 4 位成员定期进行沟通。每一项不同的工作都代表着他们各自的专精领域。因此，主管可能会看到由外围国家主导的欧元资产大量抛售，而高级交易员则注意到黄金价格的走强。来自初级交易员的研究表明，股市情绪在近期疲软之后将异常乐观。乔斯注意到，股价徘徊在隔夜低点上下，而卖家们在股价反弹趋势出现后不久就出手了。乔斯综合了团队成员们的观点，并借此提出了自己的想法：通过抛售使股价达到新低。其他人小心翼翼地配合着乔斯的思路，因为这个思路将减少市场下跌的可能性。

要注意的是，梅尔和乔斯都是经验丰富的资深交易员，并且他们有着相似的交易风格。梅尔在工作中是单打独斗的，他的业绩将被限制于他能独自挖掘到的信息。而乔斯能不断地获取市场的最新信息，也能及时得到来自初级交易员的研究成果。这不仅帮助乔斯建立了对自己想法的信心，也激发了他新想法的产生。乔斯所在的交易团队表现得有点像索耶描述的爵士乐手和即兴喜剧演员们：他们之间的互动将产生令所有人都惊喜的结果。例如，当高级交易员提出削减大宗商品头寸时，乔斯便认识到，这可能是大宗商品相关能源和原料板块基金交易的重要触发因素。这也成为团队主管重新审视商品货币的原因。梅尔也许能够理解这一切的来龙去脉，但只身一人的他无法及时获得所有相关的信息，来实现一个团队可以带来的即兴创造力。

我们已经看到，当人们沉浸在有意义的活动中，有机会利用自己的长处时，他们会进入"心流"状态，创造力和工作效率都会因此得到提升。索耶指的是"集体心流"，即团队成员在一起处理信息或进行互动时，所经历的投入感。当即兴剧团中产生"集体心流"时，剧情将从成员间自发的互动中展开。每一丝线索都以意想不到的方式暗示着其他人，而集体则因成员们不断创造出的意义与势头而存在。在交易团队中，集体心流使得团队成员间的想法与灵感得以碰撞。用索耶的话来说，这是一个"发现问题"而不是"解决问题"的过程。心流状态将带给人们新的发现。

关键结论
创造力将催生适应力。

独自工作的交易员观念和思想将被缩窄，而无法得到拓宽。对价格起起落落的关注，以及风险管理、关注新闻的需要，使这类交易员进入了一种被动的工作模式。由于专注面较窄，交易员无法广泛周到地处理信息，大量数据无法得到利用。因此，当市场行为发生改变时，这就成了一个特别严重的问题。像梅尔这样单打独斗的交易员将无法跟上新信息的步伐，并仍然停留在以往的思维方式上。一个爵士乐手固然可以自己即兴发挥，但他如果能得到众多名家启迪，无疑会更容易找到新的灵感。

头脑风暴管用吗

也许与团队创造力关系最密切的方法就是头脑风暴了。头脑风暴是一种团队成员互动的方式，鼓励成员公开贡献自己的想法，而不会受到他人的批评。头脑风暴的重点在于对审查制度的摒弃：人们可以尽可能多地表达自己的想法——不管听起来有多么疯狂，然后从人们的想法中提取出最有价值的线索。索耶指出，相关研究并没有完全佐证头脑风暴对创造力的增强效果。很多时候，让每个人独立地产生想法，然后再进行融合，比在人们团队内自由地抛出想法效果要好。虽然传统的头脑风暴带来的想法数量可能更多，但质量并不一定更好。有趣的是，研究表明，那些只专注于最有价值想法的团队，比那些随心所欲地抛出想法的团队更容易产生高质量的想法。林克纳的书《创意五把刀》（*Disciplined Dreaming*）抓住了这个研究结果的精髓：创造力得益于对规则的遵循以及开放的思想。爵士乐师演奏的每一个曲目都没有太大区别。在节奏、曲调、和声方面都有规则可循，即便有所实验，也局限于此。

索耶还指出了传统头脑风暴的几个缺点，其中包括当成员们需要思考他人的想法时，自己的想法则会被阻塞，并且团队成员倾向于在有限的话题范围内聚集他们的想法。当人们可以自己进行头脑风暴时——前面描述的下意识创作就是一个很好的例子，他们更能自由地产生各种各样的想法。当人们作为一个团队聚在一起时，可以通过每个人高质量的思想成果来触发"集体心流"状态。个体的创造力会激发整个团队的创造力。

著名设计公司 IDEO 的汤姆·凯利（Tom Kelley）将头脑风暴描述为"支配生活的大事"，提出了成功使用头脑风暴的七个秘密。

（1）**明确焦点**。如果问题非常明确且具体，头脑风暴将是不错的选择。聚焦的问题越清晰，团队就越有可能找出合适的解决方案。

（2）**留意游戏规则**。记住，在新想法刚出现的时候，不要急着去评判，只有当每个参与其中的人都能够大胆无畏地说出自己的想法时，才可能产生好点子。

（3）**数着你的创意**。我们可以为头脑风暴设定具体目标，比如每小时 100 个点子——这会激励团队成员产生奇思妙想。

（4）**活跃思维和创造能量**。当头脑风暴的过程中出现"风平浪静"的时候，需要有人提出建议，转换主题，以推动头脑风暴的继续进行，这样才能保持头脑风暴的惯性并创造能量。

（5）**记得利用空间**。让头脑风暴有形化，如用笔在会议室墙面的纸上写下你的想法。空间记录是你可以用来引导成员们回到轨道上来的有力方式。

（6）**热身在先**。成功的头脑风暴经常是以某种热身形式开始。在上会前先做些简单的练习，可以帮助团队成员在会议开始时已经有了初步的沟通，可以让会议更有效。

（7）**物化**。在房间里自由活动，把想到的点子写下来或者画出来，可以使用不同的手法或方式自由地表现创意。

凯利的首要观点是：成功的头脑风暴是动态的。它们都有一个焦点和一个时间分配上的限制，但在这些限制条件下又可以自由运作。头脑风暴之所以会起作用，是因为它本身就是有效的——而且它很有趣。

❧ ❧ ❧

我经常发现，当团队成员的性格与认知能力相匹配时，表现最好。这维持了团队成员间一种正面的化学反应，促进创造性的合作。

卡拉加入了一个大宗商品交易团队，这个团队主要做贵金属与能源产品的交易。卡拉有着过硬的研究背景以及强大的行业人脉。她还对不同商品期货有很好的了解，并且无论是做价差交易还是多空交易，她都没有问题。这一点非常有助于她驾驭趋势不明显的市场，因为卡拉可以在不受其他团队成员头寸影响的情况下产生应对波动性市场的交易策略。

这是一个十分友好的团队，他们热情地欢迎了卡拉的到来，但没过多久，卡拉就开始变得沮丧。然而，这个团队里的高级成员并不太重视会议安排，而更倾向于在交易大厅相对随意地交谈。这使得卡拉很难与同事详细讨论自己的研究，也就很难得到他们的反馈。更糟糕的是，由于她的同事们对交易本身的兴趣超过了交易逻辑和基本面原理，导致她发表的交易建议经常被大家忽略。从创造力的角度来看，这简直是一场噩梦：卡拉觉得她很难在团队互动中学习到什么。经理们更感兴趣的似乎是行情价格的动向，而不是宏观经济和行业基本面情况。从个性（责任心与不拘礼节）和认知风格（善于分析与依赖直觉）来看，卡拉根本无法与团队其他成员之间保持良好的关系。结果是，交易大厅中充斥着大量的闲聊，但没有头脑风暴。

当团队主管即将带着几位员工跳槽到另一家公司时，卡拉利用这个机会留在公司，加入了另一个团队。这个团队由一位投资组合经理和一位助理组成。虽然这位投资组合经理主要交易的是宏观流动性市场，但还是欣然接纳了卡拉擅长的大宗商品交易，用来对自己的投资组合进行分散化。这位经理非常善于分析，不仅如此，他还习惯花大量的时间阅读研究报告，与专家们会面交流。除非某只证券有着引人注目的故事，并有价格走势作为支撑，否则他是不会轻易入场建仓的。而助理在技术分析方面有扎实的基础，并且在市场行为开始与团队基本理念相一致时紧紧跟进。卡拉喜欢听有关宏观经济基本面的报道，也很快就发现自己对宏观经济的考虑帮助自己产生了更有价值的想法。例如，她提出的对布伦特-WTI价差进行交易的点子，不仅符合石油市场基本面，而且反映了欧洲和美国经济强弱的对比。头脑风暴为这个团队带来了益处，因为成员间的个性与认知风格是一致的。相同的工作节奏，相似的工作风格，使得团队产出了无数有价值的创意和交易策略。

> **关键结论**
> 一个团队的实力取决于其内部文化。

文化很重要。一个团队的工作风格与价值观决定了团队成员间的互动是否能为集体带来益处。林克纳在《创意五把刀》中，强调了创新文化的7个原则。

（1）**点燃激情**。高效团队懂得享受工作的乐趣，成员们有着一致的目标。

（2）**为创意庆贺**。创造力强的团队会重视创意，褒奖创意。

（3）**宣扬自由**。成功的团队重视个人主动性，保证每个人提问的权利。

（4）**鼓起勇气**。优秀的团队鼓励思想上的尝试，观点上的开放。

（5）**从失败中汲取教训**。富有创造力的团队会鼓励所有人产生新想法，无论对错。

（6）**想想小的好处**。当团队已成规模时，大众的一致意见将占据主导地位，个人的创意将被淹没。小规模的团队更有利于创意的诞生。

（7）**将多样性最大化**。如果团队不同成员有着不同的专业背景、不同的经历、对市场不同的见解，那么团队产生新点子的能力将大大提高。

我个人的体会是，团队在文化上花的精力太少了。一个团队昼夜不停地运转，却几乎不考虑成员间到底如何互动，到底是否能将创意的价值最大化。一个典型的例子就是团队会议。很多时候，团队会开会讨论市场形势——这本身倒是一个好主意。然而，会议往往没有明确的议程，没有充分的准备。成员们只是轮流发表自己的观点，而且经常与那些已经被提到过的观点非常相似。由于很少有新的观点被带到会议上，争论和讨论往往很难出现。在某种意义上，这样的会议与头脑风暴是相悖的。成员们很难产生新创意，而且由于他们效率的低下，整个团队很快就会对会议感到厌倦。

我们把上述会议与卡拉所在的团队做一个对比。卡拉团队中的每个人都希望发表至少一篇与投资组合相关并且对交易有特别影响的原创研究报告。团队鼓励各成员挑选不同的研究成果，突出有价值的地方以及不足之处。对额外信息的搜寻往往从讨论中诞生，用以支持或驳斥研究中的观点。会议将直到团队提出新的、有价值的创意之时，才会结束。这也鼓励每一位成员将多项研究成果带到会议中来，从而丰富新观点产生的"原料"。团队中的每个人都期待着会议的召开，因为这是一个为团队带来价值的机会，是一个充满活力和创造性的过程。

当然，如果卡拉团队中的投资组合经理不接纳成员们的想法，也不提倡自由讨论，那么这一切都不可能发生。我曾经参加过一家交易机构的会议，主持会议的是一位高级经理人。他对不同于自己的意见是轻蔑，甚至是直接反对的。他的研究助理也参加了会议，还要依靠他获得年终奖。那他们又有什么动机去提出新的或有争议的观点呢？意料之中的是，会议最终变成了对那位经理观点的一句句附和。他们身上潜在的创造力被浪费了，因为这个团队的文化中并不提倡自主性与独立思考。

我在应聘交易培训师职位面试时用到的一个策略是，找机会表达与众不同的见解，对交易、培训或市场的独特看法。举例来说，一位经理曾经告诉我，在他公司里的交易员们都太过厌恶风险，从而无法使他们的资本发挥出最大的效用。我听后对经理说，这一现象很可能跟公司的风险管理政策有不可分割的关系，我们可以通过针对交易策划和投资组合构建的培训，来提高风险调整收益，从而改善这一状况。通过向经理指出这一点，我有机会与公司的风险管理人员一起，共同找到相应的策略来提高交易员们的资本利用率。经理惊讶于我的想法，也对此表现出了十足的兴趣。这体现了在这家公司的文化中对发散思维及观点交流的重视——这是企业文化评定中十分重要的一方面。

我曾在另一家公司的面试中与交易员以及经理们有过一些交流。我向那里的高级经理们指出，几位新雇员的离职会对公司士气造成一定的影响。而经理们不假思索而又保守地回答了我，他们表示这是一个能者多得的行业，这家公司也不例外，如果雇员们不接受这一点，就只能另谋高就了。实际上，究竟会不会影响士气，要看那些雇员们到底是主动请辞，还是被老板辞退，然而，公司内部是不允许公开讨论这类问题的。意料之中的是，这家公司在接下来的几年里遭受了员工的大量流失，我也很庆幸自己当时没有在这里就职。独裁主义文化将引导任何一个团队或企业走向失败。如果创新与言论自由威胁到了企业的掌权者，那么企业将没有创新可言——企业终将无法在激烈的竞争环境中存活。

在独立工作中利用团队创造力

那么，交易员们如何才能最好地让头脑风暴和团队协作为自己服务呢？重要的是要认识到，交易员们不一定需要身处于一个实际的团体中才能受益于集体的心流状态。多亏了在线媒体，独立工作的交易员得以相互联系并创建他们的虚拟团队。这是独立交易员们所能获得的最有意义的机会，也是最有待开发的领域之一。可以肯定的是，交易员们会通过聊天、推文和电子邮件来相互沟通。然而，很少有这样的互动能带来创造性的成果。相反，这些交流的社交意义及情感表达意义更强，而很难带来新想法。

我以前的几位基金经理同事与他们身边的人建立了虚拟团队，这些人都很优秀，擅长的交易领域也不同。通常，人们交流的最初动机就是想看看每个人都听到看到了什么。话题包括重大新闻、数据发布、不同市场行为以及最新的研究成果等。这些对话都是自由的，是开放式的，而且这是一个反复进行的过程，每个经理都对另一个人的观察做出反应。我发现，大部分时候这些对话都无关具体交易，而是一些对重大事件和市场的一般性观点。我隐约觉得，如果我们能弄清到底在发生了什么，我们就会知道它将如何体现在市场上。即使当短线交易员们报出某只股票时，他们关注的仍是"盯紧这个"，而不是"在18点买入"。正如我们所看到的，这个想法的关键在于拓宽我们在交易中的格局，而不是简单地为某个交易策略集思广益。

创建虚拟团队的关键是，要在保证一定多样性的前提下，平衡所有成员的能力和包容性，这样才能使团队以多个视角看待问题。很多时候，人们其实不会以小组为单位进行交流，而是会与个别同事进行单独的谈话。每个对话都通知下一个，这样就得以在保证一定团队协作益处的同时，避免了需要将所有人的观点同时整合的逻辑麻烦。我会选择与那些成功运作交易的交易员们交谈，当然了，他们最好是与我在同一个交易领域、同一个时间框架下操作的人。我最喜欢与那些对市场节奏和股票指数走势有着很好的感觉的短线交易员们交流。他们相比于我，能在短时间内追踪更多股票。而我对他们并不擅长的价格历史变动进行了较深的研究，这有助于在交易中拓宽他们的格局。

交易员们也不会总是谈论市场的。很多时候，当一位交易员陷入低谷时，他会向自己的同事寻求建议。就像它给我们带来更多交易策略一样，创造性的头脑风暴还可以帮助我们思考该如何表现。一位交易员朋友最近找我抱怨他几个月都没赚到钱。他其实没有赔钱，但也赚不了多少。我回想起自己以往遇到类似的情况时，大多都是因为太注意规避风险，以至于限制了我的交易策略能带来的最大收益。我确乎没有造成亏损，但是我也没有公平地给自己一个去赢的机会。这就引发了一场关于他在不同机会面前的风险偏好的对话。最终，这使他在接下来的职业生涯中能更灵活地管理仓位——这就是我们之间谈话的结果，但这完全与我向他分享的任何东西无关。他体会到了应该在投资组合中保有一定激进的头寸，给自己一个放手去赢的机会。

关键结论

交易员们在身处集体时也可以独立思考。

创建虚拟团队的障碍之一，是人们总是不情愿公开自己的想法，以免向太多人暴露自己的"思维秘方"。当然了，保护真正的知识产权还是很重要的。如果你开发的是一个极具价值的交易回测系统,那么你不把代码透露给别人也在情理之中。另一方面,我也知道系统交易者们会互相交流,为未来的系统开发做准备。然而,大多数自由交易者并不具备那种知识产权,因此,他们对透露想法的担忧就显得有些过分了。更危险的是,有些人把想法封闭在自己的脑子里,从而导致无法全面地处理市场上的相关信息。我们可以在不分享或复制特定交易的前提下,与别人分享观察的结果和想法。即便是在独立执行交易的情况下,如果我们能把交易当作一种团队运动,就能让创造力与独立性共存。许多成功的独立交易者都是通过相互依赖来做到这一点的。

创造力最主要的能量之源

正如我之前提到的,多年来与交易员的共事中最让我印象深刻的是,他们很多人都缺乏独特的、独立的、批判性的思维。很多时候,交易员们不去花时间来验证结论,就武断地认为一份研究报告是准确合理的。他们不做回测,就直接地去判断市场情绪。交易员们相互抄袭交易策略,担心错失良机,而他们的同行反而可能会利用这些机会。所有这些缺点的结果就是群体思维,久而久之,大多数人都会持有相似的观点和交易策略。

为什么如此多的交易员们选择坚持传统的想法和交易模式?归根到底,还是出于对失败的恐惧。当人们害怕栽跟头时,就不会抛出独特的想法,也不会重蹈覆辙。创造力意味着大量想法的诞生,而其中许多想法是注定要失败的。只有当你的大部分想法都是失败的,你才能进行真正意义上的头脑风暴。然而,创造力的关键在于:无论你创生了多少种可能,你最终只会专注于那些有望得以实现的一小部分。

艾德·卡特姆(Ed Catmull)在他的书《创新公司:皮克斯的启示》(*Creativity Inc.*)中描述了皮克斯勇于面对失败的文化。他表示,失败在创造新事物的过程中是在所难免的。他把创造事物与学骑自行车进行类比。失败与挫折是学习过程中必不可少的一环。"早点失败，快点失败"是皮克斯的座右铭之一。他主张对犯错提前做好心理准备，并从错误中汲取教训。如果在某种文化中，失败被看作一种可怕的事情，尤其是当人们会因错误而受到批评或惩罚时，人们将无法创新。当追随熟悉的事物将比失败产生令人更好接受的结果时，我们自然会选择求稳。

"早点失败，快点失败"这个道理对交易员们尤其适用。在交易员们运作的交易中有一半都亏损是很正常的。最终的收益其实来自于盈利的交易压过亏损交易的部分。因此，如果一位交易员接受自己大概半数交易会亏损的事实，那么，他在交易中将面临两方面的挑战。

（1）**迅速意识到交易策略中存在的问题**。当你执行某交易策略出师不利时，应该及时止损；它不应该仅仅是一个痛苦临界点的体现。退出某个即将亏损的交易并不意味着失败，反而代表着财富管理上的成功。更何况，走出逆境是走向成功的第一步。一些交易员更加赚钱的原因，通常在于对损失更加严格的控制。

（2）**从交易失利中吸取教训**。如果你在某次交易中判断错误，那么这次失误通常能使你受益良多。错误会驱使你重新审视自己对市场的假设；错误也会让你重新考虑自己的交易模式和交易方法。如果失败的交易能刺激你学习更多，思考更多，那就不算是损失。失败可以成为创造力的催化剂，它能给你带来全新的思考。

失败的交易毁掉了你的职业生涯，还是让你成为更好的交易员？你对于失败选择了畏惧还是勇于面对？交易领域中最有意思的一点是，我们必须正视失败，接受失败，才能成为最终的赢家。

将这一切完美结合

第1章强调的是适应变化无常市场的重要性。第2章强调了发挥自身优势的必要性。而这一章着重告诉我们如何利用创造力来以全新的方式看待市场。我为了便于阐释将这些主题分开来写，而在现实中，这些方面是紧密联系在一起的。

我们通过发挥自身优势来更好地适应不断变化的市场,换言之,根植于自己的长处,我们就会找到更具创造力的方式适应市场。

> **关键结论**
> 交易新原则:创造力。

传统的交易心理学认为,当你在市场中发现了自己的优势所在,你要做的无非就是自始至终将其发挥出来。这也就意味着,原则与自律将成为在此假设下交易成功的关键因素。然而,新时代的交易心理学认为,我们在交易中的优势并不是单一且一成不变的。机会一直在变;就像那些成功企业家一样,成功的交易员们懂得去主动适应多变的市场。原则、自律依然是成功的必要条件,但仅有这些还不够。**在如今堆金叠玉的市场中,创造力变成了一个新的原则。**我们需要将优势最大化,将弱点最小化,站在领域的最前沿。因此,知道该怎样做是远远不够的,我们还必须把这些方法化为日常流程。"日常流程"不仅意味着每天重复同样的事情;它意味着我们每天都要做得最对、做得最好,始终如一。在本书的末章,我将向大家介绍交易中最好的方法,以及如何将它们坚持下去。

| 第 4 章 |

最佳过程 #4：探索与整合

> 如果你不清楚自己要驶向何方，什么风对你来说都是无益的。
>
> ——塞涅卡

什么才是最好的实践

最佳的实践是进步的基石。如果我们无法认清什么是真正的成功，那么就算再努力也没有任何意义。这意味着，每一位优秀的从业者在某种程度上都是研究者，利用研究成果来指明未来努力的方向。如此说来，我们可以把最佳实践看作刻意练习的成果。

让我们设想这样一种情况：一家连锁餐厅对顾客的意见和满意度进行调查。随着时间的推移，某些分店可能会比其他分店得到更高的评分。该连锁店的个别餐厅获得了一致好评；而一些餐厅也收到了令人吃惊的差评。杰夫作为公司服务质量检测部门的负责人，决定以顾客的身份走访每一家店面，亲自观察可能导致评价变化的因素。他将自己的评价标准分为五大类：①环境与格调；②基本服务；③用餐期间服务；④菜品质量；⑤餐后服务。他访问了排名最高和排名最低的 10 家连锁餐厅。以下是他的发现。

- **环境与格调**。这些连锁餐厅在布局设计、材料、配色方案以及用餐空间方面是十分相似的。尽管如此，其中广受欢迎的餐厅和那些评价不高在氛围上还是有很大的不同。那些口碑好的餐厅保持着异乎寻常的干净和整洁。餐桌能及时得到清理，地板保持得很干净，客人用餐完毕后餐桌也能被及时打点好。而相对不受欢迎的店家餐桌翻台率较低。服务员和清洁人员之间沟通的缺乏导致客人有时不得不坐在未被清理过的餐桌旁。缺乏沟通也同样会导致客人们留下的脏东西（特别是在雨天或雪天）无法被及时清理干净。那些受欢迎的店家舒适度和员工积极性更高，而不太受欢迎的店家气氛单调乏味。有几个因素可以解释这种差异：相对成功的餐馆会把菜品放在离入口很近的地方展示出来，并将当天的特色菜放在最显眼的位置。顾客会在门口受到热烈欢迎，音乐的音量比那些不那么受欢迎的店家要高，音乐的选择也更倾向于积极快节奏的曲目。餐馆经理们定期在用餐区域来回走动，以确保一切正常。这也就给了经理们与顾客交流的机会，其中也不乏有意思的对话。而在那些不太成功的餐馆，经理们在忙着准备晚餐，从而导致对迎客工作的忽视以及与客人间交流的匮乏，餐厅对于音乐的选择没有太多用心，客人们也缺少个性化的用餐体验。在一家评价很高的餐厅，经理甚至会亲自向客人的孩子们赠送画图本和蜡笔。餐厅工作人员的照片附于一张用来欢迎用餐者的海报上，而且，每个员工都在身上显眼的位置挂上名牌，方便顾客识别。在落座后不久，所有顾客都得到一小份当日的例汤，用来感谢他们的赏光。有趣的是，这家餐厅不仅顾客满意度高，而且服务员们拿到的平均小费也要比其他餐厅高出许多。

- **基本服务。**对于餐厅环境的观察更是凸显了基本服务的重要性。成功的餐厅会比不受欢迎的餐厅更及时地迎接顾客，而且能更快地让客人就座，并为他们点好餐。杰夫发现，造成餐厅评价差异的最重要因素，是顾客在就座、点餐和等待菜品上所花的时间。用餐者等待得越久，他们的满意度就越低。经营成功的餐厅会尝试以友好的方式迎接顾客，使他们感到宾至如归。甚至当用餐者需要稍作等待的时候，接待员和经理也会确保他们可以拿到菜单，这样他们就不会觉得自己的时间被浪费了。在客人需要等待很久的情况下，经理会亲自出面道歉，并为等待的客人提供免费的甜点。那些评级较低的餐厅则不会做额外的努力来招待顾客。即使在客人就座之后，最初服务质量的差异在高评价餐厅和低评价餐厅之间依然存在。在评价高的餐厅，服务员会友好地招待顾客，并细致地解释餐厅的特色菜，在顾客拿不定主意的时候还会给出建议。而在低评级的餐厅里，服务员只是简单地接受客人们的点餐，不会去积极地引发顾客的兴趣。高评价的餐厅还会确保用餐者在就座后很快就能得到餐前面包和水。低评价的餐厅在这方面则不那么积极主动。在某些餐厅，服务员是必须备好水的。

- **用餐期间服务**。在评价较差的餐厅里，服务员们似乎总是抱着一种"多一事不如少一事"的心态。他们不会经常在客人的桌边停留，似乎一直在忙着给其他的客人点餐。而在评价高的餐厅，服务员会在为客人点好餐后定期核对，以确保一切正常。在用餐期间，经理们也会关切地询问客人的用餐状况，保证咖啡、水或面包的充足。评价低的餐厅可做不到这一点。杰夫特地向服务员提到了他点的一道菜，并表示他希望肉做得更熟一些。在高评价的餐厅，员工们立即做出回应，道歉并采取措施进行改进。随后，经理又来了一趟，亲自向他道歉，还为他提供了免费的甜点。在低评价的餐厅里，杰夫则需要花更长的时间来吸引服务员的注意。他们也会满足他的要求，但经理始终没有出现在他面前。杰夫对这一系列服务感到不满，服务员们也似乎不太注重满足用餐者的需求。

- **菜品质量**。杰夫认为他调查的所有餐馆菜品质量都不错，但有一个例外。由于评价较好的餐厅上菜速度更快，所以往往不会像评价较差的餐厅那样，上菜的时候会有些已经变冷。在不太受欢迎的餐厅里，服务员往往会犯一些错误，比如，沙拉没有按照要求用田园奶酪点缀，而误用成了蓝奶酪；再比如，肉片明显比规格要求的要小。关于食品质量的那个例外就是蔬菜了。评价较差的餐厅总是会把蔬菜煮得过久，导致太软太糯，影响口感。而评价较好的餐厅总能把握好火候，做好的蔬菜口感更脆、味道更好。饭后，杰夫和餐厅经理们进行了交流，也提供了反馈意见。他让经理们陪自己参观了一遍厨房，来亲自观察菜品的准备过程。评价较好的餐厅厨房不见一丝杂乱，设备也是干净整洁，有专人打理。所有评价较好的餐厅食材都保存得很好；器具和碗碟清洗得干干净净，也进行了消毒；负责准备食材的员工会常洗手，常换手套，以避免食材沾染细菌。在超过半数的低评价餐厅，食物往往不会被放在架子上，而是被储存在房间的地板上；餐具要么没有擦干，要么就是干脆没有清洗干净；在准备食材的过程中，工作人员也很少去洗手或者更换手套。杰夫总结道，好餐厅与差餐厅之间的主要区别，在于对细节的注重及落实。

- **餐后服务**。在评价较差的餐厅，客人们通常会在用餐结束后被冷落很久。这种情况在评价较好的餐厅是非常少见的。好餐厅的服务人员会迅速询问用餐者是否需要甜点或者额外的饮料。他们还会迅速将账单送到客人手中，并在他们用餐完毕后收取费用。在评价较差的餐厅，服务会更慢，更不稳定。有几次，杰夫注意到客人们不得不打手势示意服务员来结账。这在高评价餐厅几乎是不会发生的。当杰夫向经理们提及此事时，他发现高评价餐厅的经理们会一直关注着用餐区域，并在服务员们为客人及时提供友好服务时向他们表示感谢。经理们也密切关注着后厨，以确保客人的订单能及时得到处理。而在那些不太受欢迎的餐厅里，经理们总是忙着补救服务员们的失误，不会一直关注着用餐区域和后厨。他们看起来总是很忙，很少有时间去鼓励或夸奖服务员们。在评价高的餐厅，服务员会在客人准备离开时表示感谢。这在评价较低的餐厅里就不那么常见了。

杰夫意识到，一家餐厅出色还是平庸，绝不在于某个单一的方面，而是在于各方面细节加总在一起，是否能够给客人提供一个舒适、难忘的用餐体验。这些连锁餐厅提供的是完全相同的菜品，也有着极其相似的装修风格和环境。但还是有一些店家能够脱颖而出。**好餐厅与差餐厅之间的区别在于为客人服务的整个过程。**

> **关键结论**
> 最佳实践是一系列有形的、可度量的举措，它使我们摆脱平庸的表现，达到状态的巅峰。

杰夫基于自己的观察，将评价餐厅的五个方面（环境与格调、基本服务、用餐期间服务、菜品质量以及餐后服务）转化成优秀餐厅的标准做法，即开好餐厅的最佳做法。此外，这些做法应当尽可能地被细究、被量化。比如说，在客人到达餐厅后 1 分钟内及时对其表示欢迎，就是一个很好的做法。再比如，服务员在客人就座后 3 分钟内进行自我介绍，并向客人提供水和菜单，也是一个很好的做法。至于后厨，比较好的例子有：将清洁过的餐具用设备吹干，而不是用衣服擦干；利用温度计来确保食物一直处于合适的温度。围绕这五个方面进行的最佳实践，最终汇聚成一份工作清单，告诉经理们应该怎样做才能保证餐厅生意兴隆。关键在于，让每一家连锁餐厅都具备最优秀餐厅的服务标准，从而使顾客在每个店家都能留下满意的用餐体验。

然而，杰夫意识到自己或许遗漏了某些能提炼出最佳实践的因素。于是，他决定把自己的观察结果与所有经理一起分享。他发现餐厅经理们很愿意听到顾客对自己服务的评价，因为评价较好的餐厅希望维持高水平的服务，而评价较差的餐厅也希望能取得一定的进展。令人吃惊的是，评价较差餐厅的经理们一直在抱怨很难雇到优秀的员工。而在评价较好的餐厅则不常出现这样的问题。杰夫从他接下来的调查中发现，评价稍差的餐厅通常都位于年轻人聚集的地方，时薪水平和小费很难与位于工厂或高档奥特莱斯的餐厅相比。评价稍好的餐厅通常不会面临太大的人力资源方面的竞争，也就更容易留住优秀的员工。另一方面，较好餐厅的人员流动也更低一些。杰夫还发现，评价高的餐厅很少出现纪律方面的问题。很简单，更好的餐厅也就更容易招聘并留住优秀的员工。

杰夫好像突然明白了。在不受欢迎的餐厅里，由于某些员工缺乏原则，不求上进，经理们不得不分出部分精力来补救他们造成的失误。在受欢迎的餐厅里，员工的表现通常会更好，经理们可以有更多的时间监督大家工作，以带来更高的服务质量。这也就说明，餐厅在招聘方面也需要一个最佳做法。为保证每家分店都能吸引到优秀的雇员，不同地区的门店薪水要有所区别。餐厅总部对此做了进一步的讨论，集思广益，使餐厅的就业机会对高素质的雇员更加有吸引力。修改加薪及奖金安排；提供更自由的休假政策；员工间更灵活的轮班制度，这些举措都得到了餐厅经理们的青睐。经理们为了强调其重要性，随即提出了针对落实最佳举措的培训计划，来确保每位员工都清楚该如何提供最好的服务。这个培训计划在经历过几次改进后，最终成为这个行业的最佳实践。

杰夫从中学到的是，**不仅要明确最优和最差的做法，还要了解它们的成因**。可以说，餐厅不论好坏，其经理们大多都是积极主动的，只是较差的餐厅会产生更多的杂事和纠纷，使经理们无法进行高效管理。较差餐厅的服务细节一落千丈，只是因为经理们不得不定期处理那些鸡毛蒜皮的麻烦事。如果杰夫没有与餐厅经理交谈，他永远也无法得知员工们在工作中究竟面临着怎样的挑战和难题，也就无法贯彻上述针对员工招聘的计划。杰夫通过多提问，多征求观点，超越了自己的观察，从而提出了餐厅人力资源方面的最佳实践。

将最佳实践汇集为最佳过程

还要注意的是，简单地给每个餐馆一份最佳实践清单并希望他们认真落实，是不够的。相反，这份清单只是一个培训计划的起点。培训计划将告诉全体员工们应该以提供优质的顾客服务为理念。关于最佳实践的培训并不是孤立的，它可以作为一系列产生价值的举措来培养员工们。例如，欢迎顾客，让顾客及时就座，迅速递给他们菜单和水，都是高质量迎宾程序的重要组成部分。再比如，适当贮藏食物，合理干燥餐具和器皿，正确使用洗涤装置，又是高质量食品安全程序的重要组成部分。在培训过程中，**各方面的最佳实践汇聚到一起，成为餐厅服务的最佳流程**。目标不仅仅是让每个员工做好自己分内的事，而是去协调员工们的行为举止，来为顾客创造难忘的用餐体验。

大多数生意都需要通过各方面行动的协调、联系，最终创造出优质的产品或服务。在餐厅的例子中，欢迎客人，让客人就座，递给他们菜单、面包和水，这一系列共同作为迎宾的流程。记下客人要点的菜，传达给后厨，为客人上菜，也是一项流程。而在后厨中，不同的流程包括适当的清洁与卫生保持；食品的贮存与食物安全；食材的准备；保证食物的新鲜度和温度等。要注意的是，每个流程都反映了不同举措间的协调一致，并指示员工们**哪些该做，哪些不该做**。一家餐厅若要提供最顶尖的服务，需要保证每个举措都得到高效执行（时间上的高效），并且得到有效执行（达到预期效果）。将服务流程细分为具体举措有助于确保实现目标。

在很多领域，影响质量的罪魁祸首就是变化。任何一家餐厅肯定都不希望送到客人面前的汤时冷时热，也不希望顾客每次来都收到陌生的问候。控制质量的关键在于最大限度地减少不必要的变化，并将高水平的服务标准化。我们以一家电脑金属外壳制造商为例：取一块钢材，加热，切割，这算是一个流程；将高温金属制成金属框架的顶部和底部，也是一个流程；冲压金属板，以便嵌入键盘和显示屏，又是一个流程。工人们应当把每个流程都分解为一个个具体步骤，比如钢材的选取，保持恒定的金属加热温度，确定在切割冲压前需要加热的时间等。生产线上的工作人员会对生产流程进行监督，以确保这一系列步骤的统一性。如果加热温度变化太大，或者钢材的质量出现了改变，将最终导致低质量的产品甚至客户的不满。

在流程驱动的业务中，包裹交付就是一个很好的例子，比如 UPS 或 FedEx。先进的分拣和处理技术将使包裹进入高效的物流程序中，确保加急包裹可以及时送达。此类业务成功的关键在于是否能在物流程序的每个步骤中实时追踪包裹状态，并且可以快速识别和纠正流程中的错误。参与业务的每一个人，从接受包裹并确保其妥善密封的处理人员，到包裹分拣人员，再到包裹投递员，都会有各自的工作表现预期（例如每分钟处理 X 个包裹），也遵循一套指导方针（在包裹配送前先进行扫码；将包裹置于干燥、安全的区域等）。将业务表现分解为一个个工作流程，再将工作流程分解为一个个具体步骤，这样一来，即便再复杂的业务也可以得到高效处理。

如果一项业务属于知识型而非制造型，那么上述的流程导向法就不会那么灵验了。譬如卫生部门或医院提供的一系列专业服务，会因客户的需求而随时发生变化。生产线或配送流程中涉及的标准化业务模式，在诸如宾馆这样的场所是无法得到应用的，因为不同客人会有不同需求。因此，使服务个性化在这种情况下本身就是一种最佳做法。咨询公司为不同的客户提供完全不同的服务；一个项目与另一个项目之间很可能根本没有交集。从这个意义上说，交易是一种知识型业务：对市场的解读和交易的执行更像是咨询而不是制造。随着市场的变化，交易员们在某一天采取的行动可能与另一天的大相径庭。

> **关键结论**
> 抓好业务流程是生意成功的法宝。

暂且不论知识型/服务型业务与制造型业务的区别，如何通过抓业务流程来提高生产质量，已经成为各家企业密切关注的话题。一个很好的例子就是医疗保健服务，多年来，这类服务都依赖于训练有素的医生的个人判断。研究发现，在不同的医院，或出于不同的外科医生之手，不同疾病的康复率存在着显著的差异。虽然医生们也接受过类似的培训，但他们的决策中包含了大量的主观性。没有一个系统性的模式，将研究得来的知识与发现整合到临床实践中。

随着科克伦协作组织的发展以及结果研究数据库的集中化，医生们可以首次在任何特定疾病、治疗或过程中找到世界级的发现，并辨别成功与失败的治疗方案。在许多情况下,这些发现被汇编成最佳实践,并为形成最佳流程做好铺垫。如今,在医院接受基于研究结果的治疗是很正常的。从手术准备到麻醉的剂量,到手术室的消毒,再到术后护理程序,都算在内。正如一名飞行员在起飞前做的全面检查,以确保飞机可以安全飞行——一个良好的、将最佳实践整合为流程的范例,医生也会在手术前做全面的检查,以确保每个病人都能得到高质量的护理或治疗。

正如本书之前提到的,最佳实践中流程的控制方法,甚至可以扎根于一个看似依赖主观的知识型领域中,作为提供心理治疗服务的方式。结果研究极大地影响了我们对短期和长期治疗的认识,对精神病药物的认识以及对这些服务的综合认识。在指导一名学生时,我采用了研究文献已证实的最佳做法,将这些方法转换成一个分类治疗流程,帮助学生以最有效的方式解决了他们的问题。这带来了学生满意度以及心理咨询频率的提高,同时也消除了学生们由于长时间的等待而拒绝服务的问题。当然,现实中的心理咨询无疑是个性化的,但如何部署相应的服务是基于严格的结果研究而确定出的最佳实践。

最佳做法的确定与最佳流程的整合,在交易领域面对着巨大的挑战。这里有3个特别的方面。

(1) **缺乏优劣评判**。在餐厅的例子中,杰夫可以同时对评价较好和评价较差的餐厅进行观察分析。而在交易中,一位交易员成功与否可就不那么好界定了。这些餐厅经营着同样的生意,供应着同样的菜品。相反,不同交易员却会以各种各样的策略在不同市场进行交易。因此,与其去比较交易员的能力高下,不如去研究每位交易员的成功时期与低谷时期。这并不容易,因为还缺少一个能像杰夫研究餐馆那样研究交易员的人。实际上,寻求改进的交易员也是那些敬业的交易员。缺乏差异化使得挑出业绩优异者很有挑战性。

(2) **缺乏坚实的研究数据**。交易员们很少收集成果性数据来帮助自己识别出一套最佳实践。虽然大多数交易员都掌握着关于利润和亏损的数据,但多数人并不清楚某个特定交易策略的盈利能力;特定研究带来的盈利能力以及特定头寸管理带来的盈利能力。无论是快递服务、制造工厂、连锁餐厅还是医院，**质量控制首先要求的就是在业务流程的各个阶段收集数据**。就像我们在餐厅的例子中看到的那样，如果我们不从顾客进门的那一刻开始就留意他们的表现，直到他们离开，我们就无法掌握最佳服务的具体概念。从根本上讲，缺少了这样的结果性数据，交易员们就会像许多年前的乡村医生一样，对自己的成功和失败毫无概念。

（3）**对约束的抗拒**。许多交易员之所以选择这份工作，正是因为他们可以摆脱传统的商业模式，真正有机会为自己工作。他们摒弃诸如最佳实践和流程质量控制等概念，因为这些似乎限制了他们的选择自由。当最佳实践首次与服务挂钩时，医疗专业人员也出现了类似的反应。有经验的专业人士认为他们最了解如何提供服务；他们不希望通过外部研究和各种协议来指导自己的实践。当我在学生咨询服务中心第一次开发类选法治疗协议时，我遇到了一些治疗师，他们希望每个客户都能接受长期的心理或药物治疗。他们对自己的工作效率深信不疑，并且希望能够突破基于研究的实践的限制。

尽管这些障碍是客观存在的，但我们越来越多地看到专业交易员们以流程导向的眼光来看待交易。在计量金融领域，这一点最为明显。在这个领域，大量交易过程（从发现契机到交易执行）都是自动化的。从对 Bridgewater、AQR、Millennium Partners 和 QuantEdge 等成功基金公司的研究中发现，这些公司均采取了以数据为导向、以理论依据为基础的资产管理方法。他们之所以脱颖而出，是因为他们能够一贯识别和利用交易机会。

成为一名过程驱动型交易员

我们可以用杰夫与餐厅的例子来确定交易员们需要采取的步骤，他们需要将自己的工作根植于每一个具体步骤，最终汇聚成坚实的、成功的业务流程。让我们来看看它们与交易的关系。

（1）**将业务分解为多个流程**。杰夫将他的数据收集分成五个部分：环境与格调；基本服务；用餐期间服务；菜品质量；餐后服务。这其中的每一项都是使顾客满意所必需的用餐体验要素。将整个餐饮服务细分成这些类别之后，他可以从不同方面对餐馆进行观察分析，并把较成功与较失败的餐馆做一个对比。在我与交易员们的工作中，我通常将交易过程分为五个方面：（a）分析市场和市场相关数据，对信息进行收集和研究；（b）综合观察并研究交易策略；（c）将这些想法转化为具有较高风险回报比的交易，并将各个单独的交易组合成具有较高风险回报比的投资组合；（d）交易管理，包括对获利与亏损的应对及风险控制；（e）自我管理，交易员们用以保持自己在认知、情绪和身体上最佳状态的方法。

（2）**在整个业务流程中收集观察结果**。我们可以很清楚地看到专注于质量的交易员与那些非流程导向的交易员之间的区别。大多数交易者认为，在交易日或一周结束时，记录失误、设定目标等，是一种高纪律性的行为。正如我们从之前餐厅例子中看到的，**只是每天回顾性地记记日志，是完全无法实现流程控制的目的的**。杰夫对顾客服务流程的每一步都进行了观察，能在每个关键时刻都注意到问题并提炼出最佳做法。如果我们将所有希望都寄托于一个简单的顾客餐后评价上，那么我们就会与大量有意义的细节擦肩而过。类似地，当人们在快递服务流程中发现系统性的问题时，可以在相应阶段的数据库中抽取信息，来快速地识别问题到底出在了哪里。交易员回顾性的日记不太可能捕捉到他们的研究想法、策略规划、策略产生、风险头寸的管理以及自我管理等方面所有最好和最差的做法。更有效的方法是把精力集中于我们正在做的事或者我们交易过程中的每一个步骤，这样我们就能了解业务流程中存在的变化性以及它们对交易成果的影响。

> **关键结论**
> 交易工作的每一项具体流程都应该出现在交易日志中。

（3）**在交易过程中的每个阶段，将具体做法与交易决策联系起来**。显然，交易员们习惯将交易中的具体行为与某次交易的盈利能力联系在一起，但是详细的分析无疑将比这更进一步。例如，交易中的良好习惯可能导致较低的绝对收益，但会带来更高的风险调整收益，因为我们从所承担的每一份风险中赚到更多的钱。交易执行中的某些举措可能不会直接体现为盈利，但可以通过阻止我们错误地交易来提升该策略的盈利能力。正如我们所看到的，短期内的盈利能力高低取决于运气的好坏。因此，交易行为与交易结果间的相关性需要以足够多的交易为基础。随着时间的推移，我们将看到特定的交易行为是如何与不同的交易结果联系起来的。久而久之，我们也会看到不同交易行为之间的相关性。例如，自我管理较差（如未能保持足够的睡眠、锻炼或饮食；家庭或亲密关系中出现矛盾冲突），可能直接影响到交易策略的生成和风险管理。这几个方面可能很重要，因为它们警示了我们在个人生活中出现的问题。例如，一位交易员可能会遵守一个纪律的一般流程，用于执行交易和从事生活中与交易无关的活动。

（4）**利用交易行为和交易结果之间的相关性来确定最好和最差的做法**。随着时间的推移，在交易过程中的各个方面，不同的行为决定着交易的成败。这些都将成为候选的最佳和最差做法。我称之为"候选"做法，是因为只有在我们将其孤立开来并有意识地努力发扬或规避之后，才能确定这些是否真的对成功有益。在我自己的交易中，我发现制定交易策略所花的时间和相应策略的盈利之间有很大的关系。粗制滥造的交易策略其实是不太可能成功的。**能够真正带来盈利的交易策略往往基于更多、更全面的分析**。因此，我花了相当多的时间，从技术面分析的角度，试图将多市场间的观点与宏观形势联系起来。优秀的交易策略通常来自于对市场行为长达几周甚至几个月的分析，而失败的交易策略往往忽略了大局，导致一叶障目不见森林。我还发现，花大量时间等待入场时机的交易大多都是有利可图的：等待在市场疲软期买入并在反弹后卖出，可以带来更高的风险回报比。一些最好的做法是杂志中从未报道过的。比如，我的最好的交易是在不同市场宽度指标同步时完成的；最糟糕的交易是没有留意到那些模式时发生的。这一观察结果驱使我花更多精力去审视市场宽度指标，并利用其更好地构建我的交易策略。

（5）**把交易过程各个方面中出现的最好做法，整合为最好的流程。**如果你明确了交易中的最好做法有哪些，就把它们变成你的日常习惯吧。找到一项包含这些做法的业务，并把它们按照逻辑有序地排列起来，我们就能得到一个简单可重复的业务流程。我之前提到，在我自己做的交易中，一笔交易是否能盈利，与我在调研上所花的时间以及对不同市场宽度数据的关注度有关。这一点更加明确了我的调研方法，我每天都会研读精选的、高质量的资料；把最重要的市场宽度数据记录在电子表格中；自发地利用这些信息把我的思维过程写出来。这帮助我们把交易中一个个积极有效的做法转化为我们可以每天重复做的事。我的调研程序不但经过精心设计，而且已经变成我日常生活的一部分，从而使我每天都可以高效地完成调研任务。同样地，我把我的入场建仓标准总结成了一份清单，使我可以更加轻松地开始每一笔交易。久而久之，熟能生巧，由于日复一日的重复，我已经可以非常熟练地把握入场时机，这种时机的把握对我来说已不再是某种决策过程，而是一种习惯。

（6）**要一直注意观察交易中的各项举措与流程是如何影响某策略的盈利性的。**在这里，我们将把带来盈利的交易与亏损的交易，分别看作杰夫眼中高评价与低评价的餐厅。某交易策略盈利能力的改变会提醒我们在交易执行的方法与流程上做出调整；这也指明了我们起初没有意识到的最好和最坏的做法。我之前有一位十分注重业务程序且高度自律的同事，他留意自己在交易中成功与失败的阶段。我们记录了他在成功与失败交易中的思维过程和行为，他有时认为某个趋势会持续下去，但他的预测也不是一直都是准确的。这让我们有机会总结出一些趋势预测方面的最佳实践，并对他的审查程序进行了修改，这样他就可以对趋势逆转更加小心。正是对不同做法、程序和结果的不断追踪监测，使我们实现了此前本书中所描述的目标：适应不断变化的市场；坚持发挥我们的优势；在市场观察及交易执行方面保持创造力。

这一系列步骤告诉我们，成功的交易员会像调研市场一样研究自己的交易。对交易成功帮助最大的，往往来自于交易以外的时候。

究竟有多少交易机构是流程驱动的

流程驱动型公司的一个典型标志，就是它的生产状况可以直观地体现在生产流程图上。一家餐厅的管理人员也可以很容易地监测顾客们的用餐情况。同样地，任何一位优秀的宾馆经理都可以很好地掌握客人们的入住情况。初级护理医师们需要负责执行好病人登记、初步诊断、图表检查、与病人交谈、病情检查、办理出院手续等流程。在一项业务中，其每一步都是需要被分别处理的：后厨的运行由厨师负责；宾馆客房清洁由专门的经理负责；诊所办公室的秩序由业务经理来维持。每个部门的经理都极力确保自己部门的运营遵循着最佳实践与最佳程序，然而，正是各部门间的协调合作，保证了业务高效、高质量的运行。

在大型资产管理公司中，我们可以看到运营与管理方面的差异化。我几年前合作过的一家公司，当时拥有一位资深的招牌基金经理，还有几位不同行业的分析师。每个研究小组都遵循着各自的业务流程，包括标的企业的估值建模；与企业管理层的交流；紧跟行业新闻及统计数据；监测市场表现水平；更新持仓推荐等。高级策略专家对初级分析师在企业调研与尽职调查方面的监督与指导，确保了各方面信息在团队中能够得到共享。另一方面，基金经理与策略师之间的定期会议，也为有关投资决策的信息交流提供了稳固的基础。独立的交易员团队密切关注着市场和股票，为团队的每一个头寸提供市场供需关系数据。团队也具体划分了各个部门的职责，以便在需要的时候可以快速地完成交易订单。后台办公室和会计人员负责记录所有交易并管理股票的借贷，而风险管理人员则密切关注整体投资组合及其不断变化的风险敞口。与投资者间的沟通由专门的人员来负责协调，他们帮助团队向高净值个人和机构投资者推销基金。人力资源部负责处理工资、员工福利管理、招聘和员工绩效考核。将一家基金公司的各类运营活动划分为不同的职能部门，并单独分配给他们的管理者，可以确保投资组合经理能够专注于投资，而不会因日常业务而分心。

关键结论

循规蹈矩不会让你变成流程驱动。

然而，公司内部组织良好，与流程驱动并根植于最佳实践还是有一定区别的。上述那家公司的每个管理部门运营都相对平稳，并遵循着一套惯例。例如，招聘过程组织得很好，经理们会收集简历、推荐信，检查相关文件，还有一个专门的经理团队负责确定参加面试的人选。面试过程由人力资源经理来负责安排，经理们会定期开会，审查应聘者的相关文件和各项记录，并决定邀请哪些人来进行更详细的交流。这种组织结构无疑是高效的，也给了基金公司随时物色并抓住优秀应聘者的机会。

更深入的研究表明，上述招聘过程尽管高效，但并没有真正带来非常好的效果。足足有一半的新员工没有在这里工作超过两年。还有一小部分新员工的表现非常糟糕，导致在两年的工作合同结束前就被记纪律处分甚至解雇。诸如此类的问题导致基金经理们浪费了大量的时间和精力。在某种程度上，他们就像餐厅经理一样，忙着补救员工的失误，以至于无法对业务进行适当的监督。

问题很简单，每个管理部门从来没有对最好和最差的行为准则进行系统研究。他们做业务的方式更像是例行公事，而并没有用最好的做法来带动持续的进步。在招聘过程中，有几个明显的不足之处。

- **虽然每个职位都有各自特定的要求，但这些都没有被转化为应聘者应具备的相应能力以及评估方法。** 因此，例如，程序员们在招聘过程中只需要提供他们对其技能和经验的自我描述，而没有一个详细的、精心设计的测试来检验他们在各种编程语言和各项任务中的能力。有些分析师甚至在其研究背景没有得到核实的情况下就被聘用。
- **面试过程没有被标准化。** 不同的面试官会在不同的时间问不同的问题，这样就很难把应聘者们放在一起进行比较。面试官似乎很容易受到应聘者的魅力的影响，从而难以施行一种结构化的方法来测试他们的技能和经验。

- **经理们在内部人员晋升、调动方面无法达成共识。**这对那些总是得不到提拔的初级分析师和经理来说尤其是个问题。一旦初级职员缺乏明确的职业前景或晋升轨迹，公司员工士气将会严重丧失。
- **经理们没有系统性地反思那些失败的招聘决定。**一个新雇员即将离开公司，却没有人考虑问题究竟出在哪里。结果就是，人力资源部的员工无法从中吸取教训，而且招聘流程也得不到任何改进。

显然，这是人力资源运作方面出的问题，但最佳行为准则的缺失以及业务流程上改进的失败，将会影响到基金公司内的每一个部门。一个值得注意的例外是投资者关系部门，其部门人员对所有投资者走访过程进行了彻底的复查。他们将关键信息放在一个中央数据库中，以确定如何最好地跟进每个潜在投资者。当正在进行的走访并没有致使投资者决定投资该基金时，相关人员将用复查的方式查明哪些地方出了问题，并将这些不足转化为后续的努力。不过，该基金公司的多数部门运作更像是招聘过程，而不像是处理与投资者间的关系。例如，交易执行人员没有定期更新绩效度量指标，也就难以判断某个节点是否应当补仓，以及相应举措应当针对整体还是某只特定股票。令人难以置信的是，该公司分析师的建议并没有被算入绩效中。因此，没有一个客观的标准可以确定，究竟是哪个团队产生了最好的想法，以及基金经理是否充分利用了相应团队的想法。

简而言之，这一系列现象是公司内部问责制度的缺失所造成的。年复一年，每个人的工作方式都没有太多变化。如果你问任何一个经理，这家公司是否是流程驱动的？答案恐怕是肯定的。因为他们认为自己是按固定的流程来完成业务的，所以他们专注于流程。但是，如果无法辨别哪些才是最佳实践，无法对绩效进行反思，就不会有持续的业务质量上的改进。这是一家拥有着优秀基金经理的好公司。但这就是问题所在。一旦真正掌握了最佳的做法与业务流程，它才有机会变成一家伟大的公司。

❦ ❦ ❦

以往的经验告诉我，以上例子中出现的情况比大多数人想象的要普遍得多。我们通常假设大公司必然是高效运营的，但事实并非如此。令人震惊的是，许多交易机构几乎无法有效估计自身的运营状态，而仅能估计预期盈利。当问题变成了真正的麻烦，寻找解决方案就已经太晚了。

我在职业生涯早期就职的一家公司有着十分奇特的企业文化。一方面，这家公司对员工友好，交易员与经理们相处融洽。另一方面，我在公司时常感到气氛紧张，而且大家缺乏发现问题、解决问题的意愿。这是一家老板自行出资的私人公司，老板在公司管理上喜欢亲力亲为，会参与招聘、解雇、晋升、年终奖等方面的决策。在我眼里，他是个对员工好，工作努力的人，有不少员工已经跟随他工作了很多年。这也就让我更加难以理解，公司中晋升的压力感到底从何而来。

我发现，员工能在公司里留多久，很大程度上取决于这个人与老板相处得怎样。老板最喜爱的员工，往往也能拿到最多的年终奖。相反，与老板或骨干经理之间存在矛盾的员工，通常更容易被降级，奖金和晋升机会也更少。关键问题是，对公司内部运作方面的任何批评都会被视为不忠。例如，交易员抱怨电脑花了太长时间才被修好，而有时，这的确会妨碍到交易。然而，IT 经理不但不接受批评，还转而指责交易员将自己的失职归咎于他人。有趣的是，其他交易员也经历过类似的电脑方面的问题，但因为 IT 经理是老板的朋友，他们大多都没有提出来。

这种情况也会出现在交易员会议上。公司鼓励交易员们出席会议，分享观点和研究成果，但有趣的是，交易员们总是倾向于等待老板先发表观点，再表达自己的意见和想法。这样做倒不会与老板产生矛盾。一位新来的优秀量化分析师曾在会议上提出了一种回测方法，与老板的意见大相径庭，房间里霎时一阵尴尬的沉默，后来，老板也借故称这位分析师的方法只能适用于特定的数据，而将之暂缓执行。再后来，老板对这位分析师的意见越来越不重视，认为他只是在玩弄数据，而源于数据的观点/看法对于他经营公司并无太大的帮助。当分析师意识到在这家公司没有很好的升迁之路时，便选择跳槽到另一家公司担任重要职务。几年后，当我与这位分析师再次联系时，他已不再是分析师了，而是在一家大公司里做基金经理。他的离开对于那家交易机构是个重大损失，然而却没有人认为应对此做出反省或改正。

这件事启发我去思考，为什么这么多交易机构不注重业务上的改进。如果一家公司乐于遵循最佳实践，也乐于改进业务流程，**数据就成为决策的指南针**：数据会把你带到你想去的地方。然而，对于许多企业老板和管理者来说，他们并不愿意把控制权交给数据；他们希望以自己想要的方式来经营企业。让我们回到第1章埃米尔餐厅的例子。之前的老板虽然也十分注重服务质量，但他总想以**自己的方式**为客人服务。埃米尔迈出了新的一步，他决定去倾听顾客的意见，去了解顾客对于用餐体验的要求。他根据客人们的偏好来提供服务，甚至可以每天都有所不同。而之前的老板只想以自己的方式一成不变地经营餐馆。在私营公司，老板想手握大权，只聘用他喜欢的人来工作。而流程驱动型公司会把这个决定权交给数据。要想成为优秀的人，你必须与那些能让你变得更好的、愿意接受客观事实的人相处。

✼ ✼ ✼

我接触过的大多数自营交易机构规模都比对冲基金小得多，而且相比之下，员工和资金也少得可怜。这自然使这类公司难以在业务程序上出彩。许多私营公司缺乏集中的研究资源，并且只有少数管理人员打理诸如会计、风险管理、信息技术等方面的业务。其结果是，交易员们往往只能关注到摆在他们面前的问题，而看不到整个大局。在风险管理上，他们只是凭借经验来把握仓位，招聘过程中也缺乏对应聘者信息的验证。对于许多这样的自营公司来说，正是这种业务流程上的随意性吸引着交易员们。然而，也正是这种随意性阻碍了业务质量的改进。

我有几位朋友在一家自营交易机构工作，在那里，一些骨干交易员决定着整体交易的损益比。虽然公司出于风险控制给每个人都设置了持仓上限，但不幸的是，公司对交易员们整体投资组合的风险几乎没有监管，以致有些股票持仓量过大。在这种时候，公司承担的风险比经理们意识到的要大得多，随之而来的就是大量的损失甚至许多交易员的离职。如果一直没有人遵循最佳实践来严格把控风险，等到公司意识到后果的时候就太迟了。

问题是，很多成功交易背后的业务模式，小公司利用起来会显得心有余而力不足。由于资金有限，需要节省管理费用，普通的自营公司会相对重视交易员（公司的收入来源）而相对轻视那些支持性人员。缺少企业调研资源？那么选股就变成了图表游戏。缺少对成功和失败的反思？那么员工们的进步就限制于对期刊文章点点滴滴的印象。缺少风险管理人才或专业知识？那么风控就变成了模糊的头寸管理与止损。缺少员工绩效考察？那么谁会留用就完全取决于面试官的主观印象。无论在哪一种情况下，程序都是被简化的，以适应公司有限的资源。这样的公司能跟上市场的变化吗？它们是否了解每位交易员的独特优势，并使其得到发挥？它们又能否充分激发交易员们的创造力，从而开拓新的机会？

关键结论
企业只有在确保质量的情况下运营，才有可能成功。

我很乐意向读者灌输这样一种观点：若要在交易中取得成功，你只需要辛勤工作并一直保持对交易的热情。其实这种观点是与现实不符的。如果你没有足够的实力来驾驶一艘结实的船，那么船很可能会漏水甚至沉没。有太多的交易机构因为同样的原因无法生存，这往往也是小公司失败的原因：它们只是缺乏足够的资源来跟上竞争的步伐。普通家庭经营的服装店不可能像塔吉特或沃尔玛那样管理库存、研究广告/营销策略；普通社区里的汽车经销商也无法研发出可以媲美丰田汽车的质量改进流程。传统的交易心理学将规则作为一种最基本的价值，但仅仅遵循有限的交易规则并不足以建立并维持任何动态的业务。

这是否意味着小型交易机构一定会前景堪忧呢？并不是。毕竟，在苹果、亚马逊、沃尔玛和通用电气等这类巨头的统治下，还是有许多成功的小型公司。我们可以考虑一家位于市中心的小型精品时装店，它能很好地迎合当地顾客的需求，并专门从不同地区的设计师那里引进独特的时装。与大型服装店不同的是，这家服装店可以为顾客提供高度个性化的服务，拥有有实力的销售人员，还能为顾客找到最时尚的上衣、裙子、连衣裙、手袋和配饰。老板还与许多优秀设计师建立了密切的合作关系。这意味着他们总能最先接触到市场上最前沿的设计。他们诚然无法达到如百货商场般巨大的销售额，但这也不是他们的目标所在。在独特的商业模式中做到最好，是这类公司得以生存和兴旺发展的关键所在。

我最近走访了一家由几位交易员联合出资创立的小型交易机构。其中的每一位交易员都有独特且非常成功的交易策略。其中一位是事件驱动型交易员，通常在诸如企业除息之时，或期权到期之时等执行交易。另一位专注于少数期货市场的波动率突破策略。还有一位崇尚相对价值交易，专注于金融工具与资产之间的关系。所有人都不会把精力分散于很多不同的市场。反而，他们会精心选择各自的交易策略，每个人都可以保证专注于交易执行和市场机会。这种专注性也使他们每个人都能集中精力制定新的交易策略，目标是每人每年至少推出一项新策略。通过聘请海外量化顾问，这家公司将部分研究和开发业务外包出去，让自己把精力放在运营和交易执行上。公司法人也决定只有在公司拥有更多交易策略后再致力于发展壮大。他们没有雇用独立的交易员，而是雇用了助理来开发和管理新的策略。招聘流程基于一系列严格的标准，包括对应聘者市场经验、量化背景以及编程能力的考察。根据他们各自的能力以及对公司的贡献，新员工们将拥有一条明确的通往合伙人的晋升道路。就像精品时装店一样，成功的私营公司并没有一直尝试在各方面都做到完美，而是围绕其独特的优势建立特定的业务模式，并高度专注于其所擅长的领域。

重要的是：**集中精力走好每一小步。**

如何成为流程驱动的交易员

正如前面提到的，交易员们对流程导向的最大误解之一就是流程就等同于日常习惯。我每天早上都会习惯性地喂猫、喝咖啡、吃东西、关注市场、锻炼身体、洗澡冲凉，但你很难把这些叫作工作或生活的流程。假设我把每天早晨要做的所有事分解开来，加以调整，加以监测，并将它们与我一天中的心理状态和工作效率联系起来。随着时间的推移，我可能会发现，我在运动中花的时间和精力越多，我的能量与工作效率就会越高。我可能还会发现，与猫相处的时间越久，我就会越平静，越容易满足，进而带来更好的交易决策。这些观察结果将在一段时间内改善我的日常生活，从而使我的个人生活与职业发展变得更好。**这才叫作流程导向。**

写清单或记日记可以帮助我们更加注意自己的状态和行为，但这样做本身并不是流程导向的。只有当对结果的反思使我们更加专注于过程中的质量控制时，才算是真正的流程导向。当大多数交易员说他们遵循"某个流程"时，他们其实指的是自己有规律的日常生活。这或许有助于提高他们的效率，但随着时间的推移，他们也将难以进一步提高自己的效率。

关于小型交易机构流程控制与监测的讨论，对于独立交易员来说尤为重要。真正的独立交易员将充当业务/风险经理、基金经理和交易教练。研究市场、将观察和数据转化为交易策略、执行并管理交易以及进行自我管理：所有这些都必须由同一个人来完成。毫无疑问，这超出了大多数人的能力范围。典型的结果就是流程的不断简化。一张简单的表格替代了系统性的流程监测与改进；一些简单的技术面判断技巧替代了扎实的市场调研；主观的头寸管理经验代替了严格的风险管理方法。普通的独立交易员就像一个试图经营一家餐馆的人。无法同时做到购买食物和用品、保持餐厅清洁、摆放桌椅、洗碗、准备食物、服务顾客，只身一人的餐馆老板将失去继续经营下去的信心。完成全部这些工作的唯一方法是忽略这么多细节，结果却可能导致质量严重受损。

这不是一个能经常出现在交易书籍中的观点：**许多交易上的问题，以及与交易相关的情绪问题，往往都是因为一个人需要做太多事情来做好自己的交易。大多数独立交易员难以成功的原因，不在于缺少目标或懒惰，而是根本顾不过来。**

我从许多关注 TraderFeed 博客的独立交易员那里听到他们交易中遇到的各式各样的问题。其中大多数会问一些有深度的问题，我也能看到他们在努力地追求交易成功。我所听到的最常见的问题是，他们对市场研究和交易执行的过度专注，导致没有足够时间把控或提升自身的状态和表现。其实，他们可以按部就班地进行研究、交易和自我管理，但是缺乏多任务处理能力。而问题在于，许多独立交易员也是十分活跃的，因此交易占据了他们很大一部分的精力和思考时间。随着注意力和意志力的逐渐丧失，纪律性和自我意识的逐渐丧失，他们的交易结果会变得越来越糟糕。个人工作上的认知负荷，往往是这类问题的根源。

我们在上面关于自营交易机构的描述中看到的是，对某一特定业务模式的高度关注能使公司摆脱许多压力，使其能够在资源相对有限的情况下获得成功。我在与一些成功的日内短线交易员一起工作时，看到过同样的情况。我认识的一位非常成功的交易员，只在特定的时间以特定的模式做交易。另一位会在一天中一直进行交易，但是需要漫长的午休，重新集中注意力，回顾业绩，并做出相应调整。我在博客中遇到过一位异常自律的交易员，他每天坚持市场监测，但每个月只进行几次交易。无论在哪种情况下，交易模式上的选择性使独立交易员们能够发挥自己的长处，同时也有时间和精力追踪、监测市场，参与研究，回顾业绩，并取得稳定的进步。用上之前的类比，一位厨师可能无法单独顾及餐厅经营的方方面面，但可以将其看作经营某种利润丰厚的餐饮生意。集中精力准备好一顿晚餐与为许多人准备不同的晚餐是有质的区别的。

这表明，要成为流程驱动型的独立交易员，需要掌握一种认知和心理上均**可持续的交易模式**。个人交易模式必须更像经营餐饮生意，而不是开一家通宵餐厅。这对于那些边工作边学习技巧的交易员们来说尤其如此。所选的交易模式必须适合日常工作，而不能让工作占用全天的精力。在有限的交易时间内管理好长期、短期头寸将成为一种必要的能力。所谓可持续性的关键是，所选交易模式必须能留出足够的时间和精力，来让交易员们进行业绩评估，并将经验教训纳入未来的交易执行和决策中。没有这样的反思和调整，交易员们就无法适应不断变化的市场，也就难以取得稳定的业绩。

> **关键结论**
> 只有掌握了不断改进业务流程的方法，我们才能成功。

我们来总结一下：交易本身就是一个需要各方面协调的活动，包括对数据的分析、将信息转化为交易策略以及相应的交易管理。在执行这一切的同时，交易员们也需要进行自我管理——管理精力、情绪和注意力，以及对业绩的持续监测、最佳实践的确定和将这些最佳实践融入交易流程等。在大型交易机构中，通常有足够的管理人员和技术资源来保证交易相关活动的进行，交易员们可以更容易地专注于自我管理及业务流程的改进。当交易员们缺乏这些资源时，他们就必须集中精力来满足整个交易业务中的各项需求。如果交易员在交易之余，已没有时间来改善业务的各个方面，那么这就是一个有致命缺陷的业务模式。交易必须按计划进行：你无法面面俱到，随时解决交易中出现的问题。

通过以下 20 个提问对你的交易流程进行反思

要想变得更加流程导向，就先要学会提出正确的问题。我为大家准备了 20 组可以帮助你们反思自己表现的问题。以此为起点，把最佳实践整合为最佳流程吧。

信息的收集与分析

（1）我最常使用或受益最大的市场图表有哪些？有哪些是我从来不使用的？

有哪些对我没有帮助？我该如何创造一些更加简明、合理的图表来更高效地获取交易相关信息？有哪些重要信息还没有显示在图表中？什么类型的图表对我的帮助最大？在交易顺利进行的时候我通常会怎样做？在交易不顺利的情况下我又会怎样做？

（2）我最常阅读或受益最大的市场信息来源有哪些？有哪些是我从来不阅读的？哪些对我没有帮助？成功的交易员从哪里获取相关信息？我如何吸取他们的经验？在交易顺利进行的时候我专注哪些信息？在交易不顺利时我专注哪些信息？我应当在交易之前还是之后研读市场资料，在工作日还是在周末？我应该如何记录自己在阅读中产生的观点？我应当如何优化自己的阅读时间来使效率最大化？

（3）我最常收听或受益最大的市场信息来源有哪些？新闻广播、网络视频、还是电视？有哪些是我从来不使用的？哪些对我没有帮助？成功的交易员从哪里获取相关信息？我如何向他们学习？在交易顺利的时候我收听哪些信息？在交易不顺利时我收听哪些信息？我应当如何优化自己的收听时间来使效率最大化？

（4）我最常寻求或受益最大的交谈方式有哪些？哪些交谈对我的交易没有帮助？什么样的交谈会干扰我的交易？在交易顺利/不顺利时我会谈论什么？有哪些我熟知或尊敬的专家是我进行交谈的最佳对象？何时进行交谈对我的交易帮助最大，在交易开始前，进行时，还是结束后？我应当如何记录在交谈中产生的观点？

（5）我应当如何分析手头的市场数据？我该如何判断某组给定的数据是否对交易有重要帮助？我应当如何筛选有用的信息？我应当如何证实听到或读到的内容？我要如何对观察到的数据进行测试？在交易顺利/不顺利时我是如何分析相关信息的？成功交易员还有哪些数据分析技巧是我可以学习借鉴的？

将信息综合为交易策略

（6）我如何对一天/一周之内收集到的信息进行回顾？我如何将不同来源的信息进行对比？在交易顺利/不顺利时我是如何回顾信息的？不同的信息何时会带来同样的结论？何时会带来矛盾的结论？我该如何分辨？对我来说最好的信息

回顾方式是什么？阅读，讨论，还是画图？如何回顾信息才能产生好的交易策略？如何回顾信息是效率低下的？我该如何提升自己的信息回顾效率？

（7）我如何确保回顾和强调的信息与我之前的观点不同？我如何通过信息回顾来找到进一步的研究方向？我如何通过信息回顾来增加我对新策略的信心？

（8）在我通过头脑风暴或互相提问的形式回顾信息时，我该如何从别人那里获取有用的观点？我该如何对来自于他人的信息进行加工、理解？我该如何利用研究资源与分析方法进一步探讨自己的初始观点？

（9）哪些做法可以结束我的分析并开始让我将信息整合为策略？科技与统计学分析如何帮助我产生新想法？何时是我产生新想法的最佳时机？早晨、傍晚还是周末？我如何才能一直做好产生新想法的准备？

（10）当我产生若干点子时该怎样做？少做一些交易？重新开始调研？当我产生过多的点子时应该怎样做？我该如何确定这些想法的优先级，找到关注的重点？令我赚到最多钱/赔掉最多钱的点子都有什么样的特性？

交易与风险管理

（11）在一切顺利时，我是如何将想法转化为交易策略的？我的新策略是包含一定的风险控制因素（对冲、期权等），还是方向明确的重仓投资？我如何使用不同的交易媒介使我的策略达到最优的风险回报率？当其他成功的交易员与我的想法相似时，他们是如何将想法转化为具体策略的？我通常把交易想法应用于多个市场的多种交易，还是只集中于个别市场？

（12）我如何为特定的投资组合选择适当的策略来平衡风险？我如何检测不同头寸间的相关性，并在相关性升高时调整我的风险敞口？我如何检测整个市场以及所持有头寸的波动率，并在波动率升高时调整我的风险敞口？在交易顺利/不顺利时我通常愿意承受多少风险？

（13）我如何利用止损线来降低每个头寸的风险敞口？如何合理确定止损线？我该如何在走势理想时调整止损线？我该如何在波动率大幅上升/下降时调

整止损线？我应该如何为我的投资组合确定止损线来降低整体风险敞口？

（14）我该如何把握仓位大小，来确保一定的收益，并把潜在损失控制在一定范围内？在交易过程中我该如何调整仓位？相应的仓位调整又能带来多少额外盈利？我如何对整个投资组合进行仓位管理，以确保头寸的亏损都在控制之中？我该如何管理整个投资组合，以规避致命的损失？不同的仓位组合将如何影响我的盈利？我在承受更多风险时，是否也获得了更可观的收益？

（15）如何为我的交易设置一个可实现的，并具有不错风险收益比的盈利目标？在市场波动时我如何调整盈利目标？在马上要达到盈利目标时，我应该如何管理头寸？我应该怎样设置一个合理的盈利目标？在交易顺利的时候我会如何设置目标，不顺利的时候呢？我认识的其他优秀交易员是如何盈利的？我该怎样向他们学习？

自我管理

（16）我在交易之前、之中、之后分别如何管理时间来保证最佳表现？在我交易顺利/不顺利的时候，我会如何利用开市前、闭市后以及周末的时间？我所认识的其他成功交易员是如何进行时间管理的？在我交易顺利/不顺利的情况下，我会如何利用休息的时间？

（17）在我交易顺利/不顺利时我会如何安排自己的生活？我是否保证了充足的睡眠？我的饮食习惯是否健康？我平常会进行何种形式的锻炼？我平常会参与哪些社交活动？在我业绩最佳/最差时，我会参与哪些智力和精神活动？

（18）在我业绩最佳/最差时，我会怎样做来让自己获得幸福感？我获得幸福、满足、能量与情感的方式通常有哪些？最能使我精力充沛，为我带来最佳工作状态的活动有哪些？最消耗我的精力，使我分心的活动有哪些？

（19）在我交易顺利/不顺利时，我是如何管理情绪的？在交易中，有哪些做法可以让我避免沮丧、灰心、过度兴奋、过度自信以及自鸣得意？交易中的哪些做法会导致如愤怒、失落、萎靡不振、愧疚以及焦虑等消极情绪的出现？我在交易顺利时如何留意自己的情绪状态？当我及时发现自己产生了一定的情绪，我该如何处理？

（20）我如何通过观察并总结自己的思维、情绪以及行为来改善自己在交易中的状态？我如何从个人及专业的角度反思自己的表现，来确保自己可以吸取成功／失败的教训？我该如何设定目标来不断提升自我？我认识的其他成功交易员是如何进行自我提升的？

根据之前的讨论，这20个问题旨在帮助你确定交易领域各个方面最佳和最差的做法，并为你形成或重新建立交易流程做铺垫。需要注意的是，同时专注于挖掘所有方面的最佳做法，并不是必需的，甚至不可取的。相反，你可以使用上面的问题来确定你在信息收集、想法产生、交易管理及自我管理方面需要做出的单独改进，这将会对你的交易业绩产生最大的积极影响。一旦你将这些最佳实践变成了自己的日常例程，就可以着手于接下来流程上的改进了。**我们只有在完全吸收和同化某些最佳做法后，才会希望对新的做法进行挖掘**。关键在于，不要做超出自己能力范围的事，并为成功做好充分的准备。集中精力追求一个目标，要比分散式地追求很多目标有效得多。

> **关键结论**
> 在自我提升的过程当中，你得到的应该是积极情绪，而不是失落和沮丧。

要知道，市场的随机变化会在很大程度上决定我们状态的好坏，因此我们往往需要一些时间来判断，某种特定的业务改进方法是否真的有效。太多时候，交易员在自我提升的过程中，看不到短期的成效，也就放弃了接下来的努力。诚然，在某些方面，自我提升会带来立竿见影的效果，譬如情绪状态或精力上的提升。而当你打算改进自己的研究方法时，往往需要数月时间才能明晰你的交易策略是否真的可以带来更好的业绩。此外，同时进行多方面提升的弊端在于，我们将很难判断究竟是哪方面的进步导致了更好的业绩。如果你在交易中的表现一直不错,但在很多方面还有进步空间,那么你肯定不希望在寻求进步的过程中放弃你之前擅长做的事。在你最亟须进步的方面做出目标明确而坚定的改变,是通向成功的一条捷径。

在流程改进方面的一些思考

我将把书中的各方面线索集结于此,为大家提供一些流程改进以及交易成功方面的看法。

- **什么才是视角?** 此前,我们把交易看作企业经营。做好交易业务就像运营一家创业公司,需要的不仅是资金和明确的计划,还需要一个生动而独特的视角。在创业的过程中,视角意味着你要以独特的方式去抓住某个独特的机会,使公司得以成长。我不敢说大多市场参与者的视角都在我的意料之中。太多时候,交易者们都把精力放在挖掘下一个交易机会上。而成功需要的是对自身优势、机会以及具体任务的明确了解。你在交易上的撒手锏是什么?你的优势又源于何处?你要达到什么样的目标?你对于5年后的自己有何期待?保持一贯的进步终究是好的,但更加理想的是,为这些进步设置长远的目标。可以说,正是视角的力量,使企业家们得以成功渡过公司冗长的初创期。

- **你都要学习哪些技巧?** 就在今早,我花费数小时去改进了一组价格波动率与动量的测量指标。我的目的在于,找到一个适用于多时间框架的动量测度方法,以及一个能将实际波动率与隐含波动率相结合的波动率测度方法。然而,如果没有数据库、统计数据以及制表技巧的帮助,我是肯定无法做到的。即便是可随机应变型交易,也需要借助数字、统计以及逻辑推理的帮助。在包括医疗及工程在内的大多数领域,对专业性的判断中很重要的两点,就是人们是否用心观察思考,用心实践。如果你在做交易时掌握的仅有一张图表和几个普通的价格指数，那么你就无法深入理解市场的驱动因素。**很多时候，只有拥有更精湛的技能，你才能完成流程上的改进**。成功的交易员乐于不断学习必要的技能，来更好地识别并发掘市场机会。相反，失败的交易员总是被动地等待市场来迎合自己已有的技能。掌握更优质的数据、更好的软件、更高效的数据分析技巧、更强的创造力以及更实用的风险管理工具——这些都能让你在业务上更加游刃有余，取得长足进步。

- **交易在你的生活中扮演着怎样的角色？** 如果你是一位教师或快餐店厨师，那么凭借工作来维持生计是没有什么问题的。但如果你是一位平庸的交易员，那么你或许将蒙受损失而最终离开这个行业。这就是那些依赖业绩的职业与其他职业的不同之处。平庸的体操、篮球、国际象棋运动员等，基本上是很难依靠工作来维持生计的。大部分演员和艺术家也是如此。在这类领域，能否赚到足够的钱取决于你是否有出色的发挥：大部分人都是心有余而力不足，最终成功的只是一小部分。在本书中，我们默认地把交易看作一个依赖业绩与能力的行业，顶尖发挥与不断追求进步是这个领域成功的标准。这也就意味着，对于身处这个行业的绝大多数人而言，市场并不能为他们提供经济上的保证。不过，这不代表你就无法盈利，不断提升自我也不是在浪费时间。纵观我的职业生涯，交易不是我的首要工作，但已经为我带来了可观的附加财富。此外，我也十分享受交易给我带来的挑战，我相信，我作为交易员进行的自我提升，对我自身的整体进步有着莫大的贡献。这些年来，我一直令交易来迎合自己的生活，而不是用生活去迎合交易。明确认清交易在自己生活中的位置，有助于让你在不脱离现实的基础上更好地定义成功。未来的蓝图不是空想；在追求成功的道路上，志当存高远，事当躬亲为。

- **享受这个行业**。再高明的交易员也无法做到永远在最低点买入，在最高点出手。总有一些机会是注定与我们擦肩而过的，我们在交易中也总会遇到譬如利润的反转、损失的不断增加等。无论你多么优秀，总有人能"抓住你把握不到的"机会，也总有人会比你赚到更多的收益。很多交易员总是间接地将行情定义为机会，并责备自己"赚不到足够多的钱"。完美主义是人们产生挫败感与气馁的重要原因。作为此行业的专业人士，你唯一的目标就是变得更优秀。因此，对于你的目标，一个很好的判断标准就是，它们是否能鼓舞你，使你充满能量并引导你的进步；抑或它们让你感到沮丧或失望。在你专注于自我提升的时候，应当控制好自己前进的步伐，确保目标具有足够的挑战性、激励性以及可行性。只有当交易可以带给你幸福的时候，它才能带给你成功。

- **学会面对自己，不要自欺欺人。**现在，请严肃地评价自己在交易中的表现。你认为自己适应不同市场的能力如何？你对自身优势及优势发挥的理解如何？你的创造力以及市场机会的挖掘能力如何？你对最佳实践的识别能力以及对最佳流程的优化能力如何？在你真正进行改变之前，一份真实有效的自我评估是不可或缺的。也许你坚信自己将成为前途无量的交易员，你的所作所为是否配得上这个目标？不妨试想，如果你发现另一个人在做与你相同的生意，你愿意为他投资吗？

> **关键结论**
>
> 交易员们面对的最大挑战是：如何让自己走出昔日的成功光环。

传统交易心理学关注的是，如何克服那些可能导致失败决策或行为的情绪。讨论的重点也就落在了如何减少在交易中可能出现的认知和情绪方面的负能量上。随着负面情绪的逐渐消退，交易员们就可以更容易地在市场中发挥自己的优势。本书默认，人们在市场中的优势并不是一成不变的。因此，仅仅减少心理上的负面因素无法确保一个人的成功；我们必须最大限度地发挥自身优势，落实最佳实践，来确保我们能跟上市场的步伐。在本章剩余的篇幅中，我们将对一系列最佳实践进行检验——有些与心理学相关，有些与交易相关，有些来自于我博客的读者们，当然，还有一些源于我作为交易培训师的个人经验，这一切将帮助你成长为一名新时代的优秀交易员。

57 项交易成功所需的最佳实践

著名哲学家布兰德·布兰沙德（Brand Blanshard）曾观察到，大部分人的生活就像"一块普通蛋糕里的葡萄干"。如果人们都以世俗的方式做事，那么他们将很难把事情做到出色。被大多数人所默认、接受的，往往与我们个人的才华、技能和兴趣是冲突的。迎合世俗的眼光而活，或许会活得舒坦，但也就必须因此接受平庸。

我发现自己掌握的相当一部分最佳实践，都是受到他人的启发，然后我再去完成消化和吸收的过程。为了更好地启发读者，我准备了以下 57 项最佳实践方法。其中很多都是我在成功的交易员身上观察到的，还有一些是我为了帮助自己交易而开发出来的，也有很大一部分是响应我在 2014 年对 TraderFeed 博客读者们的号召。并不是所有最佳实践都真正适用于你或你的交易方式，但即便你只发挥了若干个想法的价值，它们也能成为你业绩提升的良好催化剂。

最佳实践 #1：对一篮子股票行情进行追踪分析，预测未来主题及市场走势

假设我们交易不同板块的 ETF 或市场指数，对图表的分析自然是必不可少的。我们需要关注走势、价格变动范围、突破机会、成交量等。但很多时候，行业龙头股的走势将带动大盘的走势。一个典型的例子是 2008 年金融危机之前，2007 年就出现了金融股的大幅走低。我喜欢追踪 1 个月/3 个月内股价的原因，是为了找到那些在牛市走低或在熊市走高的股票。由于非系统性因素，任何一只股票都有可能影响大盘的走势。当我们发现某些股票与大盘走势相反，通常都是我们需要额外注意的时候。比如说，市值加权的道琼斯指数以及标普指数创下新高，但有大量个股价格还在原地徘徊，这种时候，我们就要质疑一下表面上的突破价格了。

为了更好地估计市场宽度，我对大盘股指数中权重较大的股票进行了多年的追踪。我目前追踪的目标横跨9个不同板块，每个板块包含10只不同股票，外加特殊板块及股票指数。具体如下。

- **非必需消费品**——（XLY）：康卡斯特、迪士尼、家得宝、亚马逊、麦当劳、时代华纳、福克斯电影、耐克、劳氏、星巴克。
- **日用消费品**——（XLP）：宝洁、可口可乐、沃尔玛、菲利普莫里斯、西维斯、奥驰亚、百事可乐、沃尔格林、好市多、高露洁。
- **金融**——（XLF）：伯克希尔-哈撒韦、富国银行、摩根大通、美国银行、花旗集团、美国运通、瑞士银行、美国国际集团、高盛集团、大都会人寿。
- **科技**——（XLK）：苹果公司、微软、威瑞森、AT&T、Facebook、谷歌、英特尔、IBM、甲骨文、Twitter。
- **工业**——（XLI）：通用电气、联合太平洋、3M、联合技术、波音公司、霍尼韦尔、联合包裹、卡特彼勒、丹纳赫、洛克希德-马丁。
- **原料**——（XLB）：杜邦公司、孟山都、陶氏集团、普莱克斯、利安德巴塞尔、PPG、艺康、美国空气化工产品公司、自由港迈克墨伦铜金矿、国际纸业。
- **能源**——（XLE）：埃克森美孚、雪佛龙、斯伦贝谢、金德摩根、康菲石油、EOG能源、西方石油、先锋自然资源、阿纳达科石油、威廉姆斯。
- **公用事业**——（XLU）：杜克能源、新纪元、道明尼资源、南方电力、爱克斯龙、美国电力、桑普拉能源、太平洋煤气电力、宾州电力、爱迪生国际。
- **医疗**——（XLV）：强生、辉瑞制药、默克、吉利德科学、安进公司、艾伯维公司、百时美施贵宝、联合健康、新基生物制药、百健艾迪。
- **特殊板块及指数**：iShares道琼斯房地产指数ETF、银行小盘股指数ETF、半导体指数ETF、SPDR标普金属与矿产业ETF、iShares标普小型股 600 指数 ETF、标普中型股 400 指数 ETF、PowerShares 纳斯达克 100 指数 ETF、iShares 罗素微型股指数 ETF、iShares 罗素 2000 指数 ETF、标普房屋建筑商指数 ETF。

每组股票都占了相应板块 ETF 的半数以上权重。因此，大盘的任何变动都包含了这些股票价格的变动。为了更全面地理解市场，最后一组的 ETF 中囊括了中小盘股以及特殊板块股。

利用这一篮子股票来判断市场的方法有很多，我将把其中一部分方法作为最佳实践罗列出来。在初步选股时，我会对图表进行观察，看看有哪些股票价格达到新高或新低；哪些价格还停留在之前的支撑位之上或压力位之下；哪些价格接近当日最高/最低价等。比如，当股市整体即将达到最高点的时候，我们通常会发现个别板块内的若干股票价格难以继续攀升。通过对这种分歧现象的关注，我们不仅可以判断短期大盘高点何时出现，还能辨识出那些在股价回撤中最容易受到影响的个股。

这一篮子股票的另一方面价值在于，它可以追踪到的交易，比同类股票或行业的成交量更高。大多数时候，成交量走高反映了机构投资者的增持或减持，换句话说，它能告诉我们某个特定板块到底会得到越来越多的重视，还是将退出人们的视野。当此类情况出现于多个板块时，大盘趋势对我们而言就会变得加清晰。

结论是：通过对成分股的观察分析，我们可以自下而上地去了解整个市场。此外，通过对板块或指数中权重高的股票进行追踪，我们可以更轻松地洞见股票价格背后的驱动力。

最佳实践 #2：追踪波动率与行业间的相关性

这其实是第一个最佳实践的正式表达方式，我们会在下面讨论其应用方法。相关专业知识会告诉我们，为什么追踪实际波动率以及不同股票之间相关性是非常有帮助的。资本市场有着周而复始的生命周期，但周期会持续多久，振动幅度有多大，这些并不是一成不变的。换句话说，市场周期的长度和振幅会不停地变化,但周期的结构都十分相似。在对不同股价周期进行检测之后,我们发现,股票价格触底时,往往伴随着股票价格间相关性的升高,以及成交量和波动率的升高。大盘从最低点反弹时,则通常伴随着成交量及波动率的持续上升。随着价格的不断攀升,大部分股票价格将会具有动量效应:在行情好时不断走强。当动量达到顶峰时,多头势力增强,继续推高价格。在此之后,即便大盘可能继续上涨,也会陆续有投资者开始减持表现较弱的股票或板块。在价格渐渐触顶的阶段,成交量和波动率都会受到一定抑制,加之不同板块各自走势的出现,股价间的相关性也会慢慢减弱。随后,股价在临界点停止上涨,空头势力开始增强,成交量、波动率、相关性也随之上升。

> **关键结论**
> 在股市中对局部的关注,会极大地益于我们对股市整体的判断。

在以上所选股票中,我追踪了每一个板块的实际波动率,并记录在 Excel 表格中。此外,我也计算了每个板块与其他所有板块间的相关性以及整体的动态均值。通常,我会以 20 天为基础追踪价格的波动率及相关性。这样做能够有效地提示我行情触顶期(波动率和相关性下降)以及触底期(波动率和相关性上升)的来临。价格相关性及波动率的回测可以为我们提供十分有用的信息:收益与这两个指标的水平是成正比的。

一般来说,相关性可以告诉我们,股价变化何时会趋于一致,何时会产生差异。某种走势越强,不同股价间的相关性也就越高;相反,趋势性较弱的震荡行情大多也伴随着较低的相关性。除此之外,波动率与成交量之间的关系非常密切,两者能共同提示我们,市场上的资本在何时变得活跃起来。很多时候,比起两指标双低的走势,相关性与波动率双高的走势对我们而言有着更大价值,也更有可能持续下去。这类双高走势也是测试并开发量化交易策略的绝佳时机。

相关性指标对那些不做多日周期交易的短线交易员来说,也有用处吗?我个人相信答案是肯定的。我会在我的报价系统中，**从开市起**，追踪上述一篮子股票价格在一天内的变化。在不同的情况下，它们会以不同的颜色显示出来：如果某股票的交易价格高于开盘价，是绿色；低于开盘价则是红色。假如绝大部分股票的交易价格都不等于开盘价，那么这通常意味着，此交易日中，股价将出现明显的趋势变动。在观察分析的过程中，红色与绿色的组合显然能更好地凸显行情变化的特征。而红点与绿点的数量也能粗略地告诉我股价在一个交易日内的相关性。

那波动率呢？由于成交量和波动率之间的关系异常密切，所以，当日成交量与最近一段时间成交量的差异，往往能告诉我们主力交易员们在市场上的相对活跃程度。只有大量方向明确的主力投资者一起参与市场，才能拉动一波走势：成交量能帮助我们区分出那些将会持续的走势（较高波动率），和那些更有可能消失或逆转的走势（较低波动率）。这对于判断新的价格高位或低点（特别是超出之前价格震荡区间的走势）尤其有帮助。

一般来说，一天中不同时段的平均成交量能帮助我们判断市场在何时具有足够的吸引力。当我们看到某一个板块相对于其他板块有着异乎寻常的高成交量时，可以考虑进行回转交易。短线交易员们需要借助股价变动来获利：主动去寻找成交量高的地方，你可以将波动率化敌为友。**在理想状态下，你自然想找到价格变动方向和波动率对你都有利的机会。**在交易进行的过程中，由于人们很容易在波动率减小时逗留过久，在波动率增加时提前退出，因此，未能正确追踪交易量/波动率指标，是导致交易失败的一大原因。

最佳实践 #3：追踪价格变动、波动率以及不同资产类别之间的相关性

大多数交易员只关注自己手头交易的市场。有些时候，他们甚至仅仅把精力放在自己正在跟进的某只股票上。因此，当市场中其他更强的力量冲击到他们手头的交易时，这些交易员自然会失败的。我记得曾经接触过与一位业绩上遇到困难的日内短线交易员。在即将开市的时候他说出了自己的交易策略。由于他发现

自己的交易订单中有卖压出现的信号，他便打算卖出那只股票。与此同时，我对海外股票市场、大宗商品市场以及固定收益市场进行了关注，并发现风险承受度正在普遍提高。我把情况随即转告给了他，然而，他还是对那只股票面临卖压深信不疑。开盘后，股价确乎有稍稍走低，但随后大幅反弹，价格不断攀升，最终他踏空了。他对下单情况的解读并没有大错；只是由于他的那只股票是多支ETF及板块基金的重要成分股，ETF带动的需求最终击败了他。如果我们忽略了某只股票与整个市场之间的相关性，不利的行情将很容易把我们击败。

类似的情况还有：交易员只关注股票市场，而忽略其他证券市场以及其他资产类别。大型基金的基金经理会围绕全球宏观经济主题来执行横跨世界多个地区、多个资产类别和金融工具的交易。很多时候，一个主题只能在个别市场中得到明显的体现，但不一定是你关注的那个市场。例如，自写作此书起，美国央行就一直在采取十分激进的货币政策，购买债券为经济增加流动性。相应的影响往往会首先体现在货币类交易中，再慢慢移向股票类交易。由于这些举措会凸显价格的重要推动力，因此，理解利率和货币市场的走势会对交易员们非常有帮助。同样地，全球性的经济疲软可能首先出现在新兴市场或欧洲特定地区，之后才蔓延至其他经济体。了解全球市场何时走势趋同，何时趋异，会使我们受益匪浅。国外市场的萧条往往是国内市场走弱的先兆。

追踪多个资产类别可以帮助我们判断主力宏观交易员们何时会主导市场。这一点是十分重要的，因为这类交易员大多资金方向明确，通过合力可以轻松带动市场走势。最近，新发布的数据显示美国经济遭遇意外疲软。许多市场对其反应非常迅速：股票被抛售，美元走弱，债券反弹，金价上涨。这种市场反应模式表明，宏观交易员们正在为市场重新定价以解释新信息。这反过来却又有利于日内交易。当某些股票因收益增加等利好消息而上涨时，整个市场不会同步变动；而当股票与其他资产由于央行新政而一同上涨时，整个市场将按照相应市场主题同步变动。正是市场的主题性走势，为大量趋势交易提供了绝佳的机会。

我喜欢在自己的报价板上关注全球不同地区的市场行情、固收证券、大宗商品、股票指数以及各类货币的价格。如果美元兑欧元汇率上涨，那么我同样会关注美元兑其他货币的汇率，看看美元的走强或欧元的走弱是否具有普遍性。假如欧洲和亚洲的股市上涨，那么我会关注其对美国市场的影响。通过对报价板的设置，你可以将世界不同地区的众多市场行情同时尽收眼底，并以此判断市场何时会出现主题性的趋同走势。相反地，如果不同市场走势参差不齐，往往只能说明，资金正在从某些市场转移到机会更大的市场中。就像橄榄球中的四分卫，你需要清楚的是整个球场上的战术布局，而不仅仅是那些准备接住你传球的人。

最佳实践 #4：利用跳动指数来追踪实时买压与卖压数据

无论你准备持有长期头寸还是短期头寸，纽交所跳动指数（NYSE TICK）是我认为最具价值的工具之一。该指标的具体用法，自然就取决于交易员要做的是长线还是短线交易了。

不过，我们首先需要快速回顾一下：这个指标反映了纽交所综合指数里的每只股票，在每一时刻究竟是以高于前一笔交易的价格买入，还是以低于前一笔交易的价格卖出。向上跳动的股票数量减去向下跳动的股票数量，就是该指标在这一秒内的读数。对于我自己而言，我所做的日内短线交易，并不算是高频交易，我在执行交易时会实时追踪纽交所跳动指数，并用1~5分钟的时间进行分析。跳动指数告诉我们的是，在某个特定的时间，买家和卖家哪一个更强势。如果买家急于进入市场，他们将提升报价，并导致股价上跳。相反，如果卖家行动十分紧急，他们就会按报价抛售给买方，导致股价下跳。当该指数读数接近零时，市场上的买家和卖家可以说是势均力敌，这在较为平静的市场行情中是很常见的。趋势性的价格变动往往伴随着很高或很低的指标读数。在价格创下新高或新低时掌握买卖双方的势力，将对把握价格变化背后的投资者兴趣大有裨益。

极高或极低的读数还有另一个方面的价值。达到"+800以上"或"-800以下"的读数，不仅意味着大量股票的价格在分别上升或下降，还意味着它们在**同时上升或下降**。这是非常重要的。当不同股票价格在同一时间朝同一方向移动时，就意味着股票正在被批量买入或抛售。这种情况只会在大型机构投资者有明确倾向的时候发生；个体交易商和小型交易机构的力量是无法达到并维持这一效果的。出于这个原因，较高或较低的读数也反映了主力机构的投资足迹。

当我们看到取值高的读数明显多于取值低的读数时，股价往往会出现上升趋势，反之亦然。另一方面，如果很高或很低的读数比较少，市场往往波动率较低，开始小幅震荡。在行情趋于低点，并随后从低点反弹的过程中，非常高和非常低的读数大量出现是很正常的。事实上，正是对股票的大规模抛售吸引了长线投资者的参与，也就出现了跳动指数先低后高的情形——这在市场位于低点时是经常发生的。

我还发现，纽交所跳动指数所对追踪市场趋势非常有用。通过把每分钟的读数不断叠加，我们可以看到买家或卖家是否自始至终都占据着主导地位。在一个走势方向明显的交易日中，跳动指数大部分时候都是不等于零的，这意味着叠加起来的指数取值会稳步上升或下降。而在震荡行情中，跳动指数的取值将十分均匀地分布在零上下，指数的累积取值线也相对平坦。在我做长线交易时，累积跳动指数能很好地帮我判断买家和卖家的兴趣。在市场周期中，指数的累积取值高于价格，而单一取值低于价格是十分常见的。如果你为跳动指数构建一个短期动量指标（x天内变化），你也会注意到在市场的周期之中，动量指标高过或低于价格的趋势。

> **关键结论**
>
> 对高频数据进行整合分析，可以让我们对更长线交易有进一步的了解。

纽交所跳动指数是追踪股票跳动规律的最常见方法，但是其他类似指标也是不容忽视的。比如，我经常关注在美国证券交易所上市的所有股票的价格跳动情况。电子信号平台使用符号 $TICK.US-ST 来表示这个十分常见的跳动指标。因为它囊括了所有股票，而不仅仅是在纽交所挂牌的股票。此外，它对小盘股和在纳斯达克挂牌股票的表现非常敏感。由于覆盖范围上的差异，两指标之间自然也存在着一定的不同。两者取值差异通常反映了大盘股与于小盘股之间的相对势力，并且能指出，罗素 2000 指数与标普 500 指数哪一个更能代表市场的整体状态。$TICK.NQ-ST 反映的是纳斯达克 100 指数中股票的跳动情况，当它与纽交所跳动指数显示的结果有所差异时，同样可以为我们提供有用的信息。当所有的跳动指数始终保持在零以上或低于零的时候，通常反映的是某种趋势性走势。我常常会关注跳动指数 1 分钟或 5 分钟的图表，然后寻找取值分布上的变化。这些变化可以很好地反映股市供需关系的变化，并能为交易提供合适的出入场时机。

最佳实践 #5：利用道氏跳动指数追踪程序交易

一般的累积跳动指数对探测市场宽度指标非常有用。然而，道琼斯指数中 30 只股票的上跳和下跳则具有一个比较特殊的分布。由于道琼斯指数中的 30 只股票是许多市场指数的重要成分股，因此这些股票交易非常活跃，上涨和下跌迅速。在任何一分钟内，跳动指数取值都可能从 +18 直接降为 −16，因为道琼斯指数中的大多数股票都是先被买进再被卖出的。由于相关股票的交易频率非常高，道指也就比其他指数的波动性更强。

$TICKI 有价值的用途有很多种。第一种是将其用于判断大盘股的买入和卖出意向。通过对累计跳动指数的多日追踪，并归纳指标读数的正负取值分布，我们可以更好地把握市场的趋势性变动。同样地，在某些情况下，$TICKI 与其他跳动指数反映的情况可能会有所不同。例如，我们最近发现，$TICKI 在过去的几天里一直异常疲软，但在那段时间里，纽交所的累积跳动指数却创下新高。这告诉我，仅仅是大盘股出现了卖压，而市场整体还是走强的。认识到这一点，我就不再会对市值加权股指中出现的短期疲软反应过度了。

与其他跳动指数一样，我特别关注 $TICKI 中出现的极端值。+18 以上或 −18 以下的值将迅速得到我的关注，因为它们表明，大多数道指股票在同时上涨或下跌。正如我们所看到的，这种情况通常发生在主力市场参与者通过程序交易大量提交订单的时候。出售股票的一种简单方法是抛售流动性最强的股票，直接或间接地卖出股指期货或 ETF。这两种方法都可以使相应股票同时上涨或下跌。当股价在某个特定的市场周期中出现了剧烈的上涨或下跌时，它告诉我们，主力市场参与者正在积极地买进或卖出。我随后开始追踪其他跳动指数，以检验这样的状况究竟覆盖了整个市场，还是主要出现在大盘股中。我们最近经历了一个股价先疲软，再反弹的阶段。反弹时跳动指数读数非常高，但纽交所跳动指数从未超过 +500。这告诉我，大部分反弹都是大盘股的空头回补，而不是大范围的初次买入。这一信息可以帮助我们有效抑制反弹力量并使股价继续走低。

最后，我会经常使用 $TICKI 的读数来帮助自己执行订单。我通常会在跳动指数无法继续推高价格时卖出（这反映了买家无法继续拉高价格），并在跳动指数无法使价格继续走低时买入（这表明卖家无法继续压低价格）。通过等待买家或卖家对流通股的动作，我通常可以为自己争取到一个理想的进场价格。交易执行上一点一滴的改进，或许暂时并不意味着可观的收益，但不断积累的进步终究会为主动的交易员带来巨大回报。

最佳实践 #6：利用股市宽度数据及市场相关性判断市场周期

正如我此前提到的，我做交易的原则之一就是重视股票市场的价格周期。大量实例都表明，这些周期遵循着固定的模式，比如波浪式。我花了很多年的时间来研究股市周期，并且可以说，我没有发现任何可靠的规律。是的，对于股市周期的规律，我们总是可以自圆其说，解释矛盾，但是我发现这些想法对价格的预测完全没有帮助。市场自有轮回，但这些轮回是非周期性的。也就是说，它们的持续时间和振幅都各不相同。

这乍一听并不是特别有帮助。然而，市场轮回在结构上的相似性弥补了其时间上规律的缺乏。典型的股票市场周期是以成交量、波动率和相关性上升后的低价开始的。在价格较低的阶段通常会出现大量的抛售，纽交所跳动指数达到了极低的负值，然后在进一步的疲软中跌至更低点。在某种程度上，股票的抛售反映了股价在各种跳动指标中未能达到新低，这通常也表明了卖方势力的衰退。

接下来就进入了市场周期的下一个阶段，波动率和相关性依旧居高不下，长线买家正准备趁着空头势力的衰退而进场。各类跳动指数均会因此升高，股价出现持续的上升势头。在股价从市场低点上涨的过程中，大多数股票都参与其中，而使价格处于低点的股票数量迅速减少。对于交易员们来说，这将是一个令人沮丧的时期，因为这意味着他们可能已经错过了价格的最低点，而在后续的追涨过程中感到不自在。然而，这样想是错误的，因为起源于股价至低点的上涨往往是会持续一段时间的。坐等下一次回调，将使这些交易员错过很多价格上涨带来的机会。

有一种分析方法可以有效地将上跳和下跳取值分离成两组不同的分布。具体做法是取 \$TICK 的 5 分钟值以及 \$TICKI 的 1 分钟值，并将此期间内的较高读数视为"上跳"，较低读数视为"下跳"。然后，我记录下了一天中出现的所有上跳与下跳值。这样做能帮助我区分股票市场上买家与卖家的行为。所谓的"买压"（也就是上跳的不断累积）通常会在市场达到最高点时，伴随着卖压的增加而开始下降。当买压或卖压处于上升阶段时，通常伴随的是持续性的行情；相反，当买压或卖压逐渐减小时，紧随其后的往往是走势的反转。在之前提到的最佳实践中，尤其有价值的是，我们可以通过 \$TICKI 来解读买压和卖压的强弱，而 \$TICK 却无法带给我们这样的信息。这表明，买入或卖出有时候仅出现于大盘股中，并不会延伸到整个市场——这也就说明，大盘股指数的变化与市场宽度是不相匹配的。我发现，这种差异性经常出现在市场周期的转折点附近。

关键结论

市场周期的频率及振幅虽各有不同，但周期的结构十分相似。

周期的变化源于价格驱动因素的变化，包括宏观经济、货币政策的变化或地缘政治的发展。当这些最基本的驱动力发生改变时，我们通常能观察到各类资产价格的改变。举个例子，在我写这本书的时候，美国经济走强，交易员们纷纷押注美联储加息。这反过来又维持了美元的强势（预期的利差利好美元），却导致了固定收益证券（预期利率上升）和股票（预期货币刺激的撤销）遭到抛售。这些都是不同资产类别将发生的有意义的转变，预警了未来股票周期的变化。通过密切关注央行的行动、经济数据、公司盈利以及利率、货币、大宗商品和其他股票的相对变动，再加上这些资产类别在不同国家内的相对变动，我们可以预见到市场主题性的周期变化。通常，一个板块或资产类别将引领这些变化，并为我们提供判断整体市场变化的重要线索。在 2000 年和 2007 年，科技股和金融股的相对疲软导致了大盘的最终下跌。在 2003 年和 2009 年，美联储实行宽松的货币政策，推动股市走高。在这些市场低点，数月以来，价格创下新低的股票越来越少，市场宽度的上升使得市场开始反弹。

即使你只掌握一种交易工具，只熟悉一种资产类别，你也可以利用市场宽度和市场间的相关性发现主题的变化，并预测市场周期将如何改变，这些对于判断市场走势和波动率方面的变化非常有用。

最佳实践 #7：利用头寸管理来控制风险

我看到交易员们最常犯的错误之一是，他们在管理头寸时总是从追求盈利的角度出发，而不是自己最终的风险承受能力。假设一位看多的交易员买入了 X 份标普期货。之所以选择 X，是因为他希望在交易中赚到一定数量的钱，但这可能无法反映出他在被迫止损离场时应如何应对。一个很好的例子就是买入数千股某股票，然后眼睁睁地看着股价在公司盈利风波中暴跌。这样的头寸管理显然没有考虑到股价暴跌带来的后果。另一个例子是交易员没有预先定好止损线，导致短期头寸变成了长期头寸。一旦持有期增加，收益的不确定性也会增加。这使交易员很容易遭受计划以外的巨大损失。

当我与一位做多标准普尔指数的交易员交谈时，发现了一个更加愚蠢的例子。他决定通过增加一个纳斯达克指数的多头头寸来分散自己的投资组合。当然，这两个高度相关的指标会在低风险期表现出更高的相关性。当股票被抛售时，两个头寸都会蒙受损失，因此在不理想的情况下，他的损失将是自己预期的两倍。交易员也可能在两种不同的资产类别中分别持有头寸，并假设这样的组合能够分散风险。当然了，相比而言这算是一种更应该被原谅的错误。简单的历史调查可以揭示不同资产类别之间相关性的增减，但可惜的是，大多数人都没有进行这样的调查。因此，一个意想不到的市场事件会导致市场的剧烈波动和资产间相关性的趋同。这可能导致巨大的损失。

我们总是觉得，真正的不理想事件在 20 次中也就发生一次，但如果我们交易的频率比较高，在一个月或一个季度内进行数十次交易，那么不理想事件是肯定会发生的。在头寸管理中，我们需要确保自己能在最坏的情况下生存下来，而不只是满足眼下的盈利需求。如果我在极短期内持有标普期货头寸，那么我就需要判断当前波动状态下可能发生的最坏情况。不理想状况发生的概率虽然很低，但如果我在状况发生时持有的是一个高度杠杆的头寸，后果将是不堪设想的。

当然，我们肯定想规避巨大的损失，因为亏掉的资本往往需要很长一段时间来恢复。当亏损 10% 时，我们需要在剩余资本中获得 11% 的收益才能恢复平衡。同样地，在亏损 25% 后，我们需要达到 33% 的回报率才能打平。如果我们损失了一半的钱，我们就得使剩下的资本翻倍，才能重新回到原点。为损失做好心理准备和应对计划，我们才能确保在逆境中百折不挠。

我们希望规避巨大损失的另一个原因，在于损失对我们心理上的负面影响。未预料到的巨大损失很容易毁掉我们接下来的交易。例如，在经历了一场惨痛的损失之后，许多交易员会低估甚至错过接下来的好机会，而也有一些交易员会因为他们的损失而感到沮丧，希望努力把钱赚回来，却因过度交易，而扩大了损失。如果我们十分排斥交易中的大起大落，那么一旦我们蒙受巨大亏损，损失很可能会让我们无法翻身。巨额亏损的出现还会让我们把注意力转移到损益表上，也就迫使我们减少了对市场的关注。

还有一个相关的问题是，有些交易员会过分地使用止损来管理大仓位。这显然是没有考虑到市场的潜在波动，也就导致交易员频繁地止损出场。在交易中追求高风险回报比的交易员经常犯这个错误。对历史状况的简单检验将揭示不同的买入价格都有可能跌至何处。考虑到即便是最伟大的专家也没有掌握一种择时技能，寻求放大回报风险比率的交易员没有意识到如果在到达目标价格前被挤出场的概率是 8∶1，那么 5∶1 的杠杆也没有吸引力！

我有时也会碰到与此对立的问题：将收益目标与止损线定在离买入价很远的位置以延长头寸的持有期。如果这些参数与预期的持仓时间相比太过遥远，那么就会很容易出现一种情况：一开始行情会向有利的方向移动，但随后会发生反转。这是因为，在选定的持有期内，你高估了市场的波动率。较为宽松的止损和较高的收益目标，确实能允许你在交易中停留更长时间，但两指标必须反映出价格维持预期方向变动的可能性。我偶尔会看到交易员减仓并延长持仓时间，来更久地追随价格趋势。但是，如果没有明确合理的持有期和止损线，那么在交易时间延长后，相应头寸仍然可能产生损失。交易员们经常忘记，延长持仓时间就相当于变相加仓。对于同样 X 份合约，长期持有要比短期持有风险大得多。在交易中，一个最好的做法是进行基于历史数据的压力测试，这样你就能知道在既定的持有期内，市场最多跌至何处以及市场的波动率如何。"无论如何都不要遭受损失"，这句格言对交易员和医生都适用。

最佳实践 #8：管理风险，把握机会

接受这个现实吧：即使在市场对你有利的情况下，你也一定会在某个特定的时候亏钱。就算你打扑克摸到三张王牌，但如果对方能打出满堂红，你还是会输。这就是为什么不要在任何一笔交易中押上自己的全部赌注。你在市场上暂时具有的优势可以被一次灾难性的损失完全抵消。既然我们每个人都无法准确预测未来，我们就不应该在任何特定的场合冒过大的风险。概率是把双刃剑，它能给你带来好运，也能使你一败涂地，仓位过重，会毁掉我们的交易账户。

许多交易员是明白这一点的，也能意识到首要考虑的是如何在市场中一直生存下去，但他们却犯了相反的错误。他们勤勉地管理风险，但并不擅长把握机会。换句话说，他们的保守浪费了他们在市场上的优势。这一点是不容小觑的，因为正如我们在本书的前半部分所看到的，市场中没有常胜将军。正是因为每一个机会都有自己的保质期，所以我们需要及时对其加以利用。**对于一位交易员来说，对机会的把握不当可能会像失败的风险管理一样，对其长期的成功造成不利影响。**

这个原则或许不适用于那些新晋交易员。读过 *Enhancing Trader Performance* 的朋友们知道，我是热切呼吁大家把模拟交易作为学习工具的。这个引入真实价格的交易模拟系统，可以让新晋交易员在保本的同时，检验新的策略，并从错误中学习。虽然"模拟交易"并不能模拟实际交易中资本增减带来的情绪压力，但正是由于这个原因，它才是最适合学习过程的。如果一个人在虚拟模式下都无法使用交易策略获利，那么在实际交易的严格环境中，他肯定是无法盈利的。相反，一旦我们在模拟交易中犯过了低级错误，可以维持盈利了，那么我们自然可以实现从模拟交易到实际交易中小头寸的跨越。然而，从虚拟练习到真正面对并处理风险，对于经验不足的交易员来说，是很难跨越的一步。在现实资本交易中，我们应当通过实践来学习，也就意味着应该有意识地控制仓位。当我在模拟交易中制定好策略后，我花了相当长一段时间，才开始在标普 500ETF 中交易了非常小的头寸。这样做是为了让自己适应交易中的输赢。当我真正有了进步时，这些头寸的规模也就越来越大，最终，我开始尝试用更大的杠杆交易标普指数期货。在我学习交易的过程中，收益最大化并不是我的首要目标，反而，我致力于减少自己交易中的不确定因素，并给自己留出足够的时间来培养毅力和信心。

然而，一旦新晋交易员的能力达到了一定的水平，合理把握仓位就会变得非常重要。交易员们在发展初期最常犯的错误之一就是过度解读市场上的盈亏，在盈利后选择加仓，在亏损后选择减仓。当然，问题在于，很多时候，盈利与亏损只是碰巧发生的，并不一定能反映出一个人交易的好坏，以及他在市场中的长期优劣势。交易员们盈利后加仓而亏损后减仓的习惯，使他们的潜力总是得不到完全的发挥。

> **关键结论**
>
> 管理风险需要技巧，把握机会也需要技巧。

然而，无法抓住机会的最常见原因是，我们很容易在经历失败的交易后再次失败。可以理解的是，交易员们在赚钱后会感觉良好，而在亏损后就不会那么好了。因为交易是一种概率游戏，所以在交易中亏损是不可避免的；但亏损不一定是失败的表现。如果交易员把亏损看作失败，那么他自然就会尝试通过限制风险来规避接下来的失败。这样做或许能限制损失，但反过来也会限制成功。一个有价值的最佳做法是在脑海中预先想象被迫止损离场的场景，并经历计划之内的损失。如果我们对这些情况感到不舒服，我们就知道自己的情绪与相应的交易计划不一致。如果缺少了这样的一致性，我们很可能会决定提早离场，我们原有的交易优势也就被吞噬了。

想要知道我们到底有没有把握好机会，一个可靠的方法就是从另一个角度看待这个问题。想象一下，假设行情如你所愿并迅速让你达到了盈利目标，你会对这一次的成功感到满意吗，还是会因为头寸太小而感到不满足？在后一种情况下，交易者陷入了一种迷之心态：如果交易失败，肯定不高兴，但如果盈利了，还是不高兴。风险管理和机会把握不仅是心理上的技能，也是融资上的技能。我们永远不会想要蒙受巨大的损失，但我们也不希望把头寸押得太小，以至于即便成功，也会失去应有的成就感。

最佳实践 #9：对盈利与亏损的交易进行剖析

如上所述，交易中损失的产生完全是随机的。比如在你进场之后，一桩坏消息可能会引起市场骚动，直接令你止损出场。这无疑是令人沮丧的，但这也并不意味着你做错了什么。事实上，如果你的策略胜算很大，你也很好地平衡了风险与回报间的关系，那么这笔交易就算最终亏钱，也算是一种成功。我们总是习惯于认为赔钱的交易就是失败的，这是因为我们更倾向于关注结果而不是过程。如果我们在某次交易中面临着过大的潜在风险，那么即使这次交易产生了盈利，从过程上来看，它完全是失败的。

在一次交易结束后，无论赚赔，你需要了解的是整个交易的过程究竟是好是坏。 你是否遵循了自己的最佳实践？当你剖析一次交易时，你就相当于把它当作你的学习工具。如果你在构建策略、管理头寸以及交易执行方面做得很好，这些将成为你想要在未来交易中直接运用的结论。相反，如果你在这些方面做错了，那也会成为你的经验教训。仔细分析你的交易，你就可以从流程的角度精确地找出你所做的正确和错误的事，这样你就可以将这些信息转化为你接下来交易的目标。如果你亏了钱，但交易设计、执行得很好，用心分析那些积极的做法将会帮助你面对损失的资本时处之淡然。如果你赚了钱，但整个交易却很糟糕，那么对交易过程的反思，将使你在未来承受损失之前修正自己的错误。

我的一个基本想法是，只要我在交易中出现任何亏损，就说明我犯了错误。我会回顾交易的各个方面，从交易策略的构建一直到头寸的管理，来找出我可能犯过的错误。通常，回顾的过程总会带来有价值的感悟。例如，我最近一次交易失败，是因为我太过关注短期市场而轻视了整体市场状况。如果我在建仓进场之前就对所有相关资产类别进行过适当的调研，那么市场的整体状况就会更清晰地呈现在我眼前。通过对交易的反思，我意识到自己对市场的短期状况如此着迷，以至于有时会武断地决策，缺乏的是对市场的长线调查。我随即纠正了这一点，并要求自己在建仓之前先准备好一份清单。这份清单记录下了我在承担风险前所需要的一切准备工作。在我能确认任何机会的可靠性之前，我是不会去冒风险的。

剖析交易过程可以帮助我们萃取出交易中的最佳模式。这些模式反过来又可以优化我们的最佳实践，帮助我们提升业绩。不久前，我回顾了几个月来的一系列交易，发现了一种令人吃惊的模式。如果我在成功完成一次交易后不久就开始下一次交易，那么这接下来的交易很可能是失败的。如果我在一次失败的交易后，退出市场进行调整，然后再开始下一次交易，那么它很可能会成为一笔成功的交易。事实上，一笔交易是否会成功，很大程度上取决于自上次交易以来相隔的时间。频繁地交易很容易导致亏损；更具选择性地交易才容易产生好的结果。

原因在于，我的最佳交易都来源于扎实的研究。我在两次交易之间通常会留比较长的时间，因为我需要利用这段时间彻底检查相关市场指标，了解当前所处的市场周期，并对某些模式进行回测。只有当我对眼下的市场有了足够深刻的了解，我才有机会创造出最好的交易。在其他情况下，我有时更依赖于对市场的感觉而不是研究，这种不够强烈的理解使我更有可能漏掉一些显而易见的事实。对交易的剖析还让我意识到，只有当我的理智与直觉相统一时，我才能最好地利用自身优势：我感觉有事情发生，但也明白发生了什么以及发生的原因。我产生最大风险调整收益的交易都源于此。

剖析交易也可以让我们更好地了解市场。与我合作过的交易员们普遍认为有用的一种方法是，将交易分为不同的类型（比如按交易标的分）。通常交易员们会发现他们在某些市场上赚钱，但在其他市场却持续亏损。经过审查后，他们意识到自己对那些特定市场上发生的事情有了更清楚的了解。这反过来又促使他们重新审视市场中的机会，并相应地调整自己的交易。有时，对交易中赢家和输家的剖析也能揭示市场和交易之间意想不到的相关性。这一点也是不容忽视的，因为相关性的瓦解可能预示着市场机制的变化。

一般来说，最佳做法是我们需要确保花了足够的时间研究整个交易，而不仅仅是研究市场。我们都想成为善于学习的人，来使自己不断进步，不断从我们正确的做法中受益，从错误的做法中吸取教训。

最佳实践 #10：收集交易相关的统计数据

当棒球教练想要了解一个球员的表现时，他就会去查看相应的数据统计。该球员的左/右手平均击球成功率是多少？他是直球投球手还是变化球投手？击球手何时处于得分位置，在白天还是晚上的比赛居多？他出局的频率有多高？他在关键时刻出局的频率有多高？他多久打一次额外垒？当你决定将一名投手安排到不同的比赛中时，了解他不同表现间的细微差别是至关重要的。

一个众所周知的例子：特德·威廉斯（Ted Williams）总结称，他的击球成功率取决于投球点与击球区的相对位置。某些特定的投球位置就代表了击球的最佳位置，在这些地方，他是很有可能击中球的。而如果投手在其他地方投球，击球成功率就会大打折扣。通过追踪自己的表现，他清楚了什么时候应该击球，什么时候不该击球。他对自己统计数据的分析，使他能一贯发挥出自己的最高水平。

关键结论
你需要具体衡量自己的表现，才能取得进步。

统计数据才是能剖析我们表现的关键工具。记忆是会欺骗我们的：我们可能会因为脑海中闪过的模糊记忆，而误判自己能在某些情况下表现得很好。而统计数据能让我们从客观的角度分析自己的表现。它能告诉我们作为交易员的优势所在。

例如，我常常发现，一些交易员在更加不稳定的环境下业绩更好；一些交易员在趋势行情下的表现令人刮目相看，在震荡行情中却被斩仓；有些交易员只在交易日内特定时间赚到钱，而其他时间都在亏损。和特德·威廉斯一样，了解自己的统计数据有助于你更好地决定什么时候应该出手，什么时候应该观望，什么时候应该好好把握机会，什么时候不要去自讨苦吃。在扑克游戏中，职业选手懂得如何打好自己手里的牌。市场每天都在向我们发牌。我们不知道会得到什么样的牌，但是我们可以决定如何打这些牌。

交易员们应该收集哪些数据？以下是一些我认为行之有效的最佳做法。

- **交易标的和资产类别决定我们的表现**。这些数据能使我们明确：我们最擅长在什么样的市场交易什么样的资产，以及我们最大的机会在哪里。

- **市场条件决定我们的表现**。交易员的优势总会落在某个特定的市场行情中。如上所述，市场波动通常是交易业绩的调节剂。

- **持仓时间决定我们的表现**。如果一位交易员的持仓时间总是不固定，那么他将很容易发现自己最擅长的持仓周期。例如，某个交易员可能很善于把握入场开仓时机，通过短线交易赚钱，但在持仓时间较长时，他就失去了所有优势。

- **交易行为决定我们的表现**。交易员们有时会建立大量头寸，有时则会对众多机会进行甄选。如果过度交易是一个负面因素，那么交易的数量是可能与盈利能力成反比的，特德·威廉斯的例子也强调了甄选机会的重要性。

- **头寸管理与风险偏好决定我们的表现**。我们应该在面对最佳机会时放手一搏，但情况并非总是如此。当交易员们的视角没有受到业绩压力的影响时，他们会更加机敏，也会更客观地看待市场。了解与你的最佳交易相对应的风险水平可以帮助你找到另外一种优势。

- **入场计划决定我们的表现**。开仓时机取决于特定的市场形态，比如突破形态或移动平均线交叉。探究建仓时机与业绩的关系可以帮助我们改进交易的执行。同样地，跟踪出场后的头寸表现可以告诉我们如何更成功地管理头寸。

- **近期盈利决定我们的表现**。我认识的许多交易员在亏损的时候也能交易得很好，但他们在经历了连续盈利之后，却彻底失去了原则。将你的未来盈利看作影响损益的因素，这样做可以告诉你最近的盈利或损失是否会影响到你的交易决策。

当交易剖析与业绩回顾（以统计数据为基础）结合在一起时，将会产生非常理想的效果。我们的目标是借助统计数据来识别自己的优劣势，并扬长避短。恰当使用这些统计数据是产生正念的有效途径。当我们明确自己的最大优势时，我们就能更合理地拿捏交易细节。

最佳实践 #11：收集个人数据

关于交易的统计数据只是业绩决定因素的一部分。个人数据有着同样重要的地位——个人生活中的状态是会影响人们在交易中的表现的。我们需要探究的是导致交易成功和失败的因素。以下是一些比较重要的方面。

- **情绪状态**。我们在交易中的表现（盈利、风险、决策等）是如何随着情绪状态的变化而变化的？留意那些关键的"情绪变量"（如失落/平静，自信/恐惧，开心/不开心等）如何影响我们的表现，可以帮助我们找出那些导致分心的因素。

- **身体状态**。我们的身体可能出现精力充沛或精神疲乏，舒适或不适，健康或病态，饿或饱，四肢协调或身材走形，紧张或放松等情况。大多时候，身体状态都能决定我们在认知上的表现，因为人们在积极和消极的身体状况下注意力水平与所做决策的质量是不同的。时刻留意自己的身体状态，并明确不同状态对交易的影响，有助于防止急性应激反应使自己功亏一篑。

- **认知状态**。类似地，我们在认知上可能出现专注或分心，乐观或悲观，开放或保守，清晰或模糊，准备充分或侥幸，积极或消极。思考问题的方式决定了我们的感受和行为。关注自己的认知状态，并试着寻找它与交易业绩的关联，这样一来，我们就能更好地跟上市场的节拍。

- **准备工作**。我们在交易前做准备的方式，会直接影响到交易中的表现。开始交易前，较长/较短时间的市场分析，较全面/较马虎的调研，高强度/低强度的锻炼，充足/不足的睡眠，高质量/低质量的饮食等，会使你在交易中产生截然不同的表现。我们的生活方式极大地影响着我们的身体、情绪、认知，也就进一步决定了我们的成败。

我们应当从对自己的全面分析中，找到交易以及生活中的最佳实践。就像任何需要保持最佳表现的运动员一样，我们也要在激烈的竞争中全方位地提升自己。通过对自己的工作习惯、个人选择以及身体、情绪和认知状态的追踪，我们可以掌握一个全面的数据库，并从中发现究竟是什么才能使我们成功。

最佳实践 #12：保持对市场的热爱

但凡做过交易的人应该都知道，我们在交易中可能经历沮丧、困难、困惑，甚至一败涂地。我曾与许多成功的投资组合经理和交易员共事过，他们即便成功，但仍然经历着亏损、业绩平平、不确定性甚至怀疑。所有这些都有可能破坏坚持下去的动机、专注力以及未来的决策。如果我们无法从挫折中站起来，就会面临真正的衰退和失败。

我发现，当人们在交易中的消极心理压过积极心理时，离失败就不远了。交易员们选择从事交易的原因，通常包括竞争带来的挑战、问题解决带来的成就感、独立工作的机会、快节奏的决策、知识上好奇心以及自己通过努力迈向成功的可能性。交易员们在职业生涯初期通常会对市场着迷，花大量的时间分析交易、测试想法，并尝试根据他们自己的想法进行交易。正是这种对市场的热爱让交易员们经受住了需要不断进步的挑战。

有些时候，交易中的挫败感可能会慢慢压过积极的心理状态。这通常出现在交易员无法赚到钱的时候。也有时，这仅仅是因为状态的波动让人情绪疲惫。一旦出现这种情况，交易员们就没有那么容易保持专注并坚守职业道德了。我记得有一名交易员在长期业绩压力下逐渐失去了对交易的热情，他转而把时间都花在了与其他交易员的交谈上。他最终也说服了自己，转行到了另一个职业领域。当他身上的负面因素逐渐阻碍了他对市场的热爱时，要维持前进的步伐就变得非常困难了。

不忘初心，方得始终。交易结果并不会总是令人满意，从我们的工作中获得满足感才是至关重要的。如果我们无法指望结果上的成功，那就必须专注于交易过程上的成功。我在不同的时期都经历过挫折，但我始终保持了积极的研究，不断在市场中寻找新的优势。即使是在非交易时间，我也有研究的习惯，并积极关注即将出现的机会。我对交易的热爱以及进取心超过了任何挫折对我的打击。然而，如果我不积极地培养这种学习能力，交易对我就不会那么有吸引力，我的业绩也无疑会因此受到影响。

从这个意义上说，我们与交易的关系和恋爱关系没有太大的差别。一段浪漫的关系因爱情开始，充满了对彼此的好奇。然而，随着时间的推移，日常的需求和习惯会渐渐带走两个人之间的激情，道路上的挫折会使两个人愈发疏远。面对着工作上的压力、子女的压力以及日常的家务琐事，一对夫妇可能会因为渐渐忽视了两个人在一起的初心而最终失去爱情。同样地，那些把所有时间都花在交易执行和观察分析上的交易员，很可能会失去最初踏入这个行业时的动力。当我们把交易看作赚钱的手段，而丢失了对其的热情时，高水平的表现会逐渐离我们而去。

> **关键结论**
> 保持幸福是达到巅峰状态的根基。

最好的做法是，明确交易中真正能带来乐趣、兴奋和兴趣的事，并确保它们是日常生活习惯的一部分。工作中的每一天都应该为我们带来一定程度的成就感，也包括从糟糕的交易中吸取教训而获得的满足感。对时间的安排将极大地影响你的每一天，也在塑造你的认知、情绪和身体状态方面起着重要作用。每天参与一些令人愉快并带来满足感的活动，确保即使在经济不景气的时候，你仍然能在市场研究中保持高度的投入，让自己不断进取。

最佳实践 #13：让情绪丰富起来

我们知道投资组合多样化的好处。拥有收益相关程度较低的资产，可以优化我们的盈利曲线，使我们能够以更低的风险进行更多的投资。如果我们把所有资金都集中于某种资产或某个头寸，那么当市场开始变得不稳定时，我们就很容易蒙受巨大损失。在过去的几十年里，股票一直是一种主要的投资标的，但在熊市期间持有股票将是相当困难的。通过固定收益证券和防御性资产（例如多空组合）

将投资多元化，我们就不容易在市场上受到太大的冲击。

尽管之前提到的最佳实践有助于帮助我们保持对市场的热爱，但有时，市场并不会给我们提供太理想的回报或满足感。随着时间的推移，随着我们职业的发展，我们也会进入自己的"熊市期"。最好的做法是确保你的情绪是多样化的，并积极地在工作之余寻找其他幸福的源泉。这种"情绪组合"包括你在爱情和友谊中所做的"投资"，以及你个人认为满意的活动。当你每时每刻都在做一些能给自己带来快乐、满足感、能量和优质人际关系的活动时，你自然就很难陷入心理的低谷。懂得对朋友、家人和个人利益心存感激的交易员，往往也能够很好地平衡压力，使情绪和表现保持在十分健康的水平。

这一最佳实践的目标是确保人们的自尊心和精力不会随着收益的波动而波动。当你的自尊心拥有许多不同的来源时，任何挫折对你来说都不会构成过度的威胁。这样就能更容易地克服逆境，坚持学习。确保这种多样化的一个好方法是定期安排非交易活动，让这些活动为你带来积极的情感、活力、幸福和生活满意度。在工作之外创造幸福，可以让你一直保持高水平的表现，抵御压力的冲击。

交易员们经常犯的一个错误是，他们总是通过更加努力地工作、在交易上花更多时间，并认为纯粹的努力可以防止自己退步。当然，集中精力从挫折中学习对我们的发展来说是绝对必要的。然而，如果我们加倍参与那些不能给我们带来好处的活动，我们很快就会迷失方向。当我们无法从市场中获取足够的回报时，我们就会希望从生活的其他方面收获回报。这意味着，当我们的交易能力开始退步时，我们将更聪明，而不是更努力地工作。我们想要确保资本上的损失不会带来心理上的低谷。情绪多样化使我们能够在不损害自身心理状态的情况下，更好地适应市场波动。

最佳实践#14：寻找机会锤炼自身优势

前面我们看到，我们的优势不会存在于真空之中。用进废退的原则意味着我们的优势要么得到锤炼，要么萎缩。在我的"福布斯"博客中，我所谓的"心理健康治疗"是一种用来发展我们生活中积极因素的方法，而不是把消极因素最小化。传统心理学把注意力集中在精神疾病、冲突和各类问题上，而且确实在帮助人们克服各种障碍上取得了显著的进步，比如药物和酒精滥用到造成情感障碍，再到人际关系和职业生涯中出现的适应性问题。然而，没有任何有针对性的方法，可以帮助我们在极富挑战性的职业领域中发挥自身优势。积极心理治疗是一种从优势出发并不断磨炼优势的活动。如果我们把传统的心理学家看作"心理医生"，那么积极心理学家则是拓展者：帮助我们挖掘自身核心竞争力的人。

在"福布斯"博客上，我把生活比作一个体育场，其中的赛场与装备将为每个人的优势服务。我们可以锻炼爱的能力、专注力、创造力、精神韧性以及我们的灵性。这样的锻炼，就像举重练习，会不断把我们推到自己的舒适区之外，驱使我们锻炼自己的肌肉。这样一种精神上的疗法根本就不是传统的谈话疗法。相反，这将是一种生活方式——甚至是一种承诺，让我们每一天都有机会培养自己的这些能力。这可以体现为具体的锻炼方式，比如我们可以使用冥想这样的方式来增强我们的情绪控制能力。它也可以体现为我们的日常活动，比如我们与爱人一同计划时间，增加亲密感。想象一下，如果我们每天都在以某一种方式充实自己，提高着自身的乐观度与工作效率。这种锻炼的累积会让我们越来越接近我们在工作、人际关系、情感以及身体健康方面的理想状态。

这些锻炼可能会是什么形式的呢？这里有几个例子。

- **每个月都要尝试阅读新事物，不断挑战自己对世界的理解**。例如，我们可能会读到一本佛教哲学著作，或者是一本成功人物的传记。每次阅读结束时，我们都要总结一些我们可以在工作或生活中使用的经验。
- **每个月都选择一个你和你的伴侣想要了解的陌生地方做短暂旅行**。一起计划旅途中涉及的活动，特别要着眼于刺激的体验以及两人的共同体验。

- 在当地的高等教育机构学习一门完全超出你专业知识范围的课程。你可以与你的伙伴或密友一起学习，分享你所学到的知识，然后进行实际运用。比较好的例子可能是烹饪课程或创意写作课程。
- 在私人教练的指导下开始一项新的锻炼计划，有针对性地锻炼身体的某些部位，并尽量尝试一些新鲜的运动。例如，如果你平时经常跑步或举重，那就开始尝试瑜伽等柔韧性方面的运动吧。
- 和你的孩子学习一门新的语言，然后计划去使用这门语言的地方旅行。让你的孩子当你的小老师，并鼓励他参与行程的安排。

要注意这些活动是如何把我们推到舒适区之外，让我们脱离常规，驱使我们学习并尝试新的事物的。通过这些活动，我们也可以加深亲密关系，以新的方式接触他人。如果把每一项活动都看作一面镜子，我们就会不断选择新的镜子，让我们一直看到自己的新面貌。如果我们懂得不断丰富自己的生活，又怎么会停滞不前呢？

最佳实践 #15：提升我们的创造力

我们已经看到，在金融市场中找到并坚持自己的优势并不足以确保职业生涯的成功。因为市场在不断变化，我们必须拥有适应它们的能力，不断地寻找新的优势。这使得创造力和以新的、积极的方式看待市场的能力变得更加重要。创造力能帮助我们看到市场崭新的一面，也能使我们重新审视旧事物。长期以来，我一直使用诸如布林带以及商品通道指数等技术指标来观察我所交易的特定股票或指数的强弱。当我注意到股票数据网站追踪所有的股票并基于相应指标提供买入或卖出信号时，我意识到这些信息可以作为市场状况的体温计。这使我马上开始观察各指标之间的差异，并认识到每个指标都反映了市场状况的不同方面。此外，我还发现，买入卖出信号的时间序列与指标之间的相关性出奇得小。我因此建立了一个交易测试模型，将买入信号和卖出信号作为自变量。这使得我以新的方式看待了旧的指标，开辟了全新的方向。

> **关键结论**
> 创造力在于实践；它不是我们的先天能力。

创造力不在于我们拥有或不拥有。它是我们工作以及处理信息的一种方式。我们可以以充满创意或常规的方式进行商务会议；我们可以以被普遍接受或新颖的方式看待市场指标。创造力的发展需要我们有一个开放的、乐于探究的头脑；这是一种消除确认偏误的有力方式。在具有偏见的心态下，我们有时会将自己的观点强加于市场。而在创造性的思维模式中，我们以新的方式获取新的信息。因此，创造力与直觉是紧密结合在一起的。就像我们在收集信息之后判别出的模式图一样，创造性的洞见通常始于直觉。

我们怎样才能持续地在市场中产生创造性的洞见？这里有一些关于创造力的最佳实践。

- **不断交流**。跟与自己见解不同但天赋异禀的交易员们交谈。试着理解他们在市场上的所见所想，并与他们分享你的成果。先假设你与他们的观点都是正确的。这意味着什么？你又如何在这种情况下找到获利的机会？

- **留意一致观点**。通过聊天软件和社交媒体关注交易员们的一致观点。首先假设股市中的羊群需要纷纷离开拥挤的头寸。在这种情况下，你会怎么做？面对纷纷撤离的投资者，你又该如何从中获利呢？

- **阅读前沿内容**。追踪博客、其他社交媒体文章甚至那些你以前没有关注过的人的书面研究。以开放的心态阅读他们的作品，看看哪些结论能引起你的共鸣。有很多事情我们是了解的，但我们自己并不清楚——信息是"隐性"的。很多时候，新内容之所以会与我们产生共鸣，正是因为它会把我们已经知道的东西具体化。

- **书面头脑风暴以及口头头脑风暴**。当你回顾自己的研究，与他人交流，或阅读他人的作品时，你可以在意识流中记录下自己的想法。这样的脑力写作是另一种使内隐知识显现的途径。书面头脑风暴还可以帮助你整合来自多方面的观点。你还可以通过口头头脑风暴来完成同样的事情：用意识流的方式把你的想法表达出来。然后休息一下，读或听你获取到的信息，这样做是很有效果的。通常，你会从不同的角度来阅读或倾听你所产生的成果，并从中挑选出独到的见解。这两种都是倾听自己的有效方法。

- **尝试不同的市场和时间跨度。** 如前所述，资产间的长期相对变动通常反映了宏观经济主题，这些主题在市场中会以价格趋势的形式体现出来。通过回顾不同资产类别和图表，追踪不同国家市场的形势，我们可以确定主题所在以及主题的变化。当我们发现这些主题发生了变化时，宝贵的机会就要出现了。如果把上述几种方法融会贯通，通过头脑风暴筛选出的想法与我们的分析成果重叠的部分，就恰恰是我们要找的。我们通常都能在主题真正表现为趋势前，发觉到主题的改变。

在之前的讨论中，我们知道创造力的发展需要人们沉浸在新的信息中（或以新的方式看待的旧信息），接着是这些信息的孵化期，信息会在此期间得到重新组合。在成功的创造性思维中，一个重要因素是问题的发现：我们需要从一个值得解决的问题入手。不清晰的市场趋势恰巧可以提供有价值的问题。当我们感到困惑时（或当可靠的分析导致不同的结论时），某个问题往往就会浮出水面，它会成为我们接下来创造性处理的焦点。保持创造力是保持对市场的兴趣以及满足我们求知欲的好方法。正如我们所看到的，学会在困境中寻找满足感，一次常见的挫折就不会被放大。

最佳实践 #16：避免自我否定

人们会一直与自己进行对话，并通过不停的自我对话来理解这个世界。比如我们如何与自己沟通、如何应对各种情况等。从这个意义上讲，人们的自我对话变成了一种透视镜，通过它我们可以看到自己和他人以及我们周围的世界。如果我告诉自己,每个人都是自私的,都想从我身上得到一些好处,那么我自然会以谨慎和怀疑的态度对待他人。这反过来又会影响到我与他人相处的方式,并阻碍我社交上的成功。如果我内心的对话都是关于市场操纵和不公平算法控制价格的话,那么即便是一点小小的浮动亏损,我都会回以失望和愤怒。

> **关键结论**
> 自我暗示的方式将决定我们的命运。

有些类型的自我对话是不可取的,具体如下。

- **完美主义**。这里我们回顾一下自己在市场上的行为(通常受到后视偏差的影响)告诉自己,我们"应该"以不同的方式做事情。这不仅强化了后悔的感觉,也加深了自责。随着时间的推移,持续的负面情绪会侵蚀你的自信。
- **消极**。有时我们会变得很沮丧,甚至认为坏事就在眼前。当自我对话充满了失败主义色彩时,本质上是在传递这样的信息:我所做的一切都不重要。这种消极、无助、无望的心理暗示让我们无法抓住机会,只能强化我们的抑郁。
- **灾难化**。当正常的挫折都变得不可接受时,我们就会产生严重的焦虑。当我们面临非常危险的,甚至不现实的极端情况时,灾难化就会发生。"如果市场发生逆转并带走了我的利润怎么办?"这可能是一个合理的设想,但如果它被一种威胁或恐慌的感觉所吸引,它就变成了灾难化的一部分。灾难性的思考会产生大量的应激压力。
- **责备**。有时我们会这样对待挫折:推卸责任或找客观理由。我们可能会责怪那些操纵市场的人、不公平的央行、有问题的软件、误导性的研究以及环境的干扰等。这种指责让我们常常处于愤怒和应激状态,而这种冲动通常会干扰接下来的交易。总是抱着指责的态度也会让我们陷入"受害者"的心态，侵蚀我们的信心。

- **过度自信**。消极的自我对话通常会干扰正常的交易，但有时自我对话也会变得过于积极，甚至让我们无法清醒地处理市场信息。当我们完成了一次成功的交易时，我们可以告诉自己，局面已经得到了扭转，问题也得到了解决，并且把事态看得很好。在这样一种心态下，我们总认为自己在未来也能取得同样的成功。这很可能导致轻率的风险管理甚至草率的交易。

- **与他人比较**。作为交易员，我们可以做的最重要的就是一些内部的比较：相对于过去，我现在的状态如何？这能告诉我们自己是否正在学习和发展的进程之中。然而，我们常常会沉浸在自我对话中，把我们与他人进行比较。当别人赚钱的时候，我们就会特别沮丧。如果太过于关注他人，我们将会仅仅因为他人而放弃自己手头的交易。人们会因此更坚定地认为自己缺乏信心，并可能导致在跟随潮流的时候出现特别的挫败感。

通常，除非我们意识到自己内心的自我对话，否则我们是难以改变它的。在交易日中，记日志和及时记录想法是一种很好的识别消极和过度自信的方式。在日志中，我们也能识别触发自我对话的情境，并认真审视自我对话究竟是具有建设性还是破坏性。因此，日志作为一种保持自我意识的工具，无疑是实用的，它可以用来打断破坏性的自我对话。干扰良好交易的大多数自我对话都是我们习惯的一部分，并不代表我们对某种情境的真实评价——当我们保持专注和深思时，就会出现这种情况。保持对自我对话或负面自我对话的意识，有助于我们打破消极的认知习惯，专注的思考就会代替思维定式。这使我们能在交易中避免过度反应，并保持自己的最佳思维。

最佳实践 #17：训练自己保持专注和冷静

我们许多糟糕的交易行为都是由于对压力事件的反应而引发的。我们的生理觉醒刺激了认知和情绪上的觉醒，从而促成了过度反应——这通常是次优的行为模式。看到市场对我们不利，会引发恐惧、沮丧甚至后悔，所有这些都会让我们的身体处于一种行动状态——而且恰恰是在我们最需要专注于做出正确决策的时候。有多少次，我们在一场交易中身体和情绪上总是对不利的情况做出反应，而在最糟糕的时候却惊慌失措，放弃了自己的头寸？交易员们在亏损时平仓，有时能够说明他们的入场价格是十分有利的。**当我们在潮流中反应过度时，我们就变成了"羊群"的一员。**

当我第一次尝试用生物反馈实时量度生理反应时，我发现了一些非常有趣的事情。当生物反馈读数"在区域内"，则显示出交易员们都是高度冷静的，他们都清楚市场上在发生什么，并且能产生一个清晰的计划来管理他们的头寸。在交易员们意识到自己的交易中有任何差错之前，这些数据已经离开了上述"区域"。当他们能清楚地看到交易对他们不利的时候，他们则已经彻底离开了这个"区域"，显示出很强的觉醒状态。然而，一些有才华的交易员却表现得截然不同。当头寸对他们不利时，他们会有意识地努力冷静下来，集中精力。他们没有表现出与经验较少、能力平平的交易员们一样的兴奋。这与 Andrew Lo 和 Dmitriy Repin 在 2002 年的研究非常吻合。他们发现，经验丰富的交易员对市场状况的反应比相对缺乏经验的交易员的情绪反应要小。

在这种情况下，我们会对自己所认为的威胁做出反应。经验丰富的交易员掌握着大量数据，他知道在交易的过程中完全可能会出现逆向价格波动。这对他们而言不是威胁。缺乏这种意识的新晋交易员们，则更有可能对每一个浮动的极端价格做出反应。这使得缺乏经验的交易员很难坚持他们的研究和计划。

最好的做法是，在出现问题时深呼吸并放松身体来阻止生理觉醒。当我们意识到自己正在进入应激状态，心跳加速、肌肉紧张、身体出汗的时候，我们就会有意识地减缓并加深呼吸。这样做能减少我们整个身体的觉醒程度，帮助我们集中注意力。在交易前进行的深呼吸练习在这方面特别有用。每天早上花几分钟时间看一些令人放松的图片，闭上眼睛，深呼吸，为你的自我控制能力提供有效的训练。随后，当市场走势开始不利于我们时，我们可以直接回忆起早上已经看到过的画面，多做几次深呼吸，保持专注。如果我们能在身体上保持冷静和集中，我们就很少会惊慌失措，做出草率的决定。

如前所述，生物反馈是训练自我控制能力的一个非常有用的工具。心率变异性反馈能帮助我们识别自己什么时候进入了这个"区域"，使我们的练习更有效率。我们的目标是能够进入一种平静、专注的心境，这样我们就能更好地控制我们的身体，而不是让身体控制我们。在交易中，身体上的自我控制和认知日志的运用可以非常有力地帮助我们把控情绪。

最佳实践 #18：保持认知上的专注

在早期，使用生物反馈是为了提高那些有注意力缺陷的儿童的注意力。事实证明，许多生物反馈指标，例如心率变异性，并不仅仅能够度量放松的程度。如果我们放松但不集中注意力，我们就不会进入这个区域。只有当我们保持专注并放松时，我们才最有可能进入心流状态。因此，在交易中，生物反馈是一个非常有效的保持注意力的工具。

在本书此前关于意志力的研究中，我们发现人们维持目标导向行动的能力是有限的。经过长时间的努力，我们会变得疲劳，而在那些疲劳的时期，我们最有可能冲动行事。这对于那些一天到晚关注市场的交易员来说，尤其是个问题。我们早晚会变得疲劳并且失去按照计划行事的能力。

最好的做法是，通过训练我们自己来锻炼认知能力，使我们的注意力持续更长的时间。实现这一目标的方法之一是使用生物反馈，我们不仅仅需要进入该"区域"，还要在区域内停留更长时间。我使用了一个来自 Heart Math（某心脏数理研究所）的软件，它附带了电磁波单元，通过这个单元，用户必须让气球更久地悬浮在半空中。当用户的状态在"区域"中的时候，气球就会上升。当用户的状态离开区域时，气球就会掉下来，而目标是避免气球撞到地面。这是一款对儿童和成人都很有吸引力的应用，它能训练我们保持注意力集中。

我们也可以这样修改这个小练习：在想象令人沮丧的市场行情的同时（比如行情不利或被迫止损离场），让气球保持在半空中。这个想法的关键在于，即使在面临挑战的情况下，我们也要让自己的状态保持在"区域"中。这是我在《日常交易训练》中描述的暴露疗法的一个版本，它可以增强我们的认知能力。

> **关键结论**
> 专注程度决定了我们的极限。

很多时候，交易员们会因为缺乏纪律或内心存在矛盾而认为自己情绪失控。正如我们在前几章中看到的，情况往往并非如此。他们缺乏的是在长时间内保持认知集中的能力。在这方面，交易应当被看作一种不寻常的活动。大多数工作都允许合理频繁的休息和注意力的暂时放松。活跃的交易员可以一连几个小时盯着屏幕，并在面临风险和不确定的情况下做出大量决策。在这些条件下，很少有方法能使我们保持认知上的专注。当我们认知疲劳时，是最容易受到认知偏见和糟糕交易决策的影响的。**很多时候，治疗或指导并不能解决问题，培养我们的注意力才是重中之重。** 随着毅力的增强，我们可以渐渐应对最具挑战性的市场环境。

最佳实践 #19：把辅导与指导相结合

作为一个十多年来一直在全职辅导交易员的人，我对这个职业的前景和局限性有很好的了解。这些局限性可能是很关键的。我还不清楚，培训交易员本身能否解决金融市场中的许多问题。原因在于，市场上任何形式的交易培训都不能为交易员们提供实际的优势。经验较少的交易员通常认为他们的问题是情绪化，实际上他们只是面对着完全随机的走势。这对于那些依赖于从别人那里学习特定模式和交易软件的交易员来说尤其如此。这些模式大多都是缺乏系统性验证的，也很少有交易员真正依赖于它们。我遇到过许多交易员，他们看起来缺乏自律，在遭受损失后就放弃了交易计划。他们缺乏纪律的原因是他们根本不相信自己的计划；事实上，他们是感觉自己并没有真正拥有任何优势。如果你希望坚持的策略在客观上没有带来积极的预期回报，那么世界上所有关于纪律的努力都不会对你有帮助。

正是因为这个原因，我通常不会去培训新晋交易员。我的总体经验是，他们需要的是教学和指导，而不仅仅是心理辅导。可以肯定的是，诸如此类的练习可以帮助交易员们保持专注和自我意识，这对新晋交易员确乎是非常有用的。然而，如果这些交易员的实战经验不足，无论使用什么样的心理技巧，他们都将经历损失和挫折。一个特别有用的最佳实践是，在交易员的进步过程中，将辅导与指导融为一体。

一个简单的类比就能说明问题。一名新晋网球运动员需要熟悉场地、反手击球、网前策略和发球等。网球教练首先关注的是训练、对表现的反馈以及对基本原理的理解。在这一过程中，努力解决的是心理因素，但这是在网球场上，是在竞争和实战的背景下完成的，而不是与心理学家在咨询室里对话。在球场之外讨论新手球员影响表现的情绪因素，将是非常无效的。这位成功的网球教练在球场上充分地运用了相关的心理学技巧。指导（技能教学）和辅导（心理策略教学）融为一体；两者是无缝合成的。

有很多经验丰富的交易员喜欢把辅导其他新手作为自己的副业。其中一些是会为你提供大量最佳做法的导师。这可能是一种非常有效的学习机制，因为它允许新晋交易员从导师的亲身经历中学习；收到他们交易的反馈；并接受心理方面的培训。在高质量的指导项目中，角色建立的价值和影响不能被夸大。而成功的培训项目——比如管道工的培养或医生的培养，是学习的一个关键组成部分。就像前例中的网球运动员，通过学徒制，一位学员能同时接受教学和辅导。

这种辅导与指导的整合是否会出现在正式的培训计划之外？网球的比喻强调了一个对新晋交易员来说非常有价值的选择：与交易伙伴合作以提高业绩。这种同伴间的辅导既可以提高交易员们的学习能力，又能解决交易表现中技巧和心理方面的问题。当问题出现时，我观察到交易员之间产生了非常有价值的互动。这种由经验丰富、声誉尚佳的交易员提供的非正式的指导，在帮助其他交易员应对富有挑战性的情况时非常有用。每个交易员都同时扮演着老师和学生的角色，分享学习与技能上的进步。这样的相互学习也可以通过网络在独立交易员之间进行，因为他们总是可以找到合适的伙伴，并建立有价值的职业人脉。

对于经验丰富且成功的交易员来说，指导和辅导的完美结合可以以相互辅导的形式体现出来。教练对交易员的优势和弱点有着独到的见解，因此可以帮助交易员建立成功模型，以作为未来业绩的指导。这就是最佳实践实用性之强的原因。专注发掘优势的教练可以帮助交易员识别并继续他们各自的最佳实践，这样一来，辅导就会一直与指导结合在一起。然而，交易员不是从他人身上学习，而是从自己的表现中学习。想想国际象棋教练、足球教练、声乐教练——他们都密切地参与教学与技能发展。通过辅导与指导的结合，交易员们可以加快自己的学习速度，并从那些已成功人士的视角中获益。

最佳实践 #20：加入或组建一个团队

我们已经看到，市场是非常复杂的，任何一个交易员都不可能在关注新闻、经济发展和数据发布的同时还一直保持领先。多年来，我看到了一个明显的趋势：越来越多的机构都以团队为单位进行交易管理。这有助于交易员们在瞬息万变的市场中保持领先地位，除此之外，团队协作还能使他们从深度研究中获益。

团队建设的一个常见方式是，团队的初级成员为团队带来研究技能和知识、数量经验和编程背景。这有助于将投资组合经理和交易员的努力结合起来，也有助于发展那些容易被遗漏的研究思路。我曾与之共事过的一个股票多空团队是由各方面专家组成的，他们将自己的专业知识提供给投资组合经理。这样，经理就可以专注于整个投资组合以及相应公司内的发展调研，同时还能从团队成员那里获得关于该行业的其他见解。对这个团队来说特别有价值的一点是，他们会定期召开小组会议。在会上，大家可以分享各自的想法和研究，并讨论相关板块的趋势。投资组合的交易主体往往也来源于此。

团队协作的优点在于，初级成员通过贡献研究和想法使高级经理受益，而高级管理人员通过提供建议和指导使初级成员受益。这样做可以很好地让初级成员从底层开始学习业务。通常，一旦初级成员在他们的研究和创意上取得了坚实的成功，他们就会从经理那里获得少量的资金来用自己的交易账户操作。在他们各自成长为专家后，仍然是团队里极具价值的成员。

关键结论
合理的团队协作会带来成倍的力量。

组建或加入一个团队也会带来其他好处。当我们在交易中遇到困难时，团队成员可以交替关注市场，互相支持。团队成员们也会分享各自的交易经验，共同进步。当团队中的成员习得新的技能和专业技巧时，他们会把成果带到团队之中，效果将呈指数级增长。

正如前面所提到的，创建虚拟团队（在网上分享想法和经验的交易员群体，以及部分独立交易员）可能是一个强大的方式。这种模式的价值在于，我们可以在保持独立交易员身份的同时，从与他人的交流中获益。社交媒体是挑选潜在团队成员的有力工具，因为你可以迅速辨别出谁会产生好的想法，抑或谁会以一种与你风格相适应的方式理解市场。此外，这种模式还能把不同的个性与个人工作风格分享于集体之中。交易博客、Stock Twits 以及 Twitter 都是寻找潜在合作伙伴的优秀平台。我认识的许多独立交易员，他们在整个交易日内都在与其他人聊天，并听取同事的想法。这是一个保持交易员们积极参与市场并从他人经验中获益的好方法。关键在于，我们需要找到合适的参与者：那些真正有真知灼见的人，会从你的成果中受益的人以及那些会像你一样热衷于分享的人。如果没有这样的包容性，团队合作反而会很容易分散注意力。

想象一下，有 4 名经验丰富的交易员每周进行一次在线会议，分享市场调研、绩效评估并进行相互指导。每个参与者都会收获到仅凭自身力量无法达到的想法及指导。团队合作本身就是一项最佳实践，因为它是成员们各自最佳实践的结合。如果团队成员懂得互相激励，那么团队作为一个整体，带来的力量就会超过其组成部分的简单加和。团队协作是学习和发展的强大引擎。

最佳实践 #21：让自己的每一天都充满灵感

有一个简单的问题：你一天中有多少时间是在充满灵感的状态下度过的？如果你像大多数人一样，总是花大量时间去做一些特定的事情，加之每天的惯例，你几乎不会有时间留给那些特别的、鼓舞人心的活动。是的，我们的确热爱自己的工作，也爱着家人和朋友。但我们是否体验过灵感？我们的日常活动真的能让我们提升自己吗？

正如我前面提到的，我在写这本书的时候就遇到了类似的挑战。创作的想法是令人兴奋的，但实际上写书的过程变成了一件例行公事——特别是在我工作了很长时间之后。我把我的工作区域搬到自己的书房，把高质量的扬声器放到我的笔记本电脑上，写作时间会在我的办公室完成——整个过程一直都伴着我最喜欢的音乐。音乐的某些特质是十分吸引我的，也激发了我的兴趣。我有时会处于一种疲劳或沮丧的状态，而我喜爱的音乐将会极大地改变我的情绪和能量。在这方面，潘多拉让我有机会在电台中自由添加我喜欢的音乐，使我在美妙的声音中坚持创作下去。

然而，音乐只是灵感的一个来源。其实有很多方法可以挖掘那些带给我们快乐、兴奋、挑战和意义的东西。我家里的四只猫，总有一只猫想玩耍或让你抱着它。宠物是很特别的，当你帮助甚至拯救过它们，让它们过上更好的生活后，它们之于你会更加特别。它们是如此感性且懂得感激，我们在它们的陪伴中一定能感受到温暖和幸福——就像我在自己孩子小的时候感受到的那样。积极心理学的研究文献表明，许多温柔的情感，如感恩、欣赏和柔情，对情绪、人际关系和健康都有显著的贡献。当你沉浸在想要的生活中并对周围的一切心怀感激时，你又怎么会感到气馁和沮丧呢？

还有什么其他强大的灵感来源？

- **旅游**。游览新地方，感受新文化；体验新的历史；结识新朋友，通过他们的眼睛看世界。
- **宗教**。信仰和人生意义的深层来源；与他人分享精神体验。
- **艺术与表演艺术**。体验创作者的艺术视野；感受戏剧、舞蹈、电影、绘画等艺术形式的意义。
- **社交活动**。花时间和我们爱或欣赏的人在一起；结识新朋友，向他们学习。
- **体育锻炼**。把日常锻炼赋予目标，见证我们的进步，欣赏我们的成长。
- **恋爱**。为爱人创造特别的时刻，专注彼此，分享特殊的经历。
- **阅读**。阅读不同的人物、话题和故事，让自己感到振奋并充满活力。

最好的做法是将这些活动变成你的日常活动，以此不断地获得灵感。我们在这本书中看到了，平衡生活中需要能量以及消耗能量的活动是多么重要。如果我们想在认知、情感和状态上达到顶峰，那么能量和精力是必不可少的。让灵感成为一种可以鼓舞我们的日常习惯，让我们自己充满活力，让我们在工作中充满动力。

最佳实践 #22：追随市场变化和每日结构

我看到短线交易员最常犯的一个错误，就是太过专注于短期的设置，然后被更大的趋势所影响。把目光投向市场更加长远的趋势，将非常有助于我们理解短期的价格变动。理想情况下，我们希望自己有趋势和动量作为支撑。至少，我们是不想与市场潮流抗衡的。

市场是有所趋向还是在一个范围内震荡，是有所走强还是逐渐衰弱，决定了我长线或短线交易的选择。在我们日常的观察中，有几个指标对评估市场状态很有用。

- **新高点/新低点**。上涨的市场应该会继续上涨；下跌的市场也应该会继续突破新低。当我们看到某只股票在大盘指数上涨时停止了上涨（反之亦然），那么行情逆转的可能性将非常高，因为相当一部分股票价格并没有与大盘指数同步变动。重要的是，分歧会导致市场逆转，但不一定会立即导致逆转。对于一个普遍上涨的市场来说，在价格新高处下跌与在新低处继续下跌是不一样的，反之亦然。当我们看到相当数量的股票与市场平均走势相反（通常由异常脆弱或强大的板块主导）时，从趋势性行情到震荡行情的转变是最常见的。相反地，当我们看到在经过一段时间的整合后，股价创出新高或新低的股票数量出现突破时，这可能是从震荡行情向趋势行情转变的重要标志。

- **纽交所跳动指数**。正如之前提到的最佳实践，纽交所股票的上跳与下跳数量是一种敏感的衡量买卖压力的指标。就像腾落指数一样，追踪上跳与下跳动态差值，可以为我们提供一个简单有效的市场状态指标。在这方面，累积跳动指数线的斜率特别有价值，因为平缓和陡峭的交替揭示了机构参与者的情绪变化——这些参与者对股票整体上涨和下跌的影响最大。

- **板块走势**。衡量市场实力的一个快速而有效的方法是确定走势相同的板块数量。一个稳定的趋势市场将会带动绝大多数板块的走势。如上所述，当不同板块 ETF 引起了大盘指数的震荡时，这种差异通常是值得注意的。震荡型市场往往包含了许多周期性板块，因此，当我们看到一些行业表现强劲而另一些疲软时，这是一个好迹象，表明市场参与者正在重新配置他们的资本，而没有将新资本投入到趋势的跟进中。

一旦开市，我们就想抓住机会，希望这一天最好是个趋势明确的交易日，而不是震荡区间交易日。评估每天的市场结构（当前市场的形态）对良好的交易执行至关重要。如果我们判断某个交易日将会出现明显的趋势，那么我们肯定希望在趋势的早期买入或卖出，来更好地借助趋势盈利。过早买入或过早卖出并不必然是糟糕的策略。相反，如果我们发现这是一个区间震荡交易日，我们还是最好什么也别做。

> **关键结论**
>
> 对交易日市场结构的理解可以帮助短线交易员进行成功的交易，并为长线交易员带来更好的执行。

趋势日会有哪些迹象？以下是一些实用的判断方法。

（1）如果你观察当日上涨的股票数和下跌的股票数（$ADD，e-Signal 代码），你将看到早上出现的极端数量会持续一整天。上涨交易日通常开始于很多股票价格涨过了前一日收盘价。下跌交易日出现的情况正好相反。当我们看到上涨和下跌的股票数量差不多时，很可能是一个区间震荡交易日。我也喜欢跟踪在跟踪清单上的股票相对其开盘价的涨跌情况。上涨交易日这个清单会显示全绿（价格高于开盘价）；下跌交易日显示红色（价格低于开盘价）；区间盘整交易日则红绿相间。

（2）如果你关注一下纽交所跳动指数在交易日内的表现，你会发现在上涨的交易日开市不久会有许多非常高的取值（+800 及以上），而只有极个别非常低的取值（-800 及以下）。在下跌的交易日中，情况正好相反。当我们看到很少的极端情况时，这种均衡通常代表着缓慢震荡市场的来临。

（3）如果你通过关注一下成交价高于成交量加权平均价格（VWAP）股票所占的比例，你就会发现，在上升趋势的交易日中，这个比例会持续超过50%，而在下跌趋势的交易日中会跌至50%以下，在震荡期则会在50%左右徘徊。同样地，如果你看一下当天股价出现新高的股票数量（$ATHI.NY-ST，e-Signal）和当天出现新低的股票数量（$ATLO.NY-ST），你会发现在趋势日中取值较为极端，而在震荡期取值较为平衡。

（4）当我们通过上述指标看到强劲或疲软的市场趋于温和时，通常意味着趋势性市场失去力量并进入盘整阶段。当指标从温和变得极端时，我们通常看到的是整合突破带来的趋势行情。

最好的做法是去识别相应的环境：在准备下订单的时候考虑市场行为。交易日结构和多日结构告诉我们，买家或卖家哪一方势力更强，或者他们产生影响是否能相互平衡。对整体市场而言，相同的套路可能会对应着非常不同的结果。甚至当你在交易某只单独的股票时，它也会帮助你了解市场走势究竟是与你同步，还是与你背道而驰，还是根本就没有变动。

最佳实践 #23：通过同步阅读来提升创造力

如果你在我写书的时候，走进我家里的办公室，你会看到至少有 10 本书摊开在地板上，并带有书签和不同的阅读阶段的标注。在这些书旁边的靠窗座位上通常有几十本关于相关主题的参考书。当我在一本书中读到一些有趣的东西时，我会去看其他的文章，看看它们在这个话题上有什么要说的。这反过来又让我去翻阅其他相关书籍，直到我对这个主题有了多方面的看法。在我不写书的时候，办公室地板上的书就不会那么多了，但总有几本。我们可以把这种阅读方式称为同步阅读：一次性在许多书中查阅同样的主题，而不是从头到尾读一本书。我在研究的时候通常用的是印刷版书籍而不是电子版书籍。如果把书并排摆放在一起，我就可以很容易地将文本标记出来进行并行阅读。

当你进行同步阅读时，你可能永远都不会读完一本书。一个有用的方法是快速浏览书籍并找到同样主题的文本。选定的文本将引导主题的选择。你读到的主题是你觉得最有趣的和相关的目标文本，然后翻阅其他书来检查是否与选定主题相关。在我们通过不同的视角审视同一个主题时，就好似在不同作者之间产生了一种虚拟的对话。

当你在感兴趣的话题上无法找到新的有趣内容时，是时候转向下一个话题了。正因为如此，阅读从来都不是无聊的。在你失去兴趣的时候，你可以小憩一下，转换话题，再回到选定的书中。你可以记录下在过程中遇到的最有趣和最相关的想法。Evernote 就是一个很好的保存和编目笔记的工具。

发明家托马斯·爱迪生在他的职业生涯中申请了1 000多项专利。他做了一项规定：他和他的助手每隔10天就需要产生一项小发明，每6个月就要有一项重大发明。通过大量的发明创造，他提高了实现重大发明的可能性。同样地，通过每天在一个特定的时间段阅读大量的书籍，我们会获得更多的想法，然后借助这些想法来产生我们自己的想法。同步阅读是一种最佳实践，因为它是对特定主题进行深入理解的一种有效方式。

多年来，我一直采用这种方式。我也因此变得非常擅长浏览书籍，识别主旨，并判断是否值得详细阅读。同样的过程也适用于特定主题的研究论文或在线文章。这样的效率意味着你可以比一般人浏览到更优质的材料。随着时间的推移，你也能更好地识别出高质量的资料，为自己提供一种更加高级的知识习惯。

读一本书就像一位专家与你进行一次谈话。而同步阅读就像邀请一群专家到你家里与你交流。平行阅读的判别方法是，你是否脱离了包含在独立文本中的观点。阅读会因此成为一种真正有创造性的磨炼。同步阅读为我们提供了对某个主题的多角度理解以及丰富的信息。全新视角与所见所想的结合，极大地加速了我们新观点的产生。

最佳实践 #24：为你的风险管理立下规矩

这一最佳做法是由 TraderFeed 的读者弗拉德提供的，他是一位参与外汇、黄金和 DAX 交易的独立交易员。他为自己设定的最大损失限额为每天（1.0%）；每周（2.5%）；每月（10%）。他解释道："这消除了交易带来的巨大压力，因为这样一来，没有任何交易能让我失望。"

最佳做法是对风险进行管理：限制源于任何单次交易、想法或时间周期的损失。作为一名心理学家，我发现，对于业绩大幅退步的预防是值得经常重复的。影响到整个投资组合的损失也同样会让我们背上心理包袱，而且往往会损害后续的交易。如果我们有3个策略，并且在第1个策略上损失了很多钱，那么我们接下来将很有可能减小头寸甚至变得更紧张。用明确的风险/回报来衡量这3个策略，无疑会优化我们的收益。

来自对冲基金的读者几乎肯定会设置与弗拉德不同的止损水平（由于资金杠杆）。在我工作过的大多数地方，一个月内损失 10% 是完全不能接受的。就我个人而言，我绝对不希望自己的头寸连续 3 个月都在下跌，而我必须在剩下的资本中取得超过 40% 的收益率来保本。弗拉德对交易中止损线的设置是相当合理的。我们需要做的是定义风险水平，从而使我们能够在不可避免的糟糕时期生存下来。

我们可以这样看：如果你在交易中的命中率达到 50%，那么你将有 25% 的概率连续亏损 2 次；12.5% 的概率连续亏损 3 次；6.25% 的概率连续亏损 4 次；而有 3% 的概率连续亏损 5 次。如果你在一年里进行 50 次交易，你猜会怎样？你几乎肯定会遇到连续 4 次或 5 次的失败交易。**你需要有能力在市场中生存下去**。如果你允许自己在每笔交易中损失 10% 的初始资本，那么你最终回本的可能性是很高的。但如果你只允许自己在每笔交易中损失不超过 1% 的资本，那么任何预期损失都不会损害你的账户或者心理状态。

> **关键结论**
> 生存到最后，才有机会笑到最后。

我多年来采用的一种做法是，取我最大头寸中的一小部分进行长线交易。我发现，当我意识到自己在交易中犯错时，错误往往都来自于交易初期。在初期保持较低的风险敞口，确保了如果我被迫止损离场，也能少损失一些钱；如果行情像我希望的那样发展，我就可以选择加仓。然而，如果我总是轻易选择满仓，那么一点不利的行情就会对我产生很大的威胁。如果我的仓位比较适中，那么我就会有更多的机会。这是运用心理技巧的一个很好的机会。在头寸交易中，我从来都不希望自己的仓位太满。

最后，交易中的止损很大程度上都得益于多样化。如果你掌握两个或两个以上相关性很低的交易系统或方法，并且其中每一个都有正的预期收益，那么你将会遇到这样的情况：任何一种策略的预期损失都会被其他策略的收益所缓冲覆盖。多样化原则对于更大规模的资金管理同样有效。我的交易资本只是我家庭总投资的一小部分。例如，我们还投资了许多固定收益证券和其他收益稳定的证券，每年都有合理的回报。如果我在某一年中交易是亏损的，我们仍然会从整个家庭更大的投资组合中获得收益。

弗拉德的观点很重要：**风险管理是最好的心理管理**。如果市场正在经历对我们不利的行情，我们是很继续难保持头脑清醒的。良好的防守能让我们充分利用进攻机会。严格的规则控制着我们每一笔交易的风险、每一个交易的想法的风险、每一段时间以及每一个投资组合的风险，这样一来，我们就能把适当的风险管理变成一个积极的习惯模式。没有任何交易策略或机会宝贵到值得我们去赌自己的未来。这句话不管重复多少遍都是有道理的：如果你无法屹立于市场中，你就不可能笑到最后。一个实用的做法是与那些在市场中长期屹立不倒的交易员们建立联系，并分析他们的风险管理模式以及执行规则。这样做可以为你的交易业务提供有意义的指导。

最佳实践 #25：保持自己的巅峰状态

我们的下一个最佳交易实践来自埃尼斯·塔内尔（@EnisTaner），他抓住了让自己在生活的各个领域处于巅峰状态的一系列想法。埃尼斯解释道："我发现，如果我要接受交易中的专业挑战，我的身体、情绪、心理和精神健康都是至关重要的。"埃尼斯将其分解为以下 4 个部分。

- **身体**：30～45 分钟的高强度运动，每周 5～6 次。
- **情绪**：养成定期与朋友或家人见面的习惯（每周不少于 3 次）。"良好的交流是减少精神压力的最好方法之一"。
- **心理**："我试着在多种时间跨度下练习交易技巧。几个星期后，我将把学习时间花在阅读财务报表及电话会议上，把重点放在长期投资上。其他几周，我会测试短期技术指标之间的相关性。"
- **精神**："我每天早上都会花 5 分钟来做一些全新的、让我感到愉快的事情。我也发现帮助别人（尤其是年轻人）积极地思考并指导他们，对我的精神健康是有好处的。"

关键在于，要想成为市场上的佼佼者，只懂得减少压力是不够的。作为一名运动员必须具备高超的耐力和力量条件，并不断地进行技能训练，提高敏捷性。成功的交易员会从生活的各个方面汲取经验。不难看出，埃尼斯的历程完美地体现在了一张简单的表格中，使他与最佳实践一直保持同步。创建我们自己的巅峰状态训练过程，可以确保我们一直保持精力和积极性，以平安度过交易中的起起落落。

对于我们来说，真正困难的往往是工作上优先级的选择，以及如何在工作之余为巅峰状态的训练留下时间。但即便我们为训练过程留下了时间，通常也会面对这身体上、情感上和认知上精力的不足。一个独特的最佳实践是优化我们的工作时间，用我们的工作负荷去适应它。如果我们努力的效果取决于我们所处的状态，那么保持我们的最佳状态将是非常有意义的。这使我们能在更短的时间内完成更多的工作。

赛车手们都清楚，缺乏了快速有效的进站加油是不可能获胜的。如果汽车得不到合适的保养，在比赛结束前就有可能面临失败。正如埃尼斯所指出的，我们用于提升自己的时间就像是我们自我保养的时间。正是它使我们能够在激烈的竞争中，保持十足的动力。

最佳实践 #26：利用冥想来提升决策能力

交易员们面临的最常见的挑战之一就是保持专注，以及一种使他们能够在激烈的市场行动中做出明智决定的心态。某一刻的情绪可能会导致担心踏空（FOMO）而错误地把握机会。这还会导致对损失的恐惧甚至过早地放弃头寸。在盈利之后，我们很容易变得过分自信；而在失败后，我们又很容易缺乏信心。一旦我们的心态和身体状态发生了变化，我们就会失去对最佳交易机会的思考能力。

那么，我们怎样才能维持这样的心境呢？约翰·霍普·鲁宾逊（@johnhr）提出了一个有价值的最佳交易实践，他将冥想描述为克服基本交易缺陷的有效工具。约翰写道：

> 我们作为交易员可能是一类缺乏安全感的人，我们宁愿被当作神秘的天才，也不愿被看作成功的交易者。这种需要源于对现实的错误认识，会让我们把直觉和"希望"混为一谈。
>
> 只要我们遵循系统的规则，我们只需要一个小小的优势就能成为一个成功的交易员。而问题就在于此。这么多的交易员没有**耐心**等待。无动于衷是如此可怕，以至于我们觉得有必要采取行动来阻止恐惧，并立即得到解脱。这是一个核心问题。
>
> 通过冥想，我们可以学会在必要的时候，什么都不需要做，只需等待。我们将学习如何达到一种清晰和冷静的状态，以减轻迫切需要采取行动的想法。冥想很可能是最有利于交易员们的活动！

约翰也指出了冥想的3个主要好处。

（1）**增强自我控制**。冥想能使我们平静，并集中注意力。两者都加强了我们对认知和行为的控制，这样我们就能把控自己情感模式，而不是被情绪所操控。我们必须先意识到它们，再去识别它们。

（2）**增强直觉**。我们有时候会强烈感觉对某事有所了解，但自己却意识不到。很多时候，经验丰富的交易员对市场有一种敏锐的直觉，但这种感觉会被市场变动引发的应激反应所淹没。冥想使我们能够镇定地倾听自己的声音。

（3）**增加幸福感**。当我们被恐惧所支配：害怕失误，害怕亏损，害怕犯错，害怕不作为等，在这些情况下我们的交易肯定无法产生理想的结果。研究表明，冥想能提高个人的满意度和主观幸福感，使我们能够更好地借助情绪的力量。

冥想还有另外一个强大的好处：冥想时我们需要保持认知上的专注，同时保持内心的平静。这是一种对我们"专注力"的锻炼，训练我们随着时间的推移培养我们的注意力。从这个意义上说，我们可以把冥想看成一种意志力的训练。我们的专注力越强，就越能抑制住面对风险及不确定性时的情绪反应。

关键结论

冥想是心灵与精神的历练。

履行这项最佳做法的一个必然结果是，我们对交易的最佳准备状态将出现在交易时间之外。所以，我们可以利用午间休息来冥想（或者利用清晨的时间），这样可以帮助我们先置身市场之外，再以全新的视角看待市场。让自己暂时从市场中撤出，可能是消除交易中过激反应的一种强有力的方式。

最佳实践 #27：通过想象重新规划我们的思想

如果我们注意一下那些愤怒或恐惧的人，会发现一些有趣的现象：他们倾向于停留在强化自己愤怒或恐惧的场景上。愤怒的人在头脑中充满了对抗和报复，而恐惧的人满脑子都是危险的情景。在这两种情况下，他们都在不知不觉地用困扰自己的情绪来规划思路。改变他们的心境只需要用更现实和更有建设性的方式来取代脑中消极的场景。

一个有价值的最佳实践是，使用图像和想象来改变我们的想法、感觉和行为。图像可以成为一种重新规划思维的强有力工具，它也可以帮助我们重新构建具有挑战性的交易环境。TraderFeed 的读者大卫·斯彭格勒从他自己的交易经历中提取了一项最佳实践：

> 在德语中，"跳入冷水"是指我们面对的是一种全新的、未知的、有风险的情况。在进入一个行业之前，我会提前想象这种情景以克服恐惧和拖延。我闭上眼睛几秒钟，想象自己正处于盛夏。天空是蓝色的，天气很热，我也在出汗。我正站在一个泳池边。然后我一头扎进水里。

虽然只有一秒钟，但我感受到了不小的冲击。我随后便感觉难以置信得好，我能感觉到身体里的每一个细胞、血液在我的血管里流动以及自己急速跳动的心脏。

这样的想象告诉我，跳进冷水/冒险实际上会让自己感觉很好。更专业一点讲，我刚才重新构建了情景。由于我现在已经习惯了这样的场景，我在交易中遇到的系统性问题已经大大减少了。

这里需要注意的是，某种可能会使你不愉快（冒险）的情况可以变得令人神清气爽（在炎热的天气里跳入冰冷的水中）。通过将其习惯化，这个小练习将成为一种自我催眠的方法。大卫利用这个练习来帮助自己选择开仓时机，还有一个非常相似的练习可以用来模拟遭受损失，或者市场上其他具有挑战性的情况。

我发现，在交易开始之前，我们也可以利用想象模拟自己的交易计划。我们可以通过想象的方式，让自己在心理上做好准备，并模拟如何采取正确的行动。大卫所使用的技巧之所以特别有效，是因为这些意象折射出了交易中相应的**情绪**。如果我们在交易开始前就想象自己止损离场后应该怎样做，如何从经验中学习，如何为下一个机会重新振作起来，那么亏损离场的情况在我们心里就会变得不那么严重了。

用积极的意象代替消极的自我对话是重新训练我们的思维过程并建设性地引导自己的好方法。当消极的想法变成习惯时，我们需要退后一步，从我们原有的思维中走出来。对行为的情绪上的准备可能和交易计划本身一样重要：我们可以训练自己更好地思考和反应，以带来成功，并驱逐压力和痛苦。

最佳实践 #28：定期反思你的交易

在刻意练习中，我们需要不断地评估绩效，并利用这些评估来进行有针对性的改进。Anders Ericsson 在 1996 年的研究表明，刻意练习中的实践对于绩效提升至关重要。将常规交易转变为结构化的刻意实践，要求我们积极地回顾我们的交易，评估我们本可以做得更好的事情，并利用这些信息在我们随后的表现中进行实际的修正。我们可以使用 TraderFeed 读者诺伯特·贝克斯特罗姆为我们提供的方法来回顾自己每天的绩效。这种反思的力量在于它可以锚定一个不断学习并提升状态的过程。以下是诺伯特在一天的交易结束后对自己提出的问题。

（1）我是否做的是高胜率的交易（A+），不会轻易失手？
（2）我的交易目标是赚钱还是不亏钱？
（3）我在十分有把握的交易中仓位够多吗？
（4）我曾经是否打破过原则？为什么？
（5）我清楚自己在做什么吗？
（6）同样条件下，我今天完成的交易中有多少是想再做一次的？
（7）我有多少次在达到盈利目标或止损线前就放弃了交易？结果是怎样的呢？
（8）今天有多少笔交易是担心踏空而做的？
（9）我今天由于不专心或在做其他事情而错过了多少笔交易？
（10）有多少笔好交易是我的能力无法去做的？
（11）我如何评价自己一天的交易？
（12）我该怎么做才能在这些方面有所改进？

诺伯特补充说，如果他早在市场开盘前就进行这一评估，那么他脑海中的答案印象就会更深，也就更有可能规避交易中的失误。从这个意义上说，他的反思过程是一个产生正念的过程。清楚地确定自己可以改进的地方，有助于他在随后交易中的整体进步。

诺伯特的评论针对的是自主决定的日内短线交易员。不同交易风格的交易员和从事不同类型交易的交易员，可能会有非常不同的反思方式。例如，我的评论更多的是关于市场，而不是关于情绪问题的。因为我的交易都是基于经过回测和验证的规则和关系，我首要的假设是，亏本的交易意味着我很可能错过了市场上的一些重要和特殊的东西。这会促使我进一步进行市场分析。如果交易中的某些损失是由于没有遵守我的规则，那将促使我进行自我分析。因此，这种反思方式有助于鼓励我们重新审视市场，审视市场中的自己。

最重要的一点是诺伯特的最后一个问题。最后一个问题的答案只有在锚定了具体的计划和改进的行动之后，才会真正带来后续的自我提升。反思是刻意练习的必要条件，但还不够。我们如何**对待**回顾过程中发现的问题，决定了我们的经验能否最终转化为进步。我们先做，然后再反思，然后再根据经验教训重新做。每次交易都是一次练习；每一次反思都促使我们在工作中做出切实的改进。得不到反思的交易经验将永远失去它的效用——这可能才是我们最大的损失。

最佳实践 #29：通过回顾图表来提升创造力

这本书的主题之一是：创新是交易中的新原则。人们在市场上的成功与其说是严格依靠单一的、不变的优势，不如说是不断地在日新月异的市场中寻找新的优势。但是，我们该如何构建新的交易理念并开发新的优势呢？

作者兼博主伊瓦伊洛·伊万诺夫（@ivanhoff）提供了一种可以激发我们的创造力的最佳实践。以下是他的建议：

> 研究你自己过去的交易是必需的，但它为你提供的是有限的机会成本视角——它只有助于分析你所做的交易；而不会帮助你分析你没有做过的交易。作为一名交易员，我最大的习惯之一就是关注股票的日、月、季度和半年的走势图。以下是这个习惯能带来的好处：
>
> - 它使我的模式识别能力大幅提高。
> - 它为我提供了审视市场的新角度。
> - 它针对目前的市场状况提供了相对客观的观点，并指出那些正在被增持的行业。认识到行业的发展势头对于那些擅长摆动交易的交易员来说是至关重要的，因为它使交易员们不仅专注于有较大突破概率的交易策略，也专注于那些可能带来更大收益的策略。
> - 我仅仅通过屏幕就能识别出未来可能盈利的摆动策略——那些马上就会出现突破的股票。

读者将认识到这是模式识别中的一项非常结构化的练习。伊瓦伊洛在他 2014 年的书《高利润摆动交易的 5 个秘密》(*The Five Secrets to Highly Profitable Swing Trading*) 中，概述了他在摆动交易中的"完美策略"。他的最佳实践也使自己能够不断学习新的模式，并识别出最有可能产生有利形态的板块。实际上，通过回顾发现的模式可以让他们进行回测，并有可能纳入自主交易之中。

> **关键结论**
> 模式识别是一种重要的、可以通过切身经验来培养的交易技能。

我还认为，伊瓦伊洛的最佳实践能帮助他及时发现市场主题，比如油价下跌后能源股的崩盘，或全球利率下降导致公用事业股的上涨。通过坚持伊瓦伊洛的实践方法，我们可以对全球市场的模式进行追踪，来确定可能吸引机构投资者兴趣的宏观经济主题。

总的来说，走势图回顾也是一种最佳实践，因为它将消除人们的确认偏差。市场走势是强弱不定的，但对单一股票的彻底研究实际上会投射出市场的状态。通过观察市场中发生的故事，我们可以渐渐在走势图回顾中革故鼎新。

最佳实践 #30：训练自己面对不确定性

要想实现交易成功，需要有能力在不确定的情况下果断行动。即使交易员在市场中拥有持久的优势，这种可利用优势的随机波动也会带来一定比例的损失。风险管理告诉人们，我们无法预测自己会在什么时候犯错。

乔纳森·弗兰克是一名 20 岁的大学生兼交易员，他提出了一个相关的最佳实践，即有意识地接受不确定性。乔纳森写道：

> 市场总会上下波动（我知道，这是很疯狂的），但我一直以来都还算是成功的，因为我知道，就像不理想的情况会在生活中发生，人们不可能总是为其做好准备。活着，学习，进步。一旦你适应了这种不确定

性，你就做好了建仓进场的准备。在那之前，你可能想要寻找另一个爱因斯坦，来为你提出一个完美的理论以预测未来。

我是通过对消费者前景、工作报告以及对美国市场有影响的国际事件进行研究，来评估市场的不确定性的。然后我再判断人们是处于镇静状态还是恐慌……市场的不确定性就像天气一样，人们总是在猜测股市未来的行情，但只要没有出现极端的情况，你就必须保持乐观，阳光总在风雨后。一直如此。

乔纳森做交易的时间并不长，但他有一个重要而成熟的见解：我们如何交易取决于我们如何评估市场环境。我们是在经历一个正常的市场环境还是一个不正常的市场环境？如果我们听到天气预报说可能有暴风雨，我们往往是不会惊慌失措而不想出门的。我们反而会穿着得体，出门做自己的事，并知道暴风雨可能来临，但出现极端情况的可能性很小。然而，如果我们注意到云层的反常和极低的气压，且听到了天气警报，那么我们很可能会立即开始行动，采取预防措施。

乔纳森提到了，他将数据发布和国际事件作为全球市场不确定性的指标。在市场中，我们也可以通过观察实际波动率和隐含波动率来衡量不确定性——市场的客观波动程度以及在期权价格中折射出的波动程度。我发现，对市场的历史分析也能提供一个有用的指标。当我们记住市场今天的状态，然后回到过去，研究所有类似的情况，我们就更容易判断未来的波动程度。有时，这些预期结果包含一个方向性的机会；有时它们则是随机的。而有时这些结果是会大幅变化的；其他时候，它们也有可能更加稳定。通过考察当前条件下过去结果的变动范围，我们可以更清晰地认识到未来的不确定性。

当你正在计划一项交易时，一个有用的方式是问自己："如果我失败了，我希望看到什么样的结果？"这听起来可能有点奇怪，因为从某种意义上来说，这就好像是在计划失败一样。然而，这恰恰就是准备工作的全部内容。如果我们没有有意识地去思考我们可能是错误的，并计划相应的行为，那就说明，我们就没有完全接受不确定性。想象并规划最坏的情况是消除对不确定性的恐惧的一种非常有效的方法。

最佳实践 #31：用规则制约你的实战交易

想想伟大的运动队或企业的成功。在许多情况下，始终如一是他们的一个常见特性。伟大的足球队可不只是在某一特定场合处理得好；他们每场比赛都会这么做。像联邦快递或 UPS 这样的公司的追求也不只在于准时交货；他们会一贯准时地完成邮递。在瞬息万变的市场中，交易员如何才能一直保持高水平？

答案是将交易行为转变为交易规则。规则是一个能将最佳实践转化为习惯的东西，而习惯能让我们始终如一。与流行观念不同，我们认为自律并不是强迫自己去做正确的事情。它是把正确的事情变成习惯，这样人们就不需要每次都迫使自己保持最高的水平了。

读者马卡姆·格罗斯（@MarkhamGross）——Anderson Creek 交易机构的创始人，解释了规则和系统的使用如何让你在交易中始终如一。

> 交易者或投资者是无法控制市场或外部世界的。交易员自己能控制的，只是对市场中即将发生事件的反应。因此，我们应该发挥系统的作用。最好的系统往往是简洁明了的。电子表格是一种重要的工具，而一些基础的编程技能也将大有帮助。系统应该由特定的规则组成，用于确定什么时候开仓入场、什么时候止损离场、什么时候获利平仓以及头寸的具体大小。这些规则可以与交易员们的性格和个性相匹配。这些系统应该是可测试的。尽管进行反向测试有一定的限制，但还是会帮助交易者明确预期的结果，这样他们就不会对再常见不过的浮亏感到惊讶。在没有规则的情况下，参与市场就是一个错误。

我在与交易员们的工作中发现，许多最好的工作都是相互搭配着进行的。他们的决策十分自由，*而且*是由明确的、经过测试的规则指导的。例如，几年前我曾与一位交易员合作研究了价格突破，走势往往会朝着突破的方向继续发展，而不会回到之前的价格区间。他发现一些因素可以将假突破区分出来，包括成交量、波动是一个更长周期的活动以及突破的时机。他把这些因素浓缩在一张列表之中，而且他只进行经由列表中的标准成功筛选出的突破交易。这些规则不仅帮助他完成了不少成功的交易，也让他规避了许多失败的交易。

另一个经过验证的可以知道自主交易的规则是检视当天早期的交易，根据参与情况调整当天的交易。从开盘开始，我们可以看到成交量比近期大还是小，这可以告诉我们可能的波动性和市场出现方向的机会大小。如果我看到成交量显著低于平均水平，而且开盘时的买入或卖出压力很小，我会很谨慎地选择交易点位和盈利的机会。在很多情况下，我会倾向于当天不做交易。关于成交量和方向的判断帮助我更好地把握机会，避免陷入波动极小的市场中去。

刚才提到的那位交易员每天都用这个清单来指导自己的行为。最终，这些标准变成了良好的交易习惯。我对成交量以及买压卖压数据的追踪也是如此。重复是习惯之母，而习惯是纪律的脊梁。将成功的策略转化为规则是确保最佳实践成为坚实业务流程的好方法。

最佳实践 #32：通过生物反馈来管理交易压力

我们所知道的应激反应通常出现在自己面临威胁的时候。当我们关心一种不确定的结果时（尤其是当我们能察觉到这种结果的威胁时），我们的身体就会有所反映了。这让我们肾上腺素升高，肌肉紧张，心跳加速。这种生理唤醒是应对威胁的一种适应性反应，比如避开一辆迎面而来的汽车，但当我们察觉到威胁来自于交易之中时，这往往会使我们小心谨慎地采取行动。具有讽刺意味的是，正如我们一定会遵循前额皮质的活动规律一样，我们通常会在思考之前激活自己的大脑运动区域并准备进行冒险行为。

> **关键结论**
> 生物反馈是把握身体和认知能力的训练工具。

我们对自己所感知到的事物的反应，在决定压力是否会带来混乱和痛苦方面起着重要作用。一个相关的最佳实践来自 TraderFeed 读者丹尼尔·亨特，他概述了自己在处理交易压力时使用生物反馈方面的方法。在本书的早期，我们研究了生物反馈如何帮助我们达到最佳的认知和情绪状态。以下是丹尼尔利用生物反馈应对压力的策略：

> 我是外汇市场上的一名投机者，焦虑、兴奋和忧虑会蔓延到我的交易中。我用一种测量心率变异性的装置来对抗这个问题。我使用的设备是 Emwave2。它带有一个可在交易中使用的耳垂附件。我将它与能反映我实时状态的计算机程序配合使用。如果我的情绪开始波动，呼吸开始改变，它会在我意识到之前提醒我。我可以通过调整呼吸来控制自己的情绪，专注于市场上正在发生的事情。当然了，这项练习也可以在睡前使用，因为它能让你更快地入睡，并大大提高你的睡眠质量。它就像一个"冥想监视器"。

由于监视器会给我们是否处于最佳表现状态的实时反馈，因此它可以作为一个培养正念的有效工具。一旦我们意识到自身的压力反应，我们就能引导它们，阻止它们影响我们的下一个交易决策。生物反馈程序的读数使我们能够成为自身状态的观察者，这样我们就能看到自己何时处于心流状态，何时对市场产生过激反应。在工作期间，每个人都有可能离开自己的最佳状态。关键是要意识到失败的原因，这样就有可能采取措施进行纠正。

当我们选择交易时，就等于选择了在风险和不确定性的环境中进行操作。因此，压力将是不可避免的。我们面临的挑战是将压力转化为自我控制的催化剂——我们必须控制我们的反应，而不是让反应控制我们。生物反馈是一种最佳实践，因为它可以作为一种自我状态的警报，同时也是一种让我们保持冷静、集中注意力的训练工具。

最佳实践 #33：通过社交媒体建立学习网络

交易中最大的心理挑战之一是认知上的，而不是情感上的。这是对个人能力范围的挑战：我们在任何给定时间内处理信息的能力都是有限的。我所共事过的许多投资组合经理都开发了提升认知能力的方法，包括建立团队来帮助研究和交易执行；与精明的同行交流，讨论市场想法；和在交易大厅的同事保持联系等。将交易变成一项团队运动，有助于增加自己对市场的了解程度，也有助于发现新兴的交易理念。有多少次我都观察到交易员如此专注于他们手头的交易，以至于错过了市场更长远的趋势？在市场中，视野狭隘将使你走进死胡同。当我们需要高度集中精力的时候，把交易变成团队运动使我们能够处理更多的信息。

社交媒体正在为独立交易员们实现个人能力上的公平竞争。大多数独立交易员都无法在同行的协助下工作，也负担不起建立研究团队的成本。然而，通过社交媒体，他们可以把交易变成一项虚拟的团队运动。培养一个充满着同行观点的人际网络，会使你对市场的了解程度有所提升，同时激发你思考新的机会来源。

这就是为什么建立一个社交网络是交易的最佳实践之一。这是一个由同行交易者组成的网络，他们会重视你的成果，并为你提供有价值的信息和观点。建立有效社交网络的关键是选择性。我们通过微博、博客和聊天所遇到的大量言论都是具有干扰性且无效的。你需要的是一个能提供高价值信息的人际网。

股票推特（Stock Twits）就一个很好的平台，一个具有高价值信息的交流平台。你会发现某些人一次又一次地出现。这些通常正是你在人际网络中想要的高效信息。其中特别有价值的是 $STUDY，它囊括了精选主题和文章的链接，能让你方便地获取有价值的内容。总的来说，$STUDY 中的内容涵盖广泛的观察、分析和各类信息。你可以通过其创始人霍华德·林泽和社区发展主管肖恩·麦克劳林找到一些实用的链接。

另一个建立你学习网络的地方是一些财经网站。Abnormal Returns 网站提供了大量顶级播客的链接，也会突出每周的最佳主题。这也是一种发现有价值的信息来源的好方法，除此之外，你还可以坚持收听或阅读。在播客方面，你可以关注迈克尔·科维尔和巴里·里萨兹，他们会定期采访金融领域的顶级专业人士。其他不错的链接来源还包括 The Reformed Broker 博客中的乔希·布朗以及巴里·里萨兹的 The Big Picture 网站。在 The Whole Street 网站上，你还可以找到很多关于计量金融的著作。此外，finviz.com 网站也有自己的博主精选。

建立学习型网络的一个非常有效的策略是，寻找那些打算指导其他人的交易员。你可以从那些为本书贡献了最佳实践的交易员们开始，浏览他们的博客和推特。如果你找到了适合自己的内容，就再去找到相应作者并关注他们：他们很有可能对你有帮助。所有这些都是你的潜在人脉，他们可以成为你交易发展中有用的资源。

你可以通过测试你的所读或所听是否为你对市场的理解和交易提供了有用的观点来判断你对这个最佳实践的掌握情况。对于"娱乐性"的阅读来说，人们可以轻松地略读大量资源，但最终只有你深入理解了相应的内容，它才会真正对你有帮助。只有当你手中的拼图都正确时，你才有可能把它完整地拼起来。如果你无法开放地接受信息，你就得不到所有的拼图。通过社交媒体，你可以实现从独立研究到建立虚拟研究团队的跨越。不管你的情绪控制能力和纪律性如何，你都永远无法利用自己从未见过或听到过的机会。

最佳实践 #34：寻找并专注于你的交易优势

有两种交易员是难以成功的：那些无法适应市场变化的人，以及那些不能集中精力、利用市场机会的人。通常，交易员会对损失感到沮丧，接着放弃他们正在做的事情，并寻觅更好的想法和方法。这使得在市场上掌握任何特定的机会或技能变得非常困难。专注力是刻意练习的前提条件：如果一位交易员总是不断改变自己的策略，那只能说明他还是缺乏锻炼和经验的。

> **关键结论**
>
> 一旦你积累了一定的经验，成功将在于简化及对本质的专注。

一个重要的最佳实践来自于大卫·布莱尔（@crosshairtrader）。读者将会发现他来自 Crosshair Trader 网站并了解到他目前的交易培训工作。大卫的最佳实践都是围绕着专注进行的：消除市场中不重要的东西，开发一项非常具体的市场优势和专业技能。

当我刚开始交易的时候，我决定做一个海绵，吸收所有我能得到的股票市场信息。多年以后，我意识到自己变成了一个没有创造力的人，充斥着焦虑、困惑、恐惧和急躁，而这些都是缺乏专注的结果。我陷入了一个黑洞而浑然不觉。

在这几年间，我是和一个伙伴一起做交易的：一个朋友把我介绍到了公司里。每天他都有一个要我们学习的新话题。后来，我们的办公室开始变得像一个战场。八台显示器、两个大屏幕电视、两个彩色打印机、图表、书籍、CD、研讨会手册等。问题是，这些东西增加得越多，我们的表现就越差，我们的表现越差，我们就越增加这些东西，于是就形成了一个恶性循环。当我的同伴继续增加时，我开始"做减法"了。我开始练习极简主义，摒弃了我之前认为重要的所有东西，并意识到，无论我学了多少东西，积累了多少图表，股票价格都是无法预测的。

我现在的判断过程已经非常简单了，通过股价走势图，我发现价格发生突破的股票要么①继续之前的趋势，要么②逆转之前的趋势。我有一个不错的方法来锁定交易，只要它们在周线和日线上满足一定条件即可。我已经准备了一份股票清单，并制定了一个可以在潜在交易机会出现时提醒我的指标。换句话说，我已经成为一个"流程专家"。我制定了一个具体的过程，帮助我管理未来股票价格的不确定性。我不再觉得自己有必要去学习所有的东西，或者去关注清单之外的股票。

大卫的方法是有道理的：用黑盒方法交易股票是可行的，其变动趋势的方向性和波动性都在降低。他如今已经可以正确判断如何利用不同的突破机会（正确把握突破时的趋势和波动率）。这不仅意味着市场在朝着有利于他的方向发展，而且具有某种程度的动量。从心理上讲，拥有这样一种特定的方法可以减少分心，让交易员成为真正的专家，并在某种特定的交易中建立自己的优势。也许最重要的是，对特定交易的专注，使大卫能够真正地做好自己的交易，这样他就有信心在必要的时候采取果断行动。在特定类型的交易中，专业技能也能帮助他迅速认识到不利的情况并及时止损。

许多成功的心理治疗师也是交易专家。他们通过深入了解一个领域来发掘自身优势。对于交易员来说，这也是一种非常有用的方法。一旦你掌握了一种模式，你就可以举一反三，找到更多的机会。

最佳实践 #35：优化你的工作流

我们会把精力放在需要做的事情上，但往往会疏忽我们做事情的顺序性和组织性。在我们的工作流程中，微小的变化都会对我们的工作效率产生深远的影响。我最近采访了一名交易员，他在纽交所开盘前一秒才完成了绝大部分的市场回顾工作。当然了，这发生在他经过漫长的通勤到达交易大厅并进行了大量的交谈之后。他发现无论自己在做什么，都会感到分心、疲劳和压力，这些都会影响他对市场机会的专注。他在当天早些时候的一次走神，导致了愚蠢的交易失误，这反过来又给他带来了挫折感。很显然，他的工作流程影响了他的成功。

一个有价值的最佳实践是，像一名交易员那样组织你的工作流程。TraderFeed 读者拉胡尔·瑞瓦尼描述了他交易流程的组织结构以及他是如何将不同任务进行分类来最大化效率的。以下是他的一些发现。

> 我只在收市后分析我的股票。在交易期间内，重点是执行。这种方法有很强的清晰性，因为在一段时间内我只需要完成一个任务。同时，在分析和执行过程中我也能保持冷静清晰的思维过程。
>
> 我简单解释一下这个过程：在收市后，我会打开自己的股票列表，然后开始分析，并根据交易策略在重要的价格点设置警报线。然后我开始计算头寸的大小，并把它记在日志中。在第 2 天开盘后，价格接近我

设定的警报线时，就会出现一次提示音。然后，我打开图表，计算风险回报比，如果风险回报比对我有利，我就会开始下订单。

关键在于，拉胡尔使用他的工作流程将产生想法的过程与后续的交易执行的过程分离开来。通过在价格和头寸大小上的提前准备，他可以确保自己的决策是完全受控并在计划之中的，而不是对当前形势的临场反应。这使他能够保持头脑清醒，而不需要在交易时借助太多心理技巧。

我们对时间的安排有助于保持心理上的有条不紊。如果我需要在交易中的某一时刻保持思想开明及创造性，那么我就必须确保之前的任务不能带给我太重的压力。而在我需要处理相对细致而压力大的工作时，我会确保我的注意力和意志力处于较高水平。一个好的工作流程能在需要能量的活动和给予能量的活动之间创造一个动态平衡。最重要的是，组织我们的工作流程意味着我们占据了工作的主动，而不是相反。这在心理上是一个巨大的好处。

最佳实践 #36：建立你的交易仪式

仪式是一种具有特殊意义的活动，也是我们在同一时间重复进行的活动。一个家庭可能会举行感恩节大餐；大多数宗教活动都是通过仪式来维持的；我们对诸如出生、婚礼和葬礼这样的特殊事件有特定的仪式。仪式不仅仅是一种习惯——它能留出时间让我们发掘真正有意义的事物。当我们进入某种仪式时，我们会改变心理设定来迎合这个场合的特殊意义。

在交易中，一个非常吸引人的做法就是发展交易仪式。这些活动使我们关注交易中最重要的东西。TraderFeed 读者伊万（Yvan Byeajee）是一位活跃的全职交易员，他写了一本名为《范式转移》（*Paradigm Shift*, 2014）的书，该书强调了组织性的重要性和交易成功的准备工作。伊万解释说："这本书本质上是一种工作伦理声明，是在这个行业中所需要的。没有它，即使是最强大的系统也注定要失败。我坚信这几乎适用于生活中的任何事情。"

以下是由伊万列出的每天的习惯仪式（太平洋标准时间）。

周一到周五：

上午 5:30～5:50：浏览我的积极期望清单。（积极期望的心态＋积极期望的模型＝成功。）

上午 5:50～6:30：早餐时浏览市场相关新闻。

上午 6:30：开市。观察价格走势。

上午 8:00：停止关注市场。我已经完成了今天所有的日内交易。开始寻找新的摆动交易机会，并将之前的交易收尾。

上午 8:00～8:30：阅读交易博客。

上午 8:30～9:00：收听交易播客。

上午 9:00～12:00：我通常在这段时间出去跑步，接下来是1小时的瑜伽练习。

中午 12:00～下午 1:00：我又回到了电脑前。在市场收盘前的最后一个小时关注市场。我也会把一部分交易平仓并为新机会开仓。

下午 1:00～2:00：更新我的交易日志。保存供以后回顾所用的图表。

下午 2:00～3:30：为下一个交易日做准备（浏览数百张图表，注意可能的入场机会、出场机会、头寸设置和风险管理参数，以最小化第2天交易时的决策时间）。

下午 9:30～10:00：阅读交易相关书籍。我通常会每天读一章。

下午 10:00～10:20：冥想。

周六：

下午 9:30～10:00：阅读交易相关书籍。像往常一样读一章。

下午 10:00～10:20：冥想

周日：

下午 1:00～2:30：阅读日志、各项纪录和保存的图表。目标不仅是要了解市场的行为，也要了解我自己的行为：我做对了什么，做错了什么以及我如何可以做得更好。

下午 2:30～4:00：回测（先前图表中的统计分析，更新我的积极期望模型，可能也包括新的模型）。

上午 9:30～10:00：阅读交易相关书籍。读一章。

下午 10:00～10:20：冥想。

伊万解释道："我的最佳实践已经随着时间的推移而逐渐适应了我的需求，所以新的交易员可以期望他们也能达到这样的效果。他们应该不断测试、修改，最终找到最适合他们的东西。一旦他们把这个变成了每天的例行公事，他们应该尽量坚持下去，并争取在规定的时间内完成。每一次我们参加某个仪式，我们都或直白或含蓄地表达着自己的信念，所以我们应该专注于这个过程，水滴石穿，结果将对自己大有裨益。"

关键结论

你的仪式决定了你的成功的精髓。

伊万提供了一个很好的例子，并说明了他是如何将最佳实践转化成坚实的业务流程的。尤其令人关注的是，他并**没有**在电脑屏幕前花多少时间。我认为这一点是很重要的。他会在前一天晚上准备好交易，这也就意味着，他必须在晚上和周末做好充足的准备。这使得他可以利用灵活的交易时间来执行他的计划。这样的计划和从交易中抽身的时间避免了过度交易，也使得伊万能够实现真正的独立工作。

伊万的日程安排体现在了他在交易与生活中如何分配时间。他还利用阅读、积极期望、冥想和瑜伽来保持他的思想和身体始终处于一个不错的状态。每个时间段都有一个神圣的目的，都是有价值的。这使得每一段时间都是十分特别的，伊万也因此找到了他个人和专业发展中最重要的东西。

你的仪式可能与伊万的不同，但重要的是，正如他所指出的，你能否一直坚持下去。正是这种坚持将一种有价值的实践变成了一种有意义的仪式。我有很强烈的感觉：伊万在市场上的优势来自于他日常的工作，以及他将最佳实践转化为具有情感意义的仪式的能力。

最佳实践 #37：通过场景预先设想来适应市场

　　交易就像体育运动一样，比赛结果往往在比赛正式开始前就已有征兆。准备工作的质量决定了你在赛场上的成败。教练鲍勃·奈特有句名言：很多人都想获胜，但没有多少人愿意为之进行相应的准备。优秀的职业人士不只盯着绩效，他们也很享受准备的过程，这正是他们能够实现更高水平绩效的原因。

　　TraderFeed 读者保罗·兰德里贡献了一项有价值的最佳实践：基于场景的准备程序。通过预测各种可能发生的情景，并清楚地列出你对每一种情况的反应，你就不会再对市场的任何走势感到过度惊讶。对于在我们意料之中的情况，情绪不太可能出现反应过度。从这个意义上讲，心理上的准备是我们情绪控制的最好工具之一。下面是保罗的解释。

> 　　我来自一个军人家庭。在行动开始前，为可能面对的激烈的战斗做好准备是至关重要的。我发现我也需要在交易日开始之前进行排练。我为每一种情况准备了 7 个可能的场景。
>
> 　　这 7 种情况是：长期牛市；短期牛市；长期熊市；短期熊市；趋势反转时的均线回归；我最有可能遇到的走势；我可能遇到的最不利的走势。
>
> 　　针对 7 种情况，我要着重考虑 4 个方面：每种情况的可能性；如何体现在走势图和各项指标中；每一种情况可能的短期方向是什么；我的反应应该分别是什么。
>
> 　　排练对我有两方面的帮助。首先，它使我做决定的速度更快，质量也更高，因为我已经做好了预案。其次，因为在交易压力很小的情况下，我对决策事先进行了预演，所以在交易过程中以及交易完成后，我不用再做各种假设。

　　注意，保罗的准备工作实际上是一种开放思想的练习。他并没有将交易日锁定在任何一个特定的场景中。相反，他会为所有可能的情况进行排练和准备，以求在开市后保持灵活。在一天中，有些场景将会出现，而有些场景将不会出现，这使保罗能够专注于为当天最有可能出现的结果做准备。

我对这种准备工作的经验是，细节很重要。这不仅仅是想象某种重要的情况，而是具体地演练你在这种情况下所采取的具体步骤。通过多种方式进行准备比通过单一途径更有效。例如，想象可能出现的场景和所需的反应；讨论相应的场景和反应；把它们都写下来，这三种是完全不同的处理方式。把更多的时间花在练习上（并利用多种方法来处理这些计划）会为你带来更深入、更有效的准备。

假设分析不仅对军事行动至关重要，而且在最具竞争性的博弈和运动中也必不可少，从国际象棋到足球，都是如此。正如保罗所强调的，在激烈的战斗中，一个人根本无法准确并彻底地处理某种情况。不论市场如何波动，预测和计划事情升温之前的态势是确保我们交易成功的良方。

最佳实践 #38：在交易与你的其他工作之间寻找平衡

如果你想让自己成为一个交易员，但你又需要马上获得收入？在这种情况下，你只能去上半天班，并用剩余的时间学习交易技巧。平衡你的工作和你期望的交易生涯可能是一个挑战，但这是可以做到的。

萨姆·阿瓦德为我们提供了一个最佳实践，他半开玩笑地描述了一些可以帮助到那些朝九晚五的交易员的策略。

> 在我看来，交易领域里真正的无名英雄是像我这样的人：热爱市场，为市场所鼓舞；想与常春藤盟校毕业生、退役运动员、数学博士和计算机科学家们赚得一样多。不过，在工作的时候，谁还能想着这些呢？
>
> 没错。我们是每天工作8小时的人。每天的哪8个小时呢？哦，是的，就是市场交易的那8个小时。然而，由于对这个行业的热爱以及对自由生活的向往，我们选择坚持……这些年来，我已经成为这方面的专家。在周一早会时，我就了解了流动性波动情况；在健身时了解过了美

联储的声明；通过一个电话会议抓住了早上支撑位上的一次反弹行情；在悠闲的周五，放下这一切，玩玩投骰子游戏。

借助这一切，我已经整理了许多方法希望能帮助身为上班族的你精通交易。

（1）和经理商定早一点开始上班的时间：在你的同事来上班之前到达办公室，这段时间可以看作处理公事的幸运时间，因为其他时间你都要用于考虑与交易相关的事宜，你可以利用这段时间来研究市场并产生你的交易想法。

（2）在特殊的项目上主动请缨：这是确保你每天都有借口不去完成一天工作的最好方法，而你看起来却像一个英雄志愿者。当这些特殊项目接近尾声时你会怎么做？现在先不要担心这个问题。当那一天到来时，让未来的你责怪今天的你吧，你会赚到钱，这值得一试。

（3）这是一个抵抗压力的方法：如果可能的话，找一个类似于你的交易平台的软件程序，可以用它来评测分析师或销售业绩，或者对我来说，只是测测温度和湿度。让你办公室的每个人都能看到你的显示屏上那些红红绿绿的柱形图案，这样就可以放松一下了！

萨姆的建议可能不利于你在公司长久待下去，但它足以帮助许多人应对在初学交易时所面临的挑战。当我刚开始交易时，我还在一所医学院管理一个学生辅导项目。幸运的是，学生们每天早上都在上课，这让我可以在交易日的早些时候跟踪市场。我还开发了一种专门针对早期开盘形态的交易模式。直到今天，在我做日内短线交易时，我在刚刚开盘以及开盘后一小段时间内的感觉是最好的。日复一日地专注于早市交易，为我提供了一种不寻常的熟练度，并因此了解了早市与交易日行情之间的相关性。

模拟交易和交易日回放的能力是非常有用的。一旦我完成了自己的工作，我就开始利用交易平台回顾市场，并以实际价格进行交易。这让我能够在不影响白天工作的情况下找到市场的感觉，我很喜欢这样。此外，我还能利用晚上的时间来打印和复习图表，观察市场形态，并反思今天学到的宝贵经验。利用市场回顾来模拟交易是一种很好的方式，它能让我们从错误中学习，并不会危及你的收入或工作。

创造性地将你维持生计的工作与交易工作相结合来学习市场是最好的做法。无论是通过延长你的时间跨度、在市场闭市后做决定或是通过回顾来进行短期模拟交易，看看这些模式是如何产生和重现的。你可以将交易融入现存的任何工作或职业中去。

最佳实践 #39：在交易中培养自律的习惯

在交易中，人们很容易把注意力集中在交易上，而忽视了做交易的人！一旦我们失去了自我意识，我们就会做出令人后悔的决定。当我们没有面对有压力的情况和应激反应时，自我控制是相当容易的。然而，在情绪、认知和生理唤起期，我们的状态转变会使我们远离最初的计划。这就是为什么在交易时间使用自我控制策略是一个很好的做法。

> **关键结论**
>
> 自制力是可以被人们掌握、精通的。

TraderFeed 读者格斯·左瑞提供了一些关于自控的方法，他是一位原油期货的短线交易员。以下是一些帮助他交易的日常最佳做法。

（1）我会以 15~20 分钟的冥想／正念状态开始我的一天。在开始交易之前，我练习呼吸冥想，或者使用超自然冥想来清理我的思绪，让我集中注意力并意识到自己的情绪。在这段时间里，我会使用一个心率变异性的内部平衡应用程序监测我在那个时段的表现，并记录我的分数。

（2）检查清单，确保自己有一个好的睡眠、富含蛋白质的早餐和充足的锻炼。我还评估了自己的身体状况、注意力分散程度以及交易中的情绪和心理状态。

（3）在开始交易前，我会先关注一下市场状况和不同时间段的节奏，以评估市场是否适合交易，是否有趋势或波动等。这都助我决定应该使用哪些工具和模式，以及是否值得交易。

（4）我的第一次交易是用一个小头寸（1~2个合约）来试水，看看我是否与市场一致，并对整个市场环境有一个感觉。

（5）一旦交易中出现了盈利，我就开始为盈利的头寸加仓。我喜欢从小事做起，如果市场走势对我有利，我通过买卖止损增加头寸，然后在第1个目标和第2个目标价位平仓，在得到了前面收益的情况下，我会在前一柱线的上/下一个跳动位设定交易价位，让收益最大化。这个策略让我不那么急于套现收益，而且让我可以通过跟踪止损持有头寸更长时间。这是一个很好的风险管理方法，让我的盈利股可以赚得足够多。

（6）在我的交易过程中如果出现任何的焦虑或不适，我就会深呼吸，以保持自己的注意力，并坚持我的计划。

（7）在我的交易结束后，如果我有感到任何的焦虑、遗憾或不适，我就会休息5~15分钟，直到我清空思绪，重新集中注意力。我还做了一些利用呼吸来释放负能量的EFT（情绪释放技术）。我有时也会走出办公室休息一下。

（8）一旦我达到了当日止损线，我就会立即停止交易。如果我损失了50%~75%的当天利润，我也会停止交易。

注意格斯是如何将身体和情绪控制的方法（例如呼吸）与资金管理方法结合起来的。他试图在交易中保持领先地位，以适度的仓位退出交易，并在所有交易日对自己所遭受的损失进行监察。所有这些都属于自我控制的方法，所有这些也都帮助他专注于市场而不是损益比。与我共事过的一些交易员在交易日中利用休息时间（尤其是在中午）恢复情绪平衡，重新集中精力。不愿离开屏幕进行休息，往往反映了对交易的情感依赖，但这很容易演变成过度交易。如果我们注意到有些交易不具备明确的盈利机会，那么这将是用来恢复自我控制的绝佳时机。

格斯认识到，在交易中，资金管理是自我管理的重要组成部分。正如我之前提到过的，我从来不想某天的亏损让我一整周都无法盈利；我也从来不想一周内的亏损让我一个月都无法回本；我更不想由于某个月的亏损让我接下来的一年都无法翻身。保持乐观和积极态度的一个重要原因，是确保你总是有足够的能量在失败后东山再起。控制风险并将风险回报比置于我们的有利水平，是交易员最有效的心理干预手段之一。

最佳实践 #40：摒弃消极行为

改变任何消极行为模式的第一步是认识并中断它。当我们中断一种模式时，我们必然会离开这个模式。我们需要主动控制它，而不能让它控制我们。当我们的问题出现在消极思维或冲动交易的模式中——一个强大的反应是暂停你正在做的事情，并开始识别消极的模式，有意识地承认并感受潜在的后果，然后拒绝让它控制自己。

这就是酗酒者在他们的戒酒过程中要学会做的事情：确认饮酒的情绪诱因；通过把情感与酒精滥用的后果联系在一起，可以中断饮酒的冲动；这能让他们拥有更理想的出路。

以下最佳实践来自于 TraderFeed 的读者艾勒达德·纳姆内，他是一位日内短线交易员，我们在此分享一下他的"五分钟规则"。

> 在回顾了自己的交易之后，我发现我做了很多重复的交易。我的意思是，在我结束某个交易不到 5 分钟，我又开始了一个新的交易。通常，这种情况会发生在我交易失败之后。这让我感觉自己并没有完全接受损失，而是在寻找一种报复。在理解了这一点之后，我为自己设置了"五分钟规则"。在交易结束后，我通常会问自己以下几个问题：我做得好吗？我有没有学到对接下来的交易有帮助的东西呢？我是否有一些可能影响到自己的开放性情绪？我做过什么违反交易规则的事吗？

回答完这些问题后，我会花一两分钟的时间离开屏幕进行适当的休息调整。在我坚持执行这条规则后，我失败交易的数量减少了 70% 以上。

注意，艾勒达德的规则实际上是在交易日中培养正念的方法。在结束每一笔交易后休息一下，他就能暂时离开市场（以及他对市场的反应），并问自己一些关键的过程性问题。5 分钟的休息，确保了他不会受到任何负面因素的干扰，也确保一个糟糕的交易不会变成一系列糟糕的交易。在每次交易结束后，交易员们都会把这种心态转变成一种积极的习惯模式。这能为他们提供新观点和控制力。因此，通常情况下，正是我们在非交易时间内的行为，为我们的下一笔交易做好了准备。

最佳实践 #41：精心安排你的业绩回顾

我们很容易被交易和交易准备消耗精力，以至于无法回顾并反思我们的交易表现。与我共事过的那些成功的基金经理，都有一个交易前观察市场、交易时分析市场以及交易后回顾市场的结构化程序。提前观察市场能使交易准备更加充分，更加严谨；而反思使我们能够从自己以往的决定中吸取教训，并从教练的角度出发，将普通的表现变成真正的刻意练习。

一个强大的最佳实践是，进行结构化的绩效评估来评价你自己和你的交易。Worch Capital 的负责人瑞安·沃克给出了一个例子。他解释说：

> 我总是想相信自己能够把握更远大的市场图景。在日常的行动中我们是很容易陷入困境的，因此，我为自己设置了一系列的月度目标和观察计划。
>
> 每个月末，我都会对我所有的交易进行回顾式分析。这是真正有意义的工作。我评估每一笔交易并找出其成功的原因。我希望能因此看到自己在不同交易环境中的回报。由此，我设定了下个月的目标。突破交易、均值回归抑或回调交易。确定这一点的唯一方法是在每个月结束的

时候剖析所有的交易。这个循环和反馈的过程对于保持参与并适应不断变化的市场是至关重要的。

我会在这个过程中挑战自我，提出问题。盈利股有什么特点？亏损股有什么特质？是否有一种模式可以被识别？我会把所有这些都记录下来以备将来参考。这个反馈循环使我成为一个更好的交易员，并帮助我在未来的市场和交易中更快地分析信息。

一些数量上的例子是：盈利股与亏损股的百分比；平均盈亏；风险股权百分比；每股盈利/亏损百分比；每笔交易的盈亏比等。

从定性的角度来看：是什么导致了头寸的变动？（突发事件、上调评级、下调评级）周围的市场环境怎么样？是否有外部力量参与？（地缘政治事件、货币政策事件等）

> **关键结论**
> 如果我们拥有系统的学习方式，我们将会不断地寻求进步。

请注意，瑞安回顾了市场环境和他的具体交易。通过观察哪些交易是有效的，哪些是无效的，他就能洞察到市场的前景，这些可以被推进到未来的决策中。这种洞察力也能帮助他在有利的环境中承担更多风险，并在不透明的环境中挽回他的风险。结构化审查既是市场的学习工具，也是提高交易绩效的工具。

最佳实践 #42：对机会进行甄选

让我们把过度交易看作我们实现交易成功的威胁吧。好的交易是有选择性的，将风险承受留给具有积极预期价值的机会。如果我们失去了这种选择性，我们不仅会在市场上失去了交易和时间，而且也削弱了我们的判断力，并损害了我们实现成功的必要基础。交易中损失是不可避免的；没有人能准确地预测未来。另一方面，糟糕的交易是可控的。当我们以非经济的理由进行交易时，我们会强化那些会破坏业绩的因素。

对交易机会的筛选是确保我们在市场上承担合理风险、避免保证金交易的一种方式。一个最佳实践来自 TraderFeed 读者史蒂夫·瑞安（@iamtrading），他描述了自己为当日确定有机会的股票和交易的过程。史蒂夫解释说：

> 我的策略是找到那些在市场剧烈波动时还保持平稳的股票。因此，新闻股和动力股是我交易最多的两类股票。
>
> 此外，我还担心流动性问题。我是一个日内摆动策略交易员，我不能让做市商瓜分掉我的利润。滑点和大的价差是短线交易者的两个无声杀手。
>
> 因此，我创建了一个选股模型（使用的是免费的 Finviz.com 版本）来获得我想要的股票。这些股票必须：
>
> - 有足够的流动性，平均日成交量不低于 100 万。
> - 波动足够大，平均真实波动范围不低于 1.5。
> - 定价在 20 美元以上。
> - 价格高于 SMA 50（上涨势头）**或**低于 SMA 50（下跌势头）。
> - 简单移动均线 20 在 SMA 50 以上（上涨势头）或在 SMA 50 以下（下跌势头）。
>
> 我通常每晚会用这种筛选方式选择 150~210 只股票。从现在起，我要开始关注每日、每时、15 分钟、5 分钟的相应图表，为接下来的一天找到最好的股票。
>
> 我们可以通过改变日均成交量、价格阈值或者真实波幅等指标来获得更多的股票筛选结果。

这里最好的做法是建立一个强有力的程序，从较小的机会中分离出更多的机会。一旦你筛选出了潜在的交易标的，然后进一步从中筛选，你就朝着避免过度交易的方向迈出了一大步，并把注意力集中在对你最有利的交易上。请注意，史蒂夫在他的筛选中是如何考虑波动性/流动性和趋势指标，从而增加了他在交易日中成功捕捉波动幅度和方向的可能性的。有了重复，我们就能更好地筛选各种可能的股票或市场，从而专注于更小一部分的有效机会。

最佳实践 #43：经营好你的交易

如果你把你的交易当作一项业务，那么你不可避免地会同时扮演交易员和经理的角色。你是研究交易策略的研究员；你是头寸和风险的管理者；你也是一个需要自我管理的人。很多时候，交易并不成功，是因为经营不善。交易者从一个角色跳到另一个角色，而没有将这些角色转换成高效的最佳实践。一个商店老板有不同的流程来选择和采购商品，展示产品，服务客户，管理财务。商店的成功依赖于每一个流程的有效执行。每位交易者都像是在经营自己的店铺，而整个业务的组织形式将是其成功或失败的主要因素。

来自马来西亚的全职期货交易员布赖恩·李提出了将交易业务组织为最佳实践的构想。他描述了他如何将工作分成三个部分。

> 我在美国和亚洲的几个期货市场做交易，其中包括原油、黄金、债券、迷你道氏期货、大豆、小麦、玉米、棕榈油、大豆油等。我的交易方式是长期趋势跟踪及摆动交易。我的交易是基于系统的，这意味着所有交易决策都是基于我的交易系统产生的信号。此外，我还将自己的风险管理算法集成到了我的投资组合中。
>
> 我把自己的交易过程分为以下三部分。
>
> （1）**研究与开发**。这包括研究交易方法和研究、开发并测试新的交易策略。整个投资组合的风险管理也包括在其中。
>
> （2）**交易执行**。我在早晨5点（马来西亚时间）时醒来，开始运行我的交易系统。由于我的系统使用的是一天结束后的数据，它只会在每天开市之前产生交易信号。那么我的工作就是把这些信号作为交易平台的交易指令。当交易订单被触发时，系统会马上通知我。而且，我还会在我的交易日志中记下时间、价格、份额和其他交易信息。

（3）**审计**。审计师的工作是核实和审计所有的交易。这通常是在每个交易日结束时完成的。我所在的GLOBEX平台上，许多期货市场可以开放将近24个小时。我早上5点起床，开始检查当天的所有交易。我会对照经纪人发来的交易凭证确认交易日志中的记录无误。

我在交易中扮演着三个角色：研究员、交易执行者以及审计师。虽然这些都由我一个人完成，但我一次只扮演好一个角色。我不能同时做研究员和交易执行者。这无疑会产生冲突，从而影响到我的交易。

布赖恩强调的关键是，他清楚地描述了自己交易中的主要流程，并且每一个都有明确的时间框架和清晰的定义。虽然布赖恩是一个使用系统的交易者，但他所提供的最佳实践也适用于非系统交易员。研究和市场观察所需要的时间必须与实际交易和管理的时间分开，而且两者都必须与花在自己身上的时间和提高自己的表现分开。不仅仅是成功的交易者会遵循一个过程。相反，他们将交易中的不同责任进行了划分，为业务的每个部分创建独立的流程。

是什么让你成为一个成功的创意产生者？一个成功的风险经理？一个成功的自我管理者？如果你对投入到每一项工作中的时间没有明确的概念，你就不可能再很好地表现和成长。交易最终意味着经营好你的交易业务，这也就意味着，你要以一种亲力亲为的方式来处理业务的每一部分。

最佳实践#44：通过运动来更好地把控认知和情绪

我们从研究中得知，运动能给人们带来许多健康和情绪方面的好处，包括增进健康和提高注意力等。尽管如此，大多数交易员还是以久坐不动的方式工作，他们坐在办公桌前，每次看几个小时的屏幕。缺乏运动使我们被禁锢于狭隘的思维和身体状态中。这样一来，当我们遇到挫折时，就很难改变自己的状态。

用运动来改变我们的身体和思想状态是一种还未得到欣赏的最佳做法。一个特别有效的最佳实践来自TraderFeed的读者斯科特·加尔。他解释了如何在自己的工作中进行活动，来为个人和交易提供好处。

我的最佳实践非常简单，但我还没有在你的博客或任何其他相关的博客或资源上看到关于站立工作和/或在跑步机上工作，以及传统的坐着工作好处的评论。我知道一些交易员会抱怨整天久坐带来的健康问题。

自从8个月前买了一台跑步机工作台（作为我坐着工作台的补充），我不能说我的交易结果已经有了起色，但是每天使用2~3个小时这个特殊的工作台，已经使我整个状态有了明显的改善。盯着屏幕以每小时2.4英里的速度跑步（我现在正在这么做），帮助我缓解了两个问题：交易中的烦躁和无聊。在一两次的休息之后，或者在身体活动和深呼吸的时候，你是很难陷入消极情绪的。而且几乎不可能感到无聊。

另外，我觉得自己有很强的创造力，因为我从不忘记打开Focusatwill.com网站，在坐着的时候我常常因为某些原因忘记这个。这有助于优化我的情绪、提升我的注意力和创造力。跑步机甚至能改善拖延症，因为我更倾向于处理许多通常被推迟了的事情。此外，我已经因此减掉了很多体重，也练出了明显的腹肌。我在阅读或评估市场时也会使用哑铃来锻炼肌肉。

关键结论

我们可以通过身体上的锻炼来更好地把控心态与情绪。

斯科特把工作和锻炼结合在一起来保持在交易中的活力。他对音乐和哑铃的运用使他在精神上和身体上都能保持活跃，这让他在交易中不太会感到无聊。他的观点是，我们在保持体力充沛的情况下是很难陷入负面情绪的。控制我们的身体是实现认知和情绪控制的有效方法。在交易日中安排一段时间的锻炼是一种很好的恢复精力的方式，我们的头脑也能因此重新保持清醒。将运动融入实际的交易过程中，并将这个想法提升到下一个层次，可以使我们在决策和管理风险时一直保持最佳状态。

最佳实践 #45：全面检查你的交易

关于彻底的定期检查我还是有很多要说的。我们很容易谈论自己所做的交易以及如何巧妙地应对市场变化。但是我们如何判断自己是否真的落实了最佳实践？这就是全面检查的一个非常有用的地方。

来自 SMB Capital 的迈克·贝拉费奥雷（@MikeBellafiore）和史蒂夫·斯宾塞（@SSpencer）为我们提供了一个极具结构化的检查流程。他们每周进行两次检查，以确保初级交易员在选择交易策略时确实是严谨的。迈克和史蒂夫描述了这个发生在交易大厅的过程。

> 每周二和周四下午 1:30，我们会在曼哈顿市中心的公司培训室见面，对交易计划来个"体验"，即交易策略手册检查。出席的只有交易员们。这是一种帮助我们的交易员识别并最大化他们交易优势的最佳实践。
>
> 过程是这样的。其中一位初级交易员准备了一本交易策略手册，这是一个对他来说有意义的套路。然后，这位交易员将这一交易介绍给我们培训室的其他成员。我主持这次交流会时，对交易员们提出了一些尖锐的问题，比如股票选择、缺乏动机、准备不充分以及思考和执行方面的问题。在此，我要"检查"的是我们的新晋交易员们的优势。
>
> 这位初级交易员将他最喜欢的交易分解为 5 个方面（SMB 交易策略手册模板）：
>
> a. 宏观经济状况
>
> b. 短线基本面状况
>
> c. 技术面分析
>
> d. 阅读证券买卖记录表
>
> e. 直觉
>
> 我们的新晋交易员每天在离开交易大厅之前，都要做记录归档。从中要挑选一个在交易策略手册检查时，在众目睽睽下展示给大家。他们

知道怎样聪明地选择以避免自己下不来台的尴尬局面。

在我们的培训教室里常听到这些说法：

- 是的，别再做那种交易了。你不会赚钱的。
- 在那次交易中，你的进步空间在哪里？
- 这个笨蛋是怎么被放进公司来的？
- 在这种交易中你必须持有更大头寸。你现在这样做是在把赚钱的机会拱手让人。
- 如果你没有做好准备，你觉得市场会让你成功吗？
- 我觉得你太擅长这种交易了。

以下是交易策略手册检查帮助交易员们完成的事情。

（1）帮助他们找到了自己最喜欢的交易模式。
（2）帮助他们摒弃了不值得投入精力的交易模式。
（3）通过交易策略手册帮助他们更好地把握自身优势。
（4）帮助他们从他人身上学到更优质的交易。
（5）帮助他们从擅长某种交易的同事那里深入学习。
（6）为他们创建了一个可以提供优质交易标准的平台。
（7）指导他们如何像专家一样安排自己的交易。
（8）为他们提供了一个相互合作、娱乐以及交流经验的平台。

> **关键结论**
>
> 伙伴间的相互监督可以提高彼此的交易质量。

这是一个很好的说明交易如何成为一项有效的团队运动的例子。史蒂夫和迈克将检查作为他们培训计划的一部分，但是这是一个交易员可以和一个或多个伙伴一起完成的过程。它使交易员能够更好地思考自己的想法，磨炼自己的优势，互相学习。每周持续进行这种检查产生的累积影响是很可观的，因为交易员们彼此之间往往会坦诚相待。医生通过检查来确保病人健康。交易中的检查也可以有效地确保我们拥有一个健康的交易状态。

最佳实践 #46：合理安排你的日常例程

在交易中，没有多少硬性的公式可以让你成功，但有一种方法可以让你做到最好，想一下当你成功的时候你会做些什么？把它们变成积极的习惯吧。这是通过创建日常例程来完成的。当我们创建一种惯例，然后让它成为习惯时，我们利用我们的力量让它变成自动行为。

每个交易员的惯例会有所不同，但是高效的交易员会抓住最佳决策的本质。一个很好的例子来自于基金经理 @MPortfolio，他是这样分解这个过程的。

> 我发现工作日的一个非常有益的做法是把我的工作的优先顺序固化为一组日常工作。
>
> 我在一天结束后有一个投资管理的活儿要做，就是浏览所有头寸和它们各自不同的止损规则，以确定是不是有些止损被触发，是否有些头寸超过了允许的最大额度，等等，还要确定是否替代头寸已经标识出来以及是什么头寸。这些日常工作是为了第 2 天早上做的准备工作。
>
> 我会这样开始一天的工作（如果我确实有开市交易需要完成，这将是第 2 个）：①检查通知，并审查前一天的交易（股息、资金流入、资金流出），从管理的角度了解我接下来都需要做什么；②观察资产类别、区域和不同板块的变化。（我使用"相对强度"作为我大部分对比的基础。）
>
> 我发现，此方法的一个非常有用的副产品是，除了可以让我们受益于有序的安排，它还可以帮我们进行冷静、系统的决策。

我很喜欢将日常例程分解的这个想法，我的待办事项是基于它们的相互关联而聚集起来的，然后按顺序排列，帮助我更好地完成交易业务。对于我自己的交易，我每天早上锻炼的时候都会有一些惯例；再就是我对市场、指标和定量研究的回顾；还有一项涉及我的交易规划等。每个部分都能让我发现在准备和交易中有用的一系列具体活动。其他交易员会将他们的准备工作安排到不同的部分，其中可能包括与其他交易员的协商、阅读研究和图表回顾等。

@MPortfolio 注意到，这个方法不仅是一个心理工具，也是工作流程上的辅助工具。当我们以健全的程序作为基础的时候，我们就能高效而有效地工作，这让我们把注意力集中在市场中似乎总是存在的独特挑战上。交易日安排上的模块化，将时间划分成不同部分，每个部分都形成了最佳实践，这是一种维持我们交易控制感的非常强大的方式。

最佳实践 #47：优化你的交易结构

太多的交易员都喜欢用"直觉"来为糟糕的交易和过度交易找理由。的确，直觉和隐性学习是模式识别的基石。然而，这并不意味着任何交易都是一种好的交易！直觉是广泛接触某一领域的结果。没有长期的沉浸和学习，就没有模式识别技能的建立。经验丰富的交易者学会区分直觉和情感冲动：一个反映理解；另一个则反映了需求。

一种有效的、确保你的交易真正合理的方法，是为你的交易建立一个框架，并抓住它的基本要素。这是 Awais Bokhari（@eminiplayer）提供的一项最佳实践，他是 Open Trader 培训项目和 eminiplayer.net 交易网站的联合创始人兼首席执行官。Awais 参与了 1 000 多名交易员的培训，因此他对交易技巧的建立有着很好的理解。他描述了他为帮助交易执行和筛选有效交易理念所采用的框架。

> 在与这么多交易员合作过之后，我发现一个共同的挑战是，即使他们已经对市场及其机制有了坚实的了解，仍然在与交易执行进行斗争，无法客观地确定交易建立的质量。所以，即使他们制订了一个好的交易计划，他们也不能实时执行这个计划。
>
> 为了提高执行力，我给我们的学生提供了一个执行框架，并教他

们如何对有效的交易策略进行剖析。这里的概念是交易或策略的分解方法，以及如何确保策略中每一部分的良好运转。随后，我们用简单的Yes/No来追踪交易日志或电子表格中的组成部分。重要的是我们能否客观地监测和追踪每一部分。这意味着整个过程中不能包含任何依赖于直觉的成分。

对于我们任意型交易的方法，我们遵循交易理念中的4个关键组成部分。

（1）**良好的交易点位**。对大多数策略来说，交易点位是很重要的。在许多情况下，单凭交易点位就足以成为启动交易的一个理由。为了保证客观性，你只需回答你是否在预定的支撑位/压力位区域进行交易。

（2）**短线控制/短期方向偏差**。我们可以通过观察市场在第1个小时的高/低、中点、成交量加权平均价格、VPOC、隔夜高/低点和前一天的高/低点的关系来评估哪一方势力在白天更加强势。与日内方向相同的交易会有更高的可能性达到盈利目标。当你开始一个与日内方向相反的交易时，你应该在你的定位上更加保守。

（3）**动量**。我们通过监测纽约证交所与价格变动的联系来衡量动量。在动量方向上的交易有更高的可能性达到盈利目标。当你进入一个与整体势头相反的板块时，你应该更加保守地设置你的交易点位。

（4）**长线控制/趋势偏差**。对于日内交易而言，我们根据30分钟和每日图表来评估更长时间框架下的控制。持有期更长的交易有更高的可能性实现它们的盈利目标。而且，与趋势相反的交易通常应该更保守地设置交易定位。

（5）**汇流**。这四个关键组成部分构成了一个有效的交易理念。对你有利的积累越多，策略生效可能性就越高。一般来说，在每一笔交易中，至少有两种成分对你有利。

（6）**风险报酬比**。R/R作为股票过滤器，是交易启动的先决条件。因为R/R是一个比较主观的指标，每一笔交易都必须符合我们的最低R/R

标准 2：1，而且，R/R 永远不能作为启动交易的唯一理由。这是一个必要条件，但只有它还是不够的。

我们发现，这个执行框架可以让我们的交易员们变得更客观，并且能够实时地确定交易策略的质量。另一个好处是，它还允许交易员在一天结束时客观地评估交易。

关键结论
避免过度交易的最好方法，是清楚地定义什么是好交易。

Awais 创建了一个交易选择指南，帮助交易者进行实时决策，也有助于评估交易的盈亏。通过将这些标准应用于所有的交易中，交易员们会将好的决策的基础消化吸收，并将出色的执行变成一种习惯。

我发现一个有用的方法是回到过去，确定自己理想中的交易，并检查遵循的各种措施是如何被建立起来的。然后，将我当前的模式与那些在我后悔启动的交易中出现的模式做了对比。这些重复性的观察极大地帮助我产生更多关于市场趋势和逆转的个人理论，这反过来又增加了我交易的选择性。能够很清楚地确定什么时候以及为什么要交易是非常有帮助的：你的架构应该让你保持诚实，尤其是在市场引诱你追逐波动而不是抓住机会的时候。

最佳实践 #48：将你的业务流程化繁为简

当我第一次尝试开发市场的定量模型时，我对通过在等式中加入更多的预测因子而获得的预测能力印象很深刻。当然，这在样本内是可以的，但在应用样本外，尤其是在实时状态下，就完全不起作用了。为什么？因为复杂的方程是符合历史数据的，因此它不适合新的数据。这种过度拟合造成了一种虚假的安全感。具有更少但功能强大的预测因子的方程几乎总是最有力的，也能提供最大的预测价值。它们其实很简单。

一个有价值的最佳实践来自长线交易员查尔斯·科尔克（@TheKirkReport）。他每天都通过科尔克报告（The Kirk Report）跟进市场，并指导那些订阅的用户。查尔斯将他的最佳实践描述为"消除"，此外，他的观点与我早期的量化经验非常吻合。

  20年来，我研究了所有你可以想象的关于交易和投资的事情。我积累了这么多的知识，但最终意识到，在通往更大利润和成功的道路中，关键在于如何"做减法"，这样我就可以专注于那些我最擅长的事情。我相信我们所有人都经历了一段把策略复杂化的时期。有更多的东西要看，更多的指标要使用，更多的屏幕要运行，更多的测试研究要审查，更多的人要倾听，等等。这样做的问题是，一旦你持续了一段时间，复杂性本身就会成为一个巨大的干扰。大部分的交易都是在搞清楚什么东西真正能增加价值以及有多大操作空间，然后有勇气去消除一切。有很多的噪声和无用的因素可能很有趣，但它们在现实中不仅没有帮助，还会带来另外一些需要你克服的障碍。

  一旦你了解了自己必须采取的步骤以及实现成功交易所需要的信息，下一步就是消除没有必要性的一切事物。此外，一旦你有了一个行之有效的策略，在你能"做加法"前，你需要抛弃一些东西来"做减法"。这条规则将阻止你把事情复杂化，让你专注于真正重要的事情。在我看来，最好的方式就是学会"做减法"。

当查尔斯指出"做减法"需要勇气时，他提出了一个很好的见解。换句话说，你必须对你成功的少数几个重要组成部分有信心，而且你必须依靠它们。太多时候，当我们想要对策略进行完善时，是因为我们缺乏对这些策略的信心。穿透业绩的表象回归实质，迫使我们做出承诺，并把自己的钱也投入进去。

  同样的道理也适用于我们如何在公众面前展示自己。如果我们对自己感到自信，我们就能表现得很自然——简单而直接。如果我们对自己不够满意，我们就会提高自己公众演讲的层次，来吸引每一个人。我们可能会采取不属于我们自己的表象或态度，或者我们可以试着让自己的表现适应当下的社会环境。无论在哪一种情况下，增加复杂性都是一种缺乏自信的表现。

当我们以最自然的方式去交易，我们会更加凸显自我，而不会削弱它。正如科尔克观察到的，这是信心的巨大增强。拒绝把赌注押在我们自己最好的判断上，是我们可能采取的最愚蠢的行为之一。

最佳实践 #49：将你的信息处理能力最大化

交易员们通常在多个屏幕上工作，每个屏幕都有实时更新的多种信息。一些屏幕更新图表；一些更新消息；有些用来发消息；有些用来追踪报价。没有交易员希望错过高速的发展，所以诱惑将是，继续增加屏幕并向每个屏幕添加更多的数据。然而交易员们真的能实时处理所有这些信息吗？屏幕上出现的东西有多少是真实的信息，还有多少是会分散注意力的？

在交易的认知过程方面，一个有价值的最佳实践来自 WindoTrader 的特里·利伯曼（@windotrader）。他强调了理解和拥有交易信息处理系统的重要性。多年来开发交易平台的经验，让特里对交易员处理信息的方式有了相当多的了解。他重点强调，除非我们清楚地了解自己的信息处理能力，并发挥它们的作用，否则我们处理市场信息方面永远是有局限的。WindoTrader 的一个不同寻常的特性是能够将信息叠加显示在窗口中，这样一来，交易员们就可以同时在多个时间跨度观察价格变化。这样一个高度可视化的信息处理器，可以显著增加人们的认知效率。

正如特里所指出的，考虑到交易员可用数据资源的激增，简化信息以适合自己的处理方式将会变得越来越重要。

众所周知，信息并不缺乏，因为这是信息过载的时代。对于我们这些从事交易的人来说，重要的是能够快速、轻松地找到符合我们要求的信息，这些信息必须具有特定的相关性、实用性、应用性以及适用性。

一个理解上的突破口在于，我们首先要清楚，数据本身不是信息，我们必须把数据加以处理才能将其转化为信息。在它们成为你需要的信息后，你现在便可以基于一定的知识和理解来做决策。一旦决策满足了你的要求，你就需要决定如何配合自己的标准去采取行动。

为了提高你收集所需信息和处理信息的能力，从你需要的信息开始，想清楚你为什么需要它以及它将为你提供的好处。其次，确定信息的使用环境和内容，以及它的总体有效性。最后，计划一下使用它的细节，并在实现你目标的过程中将其效用最大化。多读一些发人深省并且有趣的东西，读读《信息焦虑》(*Information Anxiety*) 这本书。

特里提出了一个非常重要的观点：交易是一种认知过程。这一切都是为了获取数据，然后将数据整合到信息和观点中，并根据流程进行决策。屏幕上有多少东西对我们的决策至关重要？如果我们只关注与我们交易决策最相关的数据，我们又需要使用多少块屏幕？

> **关键结论**
> 如果我们学会了优化自己的认知过程，我们就可以优化自己的交易。

精简我们的信息处理过程驱使我们对现有的思维进行思考，并遵循我们的推理来产生合理的交易决策。特里的最佳做法不仅仅是优化我们的点子屏幕，它优化的是我们的思维过程，然后使我们屏幕上的信息适应我们的处理方式。并不是越多越好；很多时候，快速的信息处理和深度处理一样重要。通过用心组织屏幕上的内容，我们可以提高自己思维过程的效率。

最佳实践 #50：为你的交易做好计划

不久前，我要求几位交易员把他们所有为下一年交易准备的东西带到会议上。他们都带来了自己明年的目标。他们中的大多数人也都分别列出了自己在前一年所做的正确和错误的事情。但是，他们中没有人制订具体的计划，详细地说明自己将如何利用前一年的经验，来实现他们的新年目标。

换句话说，他们花时间设定了目标，但并没有深入到制订实现这些目标的计划。你认为他们有多大可能实现他们未来一年的理想？然而，他们都觉得自己在为交易努力。

把计划作为最佳实践的想法来自于一个经验丰富的市场和交易员观察者塔达斯·威斯康塔（@alre-turns），他是著名的 Abnormal Return（超常回报）博客网站的作者。在这段摘自他作品的节选中，他强调了在交易中计划的重要性，并指出了在规划过程中可以使用的检查清单。

新晋交易员常遇到的一个问题是，他们对待自己的交易不像对待其他业务一样严格和严肃。然而，交易就像任何其他业务一样，它有收入、开销、可变成本等。如果没有计划或衡量业绩的手段，结果只能是令人失望的。

许多交易员不愿制订交易计划，因为他们觉得这可能会扼杀他们的创造力或应对市场变化的能力。同样，在更广阔的创业世界里，详细的商业计划似乎已经失宠了。而在交易的世界里，它似乎从来没有真正流行过。然而，交易员们很好地考虑了他们如何利用计划实现利润。一个交易计划要包括他们将交易的标的，当他们交易这些标的时，他们的进场和离场策略是至关重要的。或许更重要的是一种限制个人交易和整体投资组合损失的策略。而且，与整体交易计划一样重要的是，一个逐笔实施的计划可能更为重要。

不少交易员发现，当他们进行交易时，一份清单能确保他们不会遗漏任何东西。正如《清单革命》(Checklist Manifesto)的作者阿图·葛文德所写的那样："在飞行中，每个人都想安全着陆。在基金管理行业，每个人都在寻找优势。如果有人做得很好，人们就会像饥饿的鬣狗一样突然想要知道他是怎么做的。几乎每一个想要在互联网公司投资的想法，都瞬间被吞噬了。但除了一个：检查清单。"**清单并不能决定交易员们去做什么；相反，它的作用在于确保交易员应该做的事情已经完成了。**

一个设计良好的交易系统是可以创建一份好清单的。交易员越有经验，他的交易系统就越简单。经验丰富的交易员花了一辈子的时间把所有交易想法变成了一项为自己服务的计划。

塔达斯提出的一点很关键：除非有检查清单的支持，否则一个交易流程就不算是稳固的——如果你没有将这些清单编入代码中，使用它们来指导决策，那么你就算不上真正的流程驱动。航空公司的飞行员会在起飞前检查所有的系统，确保一个良好的飞行计划。医生在制定和遵循治疗计划之前会对病人进行系统的检查。在这两种情况下，用非结构化的决策来解决问题将导致灾难性的后果。最好的交易计划是基于最佳实践的——它们将是最佳表现的模板。

最佳实践 #51：为你的表现做好思想准备

对于准备工作而言，挑战之一是确保你在练习模式下所预演的内容，在实战的时候能真正留在你的头脑中。对于学生们来说，在大考前努力准备，但到了考试时大脑却一片空白，也是十分正常的。我们在平静、专注的心境中，和我们在应激模式中处理问题的方式可能是非常不同的。这就是为什么要更频繁、更深入地处理信息（以不同的方式处理信息）对认知能力的重要性。需要知道的是，如果我们一贯演练得很好，就很可能坚持下去。

一个认知上的最佳实践来自于汉堡的 TraderFeed 读者丹尼尔·马丁·舒尔茨。他描述了自己在交易准备中发现的有效策略。

> 回想高中和大学时代，有一个技巧曾使我受益良多：我会在重要考试前一晚睡觉之前复习一遍那些非常重要的内容（我的意思是头碰枕头之前，也就是睡觉前的最后一件事，当然了，亲你的另一半除外）。让

我感到惊奇的是，这些内容为何会被记得那么牢固。这一定是关于我们的大脑是如何在睡眠中巩固信息和学习内容的（我肯定这个问题其他人已经写过了，但我没有准备好链接或文章）。

我并没有对大量的图表进行回顾——我在当天密切关注的市场图表只有少数几张，都是关于我曾做的交易以及接下来准备做的交易。在每个市场中我会使用4种时间跨度（每日，每时，15分钟，5分钟，但这些细节并不重要，时间跨度也会因人而异）。然而，不会改变的是，我们可以在夜间"播种"自己潜意识或睡眠中的大脑。这或许是一个不起眼的技巧，但我们要做的就是不断寻觅微小的优势。

丹尼尔的策略无疑是有效的，因为它直接地减少了处理后续事件的干扰的影响。研究表明，创造力的一个重要组成部分是它的孵化期，在这个过程中，我们会放松对此前问题的注意力。丹尼尔把睡眠作为孵化期，实现了一种思想的播种。这既有助于信息的回收，也有助于将信息整合到新的交易理念中。当我们面临困难的选择时，我们有时会听到"把问题留到明天解决吧"的建议。然而，从信息处理和孵化的角度来看，这对交易员们来说着实是很有价值的一点。

最佳实践 #52：创建一份有效的交易日记

在任何依赖业绩的领域中，挑战之一往往是达到巅峰状态需要我们沉浸在相应的活动中，但是绩效的提升也需要我们能独立于该活动。这就是为什么精英总是参与以下3个过程：实践/准备；保证现场发挥；对绩效进行回顾，以此来指导今后的实践和准备工作。这三部分的循环抓住了刻意练习的本质，确保了我们能从经验中学习并扩展自己的专业知识。

对许多交易员来说，这个三部曲过程的关键就在于一份交易日志。Trader-Feed 读者 Danny Shcharinsky 强调了写日志对于工作和市场研究的作用。

在交易员们推荐的众多的每日实践或习惯中，有一点是我最常用的。它其实与实际交易无关（"及时止损"或"别一次下注太多"），它只跟**你自己**有关。没错：写日志，而且是用心写。虽然许多成功的市场实践者总是在这方面提出许多的建议，但事实是，写日志根本没有正确或错误的方法。我也不是要你在交易平台上发布一堆普通统计数据堆砌成的日志。虽然统计分析对你在交易中提升你的优势和直觉很重要，但我说的是真正充满热情的东西——写下你对某一交易、模式及市场的感觉，甚至是你早餐吃了什么。在这个神经科学得到大量证实的世界里，真相就是：我们的大脑会塑造我们的身体和行为，你认为清晰记录自己的想法是个好主意吗？是的，我很赞同。所以，勇往直前吧，尽管抱怨损失、生气、愤怒、高兴、兴奋、激励，但是一旦写在纸上，你就可以超越它，不断成长。

把回顾昨天晚上的日志当作早晨的第一件事（在你开始交易之前）会让你拥有正确的心态去做任何需要做的事情。此外，它还将进一步明确你在过去一周、一个月、一年里一直在练习和思考的概念、想法和最佳行动。熟能生巧，对吧？考虑到以上所有因素，我想补充的是，你必须始终如一地坚持下去。是的，每一天，或者至少足够持续地让它产生影响……坚持写日志会让你感觉和思考的方式变得更好、更清晰。你也会慢慢参透一些关于你自己的事情，这些事情会让你改变、改善，并且让你以意想不到的方式成长。

正如丹尼尔指出的，日志是有广泛用途的：发泄挫折感，为即将到来的日子做准备，并明确你的长期的市场观点。回顾日志使我们能够从新的视角去看待我们以往的思想和经历，就像我们现在读到的一样。这就产生了一种对话，在这种对话中，日志帮助我们建立了一种交易员和教练之间的虚拟对话。通过日志，我们可以更好地观察自己，也可以引导自己。这就是为什么我很喜欢那些包含总结评论（我们做的到底是对是错）；改进目标（继续我们所做的正确的事，纠正我们做错的事）以及实施这一改进的具体计划的日志。

写日记的最佳方式是进行实时业务规划。这是一种分析我们的交易业务并对其加以有效管理的方法。如果我们把时间花在写一些值得写的事情或者写一些值得做的事情上，那么我们很有可能会变得十分富有成效，并且能更好地管理自己的交易业务。

最佳实践 #53：通过视频来回顾你的交易

交易回顾以及构建计划上的一个限制是，我们的回顾可能会被我们所回忆的和我们所不知道的东西所影响。特别是如果我们在一天中积极地进行交易，我们不太可能记清楚所有影响交易的因素。我们甚至可能会忘记特定的交易动机。我们的记忆会因我们的情绪、事后认识以及特定事件的出现而产生偏差。如果我们不能准确地回忆起我们的交易细节，自然就很难有效地回顾交易了。

> **关键结论**
> 如果我们不仔细回顾我们的交易，我们就无法改善交易的细节。

当然，运动队的做法是通过视频记录每一场比赛，并详细回顾视频，找出最佳和最差的表现。TraderFeed 的读者克里斯·布里顿在视频中记录了自己的交易情况，并利用回顾过程对自己的表现进行了优化提升。他将其描述为一种最佳做法。

> 我是一名独立日内交易员，主要交易 10 年期债券和 30 年期债券期货。我的开市前分析包括确定关键的支撑位/阻力位（昨天的值，vpoc，等等）。对于实际的交易和对市场行为的感觉来说，我会去借助图表观察市场的深度，以确定新的支撑位/阻力位水平。
>
> 在对交易进行回顾时，我发现十分有帮助的是记录我的交易时段（使用 Camtasia 或类似的方式）。在一天结束的时候，我剪辑视频中重要的部分，一般包括我所做的交易和我错过的交易，或者任何我觉得重

要的东西。然后我会在视频中添加一些有趣的线索，用来区分提示是我做过的还是错过的。根据我完成交易的多少，最终视频的时间基本上从10~30分钟不等。视频中的关键点能体现价格变动的原因，市场深度上的订单流能说明我为什么开仓入场（或没有入场），以及在某些情况下，我为什么会平仓离场。

这对我有什么帮助呢？第一，视频记录帮我发现正确理解下单情况时的长处和短处。据此，我可以建立一系列"最佳形态"或"可避免的陷阱"。例如，我回顾一些在阻力位上取得成功突破的交易，并将其与那些失败的交易进行比较。区分两者的关键在于发掘订单流中的一举一动。如果我凭自己的技能无法解释，那么至少我可以在未来对我的订单流研读技能进行改进。

第二，在一天结束时回顾交易实际上是令人愉快的。即使交易失败了，我也喜欢看看这些视频。这是因为在某种程度上，我能以此提高自己的市场研读能力。在我有这个习惯之前，我总是害怕回顾失败的交易，并总是试图记住我做错了什么。这就打开了偏见的大门，使得我从错误中学习变得更困难。通过记录，我认识到在犯错误时我是不能逃避责任的。

最后，在慢节奏的时段或周末回顾交易实际上有助于保持我的思维敏捷，为下一次交易做好准备。我发现，在回顾的同时，我脑海中的对话能呈现出一种指导性的角色，让我能摸清交易的来龙去脉。

我特别喜欢克里斯的最后一点，他注意到，观看回顾视频会让他产生教练的感觉。这恰恰反映了自我指导的影响。当克里斯观看视频的时候，他就像一个教练在和运动员一起看录像。在视频的特定部分详细地回顾应该如何表现，关注哪些地方可以有所改进，这是其他方式不能替代的。正如克里斯指出的，回顾的过程之所以变得令人愉快，是因为它们充满了建设性——它能指导我们，而不仅仅是在消极的方面喋喋不休。

如果模式识别是一种认知上的聚焦以及对模式实例的曝光,那么以视频为基础的交易回顾则是加快交易员们学习速度的好方法。交易员在交易时段观察市场,然后专注于后续回顾,将比那些不进行回顾的交易员拥有更多的学习机会和更高的学习效率。因此,视频回顾是学习和自我指导的有力工具。

最佳实践 #54:安排好交易日早晨的时间

确保一天中合理的交易安排的最好方法之一,就是建立一个良好的早晨习惯。我们如何开始我们的一天,常常能为这一天定下基调。这意味着我们可以开始一天的专注或分心;严格或宽松;准备充足或侥幸等。我一直认为,辨别成功交易员的最佳方法之一,就是观察他们在不交易时所做的事情。

以下是来自 SMB Trading 的史蒂夫·斯宾塞(@sspencer_smb)的最佳做法。他的习惯是十分有价值的,因为它将为交易以及交易员本身做准备。下面是史蒂夫的解释。

> 我每天早上走进办公室的那一刻起,就面对着一系列的惯例。它的目的是让我集中精力准备在上午 9 点 30 分开放的股市。在过去的几年里,这些习惯也随着我的职责范围的扩大而不断发展,如今也包括办公桌上的准备以及非交易事务的处理。
>
> 以下是我每天早上到达办公室后要做的事。
>
> (1)把我的水壶装满水(适当补充水分是保持精神警觉性的关键之一)。
>
> (2)重新启动计算机。
>
> (3)打开 Gr8Trade(自营股票平台)。
>
> (4)打开 LiveVol(期权交易平台),如果有任何关于期权的交易想法,打开相关的 Level II 专栏。
>
> (5)打开 eSignal(外部图表软件)。
>
> (6)登录 SMB RT(自营交易工具)。

（6a）打开计划文件（用于录入我的交易想法）。

（6b）填入第2天的技术操作（基于之前研究和准备的想法）。

（7）在 Gr8Trade 上设置提醒条件（若股票在关键价格成交则弹出警报）。

（8）打开 SMB Scanner（用于查找股票的研究工具）。

（9）填写相关股票的操作思路。

（10）把最重要的交易想法记录到日志中（这对今后的回顾很重要）。

（11）交易想法必须包括进场／止损／目标／风险方面的数据。

（12）将期权策略录入在页面顶部。

（13）开晨会（讨论市场和最佳交易）。

（14）输入在晨会期间讨论过的股票订单；如果市场繁忙，将想法输入自动脚本以协助录入。

以下几条能帮助我重新专注于市场。

（15）两分钟的呼吸练习。

（16）佩戴 RT 麦克风（在交易台和 SMB 社区中选择背景音乐）。

（17）语音讨论最佳交易想法和计划。

（18）分享聊天中有趣的内容。

这就是我整个早上的惯例活动。最近有了进步的是，我现在有能力利用各种各样的脚本让自己在繁忙的市场中执行各种各样的交易，而不会错过一些不错的机会。我发现，在如今的市场上，如果你在开市时错过了某些交易机会，它会影响你接下来的风险偏好。这些脚本也是一个很好的工具，可以在我忙于其他事务时为我提供有效支持。

关键结论

纪律性强的交易始于日常的纪律。

请注意史蒂夫早晨的惯例是如何实现两个目的的。首先，这些习惯很好地组织了他自己和他一天的决策。让他在准备过程中得以确定并优先考虑某些机会，从而能够在交易开始时迅速果断地采取行动。其次，这些惯例使史蒂夫能够在一段集中的时间内处理异常大量的信息。注意，他在大部分准备工作中都使用了自定义工具。相应的功能使他能够通过脚本和警报对机会进行筛选。

我觉得有趣的是，史蒂夫的日常惯例是一个团队中个人信息处理的组合。他的准备工作使他能给其他交易员们带来灵感，同时也能激发他自己的灵感。在一天的时间里，史蒂夫只是遇到了比大多数交易者更多的潜在交易机会，这使得他更有可能专注于最好的交易，并最大化自己的业绩。

最佳实践 #55：情景导向的规划

事实是，我们永远无法为自己没有预料到的情况做好准备。很多时候，我们变得如此专注于常规的情况，并且困于确认偏差中——我们没有考虑其他的情景以及相应的应对方法。在这种情况下，我们就很容易对交易事件反应过度。因为我们缺乏准备：我们对完全可以预见的事件感到意外。这种"惊喜"让我们处于一种紧张的状态，削弱了我们的感知能力，降低了我们在事前计划中冷静行动的能力。试想一个你违反了交易计划的情况，这种情况将很容易导致意外、挫折和情绪崩溃。

来自印度的读者吉特·亚达夫（@jiten deryadav07）提供了一个有用的最佳实践，他指出可以把对不同交易情景的预想作为交易计划的一部分。

> 市场的一个有趣的特点是，它总能让我们感到吃惊，并让我们措手不及。通常，这些意外都有高昂的代价。虽然没有人能确定市场下一步的行动，但我们仍然可以做好准备面对这些意外。在交易日的前一天晚上，我们可以想象第 2 天所有可能出现的情况，不管它们的实际发生概率有多大。举例来说，我们可以在做多之前想象我们希望看到的理想状况，或者干脆想象交易中可能出现的最坏的情况。我们也可以想象自己在短时间内对突破失败或空头轧平的反应。思考所有的可能性花不了我们太多时间，我们完全可以在自己的空闲时间或在晚上散步时完成这件

事。市场是不可控制的，即使我们预想到了所有可能的情况，市场还是有可能令我们大吃一惊，然而一旦我们预想过的场景真正上演，我们也就做好了十足的准备。

请注意，这种情景规划需要一种开放的思想，因为如果我们只能接受有限的可能性，我们也只能预测到有限多的情况。因此，情景规划是保持认知灵活性的一个很好的工具。很常见的情况是，交易员在当天采取的行动，事后看来是如此令人费解："我怎么可能那样做呢？"一般来说，这种愚蠢的行为是由于对短期走势的过度关注而陷入了一个单一的市场场景，从而导致我们无法客观评估整体情况，计划多种可能性。吉特发现，这种观点可以作为交易准备的一部分，使我们能够在面对多种可能的结果时采取果断行动。正是这样的计划使得我们能够在繁忙的工作中做出明智的决定，因为我们已经消除了很多市场给我们带来震惊的可能性。

最佳实践#56：详细安排你的交易流程

如何做一名真正的交易员？现实是，我们的确扮演了很多角色，参与了各种各样的活动。很少有交易员会十分努力地提升自己。然而，交易员们也很少会把他们所做的事情细致分解，在每一件小事上求得改进。

将交易流程进行分解的做法，来自于法国巴黎的皮尔（@PLPAR）。他将交易分为四个部分，然后将每一个部分细分为两个子部分，每一个子部分再细分为三个特定的元素。这也就创建了一个含有24个"表现要素"的交易。皮尔解释说："每日的交易程序将集中于这24个表现要素的结构化及常规应用中。"

皮尔是这样分的：

（1）视角（基金经理）：

内部动机
①**聚焦远景**：定期创建财务目标。
②**目标的强度**：用强烈的意志去获得对胜利的期望。

③**内在动机**：从内部驱动，达到高标准的绩效。

精英之路

④**自我效能感**：具有自信、自我效能感和必胜的信念。

⑤**对掌握的愤怒**：相信自己一直具备顶尖的水平。

⑥**隐式操作**：通过访问隐式和直观的知识来执行交易策略。

（2）策略（投资组合经理）：

模式识别

⑦**投资组合排名**：利用选股工具将最好的趋势股进行扫描、选择及排序。

⑧**模式监视**：监测所选股票的价格变动和形态发展。

⑨**设置识别**：通过隐式模式识别来检测交易策略。

资产管理

⑩**风险分析**：对潜在交易进行尽职调查和风险分析。

⑪**资产配置**：确定分配给交易的资本（份额和止损水平）。

⑫**交易频率**：使用最好的策略，把握最大的机会。

（3）交易执行（主力交易员）：

常规

⑬**心理韧性**：培养强大的内心。

⑭**仪式**：创建结构化的日常惯例。

⑮**最佳状态**：在交易过程中进入精力最为集中的状态。

完美执行

⑯**交易执行**：用理智和直觉完美地执行交易。

⑰**订单管理**：利用跟踪止损和利润目标来建立最合适的退出策略。

⑱**业绩定位**：专注于你的策略并抛弃其他方法。

（4）反馈（绩效教练）：

刻意练习

⑲**业绩训练**：用特定的练习训练关键的绩效技能。

⑳**心理预演**：分立、预演、整合关键技能和最佳行为。

㉑**劳动本能**：培养持续提升自我和磨炼技能的心态。

绩效提升

㉒**持续的汇报**：汇报、监测并衡量绩效。

㉓**绩效诊断**：检测限制绩效提升的因素。

㉔**反馈执行**：取长补短。

你对交易流程的分解方式可能与皮尔的不同（我的方法更侧重研究过程，有点讽刺的是，尽管我是心理学家，自己却很少处在积极正面的心态里），但原则仍然是适用的：将交易分解为不同的部分使你能够详细剖析自己的表现，观察你自己在做什么，并发现可以改进的地方。

> **关键结论**
>
> 如果不将交易细致分解，你将无法复制成功中的重要部分。

实际上，皮尔的 24 个表现要素可以为一天或一周的目标设定提供一个有效的报告。这是一个包含诸多最佳做法的最佳实践：一组连续的交易诊断和调整。

最佳实践 #57：节省

这是一项最简短的最佳实践，但它或许是最重要的。我在市场上工作多年，看到许多新晋交易员慢慢成为成功的交易员，成功的交易员又变成了痛苦挣扎的交易员。当成功来临的时候，交易员们总是相信它会永远持续下去。他们停止了调整和进步。他们不再觉得需要回顾和实践。而市场发生变化后，他们过去的模式不再有效。曾经的成功带来了现在的损失和挫折。

这种情况的可悲之处在于，在成功的同时，交易员很少会存钱。他们会开始自由地消费，将赢得的财富投入到更大的交易中——然后，当他们的优势被侵蚀时，就是一切结束的时刻。他们在交易中没有做好准备；他们也没有心理和情绪上的准备；而且他们还没有经济上的准备。

如果我要在我的交易屏幕上放上一张便条，那将是："这也终将会过去。"你不会永远像你在失败后感到的那样糟糕，你也不会永远像你成功之后那样好。繁荣之后会是萧条，萧条过后也会再次繁荣起来。然而，如果你不把钱投资到重新学习和适应新的时代，那么这样的翻身是不可能发生的。通常情况下，曾经成功过的交易员最终会退居二线，因为他们无法负担自己接下来学习进步中的开销。

因此，最好的做法就是尽最大的努力，做最坏的打算。在你成功之时注意节省，让自己有能力长期留在市场中。市场在不断变化，你的收入也会因此而改变。如果你已经为不景气的行情做好了经济上的准备，你就能找到新的成功。

小结

我们刚刚看到了所有 57 项最佳实践。其中有一些会更适合你，但无论如何你都能找到几个真正有利于你交易的方法。以下是一些关于全部实践的想法。

（1）**找到共同的主题**。许多实践方法都描述了如何组织交易、回顾交易以及如何保持积极的心态。这些对交易员们来说无疑都是关键的挑战。如果有很多经验丰富的交易员都提到了这些方面的最佳实践，那么它们就应该成为你的优先选择。

（2）**一次只做一件事**。我们一定无法同时处理好所有的事情。当你同时在诸多方面做出改变时，你很难准确地判断究竟是哪些带来了真正的效果。一次只专注于一个方面的改进，可以帮助你不断丰满自己的交易，以刻意练习的方式从自己的经验中学习。

（3）**不要只专注于缺点，优点也很重要**。如果这本书只有一个最重要的主题，那就是成功取决于你如何识别并利用自己的优势。一些最佳实践的确可以弥补你的弱点，帮你规避失误，而**最好**的实践能够发挥你的优势。

作为一名交易员，你的发展历程就像是一次探险。一点一滴积累的进步，能让你越来越接近自己的理想状态。没有自我提升，就没有交易中的进步。想做好交易，就要先做好你自己——这才是一段无比充实的经历。

结　　论

> 男人就像弹簧驱动的老破钟。
> ——科林·威尔逊,《黑房子》

我们摘要重述本书的主要观点。

（1）**市场是永远变化不停的，每时每刻都在变**。这意味着交易成功不能依赖找到和利用一个固定的优势。成功来自适应市场变化以及不断形成新的优势。

（2）**业绩表现是认知和个性优点、天分、学习能力的函数**。出色的业绩需要协调发挥个人的各项特长。

（3）**交易者最被忽视的发展方向就是创造力**。我们把注意力放在执行交易和管理风险上，很少训练我们产生新点子的创新能力。

（4）**最佳实践做法可以让交易者识别自己交易中的优势，并将其综合成为一个稳健的交易流程**。当我们把最佳实践都变成了好习惯时，就成功了。

前面所讲的内容可以用 ABCD 分为不同的过程：

A：适应变化的市场；

B：打造情感、认知、社交和个人优势；

C：培养创造力；

D：在交易所有过程中采用最佳实践方法。

我们在书中反复强调在交易中要注意遵循流程导向,而不能简单遵循一套方法。如果你想将最佳实践方法变成最佳过程,就要把交易活动分成七大类。

(1) **研究**。搜集市场相关的信息。

(2) **想出点子**。汇总信息形成观点。

(3) **交易构建**。找到交易点子的合适的收益/风险表述。

(4) **头寸/风险管理**。管理止损、盈利目标、交易规模以及入场和出场时机。

(5) **组合/风险管理**。建立不相关或负相关的交易,以分散和平滑投资回报,管理多个交易之间的风险。

(6) **自我管理**。保持自己的头脑、情绪和身体状况处于能做出最优决定的巅峰状态。

(7) **业绩管理**。在上述各方面评估业绩表现,从好的和糟糕的业绩中吸取经验教训,设定未来业绩目标,按计划实现目标。

对于上述各个方面,跟踪你做得最好的,把最佳做法记录在检查表中,时期变成可以日常遵循的方法。不要只遵循一个流程,而是应该从交易的不同方面,执行一系列流程,每个流程都由最佳实践构成。如果你能清楚地定义这些流程,就能够画出一幅流程图,规定出你要做什么以及该如何做。

> **关键结论**
>
> 提高交易能力从画流程图开始,流程图包括如何最好地操作。

大多数交易者不善于将最佳实践流程图应用于实践之中。但这正是你打造优势,适应变化市场和持续取得好业绩所需做的工作。**如果你不能清楚识别驱动业绩的因素,就无法提升业绩表现**。这和纪律无关,也和别人教你的那些套路无关,而是和理解市场如何运作以及根据理解制定策略有关。在你的交易过程中,你要想出交易点子、管理交易、管理自己和业绩表现。我们本书讨论的一切也存在于日常生活之中,你要么培养优势并放大它们,要么任其流失。你的交易好坏取决于你如何对待自己——引导你接近那个最想成就的人。培养最好的自己,可以给我们带来能量,让我们能够在无法回避的挫折和困扰中坚持下去。通过激发我们的价值观和最大能力,我们会超越自我,成为真正实现自我发展的人。

祝愿你在交易生涯中一帆风顺。

后　　记

  2015 年 3 月 15 日，我和米娅坐在一起设计一种新的图表已经差不多有 4 个月的时间了。y 轴仍用来标记价格，而 x 轴代表事件而不是时间。最简单的通过事件时间而不是日历时间观察市场的图表是点数图。在一张点数图里，价格运动就是事件：市场波动超过一定幅度时，你就重新画一个柱体。

  但是还有很多潜在事件可以在 x 轴上标记。价格变化是个事件，比如相对价格变化；成交量是个事件；向上跳点和向下跌点也是事件。一旦我们从钟表上解脱出来，用事件来定义时间，新的关系就清晰表现出来了。

  股市涨跌不会花费同样长的天数、周数和年数。观察市场的人都知道，股市通常跌得快，而上涨较慢。但是，假设我们用价格运动或者成交量来测量时间，上涨和下跌开始显现出持续时间上的相似性。周期表现得更有规律了。

  当米娅从肯塔基的避难所被接回家之后，她花了大量时间试探。她发现用后爪着地，用前爪推门，可以把门打开。所以现在如果我的房门半开着，米娅会站起身推开门进来。她一边摸索尝试，一边在学习。我们作为交易者，情况与此没有太大不同。在我的行动清单上，一个新的隐含波幅指标替代了现实波幅，一个新的情绪指标包含了股票和指数期货，一种改进的方法可以观察市场各参与群体的买卖行为。有些指标会成功，有些不会。我知道的只是，如果我们尝试了足够多，最终就会像米娅一样，学会如何打开大门。

参 考 文 献

Andreasen, N. C. *The Creative Brain*. New York: Plume, 2006.

Argyle, M. *The Psychology of Happiness*, 2nd ed. New York: Taylor & Francis, 2001.

Barber, B. M., Lee, Y-T., Liu, Y-J., and Odean, T. "Just How Much Do Individual Investors Lose by Trading?" *The Review of Financial Studies* 22 (2009): 609–632.

Baumeister, R. F., and Tierney, J. *Willpower*. London: Allen Lane, 2011.

Berkman, L. F., and Syme, L. "Social Networks, Host Resistance, and Mortality: A Nine-Year Follow-up Study of Alameda County Residents." *American Journal of Epidemiology* 109 (1978): 186–204.

Buckingham, M., and Clifton, D.O. *Now, Discover Your Strengths*. New York: Free Press, 2001.

Byeagee, Y. *Paradigm Shift: How to Cultivate Equanimity in the Face of Market Uncertainty*, Amazon Digital Services, 2014.

Catmull, E. *Creativity, Inc.* New York: Random House, 2014.

Chrysikou, E. G., Hamilton, R. H., Coslett, H. B., Datta, A., Bikson, M., and Thompson-Schill, S. L. "Noninvasive Transcranial Direct Current Stimulation over the Left Prefrontal Cortex Facilitates Cognitive Flexibility in Tool Use." *Cognitive Neuroscience* (2013): 81–89.

Coates, J. *The Hour Between Dog and Wolf*. London: Penguin, 2012.

Colvin, G. *Talent Is Overrated*. London: Penguin, 2008.

Compton, W. C., and Hoffman, E. *Positive Psychology*, 2nd ed. Belmont, CA: Wadsworth, 2013.

Csikszentmihalyi, M. *Creativity*. New York: Harper Perennial, 2013.

DeVries, M., Holland, R. W., Corneille, O., Rondeel, E., and Witteman, C. L. M. "Mood Effects on Dominated Choices: Positive Mood Induces Departures from Logical Rules." *Journal of Behavioural Decision Making*, 2012, 25: 74–81.

Dewan, M. J., Steenbarger, B. N., and Greenberg, R. P. (eds.) *The Art and Science of Brief Psychotherapies*, 2nd ed. Washington, DC: American Psychiatric Publishing, 2012.

Diener, E., and Suh, E. "Measuring Quality of Life: Economic, Social, and Subjective Indicators." *Social Indicators Research* 40 (1997): 189–216.

Diener, E., Sandvik, E., and Pavot, W. "Happiness Is the Frequency, Not the Intensity, of Positive versus Negative Affect." *Assessing Well-Being Social Indicators Research Series* 39 (2009): 213–231.

Duckworth, A. L., Peterson, C., Matthews, M. D., and Kelly, D.R. "Grit: Perseverance and Passion for Long-term Goals." *Journal of Personality and Social Psychology* 92 (2007): 1087–1101.

Duhigg, C. *The Power of Habit*. New York: Random House, 2012.

Dunker, K., and Lees, L.S. "On Problem-solving." *Psychological Monographs* 58 (1945): i–113.

Emmons, R.A. *Thanks!* New York: Houghton Mifflin, 2007.

Ericsson, K.A. *The Road to Excellence*. Mahwah, NJ: Lawrence Erlbaum, 1996.

Fordyce, M.W. "A Program to Increase Happiness: Further Studies." *Journal of Counseling Psychology* 30 (1983): 483–498.

Fredrickson, B. L. *Love 2.0*. New York: Plume, 2013.

Fredrickson, B. L. *Positivity*. New York: Three Rivers Press, 2009.

Fredrickson, B. L. and Branigan, C. "Positive Emotions Broaden the Scope of Attention and Thought-Action Repertoires." *Cognition and Emotion* 19 (2005): 313–332.

Fredrickson, B. L., Cohn, M. A., Coffey, K. A., Pek, J., and Finkel, S. M. "Open Hearts Build Lives: Positive Emotions, Induced through Loving-Kindness Meditation, Build Consequential Personal Resources." *Journal of Personality and Social Psychology* 95 (2008): 1045–1062.

Gompers, P. A., Kovner, A., Lerner, J., and Scharfstein, D.S. "Performance Persistence in Entrepreneurship." *Harvard Business School Working Paper* 09-028, 2008.

Grant, A. *Give and Take*. New York: Penguin, 2013.

Hammond, D. C. "Hypnosis in the Treatment of Anxiety- and Stress-related Disorders." *Expert Reviews in Neurotherapy* 10 (2010): 263–273.

Heath, C., and Heath, D. *Decisive*. New York: Crown Business, 2013.

Heath, C., and Heath D. *Switch*. New York: Random House, 2011.

Ilmanen, A. *Expected Returns*. Chichester, UK: Wiley, 2011.

Ivanov, I. *The Five Secrets to Highly Profitable Swing Trading*, Amazon Digital Services, 2014.

Jackson, J. J., Wood, D., Bogg, T., Walton, K. E., Harms, P. D., and Roberts, B. W. "What Do Conscientious People Do? Development and Validation of the Behavioral Indicators of Conscientiousness (BIC)." *Journal of Research in Personality* 44 (2010): 501–511.

Kahneman, D. *Thinking, Fast and Slow*. New York: Farrar, Straus, and Giroux, 2011.

Kelley, T. *The Art of Innovation*. New York: Currency.

Kohn, M. L., and Schooler, C. "Job Conditions and Personality: A Longitudinal Assessment of Their Reciprocal Effects." *American Journal of Sociology* 87 (1982): 1257–1286.

Kok, B. E., and Fredrickson, B.L. "Upward Spirals of the Heart: Autonomic Flexibility, as Indexed by Vagal Tone, Reciprocally and Prospectively Predicts Positive Emotions and Social Connectedness." *Biological Psychology* 85 (2010): 432–436.

Kok, B. E., Coffey, K. A., Cohn, M. A., Catalino, L. I., Vacharkulksemsuk, T., Algoe, S. B., Brantley, M., and Fredrickson, B.L. "How Positive Emotions Build Physical Health: Perceived Positive Social Connections Account for the Upward Spiral between Positive Emotions and Vagal Tone." *Psychological Science* 24 (2013): 1123–1132.

Kotter, J. *Leading Change*. Boston, MA: Harvard Business Review Press, 2012.

Kotter, J., and Cohen, D. S. *The Heart of Change*. Boston, MA: Harvard Business Review Press, 2002.

Kuhn, T. S. *The Structure of Scientific Revolutions*, 3rd ed. Chicago: University of Chicago Press, 1996.

Lahti, E. *What Is Sisu?* http://www.emilialahti.com/#!what-is-sisu/c1b3m, 2015.

Leutner, F., Ahmetoglu, G., Akhtar, R., and Chamorro-Premuzic, T. "The Relationship between the Entrepreneurial Personality and the Big

Five Personality Traits." *Personality and Individual Differences* 63 (2014): 58–63.

Linker, J. *Disciplined Dreaming*. San Francisco, CA: Jossey-Bass, 2011.

Livingston, J. *Founders at Work*. Berkeley, CA: Apress, 2008.

Lo, A.W., and Repin, D.V. "The Psychophysiology of Real-Time Financial Risk Processing." *Journal of Cognitive Neuroscience* 14 (2002): 323–339.

Locke, E. A., and Latham, G. P. "New Directions in Goal-Setting Theory." *Current Directions in Psychological Science* 15 (2006): 265–268.

Loehr, J., and Schwartz, T. *The Power of Full Engagement*. New York: Free Press, 2003.

Lopez, S. J., Pedrotti, J. T., and Snyder, C. R. *Positive Psychology*, 3rd ed. Thousand Oaks, CA: Sage, 2015.

Mauboussin, M. J. *The Success Equation*. Boston, MA: Harvard Business School Publishing, 2012.

Ichiro Kawachi in collaboration with the Allostatic Load Working Group, "Heart Rate Variability." San Francisco: University of California, McArthur Research Network on SES and Health, 1997.

McClusky, M. *Faster, Higher, Stronger*. New York: Hudson Street Press, 2014.

McGonigal, K. *The Willpower Instinct*. New York: Penguin, 2012.

Michalko, M. *Cracking Creativity*. Berkeley, CA: Ten Speed Press, 2001.

Nettle, D. *Happiness*. Oxford: Oxford University Press, 2005.

Niederhoffer, V. *The Education of a Speculator*. Hoboken, NJ: Wiley, 1997.

Park, J., Konana, P., Gu, B., Kumar, A., and Raghunathan, R. "Confirmation Bias, Overconfidence, and Investment Performance." McCombs Research Paper Series No. IROM-07-10.

Peterson, C., and Seligman, M.E.P. *Character Strengths and Virtues*. Oxford: Oxford University Press, 2004.

Posner, M. I. *Cognitive Neuroscience of Attention*, 2nd ed. New York: Guilford, 2012.

Prochaska, J. O., Norcross, J. C., and DiClemente, C. C. *Changing for Good*. New York: William Morrow, 1994.

Ratey, J. J. *Spark*. New York: Little, Brown, 2013.

Ratey, J. J. *A User's Guide to the Brain*. New York: Vintage Books, 2001.

Root-Bernstein, R. S., and Root-Bernstein, M. M. *Sparks of Genius* Boston:

Mariner, 2001.

Sawyer, K. *Group Genius*. New York: Basic Books, 2007.

Sawyer, R. K. *Zig Zag*. San Francisco: Jossey-Bass, 2013.

Sawyer, R. K. *Explaining Creativity*, 2nd ed. Oxford: Oxford University Press, 2012.

Sawyer, R. K. *Explaining Creativity*. Oxford: Oxford University Press, 2006.

Schwager, J. D. *Market Wizards*. Hoboken, NJ: Wiley, 2012.

Scott, J., Stumpp, M., and Xu, P. "Overconfidence Bias in International Stock Prices." *Journal of Portfolio Management* (2003): 80–89.

Seelig, T. *inGenius*. New York: HarperOne, 2012.

Seligman, M. E. P. *Flourish*. New York: Free Press, 2011.

Simonton, D. K. *Creativity in Science*. Cambridge: Cambridge University Press, 2004.

Simonton, D. K. *Genius, Creativity, and Leadership*. Cambridge, MA: Harvard University Press, 1999.

Steenbarger, B. N. "A Hard Look at Our Trading Edge." *TraderFeed*, August 2, 2014.

Steenbarger, B. N. *The Daily Trading Coach*. Hoboken, NJ: Wiley, 2009.

Steenbarger, B. N. *Enhancing Trader Performance*. Hoboken, NJ: Wiley, 2007.

Steenbarger, B. N. *The Psychology of Trading*. Hoboken, NJ: Wiley, 2003.

Tang, Y. "Mechanism of Integrative Body-Mind Training." *Neuroscience Bulletin* 27 (2011): 383–388.

Teasdale, J., Segal, Z.V., Williams, J. M., Ridgeway, V. A., Soulsby, J. M., and Lau, M. A. "Prevention of Relapse/Recurrence in Major Depression by Mindfulness-based Cognitive Therapy." *Journal of Counseling and Clinical Psychology* 68(4) (2000): 615–623.

Torrance, E. P. The Nature of Creativity as Manifest in Its Testing. In R. J. Sternberg (ed.), *The Nature of Creativity*. Oxford: Oxford University Press, 1988, 43–75.

Wadlinger, H. A., and Isaacowitz, D. M. "Positive Mood Broadens Visual Attention to Positive Stimuli." *Motivation and Emotion* 30 (2006): 89–101.

Zabelina, D. L., and Robinson, M. D. "Child's Play: Facilitating the Originality of Creative Output by a Priming Manipulation." *Psychology of Aesthetics, Creativity, and the Arts* 4 (2010): 57–65.

延伸阅读

Enhancing Trader Performance (Hoboken, NJ: John Wiley & Sons, 2006): The process of developing expertise as a trader.

Positive Psychology Forbes blog, http://www.forbes.com/sites/brettsteenbarger/: Positive psychology and peak performance articles.

The Daily Trading Coach (Hoboken, NJ: John Wiley & Sons, 2009): A cookbook of self-help methods for coaching yourself as a trader.

The Psychology of Trading (Hoboken, NJ: John Wiley & Sons, 2002): A solution-focused perspective on mastering performance psychology.

TraderFeed blog, http://www.traderfeed.blogspot.com/: Trading psychology, psychology of markets, and more.

译　后　记

这本书在我的案头放了很久，因为是一本大部头，而且是由一位心理治疗师写的，所以在内心中，一直没有太重视。但是，一旦我开始翻译这本书，就被内容吸引了。全书只有4章，却给出了一个完整的培训交易者的ABCD体系，是一本非常好的交易员培训教材。

看过美剧《亿万》的人一定对AXE资本中那位漂亮的心理咨询师有印象。实际上，本书作者也是那样的人，他把担任交易员心理教练的经历都写在了这本书中。交易是一个专业程度非常高的职业，也是一个心理压力非常大的职业，所以，这行业特别依赖心理辅导师的工作，其依赖程度要远超过其他行业。按照AXE资本的话说，就是负责保持和提升交易员的业绩表现。

如果没读完这本书，你可以对此疑惑不解。交易员不是依靠聪明的大脑和交易技能赚钱的吗？心理咨询师能帮到什么忙呢？也许在国内，这种投资机构雇用心理专家还没有成为惯例，这也反映出国内外行业发展水平的差距。

译者从事投资心理和行为金融研究多年，而且本身就是投资经理，对此有非常切身的感受。证券市场在大多数时间中的价格波动，并不是来自于经济或者投资标的基本面的变化，而是来自市场参与者的认知和情绪波动导致的操作。这些证券市场的操作者，都可以称作交易者。当然，交易机构里专职从事操盘工作的人，正式的叫法是交易员。

这是一本交易者心理训练教程。单一的心理训练不足以帮助交易者克服交易中的"心魔",所以作者的背景和经验就变得非常重要了。这方面的专家必须既懂交易(最好是个经验丰富的交易者),而且具有深厚的心理学理论和治疗经验。本书的作者就完全满足了这些条件。这本书用丰富的案例和理论介绍了如何适应变化的市场、如何培养创造力以及打造自身优势、克服自身缺点。作者在书的最后还总结了可操作的 57 条最佳实践做法。这些值得对交易感兴趣的人,以及专业交易员学习和练习。

　　这本书给出了很好的指南,但是每个人能够掌握多少,是因人而异的。重要的不仅是阅读,而且必须去实践,并让良好的做法变成日常的习惯,才能成为一名出色的交易者。

郑磊